Ingrid Rügge

**Mobile Solutions**

# TEUBNER RESEARCH

## Advanced Studies Mobile Research Center Bremen

Herausgeber/Editors:
Prof. Dr. Otthein Herzog
Prof. Dr. Carmelita Görg
Prof. Dr.-Ing. Bernd Scholz-Reiter
Dr. Ulrich Glotzbach

Das Mobile Research Center Bremen (MRC) erforscht, entwickelt und erprobt in enger Zusammenarbeit mit der Wirtschaft mobile Informatik-, Informations- und Kommunikationstechnologien. Als Forschungs- und Transferinstitut des Landes Bremen vernetzt und koordiniert das MRC hochschulübergreifend eine Vielzahl von Arbeitsgruppen, die sich mit der Entwicklung und Anwendung mobiler Lösungen beschäftigen. Die Reihe „Advanced Studies" präsentiert ausgewählte hervorragende Arbeitsergebnisse aus der Forschungstätigkeit der Mitglieder des MRC.

In close collaboration with the industry, the Mobile Research Center Bremen (MRC) investigates, develops and tests mobile computing, information and communication technologies. This research association from the state of Bremen links together and coordinates a multiplicity of research teams from different universities and institutions, which are concerned with the development and application of mobile solutions. The series "Advanced Studies" presents a selection of outstanding results of MRC's research projects.

Ingrid Rügge

# Mobile Solutions

Einsatzpotenziale, Nutzungsprobleme
und Lösungsansätze

Mit einem Geleitwort von Prof. Dr. Otthein Herzog

TEUBNER RESEARCH

Bibliografische Information Der Deutschen Nationalbibliothek
Die Deutsche Nationalbibliothek verzeichnet diese Publikation in der
Deutschen Nationalbibliografie; detaillierte bibliografische Daten sind im Internet über
<http://dnb.d-nb.de> abrufbar.

Dissertation Universität Bremen, 2006

Gedruckt mit freundlicher Unterstützung des
MRC Mobile Research Center der Universität Bremen

Mobile Research Center

Printed with friendly support of
MRC Mobile Research Center, Universität Bremen

1. Auflage September 2007

Alle Rechte vorbehalten
© Deutscher Universitäts-Verlag | GWV Fachverlage GmbH, Wiesbaden 2007

Lektorat: Ute Wrasmann / Anita Wilke

Der Deutsche Universitäts-Verlag und der Teubner Verlag sind Unternehmen von
Springer Science+Business Media.
www.duv.de
www.teubner.de

Umschlaggestaltung: Regine Zimmer, Dipl.-Designerin, Frankfurt/Main
Gedruckt auf säurefreiem und chlorfrei gebleichtem Papier
Printed in Germany

ISBN 978-3-8350-0919-6

# Geleitwort

Frau Dr. Rügge hat es mit dieser Arbeit unternommen, das Spannungsfeld zwischen Tätigkeiten in der Arbeitswelt jenseits des Büros und der dafür bisher gedachten mobilen Anwendungen auszuloten. Untersuchungen auf diesem neuen Gebiet sind sehr dünn gesät und gehen kaum über Marketing-Studien für mobile Endgeräte mit ihren spezialisierten Anwendungen hinaus. Insofern ist diese Arbeit grundlegend, besonders da sie auf eine Perspektive abhebt, die einerseits sehr umfassend und daher anspruchsvoll ist, andererseits aber auch von einer Benutzersicht ausgeht, die für diesen Bereich der Informatik „natürlich" sein sollte, typischerweise aber leider erst zu spät in den üblichen Entwicklungsprozessen berücksichtigt wird. Daher ist der Dreisprung „Einsatzpotenziale, Nutzungsprobleme und Lösungsansätze" auch unter dieser Sicht besonders interessant, weil er trotz der dafür erforderlichen Breite der Untersuchung genügend tief auch die bestimmenden technischen Aspekte auslotet.

Frau Rügge hat dieses Buch durch neun Thesen gegliedert, die für die Behandlung des Themas als Leitlinien dienen:

* Die Eigenschaften von Tätigkeiten, die Mobilität erfordern, sind maßgeblich für die Informatik-Lösungen, die sie unterstützen sollen.

* Es wurde bisher zu stark technologiespezifisch agiert und zu wenig systemorientiert.

* Einzeltechnologien sind daher bald wieder vom Markt verschwunden.

* Hardware, Software und Organisation bilden einen komplexen Lösungsraum, in dem EntwicklerInnen immer wieder auf Entwurfskonflikte stoßen.

* Die Energieversorgung mobiler IKT-Lösungen ist immer noch problematisch.

* Die Einbettung mobiler Lösungen in die vorhandenen Arbeitsprozesse ist ein weiteres Erfolgskriterium.

* Die Güte einer mobilen Lösung wird einerseits von der für einen Einsatzbereich und seine Nutzungsbedingungen entwickelten Technologie festgelegt, andererseits aber vor allem von der Berücksichtigung der Nutzungsperspektive.

* Die Mensch-Maschine-Interaktion bestimmt die Güte der mobilen Lösungen.

* Es bedarf neuer Methoden der Anforderungsanalyse und der Evaluation von mobilen Tätigkeiten und Technologien.

Selbst wenn manche dieser Thesen auch für „konventionelle" Software gelten, wird schnell klar, dass Frau Rügge ihrer Arbeit einen wesentlich breiteren multiperspektivischen Forschungsansatz zugrunde legt, der nicht nur Kritik an den aktuellen Technologien für mobile Tätigkeiten von ihrer Eignung her übt, sondern auch konstruktiv ermittelt, wie diese mobilen Tätigkeiten sinnvoll unterstützt werden können und welcher Nutzen sich daraus ergeben kann. So wird am Beispiel des Gesundheitswesens überzeugend dargelegt, dass sich dieses Gebiet bei einer entsprechenden Beteiligung der zukünftigen NutzerInnen am Prozess sehr gut für mobile Lösungen eignet und erhebliches Verbesserungspotential ermöglicht. Gleiches gilt für das Gebiet der Dienstleistungen in der Flugzeugkabine, wo ebenfalls Arbeitsprozesse entscheidend verbessert werden können, und für die Instandhaltung großtechnischer Anlagen. Frau Dr. Rügge hat mit dieser Arbeit ein sehr umfassendes Gebiet aus mehreren Richtungen analytisch bearbeitet und ist dabei zu Ergebnissen gelangt, die es für die Zukunft ermöglichen, mobile Lösungen auf einer wissenschaftlichen Grundlage mit wesentlich besseren Erfolgschancen als bisher zu entwerfen und zu implementieren. Es wird im Ganzen deutlich, dass Frau Rügge alle Grundlagen gelegt hat, um ihre Ergebnisse auch für Ingenieure so zu präsentieren, dass sie für die Praxis einsetzbar sind. Daher ist diesem Buch eine weite Verbreitung zu wünschen!

Otthein Herzog

# Vorwort

Das vorliegende Buch entspricht weitestgehend meiner Doktorarbeit aus dem Jahr 2006. Sie wurde unter dem Titel „Einsatzpotenziale, Nutzungsprobleme und Lösungsansätze mobil tragbarer Informations- und Kommunikationstechnologien – Untersuchung des Spannungs-felds zwischen mobilen Arbeitstätigkeiten jenseits der Büroarbeit und ihrer Unterstützung durch mobile informations- und kommunikationstechnologische Systemlösungen" vom Pro-motionsausschuss des Fachbereichs Mathematik und Informatik der Universität Bremen angenommen. Die Arbeit wäre ohne mannigfaltige Ermutigung und Unterstützung nicht zum Abschluss gekommen. Mein Dank gilt deshalb allen, die mit Anregungen, Diskussionen und konstruktiver Kritik meine Forschungsarbeit begleitet haben. Ich danke vor allem Prof. Dr. Otthein Herzog für seine Bereitschaft, mir neben meiner Tätigkeit im Technologietransfer immer wieder Raum für wissenschaftliche Forschung zu gewähren. Ich danke ihm für sein Vertrauen in meine Fähigkeiten und für seine wiederholte Hinlenkung meiner Aufmerk-samkeit auf die technischen Aspekte von „Mobile Solutions" (mobile IKT-Lösungen). Ich danke Prof. Dr. Hans Dieter Hellige für seine kontinuierliche Diskussionsbereitschaft und für seine Ermutigung, meiner pragmatischen, multidisziplinären Sichtweise einen so großen wissenschaftlichen Stellenwert zu geben, dass ich sie zum Zentrum meiner Forschung ge-macht habe. Seine aus der Technikgeneseforschung motivierten Fragen und Anmerkungen haben es mir in intensiven Gesprächen ermöglicht, meine vielen kleinen Detailbeobachtungen zu einem großen Ganzen zusammenzufügen. Ich danke allen TeilnehmerInnen der von mir oder unter meiner Leitung durchgeführten Interviews, Veranstaltungen und Messen für ihre Bereitschaft, sich offen auf den Diskurs über Mobile Solutions und auf neue Methoden der Anforderungsermittlung einzulassen. Ich danke allen ProjektpartnerInnen für das konstruktive Miteinander, das mich dazu ermutigt hat, im-mer wieder die Perspektive zu wechseln. So konnte ich durch das Hin und Her zwischen Technikzentrierung und Anwendungsorientierung zu einem BenutzerInnen-fokussierten Blick auf die Technik, den Technikgestaltungsprozess und die Methodik der Anforderungser-mittlung gelangen. Weiter gilt mein Dank meinen KollegInnen, MitarbeiterInnen, PraktikantInnen und stud. Hilfskräften sowie meinen FreundInnen, die mir jeweils auf ihre Art und mit ihrem jeweiligen Fachwissen zur Seite gestanden und mich so aktiv bei der Durchführung meiner Unter-suchungen und der Erstellung der vorliegenden Arbeit unterstützt haben, sei es durch Zu-spruch, Unterstützung und Beratung bei der Gestaltung und Formatierung, Durchführung von Recherchen oder durch die fachliche Diskussion, in der ich meine Argumentation schärfen konnte. Hierfür danke ich besonders Prof. Dr. Jörg Pflüger.

Ingrid Rügge

# Inhaltsverzeichnis

X

# Abbildungsverzeichnis

# Tabellenverzeichnis

# 1 Einleitung

Mobile informations- und kommunikationstechnische Lösungen für den professionellen Einsatz werden durch die Miniaturisierung von Computertechnologie, durch eine großflächige drahtlose Vernetzung, durch die Integration verschiedener Netztechnologien und durch eine effektivere mobile Stromversorgung ermöglicht und getrieben. Dass sie noch keinen nennenswerten Marktanteil haben, sondern bisher weitestgehend als Prototypen und Demonstratoren existieren, ist aus der technischen Perspektive verwunderlich. Die vorliegende Arbeit geht den Ursachen hierfür auf den Grund. Ausgehend von der Untersuchung bereits vorhandener technologischer Komponenten und realisierte Lösungsansätze und durch die Gegenüberstellung der technischen Artefakte mit den Anforderungen aus den potenziellen Anwendungsbereichen wird eine erste Systematisierung jener Faktoren vorgenommen, die die Entwicklung und den Einsatz von mobilen, tragbaren, informations- und kommunikationstechnologischen Systemlösungen (kurz: mobile IKT-Lösungen oder einfach „mobile Lösungen") maßgeblich beeinflussen und ihren Erfolg bestimmen werden. Folgende untersuchungsleitende Thesen wurden bei der Befassung mit dem vorhandenen Material aufgestellt und werden in der vorliegenden Arbeit mit Argumenten und Beispielen validiert:

- Die Eigenschaften von „mobilen Tätigkeiten" sind das Maß für mobile informations- und kommunikationstechnologische Lösungen. Bei derartigen Tätigkeiten liegt die Aufmerksamkeit der BenutzerIn auf der Erledigung ihrer realweltlichen, häufig physischen Aufgaben und nicht auf der Benutzung eines Computersystems. Darüber hinaus handelt es sich bei der BenutzerIn – zumindest in der europäischen Arbeitswelt – in der Regel um eine für ihre spezifische Tätigkeit qualifizierte Person, die zur Bewältigung ihrer Aufgaben Erfahrung benötigt und für deren Tätigkeit ein gewisses Maß an Informationen, Datenerfassung und/oder Kommunikation erforderlich ist.

- Bei der bisherigen Entwicklung von mobilen Lösungen wurde selten von der Tätigkeit ausgegangen, die durch mobile Informations- und Kommunikationstechnologien unterstützt werden soll, sondern es wird vor allem von vorhandenen und/oder von leicht zu entwickelnden Technologien aus gedacht. Dies hat dazu geführt, dass zwar eine Vielzahl technologischer Komponenten für die mobile Unterstützung von Tätigkeiten zur Verfügung steht, eine Integration zu einer konsistenten Gesamtlösung jedoch nicht erfolgt ist.

- Diese „unangepasste" Entwicklung mobiler technologischer Komponenten hat dazu geführt, dass diese Komponenten und Systeme noch keinen Eingang in den Markt gefunden haben. Deshalb kann kein nennenswerter Absatz der Produkte und auch keine Nachfrage festgestellt werden, so dass einige der bereits realisierten Komponenten bereits wieder vom Markt verschwunden sind, ohne dass ihr Potenzial für die Umsetzung und Etablierung mobiler Lösungen ausgeschöpft werden konnte.

- Der Erfolg von mobilen IKT-Lösungen wird nicht allein von der Hardware, der Software oder der Organisation von Arbeit beeinflusst, sondern durch eine geeignete Kombination aller Aspekte. Aus dieser kombinatorischen Vielfalt resultiert eine Komplexität bei der Entwicklung mobiler Lösungen, die immer wieder zu Designkonflikten führt, die nicht allein von DesignerInnen bzw. EntwicklerInnen aufgelöst werden können.

- Ein bedeutender Faktor für den Erfolg mobiler IKT-Lösungen ist die Energieversorgung mobiler Endgeräte und Komponenten. Er könnte sich als das entscheidende Kriterium für die Güte und Einsetzbarkeit mobiler Lösungen entpuppen. Zum Bedarf an der Entwicklung neuer, leistungsstarker mobiler Energiequellen kommt der Bedarf nach energiesparenden Prozessoren und nach ressourcenschonendem Einsatz und der Entwicklung von Software hinzu.

- Ein weiteres wichtigstes Erfolgskriterium ist die organisatorische und technische Integration mobiler IKT-Lösungen in den umgebenden computergestützten Arbeitsprozess.

- Der Einsatzbereich, für den eine mobile Lösung realisiert werden soll, und die konkreten Nutzungsbedingungen im Anwendungsumfeld bestimmen die konkrete Ausprägung der einsetzbaren Technik. Das bedeutet nicht, dass es nur anwendungsspezifische Lösungen geben kann, es bedeutet vielmehr, dass in einem – technologisch gesehen – vielfältigen Lösungsraum die NutzerInnen-Perspektive das entscheidende Eingrenzungskriterium für die Güte der mobilen Lösung sein wird.

- Die Gestaltung der Mensch-Computer-Interaktion, die die Berührungsfläche zwischen Mensch und Technik realisiert, wird somit ein weiterer zentraler Faktor für den Erfolg mobiler IKT-Lösungen sein. Deshalb ist eine konsequente Einbeziehung der Hardware in den Gestaltungsspielraum erforderlich.

- Um die Angemessenheit einer mobilen Lösung beurteilen zu können, bedarf es neuer Methoden der Anforderungsermittlung und auch neuer Methoden der Evaluation, die der Mobilität der Tätigkeiten und der Technologien Rechnung tragen. Die aus der bisherigen Technikgestaltung und aus dem Usability-Engineering bekannten Verfahren und Herangehensweisen sind nur begrenzt anwendbar.

Die vorliegende Arbeit behandelt mobile IKT-Lösungen nicht auf der Ebene übergeordneter Leitbilder, Bedienparadigmen oder Begriffskontroversen, sondern wählt eine pragmatische Anwendungsperspektive. Der thematische Fokus liegt auf der Untersuchung der Entwicklung und Nutzung von mobilen IKT-Lösungen für Arbeits- und Geschäftsprozesse, die vorwiegend aus „realen" Aufgaben in der gegenständlichen Welt bestehen, und die deshalb nicht durch symbolische Modelle ersetzt werden können. Vernachlässigt werden dabei mobile Lösungen für Konsumenten sowie das weite Feld der am Schreibtisch auszuführenden Aufgaben. Im Mittelpunkt steht die Auseinandersetzung mit Ansätzen zur informations- und kommunikationstechnologischen Unterstützung von mobilen Arbeitstätigkeiten für die das Primat der „eigentlichen" Aufgabe gilt. Es interessierten vor allem die bereits verfügbaren technologischen Komponenten, die realisierten technischen Lösungen, die an diesen mobilen IKT-Lösungen zu beobachtenden Nutzungsprobleme sowie ein alternativer Weg, der beschritten werden kann, um zu angemessenen und wirtschaftlich relevanten mobilen IKT-Lösungen zu gelangen. In diesem Sinne weist die vorliegende Arbeit auch auf offene Forschungsfragen und bisher unbeachtete oder vernachlässigte Themenfelder hin.

## 1.1 Motivation

Meine erste Berührung mit arbeitsplatzverändernder Informationstechnik hatte ich bereits vor und außerhalb der Informatik: Vor meinem Informatikstudium arbeitete ich 10 Jahre als Facharbeiterin in der Druckindustrie, bis der Einsatz von Computertechnologie dafür sorgte, dass meine Arbeitstätigkeit auf die Bedienung von Scannern unter enormem Zeitdruck reduziert wurde. Meine Konsequenz aus dieser Veränderung meiner Arbeitstätigkeit war das Studium jener Wissenschaft, die meine ursprüngliche Arbeit so nachhaltig verändert hatte. Eine Annäherung an die Gestaltung der Berührungsfläche zwischen Mensch und Computersystem fand während meines Informatikstudiums statt, als ich ein Interesse für das Forschungsgebiet „Künstliche Intelligenz" entwickelte. In einem studentischen Projekt, das in Bremen integraler Bestandteil des Studiums ist und zwei Jahre gemeinsamer Arbeit an einem Themenkomplex beinhaltet, sowie in meiner anschließenden Diplomarbeit befasste ich mich mit der Verwendung von natürlicher Sprache für die Interaktion zwischen Mensch und Computer, d.h. mit den Möglichkeiten und Grenzen eines technologisch realisierten Sprachverstehens. Nach meinem Studium widmete ich meine Aufmerksamkeit einem Ansatz der gegenständlichen Modellierung und der Anreicherung der realen Welt mit Computertechnologie im Rahmen des „RealReality"-Ansatzes [Bru93], der von Prof. Dr. Wilhelm Bruns und seiner Arbeitsgruppe im Forschungszentrum artec der Universität Bremen als Gegenpol zum Virtual Reality-Paradigma entwickelt wurde. In dieser Zeit versuchte ich mich an der Entwicklung einer konkreten, realitätsorientierten gegenständlichen Mensch-Computer-Interaktionsarchitektur für Werkstattrechner. Bei meiner Auseinandersetzung mit dieser Problemstellung bewegte mich die Frage „Für wen, in welchen Situationen und wie am besten?" mehr als die technischen Details der Realisierung einer neuen Benutzungsoberfläche. Aus diesen Überlegungen heraus und aus meinen bis dato gewonnen Einblicken in reale Arbeitsprozesse jenseits von Tätigkeiten im Büro entstand meine Überzeugung, dass die nächste Generation von Computersystemen mobil einsetzbare, am Körper tragbare informations- und kommunikationstechnische Systemlösungen sind, die dazu eingesetzt werden, den für seine Tätigkeit ausgebildeten Menschen in seiner täglichen Arbeit unaufdringlich und in seiner Kompetenz zu unterstützen. So kam es, dass ich mich in meiner bisher letzten Phase meines Wegs intensiv mit mobilen IKT-Lösungen für den Einsatz in Arbeitsprozessen jenseits der Schreibtischarbeit befasste.

3

## 1.2 Anlage der Arbeit

Die vorliegende Arbeit basiert auf den langjährigen Erfahrungen mit der Berührungsfläche zwischen Mensch und Computer im Sinn von Brenda Laurel [Lau90]: „Ein Interface ist die Kontakt-Oberfläche zu einer bestimmten Sache. Unsere Welt ist voll davon. Ein Türgriff ist das Interface zwischen einer Person und einer Tür. Lenkrad, Gaspedal, Kupplung und die Instrumente im Armaturenbrett sind Interfaces zwischen Fahrer und Auto. Ein Raumanzug ist das Interface zwischen einem Astronauten und dem All." (übersetzt von Manfred Waffender in [Lau91], S.47). Sie zielt auf die Frage nach einer angemessenen Gestaltung dieser Berührungsfläche zwischen dem mobil tätigen Menschen und der ihn unterstützenden mobilen Technik sowie auf die aus diesem Spannungsfeld resultierenden Implikationen.

Es wird hier zwar ein anwendungsbezogener Designeinsatz vertreten, doch die Vorgehensmethode beginnt nicht wie üblich mit der Erfassung der Problemstellung im Anwendungsbereich und mit der Analyse der dort vorhandenen Gegebenheiten, um danach eine technische und organisatorische Lösung vorzuschlagen, zu bewertet, zu entwickelt, zu testen, zu verbessern und einzusetzen und schließlich mit der Evaluation des Einsatzes zu enden. Mit einer solchen „idealen" Vorgehensweise von der Anwendung zur Techniklösung könnte nur ein sehr enges Spektrum von Einsatzpotenzialen und Technologien für mobile IKT-Lösungen behandelt werden. Deshalb beginnt die Arbeit mit einer breiter angelegten kritischen Sichtung vorhandener Technikgestaltungskonzepte und Hardware-getriebener mobiler Lösungen. Es werden zunächst die Eigenschaften der vorhandenen Technik mit Blick auf ihre Einsatzpotentiale und ihre offensichtlichen Nutzungsprobleme untersucht. Diese ermittelten Eigenschaften werden im Anschluss an eine Potenzialanalyse dem empirisch ermittelten konkreten Bedarf mobiler Anwendungsbereiche gegenüber gestellt, um Lösungsdimensionen für die ermittelten Defizite zu diskutieren und offene Forschungsfragen zu identifizieren.

Ein besonderes Augenmerk der vorliegenden Arbeit liegt auf den Nutzungskontexten von mobilen IKT-Lösungen. Es wird eine Wechselwirkung zwischen Technologie und Einsatzbereich angenommen, so dass bei der Darstellung der Technik immer auch schon Bezüge zum möglichen Einsatz hergestellt werden, die zu einem späteren Zeitpunkt – bei der Beschreibung der ermittelten Einsatzpotenziale – wieder aufgegriffen und weiter vertieft werden.

In diesem *ersten Kapitel* erläutere ich die Beweggründe für Wahl und Ausrichtung des Themas. Die Anlage der Arbeit wird beschrieben, die Ausgangspunkte und Voraussetzungen und die zentralen Thesen werden benannt, anhand derer die im Weiteren beschriebenen Untersuchungen erfolgten. Die Thesen standen nicht vor aller Befassung mit dem Thema fest, sondern haben sich im Laufe der Zeit durch die Bearbeitung des Materials als relevant und forschungsleitend heraus kristallisiert. In den anschließenden Kapiteln werden die aufgestellten Thesen mit den zusammengetragenen und ausgewerteten Materialien verifiziert, um am Ende der Arbeit zu den möglichen Konsequenzen aus den Thesen zu gelangen.

Im *zweiten Kapitel* wird das Untersuchungsspektrum der „mobilen Tätigkeit" dargelegt, das die grundlegenden Charakteristika von Aufgaben beschreibt, die mit mobilen IKT-Lösungen unterstützt werden können.

Im *dritten Kapitel* werden die mobile Lösungen betreffenden und sie beeinflussenden übergeordneten Leitkonzepte und Paradigmen der Technikgestaltung beschrieben. Der Fokus dieser Beschreibung liegt auf dem im jeweiligen Konzept angelegten Ansatz der Interaktion zwischen Mensch und Technik und der für mobile IKT-Lösungen relevanten Aspekte des betrachteten Konzepts.

Im *vierten Kapitel* werden direkt im Anschluss die besonderen Charakteristika von mobilen informations- und kommunikationstechnologischen Systemlösungen skizziert. Die drei Perspektiven *Arbeitsprozess, Interaktion, Technologie* bestimmen, jeweils mit unterschiedlicher Gewichtung, die Inhalte der folgenden Kapitel.

Im *fünften Kapitel* wird das Ergebnis der Bestandsaufnahme verfügbarer technischer Komponenten dargestellt. Dazu gehören vor allem mobile Rechner, die Vernetzungsinfrastruktur, mobil einsetzbare Ein- und Ausgabegeräte sowie grundlegende Software-Aspekte, die für mobile Lösungen relevant sind. Auf spezielle Applikationen wird erst im anschliessenden Kapitel im Rahmen der Vorstellung von Komplettlösungen eingegangen. Die verfügbaren Komponenten für mobile IKT-Lösungen werden beschrieben, ihre Einsatzbedingungen werden diskutiert und die beobachtbaren Nutzungsprobleme werden dargestellt.

Im *sechsten Kapitel* werden eingesetzte oder prototypisch verfügbare Gesamtsysteme beschrieben, die als Realisierung einer mobilen IKT-Lösung bereits vorhanden sind und sich der im Kapitel fünf beschriebenen Komponenten bedienen. Es wird ein Überblick gegeben über mobile Lösungen für die bisher identifizierten Einsatzbereiche. Exemplarisch vertieft werden mobile IKT-Lösungen für die Instandhaltung und für das Gesundheitswesen. Anschließend werden die sektorübergreifenden Gemeinsamkeiten mobiler Lösungen herausgearbeitet. Es wird auf die Nutzungsprobleme der gewählten Technologiekomponenten hingewiesen.

Im *siebten Kapitel* werden die Nutzungspotenziale mobile IKT-Lösungen für mobile Tätigkeiten untersucht, um den zuvor beschriebenen technologischen Realisierungen konkrete Anforderungen aus den Einsatzbereichen gegenüber zu stellen. Die Anforderungen und der daraus resultierende Nutzungskontext wurden in Interviews mit potenziellen NutzerInnen ermittelt, die Ergebnisse der Auswertung dieser qualitativen, explorativen Interviews und der durchgeführten Veranstaltungen werden dargestellt. Eingenommen wird bei der empirischen Untersuchung ein anwendungs- und nutzerInnenzentrierter Standpunkt, der von dem zuvor beschriebenen technischen Hintergrund beeinflusst ist und auf die Bedingungen der Nutzung fokussiert.

Im *achten Kapitel* werden die identifizierten Nutzungspotenziale und die ermittelten Anforderungen den in Kapitel sechs beschriebenen realisierten anwendungsspezifischen Gesamtsystemen gegenüber gestellt. Die Diskrepanzen zwischen der technischen und der arbeitsprozessbedingten Realität mobiler Lösungen werden als Problemfelder identifiziert. Im

Anschluss werden die ermittelten Bedarfe vor dem Hintergrund der festgestellten mehrdimensionalen Wechselwirkung zwischen zu unterstützender Aufgabe und gewählter Technologie dargestellt und es werden Lösungsansätze heraus gearbeitet.

Im *neunten Kapitel* werden die Ergebnisse der Arbeit im Hinblick auf die eingangs formulierten Thesen zusammengefasst. Es wird ein Komponentenkonzept für die zukünftige Entwicklung mobiler Lösungen vorgeschlagen und eine dialogische Form des interdisziplinären, partizipativen Technikentwicklungsprozesses.

# 2  Untersuchungsspektrum mobile Tätigkeiten

Eine konkrete und detaillierte Vorstellung vom Begriff der „mobilen Tätigkeit" ist die Voraussetzung für das Verständnis der Besonderheiten, die mobil einzusetzende Informations- und Kommunikationstechnologien realisieren müssen, um Innovationspotenziale zu eröffnen und neue Einsatzbereiche angemessen bedienen zu können. Die Bandbreite mobiler Tätigkeiten reicht von Tätigkeiten in und außerhalb der Arbeitswelt über an einen Ort gebundene Tätigkeiten und Tätigkeiten in der Bewegung bis hin zu Tätigkeiten mit und ohne Technikunterstützung.

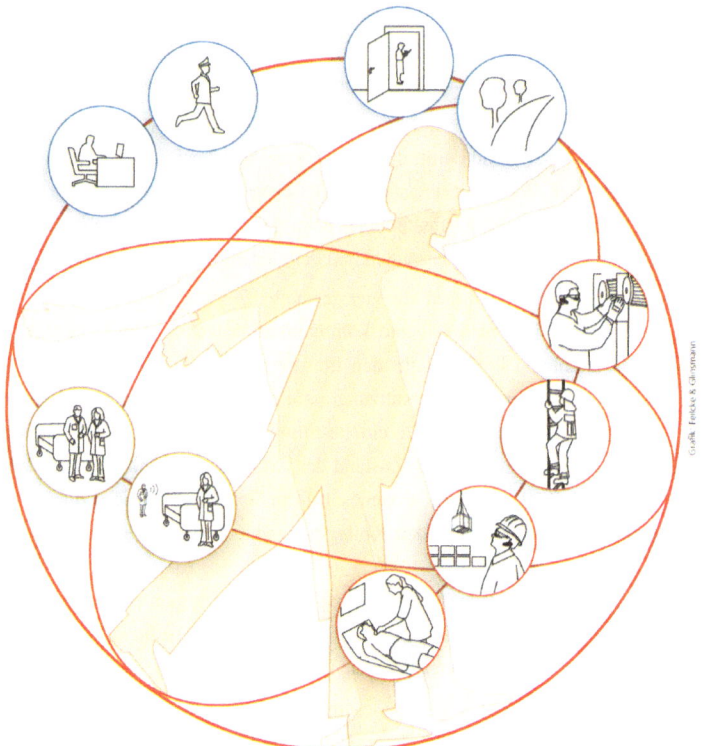

Abb. 1: Das Spektrum mobiler Tätigkeiten (Bild: MRC)

Im Zentrum der Betrachtung steht hier der arbeitstätige Mensch, der Aufgaben jenseits der Bürotätigkeit hat, der Kenntnisse und Fähigkeiten erlernt hat, der über einen eigenen Stil sowie über Gewohnheiten und Erfahrungswissen verfügt, der Werkzeuge und Materialien benutzt, Informationen vor Ort benötigt, Messungen vornehmen oder während seiner Tätigkeit und in der Bewegung seine Arbeitsschritte dokumentieren muss.

Unter der Bezeichnung „mobile Tätigkeit" werden deshalb vor allem von Menschen ausgeführte (Teil-)Aufgaben und Arbeitsprozesse verstanden, die mehrere der folgenden *grundlegenden Eigenschaften* haben:

- Eine mobile Tätigkeit wird in der Bewegung ausgeführt, z.b. Kommissionierung, Bewachung, landwirtschaftliche Bewirtschaftung.
- Eine mobile Tätigkeit findet an wechselnden Einsatzorten statt, z.b. Wartung und Instandsetzung von Schiffen, die nicht in einem Hafen liegen, Straßen- und Leitungsinspektion, Inbetriebnahme und Wartung von Industrieanlagen sowie Krisenmanagement, ambulante Pflege.
- Eine mobile Tätigkeit wird an einem Ort, aber an wechselnden sowie großen oder weitläufigen Objekten durchgeführt, z.B. Inspektion von Fahrzeugen, Wartung von Flugzeugen im Hangar, Lagerverwaltung, Produktion in weitläufigen Werkshallen sowie in Operationssälen.
- Die primäre Aufgabe und damit die Aufmerksamkeit der BenutzerIn ist in der realen gegenständlichen Welt verortet, z.B. beim Reparieren, Messen, Prüfen von mechanischen Teilen und beim Festhalten oder beim Arbeiten in dynamischen Umgebungen sowie beim Tragen von Gegenständen und bei medizinischen Tätigkeiten.

Manche mobilen Tätigkeiten umfassen alle vier genannten Aspekte. Nicht jede dieser mobilen Tätigkeiten bedarf einer informations- und kommunikationstechnischen Unterstützung. Der Bedarf und das tatsächliche Potenzial für den Einsatz mobiler, tragbarer Informations- und Kommunikationstechnologien zur Unterstützung mobiler Arbeitstätigkeiten sind im Einzelfall zu prüfen, z.B. dort, wo immer wieder ein bestimmter vorgegebener Ablauf eingehalten werden muss, wo das Vorgehen und der Zustand des Arbeitsgegenstands genau dokumentiert wird, oder wo der Zugriff auf umfangreiches Informationsmaterial oder die multimodale Kommunikation mit entfernt arbeitenden KollegInnen die Arbeit vor Ort beschleunigt und verbessert.

Über die oben genannten Eigenschaften hinaus haben mobile Tätigkeiten, für die mobile IKT-Lösungen zur Unterstützung eingesetzt werden können, folgende *zusätzliche Charakteristika*, die hier anhand von Beispielen erläutert werden:

- Die mobile Tätigkeit ist in einen Gesamtarbeitsprozess eingebunden, der eine enge Zusammenarbeit in einem verteilt arbeitenden Team und den Austausch von Informationen zwischen den Teammitgliedern erfordert, z.B. Expertenkonsultation bei der Inbetriebnahme von technischen Anlagen oder bei Notfall- bzw. Katastropheneinsätzen.
- Für die Ausübung der mobilen Tätigkeit sind (aktuelle) Informationen direkt am Ort des Geschehens erforderlich (sei es der informierende Zugriff und/oder die Aufnahme von Daten sowie die Verarbeitung der erfassten Daten vor Ort), z.B. das Nachschlagen

in Handbüchern, das Durchführen von Messungen und ihre sofortige Analyse, die Dokumentation der durchgeführten Arbeiten.

- Die Umgebungs- und Arbeitsbedingungen erlauben keinen Einsatz herkömmlicher Computersysteme, z.b. weil der Ort schmutzig ist, die Umweltbedingungen sich ständig verändern, es keine Ablagemöglichkeiten gibt, Schutzkleidung getragen wird oder die Hände für andere Aufgaben als die Bedienung eines Computersystems benutzt werden und der Arbeitsort nicht mit einer entsprechenden informations- und kommunikationstechnischen Infrastruktur ausgestattet ist und auch nicht ausgestattet werden kann.

- Der mobile Arbeitsprozess ist Teil eines umfassenderen, bereits elektronisch unterstützten Arbeitsprozesses, z.b. beim Bau von Schiffen oder Flugzeugen, bei der Inspektion von Produktionsanlagen oder bei der ambulanten Versorgung von Kranken, wo Zeichnungen und Einsatzpläne bereits elektronisch erstellt werden.

Arbeiten, die im Büro und insbesondere am Schreibtisch anfallen, werden hier nicht als mobile Tätigkeiten aufgefasst, auch wenn einige der genannten Merkmale ebenfalls für Büroarbeit gelten können. Bürotätigkeiten werden auch dann nicht als mobile Tätigkeiten verstanden, wenn sie z.b. im Zug oder im Hotelzimmer an einem entsprechenden Computersystem (z.b. Notebook) geleistet werden. Derartige Arbeitsplätze werden als „nomadisches" oder als „mobiles Büros" bezeichnet; die eingesetzten Geräte sind zwar „portable", aber nicht „wearable" im Sinne des Anziehens vom Technik. Ich bezeichne diese Art von Tätigkeiten als „stationäre Tätigkeiten" und vernachlässige sie in der vorliegenden Arbeit aus zwei Gründen: Zum einen, weil es bereits zahlreiche portable Büroarbeitsplätze gibt und diese Art von Tätigkeiten seit Jahrzehnten mit Informations- und Kommunikationstechnik – gestaltet nach den Richtlinien des Paradigmas „Desktop Computing" – unterstützt werden. Verbesserungen der eingesetzten Systeme mögen wünschenswert sein und es gibt in diesem Bereich auch zahlreiche Forschungs- und Entwicklungsansätze, doch würde – und damit komme ich zum zweiten Grund – die Berücksichtigung dieses Anwendungsbereichs den Blick auf jene mobilen Tätigkeiten verstellen, die auch zukünftig nicht am Schreibtisch – oder an einem portablen Schreibtischarbeitsplatz – ausgeführt werden können: z.b. Inspektion von Schiffen, Flugzeugen, Straßen, Katastropheneinsätze, ambulante Pflege.

Unter dem Begriff der mobilen Tätigkeit könnte man auch Tätigkeiten fassen, die in einem Fahrzeug möglich sind, also z.b. das Finden eines Wegs, die Unterhaltung von Kindern auf dem Rücksitz eines PKWs oder die vorausschauende Beobachtung des Verkehrs. Doch auch diese Einsatzbereiche von Informations- und Kommunikationstechnik werden in dieser Arbeit vernachlässigt, da der Mensch in Bezug auf das Fahrzeug als stationär betrachtet werden kann und die eingesetzte Technologie in das Fahrzeug integriert werden würde. An dieser Stelle beginnt allerdings die Grenze des Begriffs der mobilen Tätigkeit zu verwischen, denn Stewardessen, die auf einem Schiff oder in einem Flugzeug Dienst tun, üben sehr wohl eine mobile Tätigkeit aus, allerdings nicht aufgrund der Tatsache, dass sich das Verkehrsmittel bewegt, sondern weil sie selbst ständig – innerhalb des Verkehrsmittels – in Bewegung sind und dabei ihren beruflichen Aufgaben nachgehen.

Bisher wurde Computertechnologie in der Automatisierungstechnik und für eine Vielzahl von Bürotätigkeiten konzipiert und häufig auch erfolgreich eingesetzt. E-Commerce bzw. E-Business sind die aktuellen Schlagworte für die Durchdringung des Handels und der Dienstleistungen mit Computertechnologie, E-Government das entsprechende Pendant für die öffentliche Verwaltung bzw. die Aufgaben von Ämtern. Auch der private Bereich ist durchdrungen von dieser Technologie. Auch wenn der Eindruck besteht, es sei schon alles „computerisiert", was man sich nur vorstellen kann, so gibt es dennoch weitere Bereiche, die bisher nicht informations- und kommunikationstechnisch unterstützt werden konnten. Das sind in erster Linie Bereiche, die sich der Automatisierung entziehen und keine Schreibtischtätigkeiten sind, wie die oben genannten Beispiele andeuten. Es sind Tätigkeiten, die die Kompetenz und die Erfahrung von Menschen erfordern, und es sind Bereiche, die in der realen, gegenständlichen Welt situiert sind und nicht ins Virtuelle verlagert werden können. Ein Beispiel zur Veranschaulichung: Auch wenn es in der Theorie menschenleere Hochregallager oder Fabriken und automatische Diagnosesysteme gibt und auch wenn Warenwirtschaftssysteme den Warenfluss auf der symbolischen Ebene vollständig begleiten, so ist es in der Praxis doch immer noch erforderlich, dass Menschen diese hochkomplexen Einrichtungen kontrollieren und instand halten oder mit Waren bestücken. Zur Unterstützung dieser Arbeiten können mobile Lösungen wiederum ein geeignetes Instrumentarium sein.

Es gibt einen weiteren sehr großen Bereich von Aktivitäten, die man den mobilen Tätigkeiten zurechnen könnte. Das sind Freizeitaktivitäten , die u.a. mit Unterhaltungselektronik, Mobiltelefonen und so genannten Consumer-Anwendungen informations- und kommunikationstechnisch unterstützt werden. Dieser Bereich wird in der vorliegenden Arbeit ebenfalls vernachlässigt, da hier so gut wie alles denkbar und möglich und nichts zu exotisch ist, um es dennoch als potenzielle mobile Lösung zu untersuchen. Um mobile Freizeitaktivitäten mit Informations- und Kommunikationstechnik zu unterstützen, müssten ethnologische, kulturelle und soziologische Untersuchungen sowie psychologische Studien gemacht und Marktforschung betrieben werden. Das wird an anderer Stelle z.B. von den Mobilfunkanbietern mit großem wirtschaftlichem Interesse und finanziellem Engagement getan und auch wissenschaftlich untersucht (vgl. z.B. [Pic05]), deshalb wurde dieser Einsatzbereich für mobile Lösungen in der vorliegenden Arbeit ausgespart. Die Erkenntnisse aus dem Konsumenten-Bereich werden nur insoweit heran gezogen, wie sie für die Untersuchung der betrachteten mobilen Arbeitstätigkeiten jenseits der Schreibtischarbeit dienlich sind.

Mobile Tätigkeiten im eingangs beschriebenen Sinne sind in einer Vielzahl von Anwendungsbereichen und Branchen zu finden. In Kapitel sechs und sieben werden eine größere Anzahl von Beispielen mobiler Tätigkeit dargestellt. Über die konkreten Anwendungsbereiche hinweg gibt es jedoch auch mobile Aufgaben, die zwar nicht in jeder Branche auftreten und nicht überall die gleiche Relevanz haben, die jedoch generalisierbar sind und mit mobilen Informations- und Kommunikationstechnologien unterstützt werden können. Dazu gehören vor allem:

- Bildung, Training, Instruktion „on the job"

- Kommunikation und Kooperation: synchroner oder asynchroner Dialog zwischen einzelnen Personen oder größeren Teams

- Dokumentation: Informationsbereitstellung durch Zugriff auf Pläne, Zeichnungen, Handbücher, Reparaturanleitungen usw. aber auch Berichtswesen, d.h. Protokollierung und Berichterstattung

- Messen, Erfassen, Auswerten, Vergleichen und Speichern von Daten jederzeit und an beliebigen Orten

Alle hier skizzierten Charakteristika mobiler Tätigkeiten formulieren implizit Anforderungen an die einzusetzenden Informations- und Kommunikationstechnologien. Um diese Anforderungen explizit zu benennen, und um das aus ihnen resultierende neue Paradigma der mobilen IKT-Lösungen von den vorhandenen Paradigmen der Technikgestaltung abzugrenzen, werden im folgenden Abschnitt die für eine Einordnung bzw. Abgrenzung wichtigen Paradigmen und die für mobile Lösungen relevanten Aspekte dieser Paradigmen skizziert, um im Anschluss daran die besonderen Eigenschaften des Konzepts der mobilen informations- und kommunikationstechnischen Lösungen im Detail darzustellen.

## 2.1 Forschungsstand

Der beschriebene Aufbau und die skizzierten Inhalte der vorliegenden Arbeit lassen bereits erkennen, dass es in den Untersuchungen und Analysen sowie bei den daraus resultierenden Ergebnissen vor allem um Aspekte der Mensch-Computer Interaktion (HCI) gehen wird. Obwohl der Forschungsbereich HCI ein breites, intensiv beforschtes Gebiet ist, liegen bisher wenige Untersuchungen und noch weniger Ergebnisse ([Akz02], [Bab99a/b], [Bab01], [Bod03], [Dah04], [Gem98], [Kni02], [Lyo01], [Lyo04], [Ste98]) vor, die mobile IKT-Lösungen als Untersuchungsgegenstand behandeln. Die überwiegende Mehrheit vorhandener HCI-Studien gelten Arbeiten mit und am DesktopPC oder den Bedienoberflächen von computergesteuerten Industrieanlagen. Sie gehen davon aus, dass die primäre Aufmerksamkeit der BenutzerIn gänzlich der Benutzung des Computersystems zur Verfügung steht. Wie im Folgenden noch dargelegt werden wird, trifft aber genau diese Voraussetzung beim Einsatz mobiler Lösungen für mobile Tätigkeiten nicht zu, so dass die bereits erzielten Ergebnisse nur schwer übertragbar sind. Die Methoden und Richtlinien der HCI Forschung müssen alle unter einer veränderten Perspektive – der „mobilen Brille" – neu bewertet und angepasst werden. Ein weiterer Grund für die fehlende Übertragbarkeit existierender Ergebnisse der HCI-Forschung auf mobile Lösungen ist, dass alle durchgeführten Studien unter Laborbedingungen gemacht wurden, die bei einer „stationären" Aufgabe leicht zu kontrollieren sind. Mobile Lösungen werden jedoch immer unter dynamischen Bedingungen eingesetzt und dafür gibt es bisher noch kein geeignetes Beobachtungs- und Bewertungsinstrumentarium. Die vorliegende Arbeit gibt Hinweise darauf, wo derartige Defizite zu beobachten sind und legitimiert so eine alternative Herangehensweise sowohl für die Anforderungsermittlung als auch für die Evaluation der durch Technikeinsatz erzielten Ergebnisse. Als Zielgruppen für die Nutzung der Ergebnisse der vorliegenden Arbeit sind zwei spezielle Gruppen jenseits der wissenschaftlichen Community:

- Technologie-EntwicklerInnen, denen Hinweise an die Hand gegeben werden sollen, anhand derer sie zu mobilen IKT-Lösungen gelangen können, die von AnwenderInnen und NutzerInnen auch akzeptiert werden.

- AnwenderInnen und BenutzerInnen, die motiviert und in die Lage versetzt werden sollen, aktiv bei der Identifikation und Realisierung von mobilen IKT-Lösungen in und für ihren Anwendungsbereich mitzuwirken.

# 3 Mobile IKT-Lösungen im Spannungsfeld übergeordneter Leitkonzepte und Interaktionsgestaltungsparadigmen

„Mobile, tragbare informations- und kommunikationstechnologische Lösungen" ist kein Begriff, der bereits eindeutig definiert wäre. Um dennoch in konsistenter Weise über mobile IKT-Lösungen sprechen zu können, werden im Folgenden die zur Einordnung und Abgrenzung dieses anwendungsorientierten Konzepts in die vorhandene Begriffswelt benötigten Konzepte eingeführt: Desktop Computing, Mobile Computing, Virtual Reality, Mixed Realities, Ubiquitous Computing und Wearable Computing. Da auch die Bedeutung dieser Begriffe nicht wohldefiniert ist und die vorliegende Arbeit keinen Beitrag zur Ebene der Begriffskontroverse liefern soll, sondern eine pragmatische Anwendungsperspektive einnimmt, werden hier nur jene Aspekte dieser Konzepte herausgegriffen, die den intendierten Nutzungskontext betreffen und deshalb für die Bewertung vorhandener technologischer Komponenten und die Beschreibung der Interaktionsarchitektur mobiler IKT-Lösungen relevant sind.

Technik wird nach expliziten oder impliziten Leitbildern gestaltet; in vielen Fällen ist sogar beides gleichzeitig der Fall. Mit Leitbildern sind hier die Vorstellungen und Annahmen von EntwicklerInnen gemeint, wie ein zu modellierender Arbeitsprozess abläuft, wie Menschen in bestimmten Situationen handeln und welche mentalen Modelle die zukünftigen BenutzerInnen haben, aber auch die Vorgehensweise bei der Entwicklung von Technik. Aus diesen Leitbildern entstehen Paradigmen, das sind technologieorientierte Vorgaben, wie Anforderungen aus einem bestimmten Bereich zu modellieren sind.

Für die Gestaltung der bekannten PCs und ihrer Peripherie ist das meistbenutzte Leitbild der Schreibtisch (Desktop). Die so genannte „Desktop-Metapher" ist seit mehr als zwei Jahrzehnten das gültige Paradigma der Technikgestaltung für elektronische Schreibtischarbeitsplätze, die nicht integraler Bestandteil z.B. einer Produktionsanlage, eines industriellen Leitstands oder eines Fahrzeugs sind, sondern als stationäre Gerätschaft die Arbeitsplätze in den Büros oder privaten Haushalten dominieren. Sie werden von Menschen direkt und unmittelbar benutzt und verfügen deshalb immer über eine Berührungsfläche zwischen Mensch und Computer. Im Bereich des Desktop Computing spricht man von „Benutzungsoberfläche[1]" und meint damit die für die Benutzung des Computers gestalteten Moglichkeiten der Interaktion. Parallel zu diesem Paradigma der Technikgestaltung haben sich andere entwickelt. Zu nennen sind hier beispielsweise *eingebettete Systeme* und die Produkte der Mikroelektronik, die unsichtbarer aber integraler Bestandteil so gut wie aller heutigen elektrischen und elektroni-

---

[1]    Ich verwende „Benutzungsoberfläche" stellvertretend für andere gleichbedeutende Bezeichnungen wie „Benutzungsschnittstelle", „Bedienschnittstelle"; „User Interfaces" und „Interfaces".

schen Geräte und Anlagen sind, z.B. im Auto, im Fotoapparat, in der Mikrowelle und auch in großtechnischen Anlagen und Leitständen. Auf diese integrierten Technologien sowie auf Automatisierungstechnologien und auf die Paradigmen ihrer Gestaltung wird in der vorliegenden Arbeit nicht eingegangen, da eingebettete Systeme vor allem an die sie umgebende Technik angepasst werden und BenutzerInnen gegenüber nicht in Erscheinung treten. Ihre Gestaltung ist wichtig, ihre Gestalt spielt für die Untersuchung von Nutzungspotenzialen mobiler Lösungen jedoch nur eine nachrangige Rolle[2].

Bekanntester Ausgangspunkt jeder Gestaltung von Benutzungsoberflächen von Computern zur Unterstützung von Menschen in ihrem Arbeitsprozess ist die Desktop-Metapher. Da sie eine so große Verbreitung erfahren hat und allen DesignerInnen von informationstechnischen und mittlerweile auch den EntwicklerInnen von kommunikationstechnischen Systemen bestens geläufig ist, werden neuere oder alternative Gestaltungsansätze immer an diesem Paradigma gemessen. Aus dem Desktop Computing und aus seiner Verbindung mit mobiler Kommunikationstechnologie ist das Konzept des „Mobilen Büros" bzw. des „Mobilen Internets" entstanden, hier als „Mobile Computing" bezeichnet. Da der Schwerpunkt der vorliegenden Arbeit auf mobilen IKT-Lösungen liegt, werden keine Lösungen aus dem Bereich Virtual Reality (VR) dargestellt, da VR stationäre Einrichtungen benötigt. Doch entwickelte sich VR parallel zum Desktop Computing, und viele neuere Ansätze der Technikgestaltung wurden in bewusster Abgrenzung zu VR entwickelt bzw. benannt. Darüber hinaus fanden einige der für VR entwickelten Technologien Eingang in alternative Ansätze, so dass dieses Paradigma der Vollständigkeit halber hier vorgestellt wird.

In Abgrenzung zu VR – doch unter intensiver Verwendung von VR-Technologien wie z.B. der 3D-Modellierung und Visualisierung – ist das Paradigma der Augmented Reality (AR) entstanden, aus dem wiederum das umfassendere Konzept der „Mixed Realities" hervorgegangen ist. Beide werden hier beschrieben, um ihre Einflüsse bzw. Über-schneidungen mit mobilen IKT-Lösungen zu verdeutlichen. Die „Anreicherung" der realen Welt mit computergenerierten Informationen bzw. „computerisierten" Gegenständen ist eben-falls Ziel des Paradigmas „Ubiquitous Computing"[3]. Doch unterscheiden sich Mixed Realities und Ubiquitous Computing in einigen wesentlichen Aspekten, so dass es in diesem Kapitel zu beiden Paradigmen einen eigenen Abschnitt gibt. Wichtig sind mir an dieser Stelle der inten-dierte Nutzungskontext und die entwickelten Technologien und technologischen Komponenten so-wie die Forschungsansätze, die unter den verschiedenen Begriffen forciert werden.

Für jedes der beschriebenen Paradigmen gibt es Kernsätze, eine „reine Philosophie", die bei Ubiquitous Computing z.B. besagt, dass alle Computertechnologien in die Gegenstände des täglichen Gebrauchs, aber vor allem in die Umgebung integriert sind und der (sich bewegen-de) Mensch völlig unbelastet von Technik bleibt. Dieses Ideal wird durch Technologieeinsatz

---

[2]   Zur Gestaltung der Mensch-Maschine-Interaktion bei eingebetteten Systemen in der Produktion siehe
z.B. die Dissertation von Lutz Krauß [Kra03].

[3]   Ich verwende „Ubiquitous Computing" in dieser Arbeit synonym mit „Pervasive Computing" und
„Ambient Intelligence".

14

noch lange nicht erreicht werden. Es ist sogar fraglich, ob dieses Ziel je vollständig erreicht werden kann. Deshalb fokussiert die vorliegende Arbeit weniger auf die langfristige Vision als vielmehr auf die gelebte Praxis und die mittelfristig erreichbaren technologischen Ausprägungen. Diese Sichtweise steht im Widerspruch zu der Definition der TA-Swiss, die „Pervasive Computing" als „Technologievision" auffasst, „die Vision einer zukünftigen Anwendungsform von Informations- und Kommunikationstechnologien (ICT)" ([Hil03], 23). Dort heißt es weiter „Es handelt sich also nicht um eine neue Technologie, sondern um eine stärkere Durchdringung des Alltags mit existierenden Technologien, die sich allerdings noch stark weiterentwickeln werden." In diesem Punkt gehe ich konform mit der Annahme der Studie. Ein wesentlicher Teil der zukünftigen Entwicklungen im Bereich mobiler Informations- und Kommunikationstechnologien, das wird die vorliegende Arbeit im Folgenden zeigen, wird aus einer neuartigen Kombination vorhandener Technologien und Technikkomponenten bestehen. Es deutet sich an, dass durch diese Kombination und durch die neuen Anforderungen aus den mobilen Einsatzsituationen ein neues Paradigma der Technikgestaltung hervorbringen wird. Ich benutze für diese neuen systemischen Ansätze die Bezeichnung „mobile IKT-Lösung" oder kurz "mobile Lösung".

## 3.1 Desktop Computing

Die Desktop-Metapher ist das bekannteste und am weitesten verbreitete Paradigma der Gestaltung von Benutzungsschnittstellen von Einzelplatzrechnern, den so genannten PCs. Gestaltet wird die Berührungsfläche zwischen Mensch und Maschine, d.h. die Ebene der expliziten Interaktion zwischen Mensch und Computer [Lau90]. Die heute massenhaft eingesetzten Arbeitsplatzrechner, die auch im Konsumentenbereich benutzt werden, und auch die portablen Varianten, die Notebooks, sind nach der Desktop-Metapher gestaltet. Die Verbreitung, Bekanntheit und die Vertrautheit vieler Menschen in den Industrienationen mit DesktopPCs ist dafür verantwortlich, dass alle neuen Gestaltungsansätze für Benutzungsschnittstellen von Computersystemen an der Desktop-Metapher gemessen werden, sie ist hier die dominante Philosophie. Eine Berücksichtigung der Desktop-Metapher bei der Untersuchung alternativer Gestaltungsansätze ist auch insofern wichtig für die Einordnung und Bewertung dieser Ansätze der Computernutzung und -gestaltung, als im Paradigma des Desktop-Computing Annahmen hinsichtlich der zu unterstützenden Arbeitsprozesse gemacht werden bzw. von Voraussetzungen ausgegangen wird, die für einen Vergleich explizit gemacht werden müssen, um die Besonderheiten neuerer Ansätze deutlich herausarbeiten zu können.

Für die explizite Interaktion zwischen Mensch und Computer benötigt werden Ein- und Ausgabemöglichkeiten, die dem Menschen die Benutzung des Computers überhaupt erst ermöglichen. Als Interaktionsgeräte verwendet werden im Desktop-Computing Bildschirm, Maus und Tastatur sowie je nach Einsatzbereich zahlreiche periphere Geräte wie Drucker, Scanner, Lautsprecher, Mikrofon, Joystick, etc. Die Gestaltung der Benutzungsoberfläche nach der

Desktop-Metapher verwendet als Bildschirmelemente Windows, Icons, Menus, Pointing (WIMP), die mittels der so genannten Direkten Manipulation benutzt werden.

Die Desktop-Metapher ist ein Paradigma für das „Wie" der Gestaltung der Benutzungsoberfläche eines Computers. Doch vor der Entscheidung, wie die Computersystemnutzung, wie eine angemessene Interaktion zwischen Mensch und Computer zur Erfüllung einer Aufgabe aussehen kann, steht die Analyse dessen, „was" gestaltet werden soll, d.h. für was das Computersystem eingesetzt werden soll. Der Fokus des Desktop Computing liegt hier auf der Gestaltung der Computerunterstützung von Bürotätigkeiten, d.h. Arbeit[4], die vor allem am Schreibtisch ausgeübt werden. Es geht um Arbeitsprozesse im Büroalltag (auch „white-collar computing" genannt), bei denen es häufig um die Bearbeitung von Dokumenten, die Erstellung von Zeichnungen sowie um Kalkulationen, das Sammeln von Belegen und das Anlegen von Ordnern geht. Ein weiterer Aspekt ist die Modellierung der Zusammenarbeit von Menschen, Abteilungen oder, unternehmensübergreifend, um die Aufgaben, die am Schreibtisch an gemeinsamen Dokumenten ausgeführten werden, durchgehend informations- und kommunikationstechnisch zu unterstützen.

Büroarbeit ist auch heute noch an einen physischen Ort gebunden, der ausgestattet ist mit einem Schreibtisch, einem Stuhl, Kommunikationseinrichtungen und einem DesktopPC mit der Aufgabe entsprechenden Anwendungsprogrammen. Die Art der Arbeit impliziert diese Ortsgebundenheit eigentlich nicht, sie wurde vormals jedoch durch die verwendeten Arbeitsmittel (hier insbesondere Papier, Ordner etc.) und die Arbeitsorganisation (die Arbeitsteilung erfordert, dass mehrere Personen auf ein Dokument zugreifen können) bestimmt. Durch Notebooks, die Digitalisierung der bearbeiteten Dokumente und die Vernetzung von Computern wurde die Möglichkeit geschaffen, diesen Arbeitsplatz einfach und handlich zu transportieren, um an vielen anderen Orten komfortabel und in gewohnter arbeitsteiliger Weise arbeiten zu können. Mit Notebooks und Mobiltelefonen wurde so im Wesentlichen ein mobiles Desktop-Computing realisiert, das - wie die stationäre Variante - einen Bildschirm, eine Tastatur und ein Zeigegerät sowie verschiedene andere periphere Geräte bzw. Anschlüsse besitzt. Die Arbeit wird heutzutage unter Benutzung von anhand der Desktop-Metapher gestalteter Computersysteme sozusagen „im Computer" erledigt. Die Benutzungsoberflächen sind so gestaltet, dass sie die BenutzerIn bei der Erfüllung ihrer Aufgabe unterstützen: Die Tastatur zum Schreiben, der Bildschirm zum Sehen, die Maus zum Zeigen und Manipulieren, der Lautsprecher zum Hören der Informationen.

Hardware ist in großer Vielfalt vorhanden, so dass durch Zusammenstellung der Komponenten eine weitgehende Individualisierung und Anpassung an die konkreten Bedarfe erreicht werden kann. Die angebotene Vielfalt bewegt sich jedoch in einem stark eingegrenzten Rahmen, denn ausgewählt werden können vor allem Leistungsparameter und die Qualität der Komponenten. Die Hardware ist weitgehend standardisiert. Es gibt im Prinzip

---

[4] Diese Arbeit kann auch am heimischen Schreibtisch ausgeübt werden, die Gestaltung der Interaktion macht hier keinen Unterschied zwischen privater und beruflicher Tätigkeit.

einen Rechner, eine handvoll Ein-/Ausgabegeräte sowie eine große Anzahl von Softwareprogrammen, die den Rechner zu dem System machen, das konkret für die Erfüllung einer Aufgabe benötigt wird. Vernachlässigt man die Leistungsparameter, dann kann im Prinzip jeder Rechner als Basis für jede Software dienen, d.h. die Software allein ist ausschlaggebend dafür, wie ein Computersystem genutzt werden kann.

Bei Bürotätigkeiten ist der Gegenstand der Arbeit vor allem Information: Beim Erstellen einer Rechnung handelt es sich z.b. darum, dass jemandem mitgeteilt werden soll, für welche Leistung er welchen Preis in welcher Form und zu welchem Zeitpunkt zu zahlen hat. Auch das Erstellen von Zeichnungen ist nichts anderes als die Materialisierung von z.b. Informationen darüber, wie eine Maschine oder ein Gebäude gebaut werden soll. Diese Art von Arbeit – die so genannte Wissensarbeit – hat in den letzten Jahrzehnten immer mehr zugenommen. Dieser Entwicklung trägt u.a. die Bezeichnung „Informationsgesellschaft" Rechnung und die Tatsache, dass sich die Verteilung der Anteile in der Wertschöpfungskette von der Produktion in Richtung dieser Wissensarbeit verschoben hat. Für viele Unternehmen bedeutet das, dass es erforderlich ist, die Informationsflüsse immer schneller werden zu lassen und sie effektiver auszuwerten, um die Wettbewerbsfähigkeit zu erhalten. Hierbei lassen sich deutliche Parallelen zur Automatisierungstechnik entdecken, in der ganze Klassen von Aufgaben an Maschinen übertragen wurden, Frieder Nake spricht hinsichtlich der Wissensarbeit deshalb auch von der „Maschinisierung von Kopfarbeit" [Nak92]. Nachdem viele der im Büro anfallenden Arbeiten in den Computer verlegt worden sind und das elektronisch verfügbare Informationsangebot unüberschaubare Dimensionen angenommen hat, waren Mechanismen erforderlich geworden, die die BenutzerIn von dem Mehraufwand, den ihr der Einsatz von Informations- und Kommunikationstechnik gebracht hat, durch die Automatisierung gleichförmiger, eintöniger Prozesse wieder zu entlasten und die erzeugte Informationsflut wieder auf ein für Menschen zu bewältigendes Maß einzuschränken.

Für die Reduzierung der entstandenen Komplexität wurden autonome Softwareprogramm entwickelt, die so genannten „intelligenten Agenten", an die die BenutzerIn Aufgaben „delegieren" kann (siehe [Pfl04]) Sie sind zwar nicht Bestandteil der Desktop-Metapher, doch spielen sie für die der Gestaltung der Interaktion und für die Aufgabenteilung zwischen Mensch und Computer auch für mobile Lösungen eine wichtige Rolle, so dass sie hier genannt werden.

Die herkömmliche, papierbasierte Büroarbeit wurde durch den intensiven Einsatz von Desktop-Computern auf eine symbolische Ebene gebracht, die weitgehend auf physische Ausprägungen verzichten kann. Die Ausübung von Bürotätigkeit setzt – mit wenigen Ausnahmen – die Benutzung eines Computersystems voraus, d.h. die primäre Aufgabe der BenutzerIn ist die geschickte und kompetente Bedienung von Informations- und Kommunikationstechnik. Dabei liegt die Aufmerksamkeit der BenutzerIn auf der Benutzung des Computersystems, es herrscht das Primat der symbolischen Arbeit. Mit dem Einsatz von Computersystemen, die nach der Desktop-Metapher gestaltet sind, geht heutzutage allerdings nicht mehr einher, dass die „BüroarbeiterIn" die Funktionsweise eines Computersystems kennen muss. Sie ist viel-

mehr die ExpertIn des Anwendungsbereichs; sie muss die Funktionen des Anwendungsprogramms beherrschen und sich an die durch die Software vorgegebenen Abfolgen der
Bearbeitung von Aufgaben und die verwendete Begrifflichkeit anpassen. In vielen Fällen ist
es jedoch nützlich, wenn die BenutzerIn eine angemessene Vorstellung davon hat, wie ein
Computersystem funktioniert, denn in den Momenten, in denen Computerfehler oder Schwierigkeiten bei der Benutzung auftreten, ist es allein schon aus pragmatischen Gründen enorm
hilfreich, wenn sie nicht nur Kenntnisse aus dem Anwendungsbereich besitzt, sondern auch
ein angemessenes mentales Modell von der prinzipiellen Funktionsweise von Computern hat.
Die primäre Aufmerksamkeit auf die Benutzung des informations- und kommunikationstechnischen Systems zu richten, bedeutet nicht, dass beispielsweise beim Schreiben eines Briefes
die Tastatur besonders beachtet werden sollte. Abgezielt wird mit dieser Feststellung darauf,
dass das Computersystem das vorrangige Arbeitsmittel ist, der Brief vorerst nur im Computer
existiert und auch nur mittels des Computers in die Welt gebracht werden kann. Sowohl der
Arbeitsgegenstand als auch die Arbeitsmittel liegen im Computer. Er ist Mittel, Medium der
Kommunikation und Information [Sch97], Medium der Arbeit. Das gilt nicht nur für das
Schreiben von Texten, Briefen oder Rechnungen, sondern auch für das Konstruieren von
Maschinen, das Entwerfen von Design und auch z.T. für das Überwachen und Steuern von
technischen Anlagen. Es gilt für alle Aufgaben, die auf der symbolischen Ebene angesiedelt,
also „virtualisiert" sind.

Der Vorteil stationärer Computerarbeitsplätze ist, dass allgemein bekannt ist, wo genau auf
welche Informationen und Programme zugegriffen werden kann. Die dadurch permanent verfügbaren Infrastruktureinrichtungen geben weitgehende Sicherheit darüber, dass die Arbeit
effizient erledigt werden kann. Die Verlagerung aller Informationen und Werkzeuge zur Be-
und Verarbeitung in den Computer bedeutet allerdings auch, dass bei Ausfall des Systems
keinerlei Möglichkeit besteht, die Arbeit auf andere Weise oder mit anderen Mitteln fort-
zusetzen.

## 3.2  Mobile Computing, mobiles Büro, mobiles Internet

„Mobil" hat im Zusammenhang mit informationstechnischen Systemen eine gebräuchliche
Bedeutung. Es bezeichnet Notebooks bzw. robuste Prozessoren mit geringem Energieverbrauch sowie Handheld-Geräte wie PDAs (Personal Digital Assistant) und Smartphones. Sie
sind durch ihre autarke Stromversorgung an wechselnden Orten benutzbar und stellen zusammen mit der verfügbaren drahtlosen Konnektivität zum Inter- oder Intranet einen (fast)
vollständigen (Schreibtisch-)Arbeitsplatz zur Verfügung. Die ständige Erreichbarkeit und der
ortsunabhängige Zugriff auf Informationen sind die wesentlichen Aspekte. Die Möglichkeit,
Bürotätigkeiten überall auszuüben, wird als „mobiles Büro" bezeichnet; wenn der Zugriff auf
Informationen im Vordergrund steht, wird die Bezeichnung „mobiles Internet" verwendet.
Die Benutzungsoberfläche ist an die Hardwaregegebenheiten angepasst (z.B. Stiftbedienung
bei PDAs und TabletPCs), weicht ansonsten aber nicht von den Prinzipien des Desktop-

Computing ab. Es wird angestrebt, auf den kleinen mobilen Endgeräten annähernd die gleiche Funktionalität wie bei Notebooks anzubieten, so dass diese für die gleichen Aufgaben einsetzbar sind. Mobile Computing ist in diesem Sinne eine Realisierung der Vision des „anytime, anything, anywhere" der Informationsgesellschaft, allerdings mit dem Schwerpunkt auf Büroarbeit und privater Nutzung des Internet.

Die Entwicklung immer kleinerer und leistungsfähigerer mobiler Endgeräte war neben der drahtlosen Datenkommunikation eine Voraussetzung für die Entstehung von Mobile Computing. Bis dahin waren Büroarbeit und Zugriff auf Informationen stets an einen physischen Ort gebunden, ausgestattet mit einem Schreibtisch, Kommunikationseinrichtungen, einem Desktop-Computer und entsprechender Anwendungssoftware. Durch die Entwicklung leistungsfähiger Notebooks wurde die Möglichkeit geschaffen, den Arbeitsplatz einfach und handlich zu transportieren und an vielen anderen Orten komfortabel zu arbeiten. Mit diesen portablen Geräten wurden im Wesentlichen mobile DesktopPCs realisiert. Notwendig war hierfür die Entwicklung von leistungsfähigen und stromsparenden Prozessoren und Flachbildschirmen sowie verschiedener Mausalternativen und Touchpads, um handhabbare Rechnergrößen, -formen und -gewichte zu erreichen. Die Einsatzbedingungen eines Notebooks fordern vom Einsatzort eine Ab- bzw. Unterlage und die Möglichkeit, dass die BenutzerIn ihre volle Aufmerksamkeit und beide Hände der Benutzung des mobilen Endgeräts widmet. Eine Benutzung während der Bewegung der BenutzerIn ist nicht intendiert: das Gerät wird benutzt, es wird in einen Ruhezustand versetzt, wird transportiert, wieder eingeschaltet und dann wieder benutzt.

Abb. 2: Notebook-Benutzung unterwegs [Son05]

TabletPCs können im Sinne der mobilen Nutzung als Weiterentwicklung von Notebooks betrachtet werden. In den meisten Fällen handelt es sich bei den bisher realisierten Varianten auch um Notebooks, die um die Möglichkeit der Stiftbedienung erweitert wurden. TabletPCs könnten durch diese neue Bauweise auch in der Bewegung benutzt werden. Das Vorbild für die Gestaltung scheint das Klemmbrett gewesen zu sein, das im Arm gehalten und auf dem mit der anderen Hand „geschrieben" wird. Ihre Benutzung erfordert allerdings die gleiche

Aufmerksamkeit wie die Verwendung eines Notebooks, da TabletPCs die gleichen Anwendungsprogramme verwenden. Ein Nachteil vieler TabletPCs ist, dass sie wesentlich schwerer sind als herkömmliche Klemmbretter und dass die meisten weder wasserfest noch robust sind.

**Abb. 3: TabletPC-Benutzung als Klemmbrett mit Stift (Foto: MRC)**

Neben TabletPCs, Notebooks und den noch kleineren, aber ähnlich leistungsfähigen Subnotebooks verkörpern PDAs die zweite Kategorie mobiler Endgeräte. Sie wurden ursprünglich als digitale Version eines Organizers entwickelt und dienten in erster Linie der Terminplanung und der Adressverwaltung mit der zusätzlichen Funktion eines Weckers und eines Notizbuchs. Es wurden vor allem stiftbasierte Endgeräte entwickelt, es gibt jedoch auch tastaturbasierte Varianten. Sie unterscheiden sich von Notebooks durch ihre Kleinheit, was sich auch an ihren Bezeichnungen erkennen lässt: Handheld, PocketPC, Palmtop. Außerdem verfügen sie über eine eingeschränkte Funktionalität, verwenden ein reduziertes Betriebssystem und haben einen geringen Speicherumfang. Vor allem aber werden sie dadurch charakterisiert, dass sie mit ihrer mobilen Stromversorgung auch unterwegs und in der Bewegung ständig in Betrieb sein und benutzt werden können. Anfänglich hatten sie eine Batterielaufzeit von mehreren Monaten. Mittlerweile entwickeln sich PDAs in Richtung Subnotebooks, d.h. sie sind bzgl. ihrer Rechenkapazitäten leistungsfähiger geworden und verfügen nun über eingeschränkte Programme zur Textverarbeitung, zur Tabellenkalkulation und auch zur Kommunikation, wie sie vom Desktop Computing her bekannt sind. Der Preis für die Erweiterung des Funktionsumfangs ist jedoch eine enorme Reduzierung der Batterielaufzeiten auf nur wenige Tage, z.T. auf weniger als einen Tag.

Abb. 4: Smartphone-Nutzung (Foto: MRC)

Eine dritte Kategorie mobiler Endgeräte sind Smartphones. Hierbei handelt es sich um Mobiltelefone, die um die Funktionalität von PDAs und z.b. um die einer digitalen Fotokamera, eines Gameboys oder eines mp3-Players erweitert wurden. Die Grenzen zwischen den verschiedenen Endgerätekategorien scheinen sich mittlerweile aufzulösen. Mobiltelefone hatten bisher die Eigenschaft, fast überall erreichbar zu sein, Telefonnummern zu speichern und asynchrone Dienste wie SMS zur Verfügung zu stellen. Allerdings sind sie, anders als Notebooks und TabletPCs, ständig empfangsbereit, um eingehende Anrufe entgehen zu nehmen. Diese ständige Bereitschaft gilt auch für PDAs, denn die erinnern z.b. auch im energiesparenden Ruhezustand proaktiv an Termine, wenn diese Funktion aktiviert ist. Bezüglich der Entwicklung der Leistungsaufnahme gilt für Smartphones dasselbe wie für die funktionserweiterten PDAs: die Batterielaufzeiten haben sich von mehr als einer Woche auf wenige Tage reduziert. Seitens der Smartphones ist bei den KonsumentInnen eine deutlich steigende Nachfrage nach einfach zu benutzenden mobilen Endgeräten zu verzeichnen [Chi06].

Über die bisher genannten mobilen Endgeräte hinaus gibt es noch eine Vielzahl anderer spezialisierter mobiler Endgeräte wie beispielsweise Web-Pads, eBooks, Digitalkameras, mp3-Player etc. Diese sich ständig vergrößernde Vielfalt ist ein Indiz dafür, dass noch nicht entschieden ist, ob der Trend zu so genannten all-in-one-Geräten geht, die alle denkbaren Funktionen in einem Gerät vereinen, so wie es beim Desktop-Computing der Fall ist, oder ob es in Richtung kleiner spezialisierter Computer geht, die auf eine Funktion hin optimiert sind und z.B. drahtlos miteinander verbunden werden können, um so ein leistungsfähiges, individuell konfigurierbares Endgerätenetz zu bilden.

Der Einsatz der genannten mobilen Endgeräte ermöglicht die Realisierung des „mobilen Büros"[5]. Der Zugriff auf Firmen-, auf private und auch öffentliche Daten ist nicht mehr auf in stationäre Netze eingebundene DesktopPCs beschränkt, sondern kann von beliebigen Orten aus durchgeführt werden. Von Bedeutung ist hierbei, dass die Datenkommunikation ortstransparent bzgl. NutzerIn, Daten und Diensten gestaltet wird, d.h., die BenutzerIn muss nicht wissen, auf welchem Serverrechner sich die gewünschten Informationen befinden und über welche Kommunikationskanäle diese zu kontaktieren sind. Im Idealfall stehen ihr auf ihrem mobilen Endgerät die in ihrer gewohnten Arbeitsumgebung verwendeten Programme oder reduzierte Versionen dieser zur Verfügung. Im Mobile Computing besteht, wie bei traditionellen Büroarbeitsplätzen, eine feste Beziehung zwischen der BenutzerIn und ihrem (digitalen) Arbeitsplatz. Deshalb wird auch im mobilen Büro davon ausgegangen, dass jede BenutzerIn, unabhängig von ihrem Aufenthaltsort, über ihren „persönlichen" Computer identifiziert werden kann. Vorausgesetzt wird damit jedoch auch, dass sie ihren mobilen Arbeitsplatz immer mit sich trägt.

Obwohl es im Mobile Computing eine Reihe von Versuchen zur Etablierung pro-aktiver Dienste gibt, ist es noch immer im Wesentlichen eine Fortsetzung des interaktiven Desktop Computing. Die klassische DesktopPC-Technik ist hier um Kommunikationsfunktionen erweitert worden, um Bürotätigkeiten an beliebigen Orten ausführen zu können. Die Aufmerksamkeit der BenutzerIn muss während der Benutzung einer Mobile Computing Lösung – wie bei der stationären Variante auch – auf der Benutzung des mobilen Endgeräts liegen, so als säße sie in einem Büro an ihrem Schreibtisch. Intendierte Aufgaben sind es nach wie vor, Dokumente zu handhaben, sie einzusehen, sie zu erzeugen oder sie zu verändern, d.h. die symbolische Verarbeitung von Wissen. Die Stiftbedienung bei PDAs oder TabletPCs ändert an den genannten Annahmen nichts. Auch die Integration der Kommunikationstechnik und die dadurch realisierte ständige Erreichbarkeit erzeugt hier keine wesentlichen Veränderungen.

## 3.3 Virtual Reality

Während Mobile Computing das traditionelle Paradigma des Desktop Computing weitgehend fortsetzt, stellt Virtual Reality einen grundlegenden Bruch mit den bisherigen büroorientierten Designvorstellungen für die Interaktion zwischen Mensch und Computer dar. Bezeichnungen wie „Cyberspace" als eine interaktive und computergenerierte Scheinwelt, „Artificial Reality" von Myron Krueger [Kru83] und „Virtual Reality" von Jaron Lanier (siehe [Hei91]) machen diesen Bruch mit der traditionellen Computerwelt deutlich. „Virtual Reality ist eine neue Generation von Mensch-Maschine-Schnittstellen, gleichzeitig aber auch ein völlig neues Medium, welches die zwischenmenschliche Kommunikation unter Einbeziehung aller Sinne in eine Scheinwelt verlagern kann." ([Hen97], S.9). Konkret heißt das, dass die Interaktion

---

[5]      Die Realisierung des „mobilen Büros" mit Mobiltelefonen wird auch als „Nomadic Computing" bezeichnet.

der BenutzerIn mit dieser rein computergenerierten Modellwelt vor allem durch 3D-Eingabe-
und Ausgabemedien erfolgt, die die Wahrnehmung der gewohnten Umwelt verhindern und
nur die vollständig kontrollierbaren computergesteuerten Eindrücke zulassen. Dadurch soll
ein Gefühl des Eintauchens in die virtuellen Gefilde erzeugt werden, das als „Immersion"
bezeichnet wird.

Die Technologie dreidimensionaler Ein- und Ausgabegeräte ist mittlerweile zum Synonym
für Virtual Reality (VR) geworden. Ein zentrales Element sind die optischen Ausgabemedien,
die das stereoskopische Sehen des Menschen zur Erzeugung einer dreidimensionalen
visuellen Wahrnehmung unterstützen. Ein anderes ist die Sensorisierung der BenutzerIn mittels 3D-Eingabegeräten[6], die das dreidimensionale Navigieren und Interagieren in der virtuellen Welt ermöglichen. Zu nennen sind u.a.:

- Head-Mounted-Displays (HMDs), „Augenbildschirme", die einer überdimensionierten
  Brille gleich direkt vor den Augen angebracht werden und häufig in einen Helm integriert sind. Sie zeigen für jedes Auge ein perspektivisch etwas anderes Rasterbild an
  und rufen so den 3D-Eindruck hervor. Die BenutzerIn kann von jeder unerwünschten
  visuellen Wahrnehmung abgeschirmt werden. Außerdem sind diese Geräte mit Kopfhörern ausgestattet, so dass auch der Hörsinn direkt kontrolliert wird. Darüber hinaus
  ist ein Trackingsystem integriert, das die Bewegung und Position des Kopfes der
  BenutzerIn sensorisch erfasst, um der Blickrichtung angepasste Bilder anzuzeigen.

- Shutterbrillen, die mit einem zweidimensionalen Display synchronisiert werden. Als
  Display kann ein ganz normaler Bildschirm verwendet werden, eine Groß-
  bildleinwand, eine Workbench oder eine Mehrwandprojektionsanlage (CAVE), in der
  die Bilder rund um die BetrachterIn an die Wände projiziert werden. Ausgegeben wird
  abwechselnd für jedes Auge das entsprechende Bild. Eine Synchronisation zwischen
  Display und Brille bewirkt, dass die Brille den Blick des einen Auges ermöglicht und
  den des anderen Auges verhindert und so eine dreidimensionale visuelle Wirkung
  erzeugt.

- Spacemouse, Spaceball, Spacestick, Wand, Pick usw. sind Bezeichnungen für 3D-Ein-
  gabegeräte, die sich von den in Desktop Computing üblichen Eingabegeräten (z.B.
  Mouse und Joystick) durch mehr Freiheitsgrade in den Bewegungsrichtungen unterscheiden. Sie werden zur Navigation im virtuellen dreidimensionalen Raum
  eingesetzt.

- Datenhandschuhe dienen der Sensorisierung der Hände, um anhand der Stellung der
  Hand und der Beugung der Finger statische oder dynamische Gesten zu erkennen. Ein
  Datenanzug liefert entsprechende Sensorwerte für die Stellung des ganzen Körpers.
  Mit diesen Daten wird das rechnerinterne Modell aktualisiert.

---

[6] Eine laufend aktualisierte umfangreiche Liste von Eingabegeräten inkl. Beschreibungen und
Bezugsadressen ist auf der Homepage von Bill Buxton zu finden [Bux06]

- Darüber hinaus gibt es diverse Force-Feedback-Systeme, Berührungs-, Temperatur-rückkopplung, Bewegungsplattform, akustisches Feedback etc.

Die erforderliche Ausstattung für die sensorische Integration und zur Interaktion trägt die BenutzerIn am Körper oder sie wird, wenn die Ausrüstung zu schwer ist, in die unmittelbare Umgebung verlagert. Die notwendigen Rechen- und Speicherkapazitäten werden von Hoch-leistungsrechnern bereitgestellt, die mit entsprechend leistungsfähigen Verbindungen drahtgebunden zur BenutzerIn „transportiert" werden.

**Abb. 5: Komponenten einer VR-Umgebung [Fol90]**

Das Equipment dient dazu, die computergenerierte Welt möglichst mit allen Sinnen wahr-nehmbar zu gestalten. Die Software steuert ihren Anteil dazu bei: die Grafik ist foto-realistisch, sichtbare Objekte verhalten sich nach bekannten physikalischen Gesetzen, die Reaktion auf Bewegungen und Aktionen der BenutzerIn erfolgt ohne Zeitverzögerung, die Navigation ist intuitiv und natürlich. So zumindest die Vision. In Anbetracht des Umfangs und der Komplexität dieses Virtualisierungsvorhabens werden sehr hohe Leistungs-anforderungen an Hard- und Software gestellt. Die größten technischen Schwierigkeiten sind immer noch die (schlechte) Qualität der Peripherie, die Gewährleistung von Echtzeit-Inter-aktion und die Mustererkennung (z.B. von Bildern, von gesprochener Sprache, von Posen und Gesten). Hinzu kommt die Bewältigung unerwünschter Nebeneffekte wie die so genannte „Simulatorkrankheit" (simulation sickness). Deshalb wird ein interdisziplinärer Diskurs über Möglichkeiten der Abstraktion von Sinneswahrnehmungen geführt,[7] dessen Lösungsansätze nicht nur für Virtual Reality relevant sein werden, sondern ebenso für andere technische Entwicklungslinien, z.B. für die Ansätze der Mixed Reality, auf die im folgenden Abschnitt eingegangen wird, und für alle Ansätze, die die aktuellen Gegebenheiten der realen Welt sensorisch erfassen, auswerten und zeitnah auf die Resultate mit computergeneriertem Output reagieren wollen.

---

[7]    Siehe z.B. den Workshop „Gestaltung von virtuellen und beGreifbaren Mensch-Computer-Schnitt-stellen" während der 9. Software-Ergonomie Tagung 1999 in Walldorf [Bru99].

Vor dem Hintergrund dieser technischen Probleme und den enormen Anforderungen an Hard- und Software wurde auch eine „flache" Variante von Virtual Reality entwickelt. Sie wird als „non-immersiv" bezeichnet und verbleiben der Tradition des Desktop Computing verhaftet. Unter diesen Begriff fallen zum Beispiel interaktive Spiele, die eine fotorealistische 3D-Darstellung zusammen mit einer flexiblen Navigation anbieten, sowie diverse Programme im Internet mit diesen Merkmalen. Als Ein- und Ausgabemedien dienen Bildschirm, Maus und Tastatur, die Interaktionsmöglichkeiten beschränken sich auf neu gestaltete Benutzungsoberflächen, deren Anmutung häufig der alltäglichen Erfahrung entlehnt ist, z.b. einer Zeitung oder einem bestimmten, der Zielgruppe bekannten Gebäude [Keu98][8].

Immersive Virtual Reality geht für den Idealfall von der vollständigen Modellierung der realen Welt im Computersystem aus. Die BenutzerIn wird dadurch in die Lage versetzt, sich nach Bedarf, doch ohne ihren Aufenthaltsort zu verändern, an unterschiedlichen (virtuellen) Orten aufzuhalten. Die gegenständliche physische Welt wird der menschlichen Wahrnehmung weitgehend entzogen, um ein möglichst unbeeinträchtigtes Eintauchen in die computergenerierte Informationswelt zu ermöglichen. Bezüglich mobiler Tätigkeiten wäre diese Mobilität dann eine rein virtuelle. Die Bewegungsfreiheit ist nicht körperlich mit einem Ortswechsel verbunden, aber doch z.T. mit körperlichen Gesten steuerbar. Mit den computergenerierten Modellen kann die BenutzerIn mittels der genannten Ein-/ Ausgabetechnologien interagieren. Ihre Aufmerksamkeit liegt – sogar noch stärker als beim Desktop-Computing – allein auf dem Umgang mit den computergenerierten Artefakten bzw. auf dem Erfahren der computergenerierten Modelle. Die Aufgabe und die Wahrnehmung der BenutzerIn liegen somit ausschließlich im Computer.

Genutzt werden soll diese Technologie, um die komplexen virtuellen Modellwelten noch bevor sie eine physische Ausprägung bekommen, so weitgehend wie möglich zu erfassen und Menschen zugänglich zu machen. Simulationen sind das für dieses Probehandeln übliche Mittel. Sie werden intensiv genutzt, um die Eigenschaften des zu realisierenden Gegenstands zu untersuchen. Doch zur Erfassung komplexer Sachverhalte benötigen Menschen neben ihrer Vorstellungskraft vor allem auch eine sinnliche Wahrnehmung. Je komplexer der Sachverhalt und je ferner dem Erfahrungsbereich der BenutzerIn, desto schwieriger ist es, bei ihr ein angemessenes mentales Modell[9] zu erzeugen. Bei diesem Unterfangen spielt die gewählte Darstellungsform eine außerordentlich wichtige Rolle, denn Menschen entwickeln mentale Modelle auf der Grundlage ihrer bisherigen Erfahrungen: wer es also gewohnt ist, in mechanischen Dimensionen zu denken, wird andere Vorstellungen haben als jemand, der in elektrischen oder in mathematischen Dimensionen denkt. Die Bedeutungen dieser Modelle sind häufig ineinander überführbar, doch erfordert diese Transformation im Dialog der Beteiligten jeweils eine enorme Anstrengung. Diese Belastung kann vermieden werden – so das implizite

---

[8]   Usability-Tests haben allerdings gezeigt, dass eine fotorealistische Bildschirmdarstellung die Eingängigkeit der Metapher nicht unbedingt fördert [Keu98].

[9]   Zu Anstößen in der Technikentwicklung für den Arbeitsprozess siehe z.B. [Böh88], [Böh98], [Bol98]

Leitbild der VR –, wenn die Dialogpartner jeweils in ihrer eigenen Erfahrungswelt denken und handeln könnten und das Medium, in dem sie kommunizieren, die Übertragungsaufgabe übernimmt. Eine bereits heute realisierbare Variante dieser Sichtweise ist, komplexe Sachverhalte in einer Weise zu visualisieren, die alle Beteiligten verstehen. In einer virtuellen, computergenerierten Bildwelt, in die die BenutzerIn sensorisch und visuell integriert ist, ist es im Prinzip möglich, verteilt arbeitende Fachkräfte gemeinsam an einem – in Falle von VR allerdings nur virtuellen – Gegenstand arbeiten und diskutieren zu lassen, ohne dass ein Ortswechsel erforderlich ist. Die erforderliche technische Ausstattung und die benötigten Ressourcen, die aufwändige Modellierung des zu bearbeitenden Gegenstands und die vollständige Kontrolle der Umgebung legen jedoch nahe, dass auch langfristig nur eine stationäre Nutzung dieser Technologie in Frage kommt.

## 3.4 Mixed Realities

Als Gegenentwurf zum vollständigen Verschwinden des Menschen in der computergenerierten Welt durch Virtual Reality sind die Ansätze der Mixed Realities aufzufassen. Gegenständliche Objekte der physischen Realität werden mit virtuellen Objekten kombiniert und der Mensch wird in seiner realen Umgebung belassen. Zu diesem Themenkomplex gehören Ideen und Entwicklungen aus dem Bereich Augmented Reality (AR) sowie auch Tangible Media und Graspable User Interfaces[10]. Im ersten Fall wird die reale Welt optisch mit computergenerierten Bildern überlagert, im zweiten Fall werden Gegenstände der realen Welt so mit Modellen im Computer verbunden, dass die physischen Gegenstände Repräsentanten der virtuellen Objekte sind und eine Handhabung oder Veränderung des realen Gegenstands eine entsprechende Anpassung im Virtuellen auslöst. Das Vorgehen von Mixed Realities ist, die gewohnte Umgebung um virtuelle Informationen zu ergänzen, die realen Gegenstände und die Umgebung mit „Computerfähigkeiten" auszustatten (Ubiquitous Computing) oder die impliziten Konnotationen der realweltlichen Gegenstände zur Erleichterung beim Umgang mit dem Computersystem heranzuziehen, um es durch die gegenständliche Referenz auf Bekanntes begreifbar zu machen (Graspable User Interfaces). In diesem Abschnitt wird nur auf die erste und die letzte Perspektive eingegangen, Ubiquitous Computing wird anschließend in einem eigenen Abschnitt behandelt.

In AR-Anwendungssystemen kommen wesentliche Komponenten der VR-Technologie zum Einsatz, z.B. binokulare, vor allem semitransparente Head-Mounted-Displays oder Shutterbrillen, 3D-Eingabemedien, fotorealistische Grafik, Tracking, etc. Der wesentliche Unterschied zu VR liegt nicht auf der technischen Ebene, sondern in der Zielrichtung: „[...] AR brings information into the user's real world rather than pulling the user into the computer's virtual world."[IGD01] Der Mensch wird explizit in seiner gewohnten Umgebung belassen,

---

[10]    Siehe z.B. die Dissertation von G.W. Fitzmaurice [Fit96] oder die Arbeiten des Forschungsverbunds „Things That Think" im MediaLab des MIT ([Haw97], [TTT06]) und dort insbesondere die Projekte der Tangible Media Group

ihm werden allerdings in Relation zu dieser Umgebung sonst nicht unmittelbar wahrnehmbare Informationen computergeneriert und zumeist visuell angeboten. Ein beliebter Einsatzbereich für diesen Ansatz ist die Architektur. Beispielsweise lassen sich in bestehenden Gebäuden die Lage der in den Wänden gelegenen, nicht sichtbaren Versorgungsleitungen oder auch die für die Statik relevanten Bauelemente für Wartungsarbeiten per AR-Technologie sichtbar machen. [Web96]

AR wurde in dem Moment als Alternative zu VR relevant, als sich herauskristallisierte, dass die Welt nicht vollständig, nicht mit einem angemessenen Aufwand im Computer abgebildet und auch nicht entsprechend schnell visualisiert werden kann. AR setzt das Vorhandensein und die Wahrnehmung der realen, gegenständlichen Welt voraus und arbeitet mit ihrer partiellen, vor allem visuellen Ergänzung. Das reduziert den Modellierungs- und vor allem den erforderlichen Darstellungsaufwand. Es entstehen allerdings neue technische Herausforderungen: Die reale Sicht der BenutzerIn soll mit computergenerierten, dreidimensional dargestellten Informationen direkt überlagert werden (siehe z.B. [Bar01a], [Bux97], [Wel93]), die Darstellung erfolgt in Abhängigkeit von der BenutzerIn und ihrer Umgebung, d.h. sie bekommt zusätzliche Informationen so angezeigt, dass diese sich mit ihrer Position in der physikalisch-gegenständlichen Umgebung, mit ihrer Blickrichtung und auch mit ihrer aktuellen Aufgabe decken. Das erfordert ebenfalls den Einsatz von Hochleistungsrechnern, die in der Lage sind, das Tracking der Position und der Blickrichtung der BenutzerIn sowie die entsprechende 3D-Visualisierung in Echtzeit zu leisten.

Die BenutzerIn trägt das erforderliche Equipment am Körper. Darüber hinaus ist es jedoch erforderlich, die Umgebung mit den für das Tracking erforderlichen Sendern und Empfängern auszustatten. Innerhalb eines klar umgrenzten Radius kann sich die BenutzerIn mit ihrem tragbaren System frei bewegen. Aber auch hier ist es erforderlich, im Rechner zumindest ein dreidimensionales Modell der Umgebung vorzuhalten, das mit den verschiedensten zusätzlichen Informationen versehen ist. Die Position und die Blickrichtung der BenutzerIn werden anhand der Trackingsensoren ermittelt. Auf dieser Grundlage wird die Sicht der BenutzerIn durch Projektion auf das semitransparente HMD optisch mit den computergenerierten Informationen überlagert. So entsteht beispielsweise ein in der realen Welt zerstörtes Gebäude virtuell neu wieder an der Stelle, an der es einstmals gestanden hat, oder ein Neubau kann vor Ort direkt in der Landschaft und an der Stelle gezeigt werden, an der er einmal stehen soll ([Fei07], [Höl99], [Kli01]).

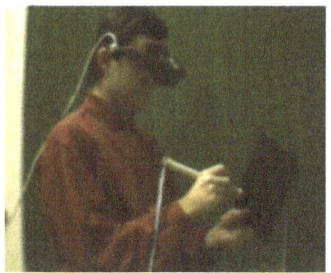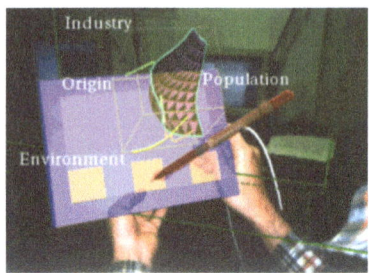

Abb. 6: Das „Personal Interaction Panel" der Universität Wien, links: VR-Equipment, rechts: Perspektive der BenutzerIn [Sza98]

Neben der Architektur sind Produktion sowie Wartung und Instandhaltung Einsatzbereiche, die als Domänen für AR-Lösungen identifiziert und für die bereits Prototypen entwickelt worden sind. Das Projekt ARVIKA ([Fri04], [Arv03]) und das Nachfolgeprojekt ARTESAS [Art04] befassen sich mit der Weiterentwicklung von AR-Technologien für die Produktion. Das zentrale Problem ist dabei das Tracking der Bewegung und vor allem die Ermittlung der Blickrichtung der BenutzerIn. Damit verbunden ist die Anforderung, dass die Sicht auf die reale Welt punktgenau mit der computergenerierten Darstellung überlagert werden muss. Dieses so genannte „Registrierungsproblem", an dem bereits eine der ersten erfolgverspre-chenden AR-Lösungen gescheitert ist [Miz01], ist bis heute wissenschaftlich nicht gelöst ([Bar01d], S.10-11). Darüber hinaus stellen die erforderlichen Echtzeitvisualisierungen, auch wenn sie sich nicht auf die gesamte Sicht der BenutzerIn beziehen, nach wie vor extrem hohe Anforderungen an die verfügbaren Ressourcen. Dies ist besonders dann gravierend, wenn eine mobile Lösung angestrebt wird und das ist mittlerweile der Fall, denn Augmented Reality rückt durch die Leistungs- und Kapazitätssteigerung bei mobilen Endgeräten immer weiter in die Nähe von Wearable Computing (vgl. z.B. das Vorwort in [Bar01a]). Ein weniger ressourcenaufwändiger pragmatischer Ansatz ist eine visuelle Einblendung von Infor-mationen, die zwar den Ortsbezug haben, die Sicht auf die reale Welt jedoch nicht punkt-genau überlagern müssen. Derartige Realisierungen werden nicht mehr der AR, sondern dem Wearable Computing zugerechnet.

Ein Augmented Reality-System stellt in der Benutzung durch seine unmittelbare körperliche Nähe und durch seine ständige Präsenz im Sichtfeld der BenutzerIn einen starken Personen-bezug her. Durch die Verwendung von Sensoren, die von der BenutzerIn getragen oder in ihrer unmittelbaren Nähe sind, kann ein derartiges System im Prinzip alles sensorisch erfassen, was die BenutzerIn wahrnimmt und darüber hinaus auch technisch Details erfassen, die außerhalb der menschlichen Wahrnehmung liegen. Anders als in der VR ist es auch erforderlich, die potenziellen Wahrnehmungen der BenutzerIn zu erfassen, da diese nicht mehr allein vom Computersystem generiert werden, sondern der realen, dynamischen Welt entstammen. Zur Auswertung aller diesbezüglichen Sensoren sind Softwareprogramme aus dem Bereich der Künstlichen Intelligenz erforderlich.

Neben der Anreicherung der realen Welt mit computergenerierten Informationen und der technischen Erweiterung der Wahrnehmungsfähigkeit des Menschen wird durch den Einsatz von AR auf die Realisierung eines technischen Tutors oder Führers abgezielt und auch auf die Erweiterung des Gedächtnisses durch Auslagerung der Informationen in einen externen Speicher. Ein ähnliches Leitbild ist im Wearable Computing zu finden (siehe Abschnitt 3.6), allerdings liegt dort der Schwerpunkt der intendierten Lösung nicht auf einer realitätsnahen Visualisierung. Neben der „Anreicherung" der realen Welt mit dreidimensionalen Visualisierungen gibt es noch andere Möglichkeiten der Erweiterung der gegenständlichen Welt mit informations- und kommunikationstechnischen Funktionen: Tangible Media und Graspable User Interfaces. Ziel dabei ist es, die Konnotationen und die sinnliche Erfahrbarkeit realweltlicher Gegenstände zur Interaktion mit dem Computer zu nutzen. „Real Reality" ist eine Ausprägung dieses Ansatzes, die im Folgenden stellvertretend für weitere vergleichbare Entwicklungen dargestellt wird.

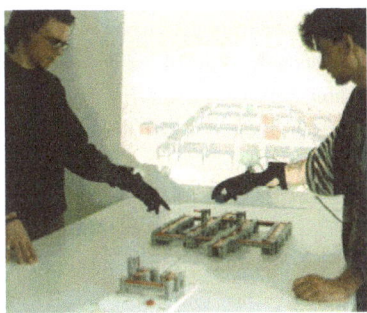

**Abb. 7: Beispiel RealReality ([Rob98], S.135)**

Real Reality ist das Konzept einer gegenständlichen, grifforientierten Mensch-Computer-Benutzungsoberfläche für den Einsatz in Werkstatt und Produktion [Rob98]. Die Idee wurde von Bruns et al. im interdisziplinären Forschungszentrum Arbeit und Technik (artec) der Universität Bremen entwickelt [Bru93]. Sie resultiert u.a. aus Erfahrungen in verschiedenen Industrieprojekten und eigenen Entwicklungen im Bereich Simulation und ist als konstruktive Kritik an herkömmlicher Simulationssoftware für die Produktion zu verstehen. Die wesentlichen Charakteristika des Konzepts sind:

- Physisch vorhandene Gegenstände, die einen direkten Bezug zum Anwendungsbereich haben, werden als sinnlich wahrnehmbare, greifbare Modellelemente zur Steuerung der Informations- und Kommunikationstechnik verwendet.

- Im Zentrum der Interaktion steht die real formende, zeigende und manipulierende Hand.

- Der Computer wird phasenweise in den Rücken der BenutzerIn verbannt, um den Fokus der Aufmerksamkeit weg vom Werkzeug und hin zur Aufgabe zu lenken.

Der Ausgangspunkt von Real Reality war die These, dass *begreifen* nicht nur als Wort etwas mit *greifen* zu tun hat. Für die Entwicklung von Kindern ist dies seit langem eine anerkannte Tatsache, und es gibt wissenschaftlich fundierte Belege für den hohen Stellenwert einer komplexen sinnlichen Wahrnehmung, die sich über sämtliche Sinne (Hören, Sehen, Fühlen etc.) sowie körperliche Bewegungen vollzieht. Die Untersuchungen von Böhle u.a. (vgl. [Böh88], [Böh98], [Bol98]) zum Konzept des *subjektivierenden Arbeitshandelns* weisen nach, dass derartige Informationen nicht unzuverlässig sind, dass sie sogar im Hinblick auf die Bewältigung von Arbeitsanforderungen und im Umgang mit Technik unverzichtbar sind, weil sie unabhängig von der verstandesmäßigen Leistung über eine eigene kognitive Kompetenz verfügen ([Böh98], S.22).

Den Fokus des Interesses auf die Hand zu legen bedeutet im Rahmen der Realisierung des Real Reality Konzepts, dass die Hand sensorisiert wird. Veränderungen an und mit stofflichen Objekten durch Aktionen und Bewegungen der Hände werden so an einen Rechner übermittelt, der anhand der Interpretation der Sensordaten das virtuell vorhandene Modell dieses Objekts mit der Realität synchronisiert. Die BenutzerIn kann ihre Aufmerksamkeit ganz den Manipulationen im Gegenständlichen widmen, der Rechner verschwindet im Hintergrund, kann aber weiterhin für systematische Variationen, Analysen und zur Archivierung genutzt werden sowie für Rückprojektionen in das gegenständliche Gesamtmodell. Die sensorisierte Hand ist in diesem Falle das Eingabemedium. Die Machbarkeit des Konzepts wurde nachgewiesen [SBB97] und in einem System für die Unterstützung des Technikunterrichts in Berufsschulen als Prototyp realisiert und evaluiert (siehe [Bre00], [Hor04]). Wie alle anderen Entwicklungen aus diesem Bereich ist aber auch Real Reality nie über den Prototyp-Status hinaus gekommen.

Das Wesentliche an diesen Ausprägungen von Mixed Reality ist, dass die Gegenstände des täglichen Gebrauchs als Eingabemedien für die Benutzung eines Computersystems dienen und z.T. selbst mit informations- und kommunikationstechnischer Funktionalität ausgestattet werden, so dass sie als sinnlich wahrnehmbare Interaktionsmedien verwendbar sind. Werden Gegenstände aus dem Erfahrungsbereich der BenutzerIn auf diese Weise erweitert und wird ihre zusätzliche Funktion als Eingabemedium so gestaltet, dass sie dem herkömmlichen Gebrauch des Gegenstands entspricht, dann kann die Anlehnung an Bekanntes auf einfache Weise Bedeutung für die Handhabung des Eingabemediums generieren, die die Benutzung oder das Erlernen vereinfacht und darüber hinaus die Akzeptanz der neuen Technologie bei der BenutzerIn steigert. Ein gelungenes Beispiel für diese Mischung aus herkömmlicher und „computerisierter" Funktion eines alltäglichen Gebrauchsgegenstands ist die Anoto-Technologie. Dabei handelt es sich um ein speziell bedrucktes Papier, das mit einem Stift beschrieben wird, der sowohl über eine Kugelschreibermine verfügt als auch über eine Kamera und einen Speicher, mit dem die Schreib- und Zeichengesten, die mit dem Stift auf dem Papier ausgeführt werden, elektronisch aufgezeichnet und anschließend ausgewertet werden. Zwar weist dieses Beispiel eine deutliche Nähe zur Büroarbeit auf, doch ist es übertragbar auf andere Bereiche, da Notizen und Skizzen in sehr vielen anderen Kontexten jenseits der Schreibtischarbeit ebenfalls erforderlich sind.

**Abb. 8: Benutzung der papierbasierten Anoto-Technologie [Ano06]**

Der Einsatz dieser Technologie ist auch für mobile Tätigkeiten möglich. Dieses Beispiel zeigt, dass eine scharfe Abgrenzung der Paradigmen immer schwieriger wird, je weiter man ins Detail geht.

## 3.5 Ubiquitous Computing

Während die Augmented Reality die Objekte der Umgebung mit zusätzlichen Informationen überblendet und Real Reality Gegenstände als Eingabemedien benutzt, werden im Ubiquitous Computing die Umgebung und die Alltagsgegenstände selbst mit Informations- und Kommunikationsfunktionalität ausgestattet, so dass eine allgegenwärtigen elektronischen Unterstützung gewährleistet wird, die dem Menschen im Idealfall verborgen bleibt (siehe [Nor98]).

Historisch ist dieser Ansatz mit unterschiedlichen Begriffen belegt: „Ubiquitous Computing"[11] wurde von Weiser [Wei93] als akademisches Forschungskonzept eingeführt; Firmen wie IBM verwenden „Pervasive Computing" (siehe z.B. [Mat01] oder [Hil03]) als Bezeichung für ein stärker praxis- und geräteorientiertes Konzept; in Europa wird „Ambiente Intelligence" für eine anwendungsorientierte Software- und nutzungsorientiere Sichtweise auf das gleiche Ziel verwendet [Ami04]

In seiner idealen Ausprägung bedeutet Ubiquitous Computing, dass der Mensch vom Einsatz der Informations- und Kommunikationstechnik zwar maximal profitiert, sie aber völlig unaufdringlich und unsichtbar in die physische Umgebung integriert ist und der Mensch als Träger frei von Technik bleibt. Sensoren und zunehmend auch kleine spezialisierte Computer werden in die Umgebung und in die Dinge des täglichen Gebrauchs integriert, so dass diese informa-

---

[11]    Die wissenschaftliche Community trifft sich seit 1999 jährlich zu dieser Thematik auf der Ubicomp - International Conference on Ubiquitous Computing [Ubi06]

tionstechnische Funktionalität hinzugewinnen. Diese in die Umgebung integrierte Technologie „beobachtet" den sich in ihr bewegenden Menschen und interpretiert dessen Verhalten anhand der verfügbaren, sensorisch erfassten Kontextinformationen. Eingesetzt werden für diese Interpretation vor allem Methoden der Künstlichen Intelligenz. Darüber hinaus wird eine erhebliche Erweiterung der Benutzungsoberflächen dieser Computersysteme realisiert: die Anwendungsprogramme werden pro-aktiv, das heißt, sie bieten der BenutzerIn nach Auswertung des aktuellen Kontextes Informationen und Dienste an.

Eine Basistechnologie des Ubiquitous Computing ist neben der Ausweitung der Programmintelligenz die Integration von Computern und Kommunikationsnetzen in die Umgebung, z.B. die Verwendung von Sensoren, deren Datenaufnahme mittels eines geeigneten Computers wiederung mit intelligenten Methoden ausgewertet wird. Diese Sensoren sind entweder mit einem zentralen Server verbunden, der die Interpretation der Messwerte aller Sensoren leistet, oder sie verfügen über einen eigenen integrierten Computer, der diese Aufgabe übernimmt, seinerseits jedoch mit den Computern der anderen Sensoren verbunden ist, so dass ein Netz miteinander kommunizierender intelligenter Sensoren oder Computer entsteht. Die Sensoren bzw. die spezialisierten Sensor-Computer-Einheiten werden unsichtbar in die physische Umgebung oder in die Dinge des täglichen Gebrauchs integriert. Technologische und wirtschaftliche Faktoren erlauben es heute, Computer optimal an die physische Umgebung anzupassen und beliebige Gegenstände mit ihnen auszustatten. Der BenutzerIn stehen somit hunderte von Computern gleichzeitig zur Verfügung, wobei jeder auf die Unterstützung fest definierter Aufgaben spezialisiert ist. Existierende Prototypen und kommerziell angebotene Systeme sind in den verschiedensten Kategorien zu finden und reichen von notizzettelgroßen PDAs und Computern in A4-Größe, über intelligente Alltagsgegenstände, wie beispielsweise Kaffeemaschinen, Kühlschränke oder Schuhe, sowie über elektronische Wandtafeln bis hin zu intelligenten Häusern (siehe z.B. [Wan95], [Haw97], [Coo97], [Scr97], [Abo00], [Str98]). Die eingesetzten Computer besitzen nicht notwendigerweise Standard-Interaktionsschnittstellen wie Bildschirm, Tastatur und Maus, sondern werden vielmehr mit Interaktionsmöglichkeiten ausgestattet, die den besonderen Erfordernissen ihrer jeweiligen Aufgabe entsprechen. Die explizite Interaktion zwischen Mensch und Computer wird durch die Verfeinerung der Sensoren, durch die Kombination verschiedener Sensoren (sensor fusion) und durch eine entsprechende Weiterentwicklung der maschinellen Intelligenz auf ein Minimum reduziert. Ziel des Ubiquitous Computing ist es, zukünftige Computer unsichtbare integrale Bestandteile der physischen Umgebung werden zu lassen, vergleichbar z.B. mit der Elektrizität und ihren Endgeräten, die uns so gut wie überall – aber als Technologie unbemerkt – zur Verfügung steht.

Donald Norman prophezeit in diesem Zusammenhang in seinem Buch „The Invisible Computer" [Nor98], dass der Computer als eigenständiges Gerät zukünftig aus der Welt verschwinden, seine Funktionalität dem Menschen aber weiterhin zur Verfügung stehen wird. Der Mensch wird sich „ganz normal" in seiner gewohnten physischen Umgebung bewegen und seinen gewohnten Tätigkeiten nachgehen. Die Umgebung ist allerdings technisch so ausgestattet, dass sie die BenutzerIn wahrnehmen, ihre Intention erkennen und entsprechend aktiv werden kann. Die BenutzerIn muss nichts von den aktiven Computersystemen wissen, für sie bleiben sie unsichtbar und auch die Benutzungsoberfläche zwischen Mensch und Computer bleibt ihr als solche verborgen.

Mit dem Begriff der „Unsichtbarkeit" wird aber auch auf die u.a. von Winograd [Win96] beschriebene „Zuhandenheit" referiert: Ein gutes Werkzeug lässt es zu, dass sich seine BenutzerIn auf die zu erledigende Aufgabe und nicht auf das Werkzeug selbst konzentriert. Wie bei der Benutzung eines Bleistifts beim Schreiben, verschwindet das Werkzeug fast gänzlich aus dem Bewusstsein der BenutzerIn, wenn Schreiben mit einem Bleistift für sie eine alltägliche Tätigkeit ist – das Werkzeug wird in diesem Sinne unsichtbar. Ziel ist es, den Computer als Teil der „Hintergrund-Assistenz" zu gestalten, die vorausgesetzt wird, ohne dass sie direkt wahrgenommen wird oder wahrgenommen werden muss. Der Computer als solcher ist nicht existent, sondern ein weiteres Werkzeug, das keine Aufmerksamkeit für die Bedienung selbst erfordert.

Die Idee ist: jede Person kann alle in ihrer Umgebung befindlichen Geräte gleichermaßen nutzen, ohne dass sie einen Computer mit sich tragen muss. Voraussetzung für diese Nutzung ist allerdings, dass die Umgebung entsprechend mit Sensorik und Computern ausgestattet ist, die die Absichten der Person ableiten, d.h., dass die Umgebung die BenutzerIn identifiziert und ihre Handlungen interpretiert. Die einzelnen Computer entwickeln sich nach Ansicht von Norman [Nor98] dabei immer mehr von universellen zu spezialisierten Geräten – Information Appliances –, die einen einzelnen Zweck erfüllen bzw. auf eine bestimmte Funktionalität hin optimiert sind. Für jede Aufgabe stehen so eine Reihe optimal angepasster, in die Umgebung integrierter, intelligenter Objekte zur Verfügung, die in ihrer vernetzten Gesamtheit die Vision der „allgegenwärtigen informationstechnischen Unterstützung" optimal verwirklichen.

Abb. 9: „Screenfridge", der erste Kühlschrank von Electrolux mit Internetanschluss [Sor00]

Diese Vision klingt leicht und unbeschwert, doch verursacht ihre technische Realisierung eine Vielzahl von Problemen und zwar nicht nur technologischer Art. Die drei vorrangigen Themen, die besonders im Zusammenhang mit Ubiquitous Computing und vor allem auf der konzeptionellen und allgemeingesellschaftlichen Ebene diskutiert werden, sind:

- Der gläserne Mensch, der bei der Umsetzung dieses Konzepts vollständig und allumfassend überwacht werden kann bzw. muss.

- Die Frage nach der Verantwortlichkeit für „Handlungen", die allein von technischen Artefakten ausgeführt und von ihnen „entschieden" werden.

- Das Ausgeliefertsein des Menschen an eine proaktive Technik, die er nicht unbedingt im Detail versteht und die er deshalb auch nicht kontrollieren kann.

Diese Themen stellen Akzeptanzfaktoren dar, da sie mit starken Ängsten besetzt sind, wie z.B. der öffentliche Diskurs über den breiten Einsatz von RFID-Technologie zeigt [Kre06a/b/c]. Eine Antwort auf die aus ihnen resultierende Abwehrhaltung kann nicht auf der technischen Ebene gefunden werden, sie kann nur technologisch unterstützt werden.

Technologisch besteht die Herausforderung in der Beobachtung des Menschen sowie in der Erfassung und der Interpretation des aktuellen Kontextes. Dazu gehören u.a. die richtige Auswahl von Sensoren, ihre Kombination und die zeitnahe Auswertung ihrer Messwerte sowie die Modellierung ihrer Bedeutung auf einer semantischen sowie auf der pragmatischen Ebene. Die Programmierung heterogener, kontextsensibler Anwendungsprozesse stellt hier ein besonderes Problem dar, denn bei der „Computerisierung" der Umgebung ist es nur in sehr kleinen, geschlossenen Welten möglich, das Verhalten der Akteure bereits bei der Implementierung der Eigenschaften der informations- und kommunikationstechnischen Infrastruktur vorher zu sagen. Die Modellierung von diffusen Handlungskontexten und Situationszusammenhängen ist auch in anderen Technologiebereichen noch nicht zufrieden stellend gelöst. Darüber hinaus ist Vielfalt der Benutzungsoberflächen von Alltagsgegenständen noch nicht überschaubar. Dennoch ist es sinnvoll, die bereits heute vorhandene informations- und kommunikationstechnische Infrastruktur in der Umgebung, vor allem in Arbeitsumgebungen z.B. zur Reduzierung des erforderlichen Mensch Computer-Interaktionsaufwands zu nutzen. Die Verwendung von Computertechnik weitet sich immer weiter aus, so sind neuere Industrieanlagen oder Flugzeuge und Schiffe u.a. mit Computertechnologie zur Selbstdiagnose und ggf. auch mit Kommunikationstechnik zur Fernwartung ausgestattet, so dass es nahe liegend ist, Synergieeffekte mit Komponenten des Ubiquitous Computing für diejenigen zu erzeugen, die vor Ort tätig sind.

## 3.6  Wearable Computing

Während in der Vision vom Ubiquitous Computing von einer Allgegenwart der Computertechnologie möglichst ausschließlich in der stationären Umgebung ausgegangen wird, favorisiert das Paradigma des Wearable Computing in seiner Idealversion eine feste, fast persönliche Beziehung zwischen der BenutzerIn und ihrem Computersystem, das völlig unabhängig von allen Infrastruktureinrichtungen der Umgebung funktioniert.

Wearable Computing bedeutet zum einen den Einsatz „tragbarer" Rechnern und meint ein „Anziehen" von Computertechnologie im Sinne von Kleidung, Schmuck oder auch im Sinne des Anlegens eines Tragesystems wie z.B. eines Gürtels, eines Rucksacks oder eines Holsters. Da im Englischen diese Eigenschaft als „wearable" bezeichnet wird, hat sich der Begriff des „Wearable Computing" für diese neue Form der Computernutzung etabliert. Eine angemessene deutschsprachige Übersetzung gibt es nicht[2] . Eingesetzt werden als mobile, tragbare Endgeräte vor allem Wearable Computer, Smart Clothings und Digital Accessoires, die neben ihrer mobilen Nutzbarkeit einige weitere Merkmale aufweisen, die weit über reine Computerhardware-Eigenschaften hinausgehen. Zum anderen zeichnet sich Wearable Computing dadurch aus, dass es im Vergleich zum Ubiquitous Computing nicht weniger proaktiv als stärker durch interaktive Momente gekennzeichnet ist. Ziel des Wearable Computing ist die Realisierung einer „intelligenten mobilen Assistenz", deren Nutzung für die BenutzerIn beiläufig ist. Die Technologie ist an die individuelle NutzerIn angepasst, sie trägt alle Informationen und Dienste immer bei sich und ist damit technologisch völlig autark von der Umgebung.

Die für Wearable Computing verwendete Kategorie mobiler Endgeräte sind Wearable Computer und Smart Clothings. Hier handelt es sich im ersten Fall um Hochleistungsrechner, die der Leistungsfähigkeit von Notebooks entsprechen und die so am Körper getragen werden, dass die BenutzerIn sie nicht mehr in die Hand nehmen muss, sie aber trotzdem sogar in der Bewegung nutzen kann. Diese Art mobiler Endgeräte ist für den Einsatz bei mobilen Tätigkeiten konzipiert, z.B. bei der Inspektion von Industrieanlagen, Fahrzeugen oder Straßen, bei der Kommissionierung oder in der Produktion. Sie sind robuster als herkömmliche mobile Endgeräte und sie können am Körper getragen werden. Wearable Computer und Smart Clothes gibt es noch nicht als Massenprodukte, es haben sich auch noch keine Standards entwickelt, obwohl diese Art mobiler Endgeräte bereits seit Mitte der neunziger Jahre produziert werden.

Auch Smart Clothes[3] werden selten für den Einsatz im Büro konzipiert, so dass sie nicht in die Kategorie Mobile Computing fallen. Es gibt allerdings eine Kategorie Smart Clothes, die für den Zugriff auf Daten aus dem Internet entwickelt wird, das sind die so genannten „Wearable Electronics". Sie werden für den Massenmarkt entwickelt und ermöglichen der BenutzerIn z.B. die in die Bekleidung integrierte Nutzung eines MP3-Players oder eines Mobiltelefons (siehe z.B. [Jun02], [Pah04], [Gue05], [Int05]). Bei der Integration beschränkt sich dieser Ansatz auf modische Bekleidungsstücke, die mit Taschen und Kabelkanälen für die Unterbringung von Unterhaltungselektronik versehen sind. Eine weitergehende Integration wird jedoch forciert, sie wird z.B. in Richtung der Entwicklung von leitenden Fasern und Stoffen

---

[2]    Tom Nicolai hat in seiner Diplomarbeit [Nic02] die Bezeichung „Kleidsamer Computer" geprägt, und Carmen Baumeler hat sie in ihrer Dissertation aufgenommen [Bau05], doch trifft diese Bezeichnung noch nicht den Kern. Auch „tragbarer Computer" verweist eher auf die Art des Transports als auf die Möglichkeit des Anziehens.

[3]    Das Ergebnis von drei ExpertenInnen-Workshops zur Positionsbestimmung zum Thema Smart Clothes wird in [Mec04] im Überblick dargestellt.

und die Verbindung von elektronischen Bauteilen mit diesen voran getrieben ([Mec04], [Fac06], [Kat05], [Lin05]).

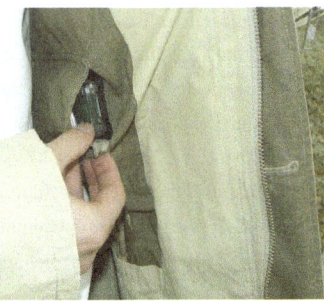

**Abb. 10: Beispiel für eine Smart Clothes-Lösung, links: Interaktionselemente zur Steuerung von Mobiletelefon und mp3-Player, rechts: mp3-Player in der Innentasche (Fotos: MRC)**

Wearable Computer sind leistungsfähige mobile Endgeräte, die von ihrer BenutzerIn so am Körper getragen werden, dass sie über das größtmögliche Maß an Bewegungsfreiheit für die Ausführung ihrer primären Tätigkeit verfügt. Die Miniaturisierung von Rechnertechnologie ist so weit fortgeschritten, dass ein derartiger Rechner in einer Streichholzschachtel Platz findet und in Bekleidung oder Accessoires integriert werden kann; an entsprechend miniaturisierten Energielieferanten wird intensiv gearbeitet, denn sie stellen zur Zeit eine der zentralen Barrieren zur Verbreitung dieser Technologien dar. Bradley Rhodes [Rho97] fordert einige qualitative Eigenschaften für diese mobilen Endgeräte, z.B. dass ein Wearable Computer ständig „im Einsatz", also immer angeschaltet und sofort benutzbar ist, auch in der Bewegung, und dass möglichst beide Hände frei bleiben für Aufgaben jenseits der Computerbenutzung. Ein Wearable Computer sollte den physischen Kontext der BenutzerIn mittels Sensoren erfassen und der BenutzerIn immer proaktiv Informationen liefern.

Diese Charakterisierung verdeutlicht, ein Wearable Computer besteht nicht nur aus einer kleinen Recheneinheit mit einer bestimmten Leistungsfähigkeit. Die Ein-/Ausgabe-Geräte, ihre Anordnung am Körper der BenutzerIn, der Einsatz intelligenter Sensoren und insbesondere die Gestaltung der Interaktion zwischen Mensch und Computer sind die weiteren wichtigen Komponenten. Wie diese Anforderungen konkret realisiert werden, bestimmt vor allem der Einsatzbereich, d.h. die Anforderungen und Bedingungen der Anwendung und der BenutzerInnen, für die Wearable Computing eine innovative Lösung bieten soll.

Bei der Realisierung von Desktop Computing und auch bei der Umsetzung von Mobile Computing, ja, sogar für Virtual Reality wurde bei der Gestaltung der Technik bisher immer von der ungeteilten Aufmerksamkeit der BenutzerIn für das Computersystem während der Nutzung ausgegangen. Das ist im Wearable Computing anders: Die primäre Aufgabe und damit auch die Aufmerksamkeit der BenutzerIn ist und bleibt in der realen Welt verortet. Im Fokus des Interesses stehen hier Tätigkeiten und Aktivitäten, die nicht automatisiert werden können, da sie menschliche Kompetenz, Erfahrung und Fertigkeiten erfordern oder spontan erfolgen können. Informationstechnologie kann bei einem Teil dieser Tätigkeiten hilfreich sein und produktionssteigernd wirken, insbesondere dann, wenn vor Ort Informationen benötigt, Berechnungen gemacht oder Daten aufgenommen und interpretiert werden müssen. Computertechnologie soll hier nur unterstützend eingesetzt werden und muss sich immer den Gegebenheiten der Situation und den Anforderungen der realen Welt unterordnen. Die Bedienung durch die BenutzerIn erfolgt „beiläufig" (siehe [Rüg02a]). Je unscheinbarer solche Systeme sind, je weniger Aufmerksamkeit für ihre Benutzung erforderlich sein soll und je intelligenter und selbstständiger sie funktionieren, desto mehr können sie die BenutzerIn entlasten und sich als innovativ und gewinnbringend erweisen.

Abb. 11: Wearable Computer im industriellen Einsatz (Foto: Xybernaut)

Die intendierte Nutzung von Wearable Computing sind zum einen ähnliche Situationen, in denen auch über die Verwendung von Ubiquitous Computing gedacht wird: der Mensch braucht seine gesamte Konzentration oder sein ganze Aufmerksamkeit für seine eigentliche Aufgabe, d.h. für sein primäres Vorhaben und nicht für die Bedienung eines Computersystems. Die verwendete mobile informations- und kommunikationstechnische Infrastruktur hat den Zweck, diese Aktivitäten unbemerkt zu unterstützen. Sie ist am Körper der BenutzerIn platziert, so dass sie die (wechselnde) Umgebung „beobachtet" und auf der Grundlage ihrer Auswertung die BenutzerIn proaktiv unterstützt. Der intensive Einsatz von Sensoren und die Interpretation des so erfassten Kontextes spielt für die angemessene Realisierung der Vision eine zentrale Rolle.

Der wesentliche Unterschied zwischen Ubiquitous und Wearable Computing ist auf den ersten Blick nur die Platzierung der Technik. Bei genauerer Betrachtung wird jedoch deutlich, dass diese Platzierung Konsequenzen hat, die Auswirkungen auf die verwendbaren technologischen Komponenten, die Einsatzbereiche und die Akzeptanz seitens der AnwenderInnen und BenutzerInnen haben. Die drei Problemfelder „gläserner Mensch", „Verantwortlichkeit" und „Ausgeliefertsein" treffen auf Wearable Computing nicht in gleicher Weise zu. Zwar ist es technisch z.B. genauso möglich, die TrägerIn vollständig zu überwachen, doch wird das

Tragen der Technik am eigenen Körper als geringere Bedrohung empfunden. Steve Mann dreht mit seinem System dieses Machtverhältnis sozusagen um und benutzt seinen persönlichen Wearable Computer als Überwachungsinstrument für seine unmittelbare Umgebung, um sich mit dieser Technik zu wehren und zu schützen (siehe unter der Bezeichnung „Sousveillance" [Man06]). Auch bzgl. der Übernahme von Verantwortung ist die Sichtweise im Wearable Computing allein aufgrund der Tatsache der körperlichen Nähe eine andere: der Mensch trägt die Technologie, er benutzt und steuert sie und ist deshalb für ihren verantwortungsbewussten Einsatz zuständig. Nur der letztgenannte Problempunkt gilt auch für Wearable Computing: Der Mensch, der diese Technologie benutzt, erwartet, dass sie fehlerfrei und ausfallsicher funktioniert, und dass er sie kontrollieren kann.

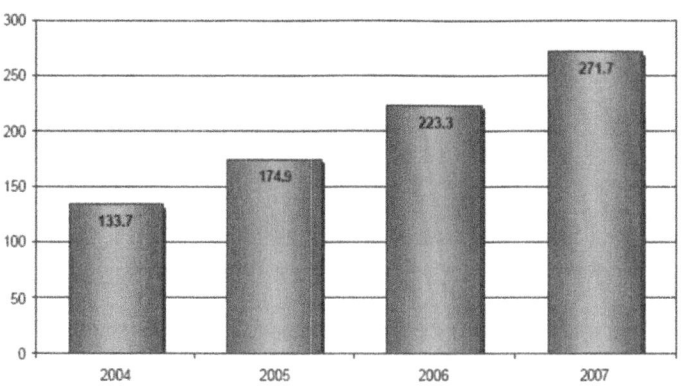

Abb. 12: Prognosen über die Entwicklung des Marktes von Wearable Computern von VDC [Kre05], die für 2008 einen Umsatz von über 1 Mrd. US-Dollar für den Markt „Intelligente Textilien" prognostizieren. [Fac06]

So, wie Ubiquitous Computing eine konzeptionelle Idealform hat – die Umgebung ist computerisiert, der Mensch bleibt völlig unbelastet – hat auch das Paradigma Wearable Computing eine Vision – der Mensch ist der alleinig Handelnde, er ist Träger und Steuerer der Technik –, die beide in ihrer Absolutheit nicht realisiert werden können. Einsetzbare Lösungen werden in beiden Fällen zwischen den beiden Extrema liegen, d.h. neue informations- und kommunikationstechnologisch Komponenten werden sowohl in die stationäre Umgebung integriert, also auch in Gegenstände und auch der sich darin und dazwischen bewegende Mensch wird mit Komponenten ausgestattet sein. In jüngerer Zeit findet eine starke Annäherung beider Konzepte an, eine Vermischung auf der Ebene der Realisierung hat stattgefunden. Konkrete Umsetzungen werden allerdings nur erfolgreich sein, wenn im metaphorischen Sinne das

Zusammenspiel zwischen Hardware, Software und Anwendung funktioniert und ein Mehrwert für die BenutzerIn entsteht.

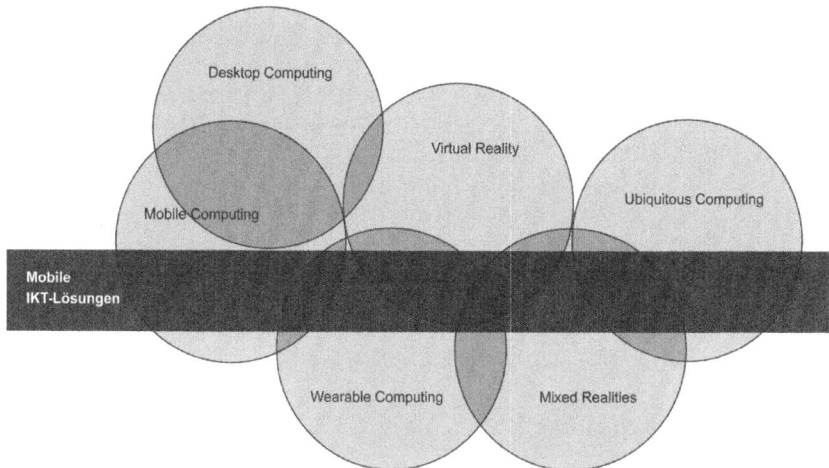

**Abb. 13: Einordnung des Konzepts der mobilen IKT-Lösungen in die Landschaft der Leitbilder der
Technikgestaltung (Bild: MRC)**

Es gibt bereits eine Vielfalt konzipierter, untersuchter oder prototypisch realisierte anwendungsspezifischer Lösungen[14], die einen hybriden Charakter haben und keiner der beschriebenen Konzepte vollständig zuzuordnen sind. Sie definieren sich zumeist aus den Anwendungs-
zusammenhängen heraus und sind insofern nicht direkt mit den in diesem Kapitel beschriebenen Paradigmen zu identifizieren. Im folgenden Kapitel wird deshalb eine Architektur- und
Problemstruktur mobiler, informations- und kommunikationstechnologischer Lösungen vorgestellt, die einzelne Technologien und Aspekte aller beschriebenen Konzepte berücksichtigt,
die für die Realisierung einer informations- und kommunikationstechnischen Unterstützung
mobiler Tätigkeiten relevant sind. Der Analyse realisierter Beispiele, mit einem pragmatischen Ansatz und dem Fokus auf die Einsatzbereiche und Anwendungen im Bereich mobiler
Arbeitstätigkeiten, widmet sich der folgende Teil der vorliegenden Arbeit.

---

[14]    Siehe dazu die online verfügbare Sammlung von Anwendungsbeispielen in [Rüg02a].

# 4 Architektur und Problemstruktur mobiler Lösungen

Die Architektur mobiler Lösungen lässt sich analog zur Terminologie des IEEE-Standards 1471-2000, wie sie z.b. Hasselbring verwendet, beschreiben: „Definition (Software-Architektur): Die grundlegende Organisation eines Systems, dargestellt durch dessen Komponenten, deren Beziehung zueinander und zur Umgebung sowie den Prinzipien, die den Entwurf und die Evolution des Systems bestimmten." ([Has06], S.48). Die Komponenten, die benötigt werden, und die Entscheidungen, die dafür gefällt werden (müssen), bestimmen die Systematik der Gesamttechnologie. Festgelegt werden mit diesen Entscheidungen u.a. die „Arbeitsteilung" innerhalb des gesamten Computersystems (Topologie, Vernetzung, Softwarearchitektur) und auch die „Arbeitsteilung" zwischen Mensch und Computer (explizite und implizite Interaktion). Allerdings beschränkt sich die Architektur einer mobilen Lösungen nicht auf die Software, sondern die Eigenschaften der Hardware haben maßgeblichen Einfluss auf die Gesamtarchitektur, Software und Hardware bedingen sich gegenseitig. Es gibt eine große Ähnlichkeit der Architekturmuster für mobile Lösungen mit den bekannten Architekturmustern der Softwareentwicklung (z.B. Client/Server-, Peer-To-Peer-, Serviceorientierte und Komponentenorientierte Architekturen [ebd.]), doch gibt es Eigentümlichkeiten mobiler Lösungen, die im Folgenden beschrieben werden.

Die Architektur eines Computersystems für eine mobile IKT-Lösung wird durch einige wenige Hauptstrukturen bestimmt, die sich wechselseitig bedingen, mehr als das bei herkömmlichen stationären Lösungen der Fall ist. Eine kleine Variation bei einem Element hat starke Auswirkungen auf alle anderen. Ein Beispiel soll diese enge Verzahnung verdeutlichen: Wählt man eine monadische Architektur – d.h. entscheidet man sich für einen autonomen Ansatz, der das mobile Gesamtsystem autark arbeiten lässt, ohne eine drahtlose Integration in ein Netzwerk –, dann müssen die am Körper getragenen Geräte so leistungsstark sein und über so viele Ressourcen verfügen, dass sie alle erforderlichen Daten, Programme und Dienste enthalten, die für den aktuellen Einsatzzweck erforderlich sind. Die mitgeführten Informationen und Dienste müssen vollständig sein, ein Zugriff auf externe Datenquellen und eine Kommunikation mit anderen darf nicht erforderlich sein, und eine Sicherung der Daten muss im mobilen Endgerät selbst oder während des Ladens der mitgeführten Stromversorgung realisiert werden. Bei dieser monadischen Archtektur wird der Wunsch der BenutzerIn nach absolutem Schutz und Sicherheit des eigenen Systems vor Angriffen von außen erfüllt.

Im Vergleich dazu stellt eine eingebettete Architektur – ein nicht autark arbeitendes System, das drahtlos in ein Computer- und Kommunikationsnetzwerk integriert ist – deutlich geringere Anforderungen an die Prozessor- und Speicherleistungen, erzeugt aber auf der Ebene der Software und der Vernetzung eine wesentliche höhere Kompexität. Sie ermöglicht eine kleinere Dimensionierung der mobilen Endgeräte und einen Zugriff auf verteilte hochaktuelle Informationen und Ressourcen (Rechnerleistung, Speicherplatz) sowie die Kommunikation mit kooperierenden ExpertInnen und Computersystemen. Dafür erfordert eine derartige eingebettete Architektur die Sicherstellung der zuverlässigen Verfügbarkeit der Vernetzung, eine geeignete Verschlüsselung des Datentransfers und Mechanismen zur verteilten Datenverarbeitung.

Aus Perspektive der BenutzerIn ist die Frage, ob sich die Daten und Dienste auf dem mobilen Endgerät befinden oder über eine sichere (permanente oder ad-hoc) drahtlose Verbindung zu einem Server z.b. im mitgeführten Werkzeugkoffer, im Fahrzeug, auf dem Werksgelände oder am anderen Ende der Welt realisiert werden, unwesentlich. Für die BenutzerIn ist nur die Einfachheit und Beiläufigkeit der erforderlichen expliziten Interaktion relevant.

Die zentralen Dimensionen, die besondere für die Architektur mobiler Lösungen eine Rolle spielen, sind Folgende:

- *Hardware/Software*: Die physische Hardware-Konfiguration inkl. der Energieversorgung und der damit eng verbundene Vernetzung sowie die Softwarearchitektur.

- *Umgebung*: Die Integration des technischen Systems in die Umgebung im weitesten Sinne, d.h. die Einbeziehung sowohl der physischen als auch der elektronischen und digitalen Umgebung sowie die Integration des mobilen Systems in die umgebende informations- und kommunikationstechnische Infrastruktur (nicht nur auf Hardware-Ebene, sondern insbesondere auch auf Ebene der Anwendungsprogramme).

- *Nutzungskontext*: Die Regelung der Interaktion zwischen Mensch und Computer; die Integration des eingesetzten mobilen informations- und kommunikationstechnischen Systems in den individuellen Arbeitsprozess bzw. Handlungsablauf sowie in die Kommunikationsabläufe von kooperierenden Teams.

- *Interaktion und Proaktivität*: Die Arbeitsteilung zwischen Mensch und Computer, die vor allem die Benutzung in der Bewegung berücksichtigt und eine Bedienung fördert, die nicht von einer kontinuierlichen und uneingeschränkten Aufmerksamkeit der BenutzerIn für das Computersystem ausgeht.

Im vorliegenden Kapitel werden die Vielzahl der gegenseitigen Abhängigkeiten im Detail aufgezeigt, um ihre Notwendigkeit zu motivieren. Denn es ist zu beobachten, dass die bisher realisierten mobilen Lösungen vielfach daran gescheitert sind, dass bei ihrer Entwicklung keine systemische Perspektive eingenommen worden ist, sondern der Fokus auf einzelnen technologischen Aspekten lag. Dies hatte aber häufig zur Folge, dass die resultierenden mobilen Lösungen nicht einsetzbar waren, da sie einzelne zentrale Punkte der erforderlichen Voraussetzungen nicht erfüllen konnten. Um bei zukünftigen Entwicklungen diese Rückschläge möglichst zu vermeiden, werden hier die Interdependenzen ausführlich dis-kutiert. Sie sollen als korrelierende Architekturaspekte mobiler Lösungen aufgefasst werden.

## 4.1 Technikrelevante Hauptmerkmale mobiler IKT-Lösungen

Ein wesentliches Merkmal von mobile Lösungen ist der Umfang der Hardwareausstattung. Bei minimaler Baugröße wird eine möglichst hohe Leistungsfähigkeit angestrebt, die bei den Geräten der oberen Leistungsklasse der eines (etwas veralteten) DesktopPCs entspricht und auch dessen prinzipiellen Eigenschaften der Allgemeinheit und der Programmierbarkeit[15] beibehält. Die Rechner der oberen Leistungsklasse, die für mobile Lösungen eingesetzt werden, werden als „Wearable Computer" (kurz: Wearable) bezeichnet. Ein Wearable wird nach Rhodes [Rho97] wie folgt charakterisiert:

- *Portable while operational*: Ein Wearable kann in der Bewegung benutzt werden.

- *Hands-free use*: Der Wearable kann z.B. durch gesprochene Sprache kontrolliert werden, so dass beide Hände frei sind für andere Aufgaben.

- *Sensors*: Ein Wearable ist mit Sensoren zur Wahrnehmung der physischen Umgebung ausgestattet.

- *"Proactive"*: Auch wenn der Wearable nicht explizit benutzt wird, versorgt er die BenutzerIn doch mit Informationen.

- *Always on, always running*: Der Wearable nimmt kontinuierlich Daten auf und ist immer „im Einsatz".

Diese geforderten Eigenschaften werden im Folgenden als fundamental betrachtet und als minimale Anforderungen an die zu untersuchenden Komponenten und Systeme gesetzt. Sie gelten vor allem für die verwendete Hardware, haben aber auch Einfluss auf die Software und das Interaktionskonzepts. Die Realisierung dieser Forderungen kann auf ganz unterschiedliche Weise erfolgen. Was dabei konkret beachtet werden muss und an welcher Stelle Abstriche gemacht werden können, darauf wird in den folgenden Abschnitten dieses Kapitels eingegangen. Neben diesen grundlegenden Anforderungen gibt es jedoch noch weitere. Steve Mann, der bereits seit Anfang der 70er Jahre ein Wearable-Computing-System trägt und es seither ständig weiterentwickelt, stellt weitreichendere Anforderungen [Man96]:

- "The computational apparatus is situated in a manner that makes it part of what the highly-mobile user considers himself or herself, and in a manner that others also regard as part of the user."

- "The computational capability is controllable by the user. The control need not require conscious thought or effort, but the locus of control must be such that it is within the user's domain. In this way it may behave as an extension of the user's mind and body
,,

---

[15] Ein Computer ist eine Maschine, die nur durch die Verwendung von austauschbarer Software zu einem funktionsfähigen Anwendungssystem wird. Das Softwareprogramm bestimmt, welche Funktion das Gesamtsystem erfüllt.

- "Interactional constancy: ... One or more output channels ... are known (e.g. visible) to the user at all times..."

- Um dieser Vielzahl von Aspekten Rechnung zu tragen und auch, um den Fokus weg von der Hardware hin zum Gesamtsystem zu verschieben, verwende ich den Begriff "mobile IKT-Lösung" für das umfassendere Konzept. Ich wende ihn auch auf spezialisierte Computersysteme an, die nicht unbedingt *alle* genannten Eigenschaften in genügender Tiefe erfüllen. Vor allem die Forderung nach einer „freihändigen" Benutzung wird bisher so gut wie nie erfüllt, so dass die strikte Anwendung dieses Kriteriums die Anzahl bewertbarer mobiler Lösungen gegen Null laufen lassen würde. Eine dogmatische Anwendung dieser Forderung würde all jene kreativen Ideen abwerten, die eine pragmatische, anwendungsbezogene Lösung vorschlagen, in der die Freiheit der Hände nicht kontinuierlich erforderlich ist und in der die zeitweilige Benutzung der Hände für die Bedienung des Gerätes bzgl. der ungestörten Durchführung des primären Arbeitsprozesses keinerlei Abbruch tut. Aus diesem Grund ist hier eine graduelle Abstufung der Bewertungsdimensionen mit Fokus auf den Nutzungskontext angezeigt.

Rhodes und Mann referieren bei ihrer Definition von Wearable Computern vorrangig auf die physische Form und auf die Mensch-Computer-Interaktion. Steven Feiner [Fei99] fügt dem noch die Komponente der zu erwartenden sozialen Konsequenzen hinzu. Seine Forderungen beschränken sich zwar auf den Aspekt der Mobilität von Augmented Reality-Systemen, doch sind sie auf mobile IKT-Lösungen übertragbar. Er versteht unter AR-Systemen head-worn, head-tracked Systeme, die das Potenzial haben, der BenutzerIn eine personalisierte, ortsbezogene, die reale Welt ergänzende und überlagernde digitale Information zu präsentieren, wobei die Darstellung häufig eine visuelle ist, dies aber nicht zwingend sein muss. S. Feiner identifiziert folgende Konsequenzen:

- *social influences on tracking accuracy*: Unabhängig vom technisch Machbaren werden soziale Konventionen (per Konversation oder per sozialer Protokolle) die Genauigkeit der Orts- und Positionsbestimmung von Personen beeinflussen, wenn nicht sogar reglementieren.

- *appearance and comfort*: Die Eigenschaften der Hardware und insbesondere die Gestaltung des Displays und der Interaktion bestimmen den Erfolg dieser Technologie.

- *mobility breeds collaboration*: So, wie ein Mensch die physische Anwesenheit eines anderen wahrnehmen kann, sollten tragbare Computersysteme die „computational presence" anderer NutzerInnen (z.B. mittels ad hoc networks) bemerken können. Diese Eigenschaft des mobilen Einsatzes von Computersystemen muss allerdings noch ins Design der Benutzungsschnittstellen einfließen.

- *integration with other devices*: HMDs und Mikrodisplays haben bestimmte Eigenschaften und unterscheiden sich grundlegend z.b. von wandgroßen Flachbildschirmen oder haptischen bzw. akustischen Displays. Jedes dieser „Darstellungsgeräte" hat Stärken und Schwächen und ist auf bestimmten Gebieten effizienter als die anderen. Um mit den unterschiedlichen Benutzungsoberflächen die gleichen Daten und Programme in verschiedenen Kontexten zu verwenden, muss eine intelligente situationsabhängige Anpassung entwickelt werden.

- *implications for personal privacy*: Einerseits können Wearable Computer ein "safety net"[16] bilden, das auf jede BenutzerIn der teilnehmenden Gruppe „achtet" und ihr im Gefahrenfall „zu Hilfe eilt". Andererseits besteht allerdings die Gefahr, dass die zeit- und ortsmarkierten Datenzugriffe jeder BenutzerIn gesammelt und ausgewertet werden und damit eine totale Transparenz der BenutzerIn besteht.

Es steht bereits eine Vielzahl von mobilen Endgeräten für mobile Lösungen zur Verfügung. Der Markt ist jedoch noch sehr in Bewegung und es ist auch weiterhin noch mit neuen Geräteklassen und einer Vielzahl von neuen Varianten zu rechnen. Zentrale Faktoren der Hardware sind zum einen das mobile Endgerät bzw. das Geräteensemble sowie die Vernetzung der Hardwareelemente und ihre zuverlässige Versorgung mit Strom. Wie am Anfang dieses Abschnitts bereits erwähnt, hat die Entscheidung, welche Art physischer Konfiguration man wählt, weitreichende Folgen für das Design des Gesamtsystems und seine Einbettung in die umfassende Infrastruktur sowie in den gesamten Arbeitsprozess, der u.U. kollaborativ eingebettet ist. Folgende Aspekte spielen eine besondere Rolle für mobile IKT-Lösungen.

**Tragbarkeit und Robustheit**

Mobile Endgeräte werden zurzeit z.B. als Mobiltelefon, PDA oder Smartphone in der Tasche getragen, TabletPCs und so genannte WebPads werden wie ein Klemmbrett benutzt. Es gibt Wearable Computer, die am Gürtel, in einem Holster oder Rucksack getragen werden und es gibt Smart Clothes, bei denen elektronische Komponenten in Bekleidungsstücke oder in Accessoires integriert werden. An der Carnegie Mellon University (CMU) sind Studien zur Platzierung von Wearable-Computing-Technologien am Körper durchgeführt worden, die Hinweise darauf geben, was beim Design dieser Technologie hinsichtlich des Tragens von Informations- und Kommunikationstechnologie grundsätzlich berücksichtigt werden sollte und wo die Hardware am Köper platziert werden kann(siehe [Gem98], [Bar01b], [LIN05]). Folgende Richtlinien wurden dort erarbeitet: „Guidelines for Wearability:

1. Placement (where on the body it should go)
2. Form Language (defining the shape)
3. Human Movement (consider the dynamic structure)
4. Proxemics (human perception of space)

---

16  Auch diese Vision wurde von S. Mann entworfen [Man96].

45

5. Sizing (for body size diversity)
6. Attachement (fixing forms to the body)
7. Containment (considering what's inside the form)
8. Weight (as its spread across the human body)
9. Accessibility (physical access to the forms)
10. Sensory Interaction (for passive or active input)
11. Therma (issues of heat next to the body)
12. Aesthetics (perceptual appropriateness)
13. Long-term Use (effects on the body and mind)" ([Gem98], S.2)

Aus diesen Richtlinien resultieren folgende Vorschläge zur Platzierung von Hardware-komponenten am Körper:

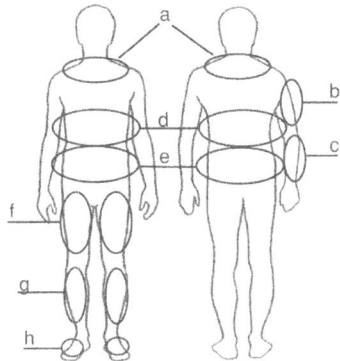

Abb. 14: Platzierungsmöglichkeiten von Wearable Computern am Körper ([Bar01b], S.490)

Über diese generellen Vorschläge hinaus sind für den konkreten Einsatz anwendungsspezifi-sche Konzepte des Tragens erforderlich, da die jeweiligen Einsatzbedingungen unterschied-liche Vorgaben machen[17]: Hinsichtlich der Platzierung am Körper und bezüglich der Nut-zungsbedingungen in der aktuellen Arbeitssituation stellt z.B. eine FlugbegleiterIn andere Anforderungen an eine mobile Lösung als eine MonteurIn, eine Pflegekraft oder eine RaumfahrerIn.

Es hat sich noch kein Standard heraus kristallisiert, der erkennen lässt, ob der Trend hin zum kompakten mobilen Endgerät „Wearable Computer" geht, ob sich die auf einzelne Funktionen spezialisierten „Smart Appliances" durchsetzen werden. Ein flexibel vernetzter Geräte-verbund mit einer zentralen Rechnereinheit und variablen Eingabe-, Ausgabe-, Speicher- und Kommunikationskomponenten als Hardware-Konfiguration impliziert eine Modularisierung,

---

[17] Detaillierte Untersuchungen zur Platzierung unterschiedlicher Mäuse in verschiedenen Körperhaltungen und in der Bewegung sind zu finden in [Tho02] und in [Zuc06]. Einen Vorschlag für eine Methode zur Erreichung von „Wearability" für Wearable Computer wird in [Kni06] vorgeschlagen.

die es erlaubt– ähnlich einem Baukasten-System –, aus standardisierten Komponenten bedarfsgerecht mobile Systeme zusammenstellen zu können. Unterstützt wird diese Variante der Ausprägung z.b. durch die Bestrebungen der EU, die Entwicklung einer Plattform für Collaboration@Work in ihrer Ambient Intelligence Community [Ami04] voran zu treiben. Diesem flexiblen Prinzip stehen allerdings die Interessen der Hardware-Hersteller entgegen, die weniger mit Komponenten, als vielmehr mit Komplettsystemen in hoher Stückzahl Geld verdienen können.

Ein wesentlicher Hardware-Faktor bei mobilen Endgeräten für mobile Tätigkeiten ist ihre Robustheit. Konnte man im Desktop Computing von einer pfleglichen Behandlung des Arbeitsgerätes ausgehen und musste man bei der Benutzung portabler Geräte bisher nur für einen sicheren Transport von einem Ort zum nächsten sorgen, so muss für die mobilen Endgeräte bei einer Benutzung in der Bewegung und einem beiläufigen Interaktionskonzept mit wesentlich höheren Anforderungen an die Robustheit der Hardware ausgegangen werden. Thad Starner erwähnte in seinem Vortrag anlässlich des Kick-off-Meeting des Projektes wearIT@work [Wea04], dass der Unterarmrechner von Symbol Technologies in Gefahrensituationen von den BenutzerInnen auch als Körperschutz benutzt wird.

**Abb. 15: Wearable Scanning System WSS1000 der Firma Symbol Technologies [WSS06]**

Robustheit von mobilen Endgeräten hat in zweifacher Hinsicht ihren Preis. Zum einen sind die Kosten für ein robustes mobiles Endgerät wesentlich höher als für ein „normales", wobei schon stationäre DesktopPCs bei gleichen Leistungsmerkmalen deutlich günstiger sind als Notebooks. Wasserfeste oder bruchsichere Hardware ist mindestens doppelt so teuer wie ungeschützte Geräte. Panzerfeste Ausführungen sind dann noch einmal um Klassen teurer. Allerdings liegt die Lebensdauer[8] von robusten mobilen Endgeräten drei bis vier Mal höher als die der Standardgeräte, so dass sich die Investition unter einer langfristigen Perspektive rechnet. Doch der andere Preis für erhöhte Robustheit wird durch Gewicht und Größe bestimmt. Der dritte Parameter, der bei heutigen robusten mobilen Endgeräten von Bedeutung

---

[8]  Diese Aussage gilt für Notebooks, TabletPCs und Mobiltelefone, da es mit diesen mobilen Endgeräte, die als Produkte am Markt sind, bereits Erfahrungswerte gibt.

ist, ist die Tatsache, dass die Leistungsdaten der vorhandenen Geräte im Vergleich zu den von weniger robusten Geräten deutlich geringer sind. Man kann feststellen, dass so gut wie immer Komponenten der vorherigen Generation verbaut werden. Zurückzuführen ist das u.a. auf den Umstand, dass für die Komponenten in Tests nachgewiesen werden muss, dass sie unter erschwerten Umgebungsbedingungen immer noch zuverlässig funktionieren. Das erfordert Zeit.

Schon früh sind für Standardgeräte wie PDA und WebPad Halte- und Tragesysteme für die Benutzung in der Bewegung entwickelt worden. Dazu gehören neben Holstern und Rucksäcken, die eigentlich eher für den Transport als für die Benutzung während der Bewegung konzipiert sind, vor allem Gürtel mit Haltevorrichtungen, die die für die Ablage des Gerätes erforderliche Schreibtischplatte wie einen Bauchladen am Körper befestigen.

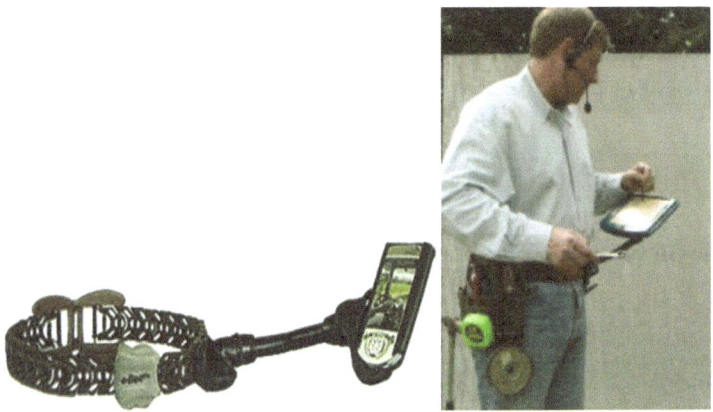

Abb. 16: e-Belt, ein patentierter Gürtel für mobile Lösungen [Mid02]

Die Ideen zu diesen Gürtelsystemen stammen offensichtlich aus anderen Bereichen. Vielen werden z.B. die Bauchläden des Servicepersonals in den Kinos noch ein Begriff sein. Sie muten ein bisschen wie die ersten Automobile an, die anfangs noch sehr viel mehr Ähnlichkeit mit Pferdekutschen hatten als heute. Als einen Fortschritt gegenüber diesen Interimslösungen ist die Integration von Informations- und Kommunikationstechnologie in die (Arbeits-)Kleidung oder in Accessoires zu betrachten.

Diese Thematik wird von Forschung und Entwicklung auf mehreren Ebenen behandelt:

- Bekleidung mit integrierten Kabelkanälen, Haltesystemen und Bedienelementen für Informations- und Kommunikationstechnik
- Stromleitende Stoffe und waschbare Tastaturen
- Flexible Displays

Darüber hinaus gibt es bereits Ansätze, informations- und kommunikationstechnische Komponenten unter die menschliche Haut zu implantieren[19] und per drahtlosem Netz mit einem externen System kommunizieren zu lassen. Spätestens an dieser Stelle wird deutlich, dass neben der „objektiven" physischen Konfiguration vor allem subjektive Akzeptanzfaktoren eine herausragende Rolle spielen, denn eine mobile Lösung rückt der BenutzerIn weit näher und dringt tiefer in ihre Privatsphäre ein, als herkömmliche IKT-Lösungen. Davon ausgenommen werden können auch nicht Virtual Reality-Lösungen, denn VR ist nicht als 24-Stunden-System und auch nicht als alleiniges Arbeitsplatzsystem gedacht, sondern soll nur für eine relativ kurze, klar begrenzte überschaubare Zeit benutzt werden. In dieser Zeit ist die BenutzerIn zwar vollständig in die technologische Umgebung integriert, doch verlässt sie sie nach der Benutzung auch wieder vollständig. Bei mobilen Lösungen wird sehr wohl in manchen Fällen an eine ununterbrochene Nutzung gedacht, so wie S. Mann das intendiert [Man06] und praktiziert.

**Drei Ebenen der Vernetzung werden miteinander verknüpft**

Für mobile Lösungen spielt eine technische Kommunikation und ihre Vernetzung eine wesentliche Rolle. Sie beeinflusst in entscheidender Weise u.a. die Wahl des mobilen Endgeräts bzw. der Gerätekombination und auch die verwendete Software. Als Vernetzungsebenen sind nach Thad Starner ([Sta01a], [Sta01b]) drei Ebenen zu nennen:

- *off-body,* zwischen der am Körper getragenen mobilen Lösung und anderen Computersystemen, z.B. anderen mobilen Systemen, dem Backoffice bzw. dem stationären Netz oder externen Referenzsystem wie GPS etc.

- *near-body,* zwischen der von der BenutzerIn getragenen mobilen IKT-Lösung und Objekten in der unmittelbaren Umgebung, die nicht integraler Bestandteil des mobilen Equipments der BenutzerIn sind.

- *on-body,* zwischen der Rechnereinheit des getragenen Endgeräts und seiner unmittelbaren Peripherie am Körper der BenutzerIn, z. B. den Ein-/Ausgabegeräten, Speichermedien oder den Sensoren.

Diese Ebenen werfen bei Design des Gesamtsystems unterschiedliche Fragestellungen mit verschiedenen Gewichtungen auf. Im unmittelbaren Körperbereich stehen z.B. Fragen nach der Energieversorgung, der Wärmeentwicklung und des Strahlenschutzes in Vordergrund, bei der Kommunikation mit der Umgebung geht es vor allem um die Kontrollierbarkeit des Datenaustausches, z.B. in ad-hoc-Netzen und bei der Integration in ein weltweites Computernetz spielt der Schutz der Daten eine zentrale Rolle. Wählt man eine monadische Konfiguration, spielen near- und off-body-Vernetzungen keine Rolle. Dies gilt z.B. in den Situationen, die S. Mann [Man06] beschreibt. Er setzt den Datensammel- und Überwachungs-

---

[19]     Die Europäische Gruppe für Ethik (EGE) hat zu diesem Thema Mitte 2005 eine Empfehlung gegeben (siehe [Hei05], [Eth05]).

tendenzen von Behörden einen privaten Kontrapunkt entgegen, indem er seinerseits seine Umgebung technische beobachtet und auf seinem autonomen mobilen Gerät umfangreiche Datensammlung vornimmt.

Doch in den weitaus meisten Fällen, insbesondere in Arbeitssituationen, in denen die bisher vorhandene informationstechnische Lücke zwischen stationären und mobilen Tätigkeiten überwunden werden soll, ist die möglichst bruchfreie Integration der mobilen IKT-Lösung in ein vorhandenes umfassenderes informations- und kommunikationstechnisches System ein zentraler Akzeptanzfaktor dieser neuen Technologie sein. Diese Integration muss nicht nahtlos und allumfassend sein, so dass in gewissen Anwendungssituationen z.b. auf permanente drahtlose Verbindungen verzichtet werden kann. Doch insbesondere dann, wenn die mobile Stromversorgung wesentlich verbessert – bzw. der Verbrauch signifikant gedrosselt – werden kann, wird die Realisierung einer drahtlosen Vernetzung für Mobile Lösungen unumgänglich sein. Je nach Einsatzbereich und -funktion kommen für mobile Lösungen alle Netztechnologien und die Nutzung von drahtlosen Übertragungstechniken und Referenzsystemen in Frage. Dazu gehören vor allem GSM, UMTS, Bluetooth, WLAN und Wimax, aber auch Satellitenfunk, TETRA und DVB-H bzw. GPS sowie ZigBee, Wireless-USB und proprietäre Funknetze, die z.B. in der Automatisierungstechnik beim Einsatz von Sensoren verwendet werden. Es gibt auf der Ebene der Vernetzung von Sensoren Forschung und Entwicklung, doch noch keine Standards, sondern höchstens Demonstratoren [Ken04], so dass sie hier nicht genannt werden.

**Energieversorgung**

Ein weiterer, zentraler Aspekt mobiler IKT-Lösungen ist die Versorgung der mitgeführten mobilen Endgeräte mit Strom. Computerunterstützung mobiler Tätigkeiten, die von der BenutzerIn erfordert, dass sie sich ständig Gedanken über den Energieverbrauch und um die nächste „Tankstelle" macht, ist keine einsetzbare technische Unterstützung. Im Gegensatz zur enormen Geschwindigkeit bei der Weiterentwicklung von Hardware-Varianten und Speicherplatz für Rechner ist der Fortschritt bei der Entwicklung neuer mobiler Energiequellen deutlich langsamer. Darüber hinaus ist es häufig eine bewusste Strategie von Hardwareproduzenten, nur eigene proprietäre Netz- und Ladegeräte zuzulassen. Die persönliche Beobachtung in fünf Jahren Messevorführungen besagt, dass diejenigen, die mobile Lösungen zeigen, auch diejenigen sind, die die meisten Kabel und Netzgeräte im Schrank haben. Die effizientere Nutzung von bestehenden Energiequellen und die Entwicklung neuer ist aber dennoch kein spezielles Thema mobiler Technologien. Hierfür sind eher Forschungs- und Entwicklungsbereiche relevant, die sich mit Fragestellungen befassen wie Leistungssteigerungen bei Akkumulatoren, die Erzeugung von Strom aus der unmittelbaren Umgebung der BenutzerIn oder aus der Bewegung bzw. die Nutzung des menschlichen Körpers als Energiequelle. Doch spielt die Lösung dieses Problems für den Erfolg mobiler Lösungen eine erhebliche Rolle.

## 4.2 Umgebungssysteme

Der Umstand, dass mobile Lösungen zur Unterstützung mobiler Tätigkeiten dienen und keine stationären Arbeitsplätze im Fokus haben, schafft für die einzusetzende Technik neben neuen Herausforderungen auch neue Möglichkeiten. Er bedeutet z.b., dass der aktuelle Kontext des Computereinsatzes im Sinne einer technischen Erfassbarkeit wesentlich reichhaltiger ist als es bei einem stationären System der Fall ist. Der Ort der Nutzung, die aktuellen Umgebungsbedingungen, die Bewegungshistorie, der Zustand oder die Verfügbarkeit von Geräten in der unmittelbaren Umgebung etc. sind technisch erfassbare Parameter, deren Auswertung zur Reduzierung des expliziten Interaktionsaufwands und für eine intelligente Informationspräsentation genutzt werde kann. Erforderlich dafür ist die sensorische Erfassung dieser (mobilen) *Kontexte* sowie z.b. auch die Kommunikation mit informations- und kommunikationstechnischen Systemen der Umgebung und die Interpretation aller erfassten verfügbaren Daten.

Context-Awareness ist nicht erst seit dem Aufkommen von mobile IKT-Lösungen ein Forschungsthema. Bereits für das Desktop Computing und als integraler Bestandteil des Ubiquitous Computing spielen der Kontext und seine Interpretation eine bedeutende Rolle. Was als Kontext benutzt werden kann und wie dieser Kontext erkenntnisfördernd oder vereinfachend genutzt werden kann, ist abhängig von der aktuellen Situation. Die Benutzung der rechten Maus-Taste zeigt in vielen Desktop-Computing-Programmen das so genannte Kontext-Menü, d.h. die Befehle und Auswahlmöglichkeiten, die an der Stelle, an der der Cursor gerade platziert ist, möglich sind. Im Desktop Computing werden als Kontexte in Forschungsprojekten allerdings auch die aktuell verwendeten Programme, die geöffneten Dateien, die besuchten Webseiten, die am häufigsten benutzten Befehle etc. genutzt, um der BenutzerIn eine umfangreichere und intelligentere automatische Unterstützung anzubieten. Blickrichtungsverfolgungen [Duc02] oder auch die Methoden des Affective Computing ([Pic97a], [Pic00], [Mul04]) zur Ermittlung der aktuellen Befindlichkeit der BenutzerIn gehören hier zu den beforschten Aspekten, weitere Schlüsselthemen der so genannten Context-Awareness sind Adaption und BenutzerInnenmodellierung. Die Ergebnisse dieser Forschung werden auch für mobile Lösungen relevant teilweise übertragbar sein.

### Sensorische Erfassung von Umgebungsinformationen

Die eingangs beschriebene Charakterisierung von mobilen Tätigkeiten impliziert jedoch neue Möglichkeiten der Integration von sensorisch erfassten Parametern in die Bestimmung des aktuellen Kontextes. Der aktuelle Aufenthaltsort ist der Kontext, der zuerst ins Auge fällt, wenn man mobile Tätigkeiten in diese Richtung untersucht. Location-based Services sind Dienste, die diesen Parameter nutzen. Je nach erforderlicher Genauigkeit und den Umgebungseigenschaften werden andere Technologien benötigt: Indoor- oder Outdoor-Lokalisierung, topologische Werte, die Ausrichtung und die Blickrichtung, eine metrische Information oder eine geometrische, all das sind Lokalisierungsparameter, die mit entsprechenden

Sensoren erfasst werden können. Dazu gehören WLAN- und GSM-Zellenortung, GPS, dGPS, Beschleunigungssensoren und Kompass.

Doch neben der reinen Lokalisierung können bei mobilen Tätigkeiten weitere sensorisch erfassbare Kontexte berücksichtigt werden. Je nach Anwendungssituation können die Temperatur, die Helligkeit, die Umgebungsfeuchtigkeit, das Gewicht oder die Bewegungsgeschwindigkeit, die Zusammensetzung der Luft oder Strahlungswerte erfasst werden. Auch die Anwesenheit anderer Personen in der (näheren) Umgebung können eine Rolle spielen. Diese sensorische Erfassung von Umgebungsinformationen kann man als „technische Wahrnehmung" auffassen. Zum einen kann diese technische Wahrnehmung die gleichen Phänomene erfassen, die auch der Mensch wahrnimmt. D.h. per Kamera Bilder/Videos aufzeichnen, Töne erfassen, Gerüche aufnehmen etc., soweit das technisch möglich ist. Auf der anderen Seite eignen sich Sensoren aber insbesondere dazu, die Dinge zu erfassen, die dem Menschen mit seinen Sinnen nicht unmittelbar zugänglich sind. Dazu gehören insbesondere auch die Informationen, die virtuell in der Umgebung vorhanden sind. Diese Art des Kontextes ist jedoch weniger eine sensorische als eine interpretatorische Fragestellung; sie wird im nächsten Abschnitt behandelt.

Grundsätzlich kann man bei der Entwicklung von mobilen IKT-Lösungen zwei Richtungen der sensorischen Erfassung unterscheiden: Geht man davon aus, dass ein Mensch mit einem technischen System direkt unterstützt wird und es in irgendeiner Form bei oder an sich trägt, kann die Sensorik auf die TrägerIn oder auf die Umgebung gerichtet sein. Je nach Anwendungssituation sind Komponenten für beide Richtungen notwendig. Sensor Fusion bzw. Multi-Sensor Data Fusion heißt das Forschungsgebiet, das über die generelle Erfassung und Auswertung von Sensoren hinaus weitere Vorteile auch für mobile IKT-Lösungen bietet, da es die Ergebnisse mehrerer Sensoren miteinander korreliert und so qualitativ höherwertige Schlussfolgerungen ermöglicht. Sensorisch erfassbar sind Parameter *aus der Umgebung* der BenutzerIn: Ort, Ausrichtung, Bewegungsrichtung, Temperatur, Luftzusammensetzung, Geräte, Personen, Gegenstände in der Umgebung etc. und Parameter *von der TrägerIn*: Vitalwerte, Blickrichtung, Bewegung etc.

**Interpretation von Kontexten**

Die sensorisch erfassten Messwerte bilden die Grundlage für die Einbeziehung von Kontexten. Die Kombination verschiedener Sensorwerte miteinander erlaubt Schlussfolgerungen auf einer semantisch höheren Ebene. Im Forschungsbereich „Sensor Fusion" wird genau diese Integration von verschiedenen Sensoren zu einer komplexeren Basis realisiert. Doch nicht nur die sensorisch erfassbaren Informationen sind Bestandteile des Kontextes, sondern auch weitere Parameter können berücksichtigt werden. Dazu gehören u.a. die aktuelle Rolle der BenutzerIn, ihre Funktion in einer sich evtl. dynamisch verändernden Gruppe, ihre Präferenzen und ihr Profil sowie die zu bewältigende Aufgabe, der Zustand des eingesetzten Computersystems, aber auch die eingehenden Informationen, die Bewegungs- oder Aufgabenhistorie, der Fortschritt des aktuellen Arbeitsprozesses usw. Das alles sind Parameter, die nicht sensorisch erfasst werden können, sondern vom Zustand computerinterner Modelle abhängen. Diese Art von Kontexten wird auch für die „stationäre" Context-Awareness genutzt; sie werden durch die sensorisch erfassten Messwerte sinnvoll ergänzt. Um von den ermittelten und interpretierten Informationen noch weiter zu abstrahieren und um zu intelligenten Schlussfolgerungen zu kommen, ist es deshalb erforderlich, ein Kontextmodell zu haben, anhand dessen die Messwerte und die nicht-sensorisch ermittelten Parameter zueinander in Beziehung gesetzt werden.

Je nach Anwendungsbereich können u.a. folgende Kontextelemente relevante Bestandteile für die Interpretation sein:

- Sensorisch erfassbar
  - Ort, Abstand, Bewegung der BenutzerIn, Bewegungsrichtung, Ausrichtung
  - Umgebungsparameter: Temperatur, Lautstärke, Strahlung, Feuchtigkeit
  - Messgeräte und Werkzeuge: Elektrische Felder, Strom, Spannung. Eingesetzte Kraft bei der Benutzung von Werkzeugen
  - Vitalparameter der BenutzerIn
  - Geräte, Gegenstände und Personen in der unmittelbaren Umgebung
- Symbolisch registrierbar
  - Zeit
  - Eingehende und eingegangene Informationen
  - Zustand des getragenen Computersystems, der benutzten Sensoren, der Stromversorgung, der Qualität der Datenübertragung
  - Elektronische Aktivitäten von Teammitgliedern
  - Fortschritt des Arbeitsprozesses

Auf dieser Ebene der Interpretation und Kontextmodellierung ist es im Prinzip unerheblich, wo die Informationen ihre Quelle haben, d.h. ob sie aus dem Zustand des Computersystems ermittelt, aus Datenbankanfragen errechnet oder von den Sensoren gemessen werden. Bei der Interpretation der Kontexte geht es nur um eine möglichst abstrakte und zuverlässige Auswertung aller vorhandenen Informationen. Eine qualitativ möglichst hochwertige Abstraktion bei der Auswertung der Informationen ist für den mobilen Einsatz enorm wichtig, denn die BenutzerIn ist bei mobilen Tätigkeiten auf die Zuverlässigkeit und eine zeitnahe Unterstützung ohne zusätzlichen eigenen Aufwand angewiesen.

Wie schon beim Desktop Computing soll die Einbeziehung des Kontextes die Quantität der Aufgaben der BenutzerIn reduzieren und die Qualität ihrer Arbeitsergebnisse erhöhen. Dies gilt auch für mobile Lösungen. Darüber hinaus soll die intelligente Interpretation des Kontextes vor allem eine „beiläufige" Benutzung des Computersystems ermöglichen und den expliziten Aufwand, den die BenutzerIn bei der Benutzung des Systems für die Interaktion mit dem System hat, reduzieren.

Unakzeptabel wäre es etwa, wenn sich eine WartungstechnikerIn durch ein komplettes Handbuch scrollen oder durch eine tief verschachtelte Menu-Struktur klicken muss, um elektronisch auf Zeichnungen zugreifen zu können, die zu dem Bauteil gehören, vor dem sie gerade steht. Diese Auswahl kann durch eine intelligente automatische Vorselektion aller relevanten Informationen durch das Computersystem erfolgen, der verfügbare Informationsraum kann durch den Kontext soweit eingeschränkt werden, dass die BenutzerIn nur noch wenige explizite Eingaben machen muss. Der Ort kann z.b. für eine Einschränkung auf ein bestimmtes Bauteil oder eine Baugruppe genutzt werden und die Art der Inspektion oder die bereits durchgeführten dokumentierten Arbeitsschritte für den Detaillierungsgrad der Zeichnung.

## 4.3 Gebrauchstauglichkeit und Nutzungskontext mobiler Lösungen

Für die Gestaltung und die Bewertung von informations- und kommunikationstechnologischen Systemen gibt es eine Vielzahl von Normen und Regeln, die sich sowohl auf das entstehende Produkt als auch auf den Entwicklungsprozess beziehen. Zu nennen sind hier vor allem folgende Normen (siehe [Hei03], S.94f):

- DIN EN ISO 9241 Ergonomische Anforderungen für Bürotätigkeiten an Bildschirmgeräten
- DIN ISO/IEC 12119 Informationstechnik: Softwareerzeugnisse, Qualitätsanforderungen und Prüfbestimmungen
- DIN EN ISO 13407 Benutzerorientierte Gestaltung interaktiver Systeme
- DIN EN ISO 14915 Software-Ergonomie für Multimedia-Benutzungsschnittstellen
- ISO/IEC 11581-1 Informationstechnik – Benutzerschnittstellen und Symbole – Icons und Funktionen
- Und die Verordnung über Sicherheit und Gesundheitsschutz bei der Arbeit an Bildschirmgeräten (BildscharbV)

Diese Regelwerke gelten für *alle* informations- und kommunikationstechnischen Systeme. Allerdings kann man die entsprechenden Regeln und Methoden nicht unrevidiert auf die Gestaltung und die Evaluierung mobiler Lösungen übertragen, da sich die Nutzungskontexte von mobilen Lösungen doch deutlich von denen stationär benutzter informations- und kommunikationstechnischer Systeme unterscheiden. Deshalb bezieht sich die Bezeichnung „Mobile Usability" vor allem auf den Nutzungskontext und meint „nicht dauerhaft an einem Ort verankert, prinzipiell überall und zumindest zeitweise unabhängig von externen Ressourcen nutzbar und extrem portabel" ([Hei03], S.251). Es wurde zwar festgestellt, „dass mobile Anwendungen wie ein Vergrößerungsglas für Usability-Probleme wirken (Lupeneffekt)"

([Hei03], S.265), es wurde weiter festgestellt, dass „bei mobilen Anwendungen der Nutzungs-kontext wichtig" ist und dass Programm und mobiles Endgerät zusammen eine Einheit bilden (ebd. S.257), doch wurden aus diesen grundlegender Erkenntnis bisher noch keine weiter-führenden Konsequenzen für das Usability-Engineering oder -Testing abgeleitet, vor allem noch keine Anpassung der Normen und Richtlinien.

In Teil 10 der Norm DIN EN ISO 9241 werden sieben Grundsätze aufgelistet, die ergo-nomische Software erfüllen muss. Diese Grundsätze lassen sich auf systemische Lösungen übertragen:

- *Aufgabenangemessenheit*: Die BenutzerIn erhält genau die Unterstützung, die sie benötigt, um ihre Arbeitsaufgabe effektiv und effizient erledigen zu können.

- *Selbstbeschreibungsfähigkeit*: Jeder Interaktionsschritt ist unmittelbar verständlich oder wird auf Anfrage (an das System) erklärt.

- *Steuerbarkeit*: Die BenutzerIn steuert Richtung und Geschwindigkeit der Interaktion, sowie deren Start, Ende und mögliche Unterbrechungen.

- *Erwartungskonformität*: Das System ist konsistent, den Kenntnissen der BenutzerIn entsprechend und gibt Rückmeldung auf Eingaben.

- *Fehlertoleranz*: Das beabsichtigte Arbeitsergebnis wird trotz fehlerhafter Eingaben mit minimalem Korrekturaufwand erreicht. Das System entdeckt Fehler und hilft, sie zu vermeiden.

- *Individualisierbarkeit*: Anpassung an die Arbeitsaufgabe sowie an die Fähigkeiten und Vorlieben der BenutzerIn.

- *Lernförderlichkeit*: Das System unterstützt das Erlernen seiner Benutzung.

*Gebrauchstauglichkeit* ist nach Teil 11 dieser Norm das „Ausmaß, in dem ein Produkt durch bestimmte Benutzer in einem bestimmten Nutzungskontext genutzt werden kann, um bestimmte Ziele effektiv, effizient und zufriedenstellend zu erreichen." ([DIN99], S.4). Die zentralen Punkte in dieser Norm sind:

- *Effektivität*, d.h. die Ausführbarkeit, Genauigkeit und Vollständigkeit, mit der die BenutzerIn ihr Ziel erreichen kann.

- *Effizienz*, d.h. der angemessene und möglichste geringe Aufwand, den eine BenutzerIn hat, um das Ziel zu erreichen.

- *Zufriedenstellung* ist ein höchst subjektives Kriterium, das erfüllt ist, wenn die Nutzung ohne Beeinträchtigungen möglich ist, so dass die NutzerIn der Benutzung des Systems positiv gegenüber steht.

Betrachtet werden diese Anforderungen allerdings immer vor dem Hintergrund des Nutzungs-kontextes. Das ist im Sinne dieser Norm die Gesamtheit der Einflüsse, die auf die eigentliche

Nutzungssituation wirken. Ein *Nutzungskontext* wird durch folgende Aspekte beschrieben (vgl. [Hei03], S.85):

- Die auszuführenden Aufgaben: z.B. durch zu erreichende Ziele, Aufgabenschritte, verwendete Hilfsmittel, organisatorischen Kontext usw.

- Fertigkeiten und Fähigkeiten der BenutzerIn, z.B. durch Ausbildung, Erfahrung, kulturellen oder sozialen Hintergrund usw.

- Möglichkeiten und Grenzen der verwendeten Technik

Der so charakterisierte Nutzungskontext erfordert bei der Entwicklung mobiler Lösungen besondere Aufmerksamkeit, denn er beeinflusst die empfundene Qualität einer Lösung. Dieses subjektive Empfinden spielt nachweislich eine zentrale Rolle für die Bewertung und Akzeptanz einer technischen Lösung. Da mobile Lösungen schon allein durch ihre unmittelbare körperliche Nähe stark in den Handlungsspielraum und den Arbeitsprozess einer Person hinein wirken, ist das subjektive Empfinden als besonderer Risikofaktor für mobile IKT-Lösungen zu bewerten.

Ein wesentlicher Faktor ist hier bereits bei der physischen Konfiguration die Akzeptanz durch die TrägerIn. Akzeptanz wird vor allem von wirtschaftlichen Faktoren, von Machtverhältnissen, von gesetzlichen Vorgaben, von ethischen Richtlinien und von sozialen Bedingungen geschaffen. In den meisten Fällen handelt es sich um Konventionen, die einer gewissen Eigendynamik unterliegen und sich wandeln. Ein einfaches Beispiel für diesen Wandel ist die Benutzung von gesprochener Sprache als Eingabemedium für Computersysteme. Neben den technischen Problemen, die vor dem Einsatz einer entsprechenden Eingabetechnologie gelöst werden mussten, gab es vor allem in den Anfangszeiten der Computernutzung sozialen Widerstand: die wenigsten Menschen waren bereit, mit ihrem Computer laut zu reden. Diese Hemmschwelle ist gefallen, seit Mobiltelefonen der Durchbruch gelungen ist. Heute ist das laute Reden überall und zu jedem Thema zumindest im europäischen Kulturraum kein anstößiges Verhalten mehr. Als Konsequenz daraus ist der Weg geebnet worden für die Verwendung von gesprochener Sprache für die Steuerung eines Computersystems. Ein weiterer Akzeptanzfaktor ist der Vorteil, den eine mobile Lösung bereits auf den ersten Blick bietet. Für AnwenderInnen[20] spielen vor allem Wirtschaftlichkeitsaspekte die entscheidende Rolle, BenutzerInnen haben andere Prioritäten, z.B. den Vorrang der „eigentlichen" Tätigkeit vor der Computerbedienung.

---

[20] Mit „BenutzerInnen" sind diejenigen gemeint, die die Technik im täglichen Arbeitsprozess konkret nutzen und die TrägerInnen mobiler Systeme sind, als „AnwenderInnen" werden diejenigen bezeichnet, die die Einführungsentscheidung treffen.

## 4.4 Interaktions- und Benutzungssysteme

Es ist zu unterscheiden zwischen einer systeminduzierten und einer BenutzerIn-ausgelösten Nutzung und damit sozusagen zwischen Hintergrund- und Vordergrundaktivitäten des Computersystems hinsichtlich der Beteiligung der BenutzerIn an diesen Aktivitäten. Eine wesentliche Anforderung an mobil einsetzbare Technik ist, dass sie „beiläufig" benutzt werden kann, d.h., dass der erforderliche Interaktionsaufwand für die BenutzerIn so gering wie möglich ist und sie in ihrem Arbeitsablauf nicht unnötig unterbrochen wird. Die Kleinschrittigkeit der herkömmlichen Bedienung nach der Desktop-Metapher ist hierfür nicht zielführend, so dass auch für die Realisierung der „mobilen Interaktion" der Ausbau der Proaktivitäten seitens des Computersystems erforderlich ist. Erreicht werden kann dieses beiläufige Benutzung durch den Einsatz verschiedener Technologien. Dazu gehören u.a.

- eine intelligente Informationspräsentation

- die Interpretation des gesamten Kontextes mit Methoden der Künstlichen Intelligenz,

- eine Anpassung des mobilen Computersystems an die jeweilige BenutzerIn und ihre Präferenzen,

- die Gestaltung einer angemessenen Interaktionsmetapher für die explizite Interaktion,

- die sensorische Erfassung des aktuellen Kontextes und eine implizite Interaktion,

- sowie der Einsatz von den Gegebenheiten im Anwendungsbereich entsprechender Hardware und Software.

Die Forderung, dass ein Computersystem auf eine „natürliche" Art und Weise benutzt werden können soll, ist schon alt. Abgezielt wird darauf, dass die Interaktion seitens der BenutzerIn z.B. per Sprache oder Geste erfolgt, so wie Menschen auch miteinander kommunizieren. Im Umgang mit technischen Artefakten wie einem Auto haben sich die Menschen in den Industrienationen eine selbstverständliche Benutzung angeeignet.. Dabei kann man im Sinne von Dreyfus&Dreyfus [Dre87] bis zu einer Expertise vordringen, die keine besondere Aufmerksamkeit für die Bedienung des Fahrzeugs während der Fahrt erfordert. Stattdessen kann die BenutzerIn beim Fahren nachdenken, Radio hören oder sich mit der BeifahrerIn unterhalten. In ähnlicher Weise kann der Umgang mit einer Tastatur oder einem Werkzeug erlernt werden: man tippt ohne hinzuschauen, d.h., ohne ständig mit der vollen Aufmerksamkeit dabei zu sein. Diese Leichtigkeit hat etwas mit Gewohnheit zu tun: Handlungsabläufe, die man häufig in gleicher Weise vollführt, erfordern weniger Aufmerksamkeit, man absolviert sie *beiläufig*. Navigationssysteme im Fahrzeug ermöglichen diese Art von Beiläufigkeit[21]: diese Systeme referieren auf die Kenntnisse der FahrerIn, was Straßenverläufe und Fahrverhalten anbelangt und geben proaktiv Hinweise in einer geläufigen Art und Weise. Die zentralen Aspekte dabei sind, dass die Benutzung des Computersystems die primäre

---

[21]      Diese Aussage gilt nur für die Fahrt, d.h. wenn bereits alle Parameter gesetzt sind, und nicht für die Einstellung und Konfiguration des Navigationssystems.

Handlung bzw. den eigentlichen Arbeitsprozess nicht unterbricht, und dass die erforderliche Handhabung auf die Kenntnisse und Fähigkeiten der BenutzerIn abgestimmt ist.

### Keine Unterbrechung des eigentlichen Arbeitsprozesses

Mobile Tätigkeiten waren bisher häufig dadurch charakterisiert, dass sie sich einer Unterstützung mit Informations- und Kommunikationstechnologie entzogen, da die vorherrschenden Bedingungen am mobilen Arbeitsplatz eine Computerunterstützung nicht zuließen bzw. dadurch, dass es keine geeignete Technologie für diesen Einsatzbereich gab. Dennoch hatten mobile Tätigkeiten immer auch Bestandteile, die Datenverarbeitung erfordern. In Ermangelung einer elektronischen Unterstützung erfolgte diese Datenverarbeitung entweder papiergestützt oder erinnerungsbasiert und waren häufig mit weiten Wegen und schwerem Gepäck behaftet. Wartungstechniker z.B. müssen umfangreiche Dokumentationen mit sich tragen, müssen vor Ort Zeichnungen oder Anleitungen einsehen und müssen Berichte über ihre Arbeiten verfassen, Checklisten abhaken und Bestellungen machen oder Arbeitsaufträge vergeben. Das ist integraler Bestandteil ihrer Arbeit. Gleiches gilt beispielsweise auch für Pflegekräfte, die erledigte Handreichungen und Handlungen sowohl abrechnungstechnisch als auch pflegerisch dokumentieren müssen, Erledigungslisten abhaken müssen, Bestellungen in der Apotheke machen oder Notizen für KollegInnen oder ÄrztInnen anfertigen. Häufig werden diese Aufgaben entweder auf Papier notiert und später in ein EDV-System übertragen, oder sie werden nachträglich erledigt, da im Wartungsprozess oder im Pflegeprozess keine Gelegenheit für Dokumentation gegeben ist. Diese Teilaufgaben werden u.a. durch die Auslagerung aus dem eigentlichen Handlungsfluss als zusätzliche, häufig als überflüssige Tätigkeiten betrachtet und entsprechend nachlässig gehandhabt. Die Integration dieser „Datenverarbeitungstätigkeiten" mittels einer beiläufigen Benutzung eines informations- und kommunikationstechnischen Systems würde den gesamten Arbeitsprozess verbessern.

### Referenz auf die Kenntnisse und Fähigkeiten der BenutzerIn

Für fachlich hochqualifizierte Arbeitskräfte wie WartungstechnikerInnen, Stewardessen, ÄrztInnen oder Pflegekräfte gehört der Umgang mit Computertechnologie und insbesondere tiefergehende Kenntnisse über diese Technologie nicht zu ihrer professionellen Kompetenz dazu. Auch seitens der ArbeitgeberInnen ist diese Qualifikation häufig gar nicht gewünscht, da sie einen Anspruch auf eine höhere Vergütung hervorrufen würde. Das bedeutet für das Benutzungskonzept von mobilen IKT-Lösungen für die jeweiligen Anwendungsbereiche, dass die Benutzungsschnittstelle so gestaltet sein muss, dass sie keine entsprechenden Anforderungen an die BenutzerIn stellt. Eine beiläufige Benutzung würde unter dieser Prämisse heißen, dass die BenutzerIn keine wesentlich neuen und anderen Fähigkeiten für die Benutzung lernen müsste. Für die Gestaltung des Interaktionskonzepts bedeutet das, dass sich die Aktionen, die zur Steuerung des Computersystems erforderlich sind, in den anwendungsspezifischen Handlungsablauf einpassen müssen. Man kann von WartungstechnikerInnen z.B. nicht erwarten, dass sie jedes Mal, wenn sie eine mobile IKT-Lösung benutzen, ihre

Arbeitshandschuhe ausziehen oder von einer Pflegekraft, dass sie ihre Lesebrille aufsetzt, weil die Darstellung auf dem mobilen Endgerät das erfordert. Auch das Argument, dass die Person das ja auch tun müsse, wenn sie z.b. mit Papier arbeiten würde, zählt an dieser Stelle nicht, denn zum einen wird genau aus diesem Grund nicht während, sondern nach der mobilen Tätigkeit (lückenhaft) dokumentiert und zum anderen muss eine mobile Lösung für dieses Problem eine andere Lösung als die Verschiebung Richtung BenutzerIn finden, will sie Akzeptanz erzeugen. Wenn eine mobile Lösung von den zukünftigen BenutzerInnen angenommen werden soll, muss sie schon im ersten Moment den Mehrwert auch für die BenutzerIn erkennen lassen. Ist das nicht der Fall, so besteht die begründete Gefahr, dass das eingeführte System nicht akzeptiert wird. Das ist schon so häufig vorgekommen, dass die AnwenderInnen bei der Entscheidung für die Einführung neuer Technologien sehr konservativ und zurückhaltend geworden sind.

**Intelligente Assistenz und mobile Agenten**

Dem Leitbild des Agenten bzw. Assistenten bei der Gestaltung von Computerprogrammen liegen zwei Wünsche zugrunde. Zum einen die Hoffnung, leicht variierende, aber ständig wiederkehrende, gleichförmige Aufgaben an eine Instanz zu delegieren [Pfl04], die diese ganz im Sinne der BenutzerIn erfüllt und zum anderen soll die Interaktion zwischen Mensch und Computer so einfach sein wie der Umgang mit einer menschlichen AssistentIn. Dazu muss ein Agent die Bedürfnisse der BenutzerIn kennen lernen, Wissen besitzen und im übertragenen Sinne einen Anschein von „Bewusstsein" oder eine „Persönlichkeit" entwickeln. Diese Sichtweise entspricht der weitgehenden Abkehr vom Gedanken der Automatisierung und insbesondere des vollständigen Ersetzens menschlicher Kompetenz durch ein Computersystem. Die Computerunterstützung durch Agenten wird realisiert durch die *kognitive Integration* technischer und menschlicher Fähigkeiten mit Hilfe *adaptiver bzw." intelligenter" Computersysteme.*

Ausgerüstet mit Hintergrund- und A-priori-Wissen über den Ablauf von Arbeitsprozessen, über Vor- und Nachbedingungen von notwendigen Teilschritten und über individuelle Strategien der Aufgabenabarbeitung und des Informationsmanagements, sowie mit Verfahren und Techniken des Problemlösens, ist „adaptive" bzw. „intelligente" Software in der Lage, sich der jeweiligen BenutzerIn anzupassen und an ihrer Stelle aufwändige und häufig wiederkehrende monotone Aufgaben zu erledigen. Für eine Unterstützung der Entscheidungsfindung werden i.d.R. Expertensysteme, Inferenzmaschinen, Wissensbasen, Deduktionsmethoden oder so genannte prädikative Programmiersprachen eingesetzt. Aber auch einfache Konzepte wie Entscheidungstabellen und Heuristiken können dazu dienen, das gewünschte „intelligente" Verhalten von Programmen zu erzeugen. Derartige Softwaresysteme werden häufig als *Softwareagenten* bezeichnet und sind nicht an einen bestimmten Rechnertyp gebunden, sondern werden softwaretechnologisch umgesetzt. Bisher sind sie hauptsächlich auf DesktopPC zu finden, eine Portierung auf ein mobiles Endgerät ist möglich.

Anzumerken ist allerdings, dass der Aufbau und die Verwaltung von Wissensbanken sowie die Ableitung von Wissen abhängig vom Anwendungsbereich und der zu unterstützenden Aufgabe sehr speicher- und rechenintensiv sein kann, so dass ein mobiles Endgerät entsprechende Ressourcen besitzen muss, bzw. auf externe Ressourcen z.B. mittels einer drahtlosen Vernetzung zurückgreifen können sollte.

Wesentliche Eigenschaften von so genannten „intelligenten Software-Agenten" sind Autonomie, Sozialfähigkeit, Reaktionsfähigkeit und Proaktionsfähigkeit sowie Lernfähigkeit (vgl. z.B. [Woo96]). Diese Eigenschaften werden technisch realisiert und befähigen ein System, der NutzerIn automatisierbare, aufwändige und monotone Aufgaben abzunehmen bzw. sie bei der Entscheidungsfindung und Problemlösung zu unterstützen. Geforscht und entwickelt wird hier beispielsweise am zukünftigen modernen Büro mit einem virtuellen Sekretär. Dieser übernimmt typische automatisierbare Aufgaben wie Informations- und Postfilterung, Terminvereinbarungen, Meetingscheduling und Telefonmanagement ([Spi97], [Doh97], [Höp97]). Intelligente Agenten werden aber auch in Computer Based Training-Systemen eingesetzt, wo sie abhängig von den präsentierten Lerninhalten und den Bedürfnissen sowie Aktionen der Lernenden weitere Informationen anbieten, Hinweise geben und diese geeignet darstellen ([Pie97], [Mül97]). Eine weitere Form von Agenten sind so genannte Internet-Agenten, die hauptsächlich zur Informationsfilterung und zur Zusammenstellung und Präsentation individueller Archive wie z.B. persönlichen Zeitungen [Sch97a] eingesetzt werden. So genannte Interface-Agenten, wieder eine andere Kategorie, ermöglichen die Anpassung von Benutzungsschnittstellen an individuelle Arbeitsweisen, um erforderliche Lernphasen und bestehende kognitive Belastungen bei der Interaktion mit Computertechnologie zu minimieren. Allen Agenten und Assistenten ist gemeinsam, dass sie der BenutzerIn Aufgaben abnehmen, die sonst kognitive Ressourcen gebunden hätten, und ihr so Freiraum für andere oder wichtigere Tätigkeiten eröffnen. Darüber hinaus gibt es Mobile Agenten als Software-Architektur, die eine Alternative z.B. zu einer Client-Server-Architektur darstellen. Diese Software-Agenten können u.a. dazu verwendet werden, die erforderliche beiläufige Mensch-Computer Interaktion zu realisieren.

Der Interaktionsstil für mobile IKT-Lösungen ist geprägt vom Übergang von der bisher bekannten kleinschrittigen Interaktion nach der Desktop-Metapher hin zu einer durch die Erfassung und Auswertung des mobilen Kontextes beförderten systemgenerierten Proaktivität. Das Charakteristikum mobiler Lösungen ist ein „proaktiver Interaktionsstil", dessen konkrete Ausprägung vom jeweiligen Anwendungsbereich und vom Nutzungkontext bestimmt wird. Für die Gestaltung mobiler Tätigkeiten und der sie unterstützenden mobilen informations- und kommunikationstechnologischen Systeme kann man auf die bisher für stationäre Systeme gültigen Gestaltungsrichtlinien zurückgreifen, muss sie aber den Bedingungen der Mobilität anpassen. Das zentrale Bewertungskriterium hierfür ist die Gebrauchstauglichkeit.

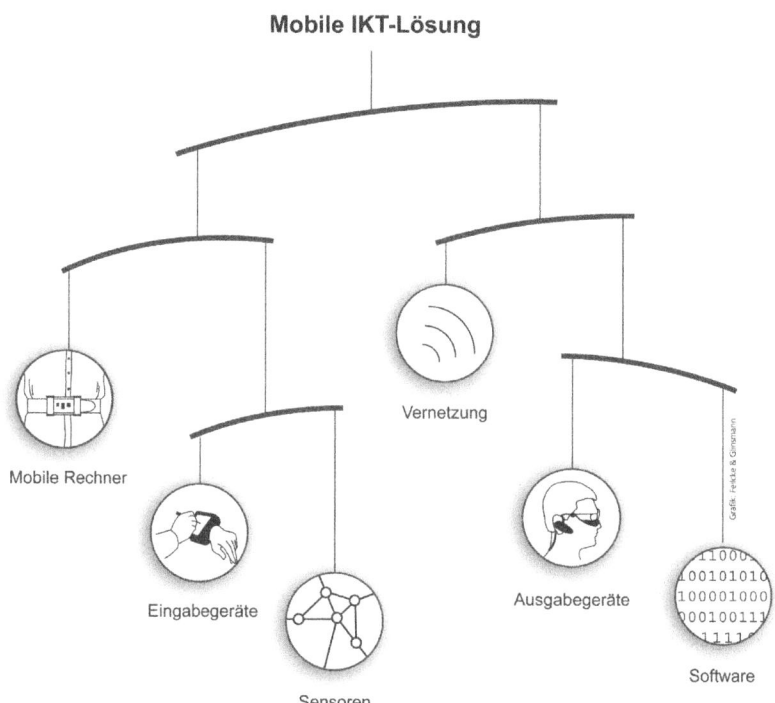

**Mobile IKT-Lösung**

Mobile Rechner

Vernetzung

Eingabegeräte

Ausgabegeräte

Sensoren

Software

Abb. 17: Darstellung der Problemstruktur mobiler IKT-Lösungen (Bild: MRC)

Die in diesem Kapitel beschriebenen Aspekte mobiler IKT-Lösungen weisen im Zusammenspiel eine komplexe Problemstruktur auf. Die wechselseitigen Beziehungen und Abhängigkeiten werden in den folgenden Kapiteln herausgearbeitet.

# 5 Bestandsaufnahme verfügbarer Systemkomponenten für mobile IKT-Lösungen

Für eine technische Unterstützung mobiler Tätigkeiten, wie sie im zweiten Kapitel definiert wurden, besteht die in Kapitel 3 beschriebene Problemstruktur . Da mobile IKT-Lösungen am Körper getragen, sozusagen „angezogen"[22] werden, bestehen sie im Gegensatz zu den mobilen Endgeräten des mobilen Büros nicht aus einem kompakten Endgerät. Mobile Lösungen sind vielmehr häufig als getrennte, oftmals drahtlos verbundene Komponenten vorzufinden, die entsprechend dem intendierten Einsatzbereich miteinander kombiniert werden. Bisher gibt es nur wenige kommerziell verfügbare Produkte, sondern vor allem Prototypen, die anwendungsspezifisch zusammengestellt oder entwickelt worden. Der Mangel an speziellen mobilen Hardwarekomponenten hat dazu geführt, dass für Machbarkeitsstudien und zur Entwicklung prototypischer Komplettsysteme klassische Universalgeräte als „Übergangsgeräte" eingesetzt werden. Es wird vermutet, dass die bisher vorhandenen Komponenten mobiler Lösungen sich in Zukunft noch deutlich weiterentwickeln werden[23], doch es kann sein, dass diese individuell differenzierten anwendungsgerechten Spezialsysteme in einer dauernden Koexistenz zu nachträglich angepassten Universalkomponenten eingesetzt oder sogar mit ihnen kombiniert werden. Vor diesem Hintergrund werden die zurzeit genutzten Interimslösungen mit Standardkomponenten bei der Untersuchung mit eingezogen.

Für jedes Computersystem werden als zentrale Komponenten Rechnerhardware, Ein-und Ausgabemedien sowie Software benötigt, mobile IKT-Lösungen benötigen zusätzlich noch eine Vernetzungsinfrastruktur. Dieses Kapitel bietet einen umfassenden Überblick über das derzeitige Angebot von Systemkomponenten für mobile IKT-Lösungen. Diese werden unter dem Aspekt der Marktfähigkeit und der Gebrauchstauglichkeit betrachtet. Es werden ihre jeweiligen Vorteile und Einschränkungen bzgl. des Nutzungskontextes beschrieben und die wechselseitigen Abhängigkeiten benannt.

## 5.1 Mobile Rechner und Rechnerkomponenten

Das Angebot mobiler Hardware, die als Rechner für mobile IKT-Lösungen verwendet werden kann, ist sehr vielfältig. Es gibt, abhängig vom anvisierten Einsatzbereich, Standardgeräte und -komponenten, Prototypen, Forschungsansätze und innovative aber unrealisierte Ideen. Diese Komponenten in einer schriftlichen Arbeit darzustellen bedeutet, dass diese Arbeit in diesem Punkt noch während ihrer Entstehung schon wieder veraltet sein kann. Doch hat die Beobachtung der Entwicklung des Marktes der letzten Jahre gezeigt, dass der Fortschritt bisher nicht so rasant war, wie er prognostiziert wurde. Aus diesem Grund werden in diesem Kapitel dennoch einige Hardwaresysteme vorgestellt und ihre Eigenschaften beschrieben, um die

---

[22]    „Wearable" referiert auf die englischsprachige Bezeichnung von „tragbar" im Sinne von Bekleidung (siehe [Lan96]).

[23]    Das zumindest prophezeit eine TA-SWISS-Studie zu Auswirkungen des Pervasive Computing [Hil03].

prinzipiellen Eigenschaften mobiler Komponenten in Abgrenzung zu stationär eingesetzten Systemen darzustellen; Vollständigkeit wird nicht angestrebt.

Die rechnerseitigen Voraussetzungen für mobile IKT-Lösungen bestehen aus zwei zentralen Komponenten: aus der Etablierung drahtloser Netze und aus der Entwicklung mobil einsetzbarer, tragbarer und in der Bewegung nutzbarer Rechner/CPUs. Die drahtlosen Netze spielen für die mobilen Endgeräte eine besondere Rollen, denn die Architektur und die Auslegung des mobilen Endgerätes hängt maßgeblich davon ab, ob die Rechnerleistung, die Programme, die Informationen auf dem Gerät vor Ort permanent vorgehalten werden (müssen), oder ob externe Ressourcen genutzt werden können. In diesem Abschnitt liegt das Augenmerk auf mobilen Endgeräten und ihren Nutzungsbedingungen, im Folgenden wird auf drahtlose Netze eingegangen.

Die Palette der mobilen Endgeräte für mobile Lösungen reicht von PDAs und Smartphones über Wearable Computern bis hin zu „computerisierten" Accessoires, wie Uhren und Schmuck sowie in Kleidung integrierbare Computer bzw. Unterhaltungselektronik, die Smart Clothes genannt werden. Als am Körper tragbare Geräte kommen im engeren Sinne eigentlich nur Wearable Computer und Smart Clothes in Frage, doch je nach Anwendungsfall und aufgrund der Tatsache, dass die beiden letztgenannten Geräteklassen noch nicht in ausreichender Qualität, Ausprägung und Anzahl auf dem Markt verfügbar sind, werden für mobile Lösungen auch PDAs, TabletPCs oder Smartphones als „Übergangsgeräte" als Rechnerbasis eingesetzt, sogar Notebooks oder Subnotebooks werden z.B. für Machbarkeitsstudien für mobiler Lösungen benutzt. Ihre Leistungsfähigkeit steigt fast kontinuierlich an, die Gerätegröße wird ständige reduziert und sie verfügen mittlerweile sowohl über Tragesysteme zur Befestigung am Körper als auch über eine steigende Anzahl von Schnittstellen und Anschlussmöglichkeiten für externe Sensoren, so dass sie für den Übergang als Rechnerkomponente sofort einsetzbar sind. Weitgehend unbeachtet bleibt in der vorliegenden Arbeit die Entwicklung von miniaturisierten CPUs, die es in vielfältigen Varianten auf dem Markt und in den Entwicklungslaboren gibt, die aber noch in funktionsfähige tragbare Systeme integriert werden müssen. In diese Kategorie gehört z.B. der Matchbox PC [Mat01] von Tiquit Computers, eine streichholzschachtelgroße CPU mit Festplatte und Schnittstellen, die jedoch über kein Gehäuse verfügt.

**Abb. 18: Matchbox PC als Bauteil für einen Wearable Computer [Mat01]**

Weltweit konnten in einer 2001/02 durchgeführten Studie [Rüg02a] mehr als 30 verschiedene Arten bzw. Einzelexemplare von Wearable Computern ermittelt werden, die explizit für eine Benutzung in der Bewegung und für das Tragen am Körper entwickelt worden waren. Ca. die Hälfte davon sind Eigenbauten und Forschungsprototypen, die andere Hälfte sind kommerziell gefertigte und vertriebene bzw. mit oder von marktorientierten Firmen entwickelte Endgeräte. Bei den in diesem Abschnitt untersuchten Komponenten für mobile Lösungen handelt es sich jeweils um einen vollständigen, funktionsfähigen Computer mit einer breiten Palette an Anschlussmöglichkeiten z.t. mit integrierten Interaktionsmöglichkeiten aber ohne externe Ein-/Ausgabegeräte. Allerdings erfüllen sie in ihrer Grundausstattung nicht alle von Rhodes [Rho97] geforderten Charakteristika für Wearable Computer, doch sie verfügen alle über externe Schnittstellen, so dass vor allem die erforderlichen Ein-/Ausgabeeigenschaften und die Sensorik extern integriert werden können. Als Bestandteile der kommerziell verfügbaren Produkte gehören je nach Art des Gerätes z.B. Festplatte, Sound- und Grafikkarte, Modem usw. dazu, insbesondere auch eine autarke, langlebige und leistungsstarke Stromversorgung.

Neben den *Wearable Computern*, die man meistens mit einem Gurtsystem, einem Holster oder in einem Rucksack am Körper tragen kann, wird die Integration von Rechnerkomponenten unmittelbar in die Kleidung unter dem Begriff *Smart Clothes* voran getrieben. An diesem Forschungsthema arbeiten verschiedene Einrichtungen mit unterschiedlichen Schwerpunkten. Dazu gehören in Deutschland[24]:

- Institut für Textil- und Verfahrenstechnik Denkendorf (ITV) in Denkendorf,
- Institut für Textiltechnik der RWTH Aachen (ITA) in Aachen,
- Textilforschungsinstitut Thüringen Vogtland e.V. (TITV) in Greiz,
- Hohensteiner Institute in Bönnigheim,
- Hochschule Niederrhein in Krefeld,

---

[24]  Für weitere Institutionen siehe ([Mec04], S.71-72).

- Fraunhofer-Institut für Zuverlässigkeit und Mikrointegration (IZM) in Berlin,
- Institut für Microsensoren, -aktoren and -systeme (IMSAS) und Technologie-Zentrum Informatik (TZI) der Universität Bremen

Die Integration reicht von der Gestaltung modischer Kleidungsstücke mit Taschen und Laschen für Computerkomponenten bzw. Unterhaltungselektronik und Ein-/Ausgabegeräte über die Ausstattung von Accessoires wie Uhren, Ohrringe und Broschen mit Computerfunktionalität bis hin zur Entwicklung elektrisch leitfähiger Garne und Stoffe. Das SmartShirt der Firma Sensatex ([Mar03], [Sma05]) beispielsweise besteht aus leitfähigen Fasern, mit denen Sensoren und die CPU oder eben auch der Wearable Computer verbunden werden kann.

Abb. 19: Textilintegration im SmartShirt [Mar03]

Anders als bei DesktopPCs, die sich im Prinzip nur in Details wie Prozessorleistung, Qualität des Bildschirms oder den integrierten Schnittstellen unterscheiden, gibt es für mobile Lösungen eine Vielzahl von Rechnern, die sich deutlich voneinander abheben und nur einige wenige grundlegende Merkmale miteinander teilen. Gemeint sind hier nicht die eingesetzten Ein-/Ausgabe-Geräte[25], sondern die Unterschiede, die sich schon aus der Wahl der Komponenten für den Rechner selbst ergeben. Gemeinsam sind allen Geräten folgende Eigenschaften:

- während des Betriebs und der Benutzung am Körper zu tragen bzw. zu befestigen, ohne in der Hand gehalten werden zu müssen und ohne eine externe Ablage zu benötigen
- klein, leicht und die Bewegungsfreiheit des Körpers nicht oder nur geringfügig einschränkend

---

[25] Die verwendeten Ein-/Ausgabemedien bringen weitere Dimensionen hinzu, die in den folgenden Abschnitten noch ausführlich erläutert werden, da sie die Qualität einer mobilen Lösung maßgeblich beeinflussen.

66

- mehrstündiger Dauerbetrieb, auch unter extremen Umgebungsbedingungen möglich
- autarke, langlebige, leichte, wiederaufladbare Stromversorgung, die schon heute mit einem Batteriewechselmodus ausgestattet sein sollte, der einen unterbrechungsfreien kontinuierlichen Betrieb des Geräts ermöglicht („hot swappable")
- vom Prinzip her universell einsetzbar und programmierbar, wie DesktopPCs
- mit (Standard-)Schnittstellen für den Anschluss peripherer Geräte ausgestattet, z.b. zum Anschluss von Ein-/Ausgabemedien, Sensoren, etc.

Prinzipiell kann man feststellen, dass alle mobilen Rechnerkomponenten, die Bestandteil einer mobilen Lösung sein sollen, mit Fokus auf einen Anwendungsbereich entwickelt bzw. optimiert worden sind bzw. werden müssen. Der Vorteil der Anpassung an die Anwendungsspezifik hat allerdings geringe Stückzahlen zur Folge, die in der Regel mit einem höheren Preis für die Geräte bezahlt wird. Anders als beim Desktop Computing ist es bei mobilen IKT-Lösungen nicht in jedem Fall die Software, die aus einem universell einsetzbaren Rechner ein spezialisiertes Anwendungssystem macht. Hier spielt neben den Ein-/Ausgabegeräten die Wahl einer geeigneten Rechnerhardware eine zentrale Rolle bei der Anpassung an den Anwendungsbereich und an die zu unterstützende Aufgabe. Ich unterscheide folgende Kategorien:

- Handhelds
- Elektronisches Klemmbrett
- Wearable Computer
- Spezialanfertigungen
- Smart Clothes

Es handelt sich dabei nicht um disjunkte Mengen, da es bei allen Geräteklassen immer wieder Realisierungen gibt, die sowohl der einen als auch der anderen Kategorie zugeordnet werden können. Es werden im Folgenden die prinzipiellen Eigenschaften der jeweiligen Klasse beschrieben, die Verwendungsmöglichkeiten und die Nutzungsprobleme.

### 5.1.1 Handhelds: Handgroße Geräte mit begrenzter Funktionalität

Mobile Lösungen erfordern leistungsfähige Rechner und eine freihändige Benutzung, so die Theorie. Doch die Analyse von Anwendungsbeispielen hat gezeigt, dass einerseits eine völlig freihändige Benutzung technisch kaum geleistet werden kann und – was wesentlich wichtiger ist – auch nicht immer strikt erforderlich ist. Es gibt eine Vielzahl von Anwendungsfällen im Bereich mobiler Tätigkeiten, für die kleine Rechner mit eingeschränkter Leistungsfähigkeit und beschränkter Funktionalität dennoch ein großes Potenzial besitzen und erfolgreich eingesetzt werden können, wie im Büro-Bereich z.B. die PDAs mit Adress- und Terminverwaltung zeigen.

Zu dieser Kategorie gehören vor allem PDAs, Smartphones und Varianten dieser. PocketPC – analog zur Bezeichnung des entsprechenden Microsoft-Betriebssystems – sind ebenfalls Elemente dieser Kategorie. Alle diese Geräte haben integrierte Standard-Ein- und Ausgabeschnittstellen, sie können direkt mit anderen Computern verbunden werden und enthalten nach Bedarf auch drahtlose Konnektivität. Sie haben eine begrenzte Kapazität bei Rechnerleistung und Speichermöglichkeiten, verfügen aber über eine Energieversorgung, die mindestens einen Tag Funktionstüchtigkeit garantiert. Jedes dieser mobilen Endgeräte verfügt als integrierte Benutzungsschnittstelle über ein Display und eine Tastatur. Letztere ist entweder als miniaturisiertes Keyboard, als virtuelle Tastatur auf dem Touchscreen und mit Stift oder als Ziffernblock realisiert. Weitere externe Schnittstellen sind anzahlmäßig begrenzt, jedoch modellabhängig verfügbar. Smartphones haben immer über eine drahtlose Konnektivität ins Mobilfunknetz, da ihr Ursprung die Funktionserweiterung eines Mobiltelefons ist. Auch Smartphones sind programmierbar, sie können ihre Programme auch im Ruhezustand proaktiv ausführen (analog zur Funktion des Weckers oder der Erinnerungsfunktion bei Terminen). Integriert sind mittlerweile z.B. eine Digitalkamera oder ein MP3-Player.

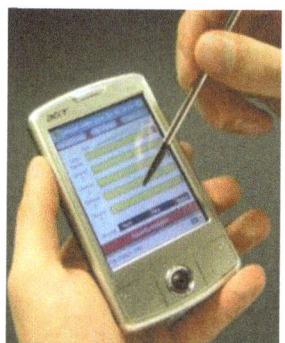 

**Abb. 20: Produktbeispiele PDA und Smartphone (Fotos: MRC)**

Die Benutzbarkeit dieser mobilen Endgeräte ist je nach Modell und Hersteller und vor allem nach Nutzungsziel sehr unterschiedlich [Chi06], [Eco05]). Um diese Geräte zu bewerten, wären umfangreiche Nutzungstest erforderlich. Da die Produktzyklen dieser Geräte sehr kurz sind, werden derartige Untersuchungen nicht durchgeführt [Sch04]. Software-ergonomische Reviews finden häufig immer noch an der Simulation eines mobilen Endgeräts auf einem DesktopPC statt (siehe z.B. die Untersuchung in [Dah04] zur Gebrauchstauglichkeit von Mobiltelefonen und den Vergleich von Simulator und mobilem Endgerät in [Bri02]).
Das Problem bei der Simulation auf einem DesktopPC ist, dass

- die Simulation nicht in jedem Punkt identische Eigenschaften wie das reale Produkt hat. Unterschiede ergeben sich vor allem beim Funktionsumfang der Software, der Speicherkapazität und der Performance.

68

- die Handhabung der integrierten Ein- und Ausgabemöglichkeiten des „echten" Endgeräts in der Hand ist eine deutlich andere als die Bedienung am DesktopPC mit einer Maus.

Der vorrangige Trend bei Handhelds geht in Richtung Integration weiterer Funktionen. Die Ergänzung eines Mobiltelefons mit den Funktionen eines Kalenders und eines Adressbuchs sowie mit einer Digitalkamera, einem mp3-Player usw. und die Ausstattung dieser mit einem Betriebssystem und einer Programmierschnittstelle sind die eine Richtung. Die Ergänzung eines PDAs um drahtlose Konnektivität und ebenfalls um Digitalkamera, Sound- und Videoplayer etc. streben diesem Trend von der anderen Seite entgegen, so dass der Eindruck entsteht, neue all-in-one-Geräte sind die Produkte der Zukunft. Bei manchen Produkten sind die hinzugekommenen Funktionen in die vorhandenen integriert, bei anderen sind sie relativ unverbunden einfach hinzugefügt worden. Doch genauso, wie es diesen Trend gibt, gibt es auch immer die Gegenbewegung, die einzelne Geräte für eine Funktion optimiert. Die Vielzahl der neu auf dem Markt erscheinenden Geräte – die manchmal genauso schnell wieder verschwinden – und ihre Vielfalt machen es unmöglich, eine allgemeingültige und längerfristige Bewertung vorzunehmen. Einige Beobachtungen bzgl. der Eigenschaften und der Benutzbarkeit von Handhelds sollen hier aber dennoch angesprochen werden:

- PDAs sind bzgl. ihrer Ausmaße immer größer als Smartphones. Sie sind auf eine beidhändige Nutzung ausgelegt und nach dem Vorbild eines Notiz- und Adressbuchs gestaltet. Eingaben erfolgen explizit, meistens per Stift, entweder (pseudo-) handschriftlich oder mittels einer virtuellen Tastatur (wahlweise Schreib- oder Rechenmaschine sowie mit zusätzlichen Auswahlmöglichkeiten). Die Benutzung erfordert die gesamte Aufmerksamkeit der BenutzerIn. Ein PDA verfügt über eine Erinnerungsfunktion an Termine und ist insofern akustisch proaktiv. Er ist für den Dauerbetrieb geeignet, allerdings gibt es einen stromsparenden Modus, in dem das Gerät inaktiv ist.

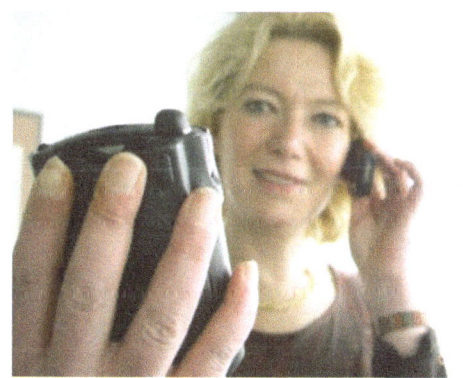

Abb. 21: Benutzung von PDA und Smartphone (Foto: MRC)

- Mobiltelefone und Smartphones zielen auf eine einhändige Bedienung ab und sind mit der Zifferntastatur von herkömmlichen Telefonen – mit zusätzlichen Tasten – zu benutzen. Für diese Art der Eingabe ist nicht die volle Aufmerksamkeit erforderlich, doch eine Kontrolle ist notwendig, da die Tasten in den verschiedenen Modi unterschiedliche Belegungen haben. Die Telefonfunktion kann per Headset und Sprachsteuerung genutzt werden, so dass eine phasenweise freihändige Benutzung möglich ist, die keine visuelle Aufmerksamkeit erfordert. Wecker und Erinnerungsfunktion sind als proaktiv einzustufen, sie erlangen die Aufmerksamkeit der BenutzerIn akustisch, per Vibrationsalarm oder durch eine visuelle Signalisierung. Auch hier ist ein Dauerbetrieb möglich, aber ein Stromsparmodus voreingestellt.

- Hybride Geräte weisen meistens einen Metaphernmix beim realisierten Bedienkonzepte auf, der häufig Aufwand fürs Erlernen benötigen.

Es gibt auch eine robuste Variante dieser Kategorie mobiler Endgeräte, allerdings bisher nur mit wenigen Ausführungen und in geringerer Stückzahl. Robuste mobile Endgeräte unterscheiden sich vor allem durch Größe[26] und Gewicht von den Standardgeräten sowie durch die Art der extern verfügbaren Schnittstellen, denn ein robuster Rechner erfordert natürlich auch eine robuste (oder eine drahtlose) Verbindung zu externen mobilen Komponenten (z.B. Sensoren oder zusätzlichen Ein- oder Ausgabegeräten). Diese besondere Ausführung schlägt sich im Preis nieder, robuste Geräte sind durchschnittlich doppelt so teuer wie Standardgeräte. Handheld-Geräte der beschriebenen Art können aufgrund ihrer Programmierbarkeit und der vorgesehenen und erweiterbaren Schnittstellen für kleine Applikationen als Wearable Computer im Sinne der Definition von Rhodes [Rho97] stand-alone eingesetzt oder als Komponente eines umfangreichen Anwendungssystems benutzt werden. Wenn sie mit einer drahtlosen Konnektivität ausgestattet sind, ist durch die Einbettung in ein umfassenderes Computernetzwerk auch die Realisierung einer komplexen Funktionalität möglich. Abstrahiert man von den ursprünglichen intendierten Einsatzgebieten dieser mobilen Endgrätе im Büro- und Konsumenten-Bereich und zieht andere Ein-/Ausgabe-Techologien als die integrierten in Erwägung, dann wird offenbar, dass Handhelds zurzeit eine geeignete kommerziell verfügbare Basis einer „mobilen CPU" für mobile Lösungen darstellen, die vielfältig eingesetzt werden können. Sie sind leicht zu beschaffen, kostengünstig, jederzeit austauschbar und erweiterbar.

Je nach Einsatzbereich und Nutzung reduzieren die beschränkte Größe des Displays und seine Beschaffenheit sowie die integrierten Eingabemöglichkeiten den Komfort beim Einsatz dieser mobilen Endgeräte in ihrer Grundausstattung.

---

[26] Robustheit wird z.B. bei PDAs durch eine zusätzliche Gummiummantelung realisiert, was das Gerät dicker macht.

Als Komponenten eines größeren mobilen Anwendungssystems bieten sie eine Quelle für eine Vielzahl von Möglichkeiten, vor allem auch, wenn sie mit am Markt erhältlichem Zubehör ausgerüstet werden:

- Ein PDA kann als mobile CPU oder als persönlicher Datenspeicher am Körper getragen werden. Je nachdem mit welchen Ein-/Ausgabegeräten, Sensoren und Netzverbindungen er kombiniert wird, kann er als Video- oder Musik-Player, als Radio, als Telefon und vor allem als Terminal für den Zugriff auf potenziell unendlich viele Informationen und Ressourcen genutzt werden.

- Ein Smartphone kann entsprechend als Konnektor zu den umfangreichen Informationsquellen des Inter- oder Intranets verwendet werden.

- Die Tasten eines Mobiltelefons bieten auch Möglichkeiten zur Eingabe jenseits von Ziffern und Buchstaben, Ein drahtloses Handgerät kann als einhändig zu bedienendes Eingabegerät verwendet werden, so dass es wie eine Fernbedienung genutzt werden kann.

- Ein Mobiltelefon kann einen Pager ersetzen, es bietet darüber hinaus die Möglichkeit der direkten Reaktion der BenutzerIn, ohne dass sie zusätzliche Wege zurücklegen muss. (Voraussetzung ist allerdings, dass die Verfügbarkeit und Zuverlässigkeit des drahtlosen Netzes kontinuierlich gewährleistet ist).

Es gibt mittlerweile eine neue Generation von Handheld-Geräten, die die Leistungsfähigkeit von DesktopPCs besitzen, aber von ihren Ausmaßen gut in einer Hand halten werden können[27]. Sie sind mit einem DesktopPC-Standardbetriebssystem ausgestattet und können per Stift bedient werden. Sie verfügen über eine Vielzahl von Standard-Schnittstellen und können von ihren Ausmaßen her auch am Körper getragen werden, so dass sie sich als Rechnerbasis für mobile Lösungen einsetzen lassen.

Abb. 22: Produktbeispiel OQO [OQO06] (Foto: MRC)

---

[27]   Sie werden auch nach der Projektbezeichnung von Microsoft als Ultra-Mobile PC (UMPC) oder Origami-Rechner bezeichnet (siehe [Ori06])

Phantasie und technisches Geschick schaffen so aus einem Massenartikel die technische Grundlage für ein ernstzunehmendes Assistenzsystem für mobile Arbeitsprozesse. Zumindest aber ermöglichen die Geräte dieser Klasse die Realisierung vielfältiger mobiler Lösungen, die in der Praxis, im Feldtest oder auch in einem Pilotversuch eingesetzt werden können, um aus der Evaluation dieser Einsätze zur Spezifikation geeigneterer Geräteklassen für mobile Lösungen zu gelangen. Ein Rapid Prototyping mobiler Lösungen mit Rechnern aus dem Massenmarkt schafft die Möglichkeit, mit AnwenderInnen und EntwicklerInnen anhand eines kostengünstigen, aber funktionstüchtigen Handhabungsmuster für den konkreten Anwendungsbereich erforderliche Verbesserungen zu spezifizieren.

## 5.1.2 Elektronisches Klemmbrett

Mit der TabletPC-Edition ihres Betriebssystems WindowsXP hat Microsoft einen Standard gesetzt für eine neue Klasse von mobil einsetzbaren Endgeräten. Doch halten sich nicht alle Hersteller an diese Konvention, sie bezeichnen auch Geräte, die nicht diese Funktionalität haben, als TabletPCs. TabletPC gibt es heute bereits in drei unterschiedlichen Varianten:

- Kompakte Rechner, knapp in DIN A4-Größe mit Touchscreen und einer Leistungsfähigkeit, die der vorgenannten Kategorie entspricht.
- DIN A4-große, leistungsfähige Rechner mit Digitizer und strikter Stiftbedienung sowie mit Handschriftenerkennung als Eingabeschnittstelle.
- Notebooks, die wahlweise mit Tastatur oder mit Digitizer, Stiftbedienung und Handschriftenerkennungen benutzt werden können.

Die erstgenannte Variante entspricht in groben Zügen so genannten WebPads. Ein WebPad ist gut dafür geeignet, Informationen anzuzeigen, eine Berechnung zu machen, mit ihm ein kleines Formular mit nur wenigen Texteingaben auszufüllen oder eine sehr grobe Skizze anzufertigen. Es kann per Stift oder mit den Fingern bedient werden und hat den Vorteil, dass dieser TabletPC auch noch benutzt werden kann, wenn der Stift verloren gegangen sein sollte. Mobile Endgeräte dieser Ausprägung gibt es von verschiedenen Firmen auch in einer robusten, gegen verschiedene Umwelteinflüsse abgeschirmten, bruchsicheren Ausführung. Benutzt werden soll das WebPad, indem es in der einen Hand gehalten und mit der anderen Hand bedient wird, von einer freihändigen Benutzung kann also nicht die Rede sein. Es kann zwar vom Prinzip her in Bewegung benutzt werden, doch erfordern die Bedienung und hier vor allem die Genauigkeit die gesamte Aufmerksamkeit der BenutzerIn. An das Gerät können Sensoren angeschlossen werden, es kann kontinuierlich arbeiten und es können beliebige Applikationen installiert werden, denn das Gerät verfügt über ein Standard-Betriebssystem und ist somit frei programmierbar. Da WebPads über ein integriertes Soundsystem verfügen, können sie proaktiv mit akustischen oder visuellen Signalen auf neue Informationen oder Ereignisse aufmerksam machen. WebPads sind für das Halten in der Hand konzipiert; einige verfügen deshalb auf der Rückseite über Fingermulden. Doch ermüdet die Hand schnell, da die Finger nicht wirklich zugreifen, d.h. geschlossen werden können. Ein Wechsel in die andere Hand ist nicht möglich, da zum einen die Anzeige nicht immer gedreht werden kann und es physische Bedienelemente gibt, die dann nicht mehr komfortabel erreicht werden können. Außerdem sind die wenigsten Menschen in der Lage, mit beiden Händen gleich geschickt mit einem Stift auf einem Touchscreen zu hantieren. Die Alternative ist, das Gerät im Arm zu halten, so wie man üblicherweise ein Klemmbrett hält. Doch auch das birgt Probleme, da man dabei leicht versehentlich mit den festhaltenden Fingern den Bildschirm berührt. Bei der Interaktion auf dem drucksensitiven Bildschirm treten zwei weitere Probleme auf: zum einen spielt die Verdeckungsproblematik bei dieser Bildschirmgröße eine Rolle, d.h. die Tatsache, dass die Hand, die die Eingabe auf dem Touchscreen tätigt, Bereiche des Bildschirms verdeckt. Zum anderen hat die Größe und die Berührungssensitivität auch zur Folge, dass die Hand nur über dem Bildschirm schweben darf und nicht abgelegt werden kann, da auch diese Berührung wiederum eine ungewollte Eingabe oder eine Verschiebung des Cursors bewirken kann. Die Sensität dieser Bildschirme bei flächiger Berührungen ist zwar niedrig, besonders wenn der Touchscreen auf Stiftbedienung optimiert ist, dennoch führt die drohende Gefahr der unwillkürlichen Interaktion bei vielen BenutzerInnen zu Verkrampfungen. Abhängig von der zur erfüllenden Aufgabe und den gegebenen Nutzungsumständen kann die Unschärfe bei der Positionierung des Eingabewerkzeugs auf dem Touchscreen zu Einschränkungen der Effizienz bei der Benutzung führen.

Was man nicht tun darf, ist, das Gerät z.B. unter den Arm klemmen, da aufgrund des berührungssensitiven Bildschirms die Gefahr besteht, dass eine unbeabsichtigte Eingabe ausgelöst wird. Als kleine Erleichterung für das Halten in der Hand ist bei einigen Produkten ein Halteriemen vorgesehen, der das Gerät an der Hand festschnallt und so eine Entspannung für die Finger ermöglicht. Ungelöst ist das Verstauen eines WebPads während des Transports, wenn es im Sinne des „always on, always running" nicht in einen Ruhezustand versetzt werden soll.

Abb. 23: Produktbeispiele TabletPCs, links: FujitsuSiemens Digitizer, rechts: Xybernaut TouchScreen (Fotos: MRC)

Die zweite Variante, der „reine TabletPC", ist von seiner Konzeption her für die Unterstützung mobiler Tätigkeiten besonders geeignet, da die Benutzungsmetapher dem Klemmbrett angelehnt ist und der Bildschirm nicht drucksensitiv ist, sondern Eingaben ausschließlich per Stift erfolgen. Allerdings erfüllen die verfügbaren Standardprogramme und auch die speziell für TabletPCs entwickelten Programme die Erwartungen an ein Klemmbrett kaum. Es gibt ein Programm, in das man handschriftliche Notizen eingeben kann, es gibt ein Programm, in dem man zeichnen kann, und es gibt ein Zusatzprogramm, mit dem man per Stift Anotationen und Markierungen z.b. an PowerPoint-Folien machen kann. Der Stift wird auch als Mauszeiger benutzt. Leider kann man handschriftliche Texteingaben in Office-Standardprogramme nicht an der Stelle auf dem Bildschirm machen, an dem man z.b. in einer Textverarbeitung seine Text ergänzen will, sondern nur in einem explizit ausgezeichneten Eingabefeld, z.B. am unteren Rand des Bildschirms. Dort hat man dann auch die Wahl zwischen virtueller Tastatur und Handschrifteingabe. Die Handschriftenerkennung wird bereits mit dem Betriebssystem mitgeliefert. Sie hat eine relative hohe Erkennungsrate bei fliessender Schreibschrift und Text bestehend aus bekannten Wörtern. Druckbuchstaben, Abkürzungen und Fachwörter werden schneller per virtueller Tastatur eingegeben. Da die Handschriftenerkennung nur sehr beschränkt lernfähig[28] ist, bleibt es der BenutzerIn überlassen, ob sie sich an die Erfordernisse des technischen Systems anpasst oder auf die virtuelle Tastatur ausweicht. Die wiederum entspricht einem einfachen Standard-Keyboard. Umfangreiche Texteingaben werden dadurch mühsam. Anstrengend ist auch das Tragen dieses elektronischen Klemmbretts, da es mit mehr als einem Kilogramm Gewicht immer noch deutlich schwerer ist als jedes „echte" Klemmbrett. Darüber hinaus gibt es keine robusten Varianten, so dass ein unabsichtliches Anstoßen oder das Fallenlassen anders als beim Klemmbrett in der Regel zum Totalschaden führt.

Ein TabletPC kann kaum in der Bewegung genutzt werden, weil seine Benutzung die volle Aufmerksamkeit der BenutzerIn erfordert. Er benötigen in der Regel beide Hände bzw. eine Hand und einen Arm bei der Benutzung. Anders als beim Touchscreen ist eine Stiftbedienung unumgänglich. Das hat den Vorteil, dass bei der Eingabe die Hand ohne Gefahr auf dem Bildschirm abgelegt werden kann. Die Verdeckungsproblematik bleibt davon unberührt; im Gegenteil: das Ablegen der Hand auf dem Bildschrim kann bewirken, dass bestimmte Bereiche des Bildschirms dauerhaft verdeckt sind. Der Nachteil der Verwendung eines Digitizers ist, dass das Gerät nicht mehr bedient werden kann, wenn der Stift versagt, da nur spezielle Stifte benutzt werden können. Ein TabletPC verfügt über Schnittstellen, an die Sensoren angeschlossen werden können, und er verfügt ebenfalls über ein Soundsystem, so dass er proaktiv Informationen optisch und akustisch signalisieren kann.

Die oben genannte dritte Variante ist vor allem für Büroarbeit ausgelegt, bei der hin und wieder Situationen auftreten, in denen etwas skizziert oder markiert werden muss. Es handelt sich

---

[28] Es gibt höchstens die Möglichkeit, ein Wörterbuch der BenutzerIn anzulegen.

dabei im Prinzip um ein Notebook mit zusätzlichen Eigenschaften, so dass hier nicht weiter darauf eingegangen wird.

Die Stärke von TabletPCs liegt in der Größe des eingesetzten Bildschirms und in der gestalterischen Anlehnung an das Klemmbrett[29]. Erreicht wird die Realisierung dieser Metapher allerdings nicht, da das Gewicht heutiger TabletPCs dieser Größe mit mindestens 1kg noch zu groß ist bzw. dass bei geringerem Gewicht der Bildschirm deutlich kleiner ist als ein herkömmliches Klemmbrett (siehe die folgende Tabelle zu technischen Details verschiedener Klassen von TabletPCs). Als Nachteil hinzu kommt noch die Wärmeentwicklung der Geräte bzw. die Geräusch- und Windentwicklung bei der Kühlung des jeweiligen Geräts. Die neueren mobilen Prozessoren werden zwar immer leiser, kühler und leistungsstärker, doch erzeugen sie immer eine Beeinträchtigung des Nutzungskomforts. Ein weiterer Problembereich ist die Stromversorgung: um eine lange Betriebszeit zu erreichen, muss ein leistungsstarker Akku verwendet werden, der wiederum Gewicht bedeutet.

| Geräte/ Technische Daten | Panasonic | Xybernaut | Stylistic, Fujitsu-Siemens | HP Compaq TabletPC | Sony | Flybook | OQO |
|---|---|---|---|---|---|---|---|
| Type | Toughbook CF 07 | Atigo T | LIFEBOOK P1510 | TC1000 - TM5800 | U VGN-UX90S | V33i | Version 01+ |
| Betriebssystem | Windows 2000 | Windows XP Embedded SP2 oder Linux Embedded, SUSE Linux 9.1. | Windows XP TabletPC Edition | Windows XP TabletPC Edition | Windows XP | Windows XP | Windows XP |
| CPU | Intel PentiumIII, 300 MHz | Transmeta Crusoe TM 5800,1 GHz | Intel Pentium M ULV 753 | Transmeta Crusoe TM5800, 1 GHz | Intel Celeron M ,1.06GHz oder Centrino Core Solo/U1400, 1.06 GHz/1.20GHz | Intel Pentium M ULV 733, 1.1 GHz | Transmeta Crusoe, 1GHz |
| Arbeitsspeicher | 128 MB SDRAM, max. 256 MB | 256 MB SDRAM | 512MB - 1GB PC2-3200 DDR2-400, 256 MB | 256 MB SDRAM | 512MB SDRAM | 512 MB DDR1 400 MHz (aufrüstbar auf 1 GB / 2 GB) | 512MB DDR RAM |
| Bildschirm | 8,4'' TFT, 800x600 dpi | 8.4'' TFT, transmissive, , 800x600 dpi | 8,9'' TFT, 1024x600 dpi | 10.4" TFT, Aktivmatrix, 1024x768 dpi | 4.5" TFT, 1024x600 dpi | 8.9" TFT, 1024x600 dpi | 5" transflective, 800x480 dpi |
| Eingabe | Touch-Screen | Touch-Screen | passiver Digitizer | Digitizer | Touch-Screen | Touch-Screen | Digitizer |
| Gewicht | 0,968 kg | 840 g, inkl Batterie | 1kg inkl. 3-Zellen-Akku | 1.4 kg | 520g | 1,2 kg | 400 g |
| Abmessungen (Breite x Tiefe x Höhe in mm) | 91,6 x 200 x 52 | 240 x 200 x 18 | 232 x 167 x 34.5~37 | 216 x 274 mm x 20 mm | 150.2 x 95m x 38.24 | 235 x 155 x 31 | 124,59 x 86,39 x 22,86 |
| Quelle | [Tou06] | [Ati06] | [Lif06] | [HPC06] | [VGN06] | [Fly06] | [OQO06] |

**Tabelle 1: Charakteristika und technische Details ausgewählter TabletPCs und UMPCs, Stand 2006**

---

[29]  Es gibt weitere Technologien, die als Leitbild der Gestaltung das Klemmbrett bzw. das Blatt Papier verwenden, z.B. das „elektronische Papier". Da es sich dabei um reine Eingabegeräte handelt, werden sie im Abschnitt 5.3.1 behandelt.

Das Gewichtsproblem kann entschärft werden, wenn das Ein-/Ausgabegerät vom Rechner getrennt wird. Die Rechnereinheit wird dann im Sinne eines Wearable Computers an einer geeigneten Stelle am Körper befestigt und muss nicht mit bzw. in der Hand gehalten werden. Panasonic hat das mit seinem Toughbook CF 7 ([Tou06], siehe Abb. 24) realisiert und den Bildschirm drahtlos vom Rechner entkoppelt. Panasonic hat dieses Gerät nur in einer robusten Ausführung gebaut, da sie mit dem Produkt auf den industriellen Einsatz abzielten. Beim Display handelt es sich um einen Touchscreen, der mit Stift bedient wird und in ein kleines, flaches Gehäuse integriert ist. Dieses Interaktionsgerät ist per proprietärem WLAN mit der Rechnereinheit verbunden, die am Körper getragen oder in der Nähe abgestellt werden kann. Allerdings konnte das Interaktionsgerät bei größerer Entfernung (ab ca. 50 Meter) vom Rechner nur noch einige Bildschirminhalte bereitstellen, die vorher explizit gespeichert worden sind und vor Ort nur noch abgerufen, d.h. angezeigt werden konnten; eine vollwertige Interaktion war nicht möglich. Doch das wäre eine geeignete technische Lösung für dieses Nutzungsproblem. Auf der Geräteseite noch nicht zufrieden stellend gelöst ist die Auswahl und die Platzierung von Funktionstasten im bzw. auf dem Gehäuse. Zwar kann die Richtung der Anzeige gewechselt werden, doch gibt es keine vollständige Anpassung der dargestellten Inhalte an das Hoch- bzw. Querformat, sondern nur ein Verkleinerung bzw. Vergrößerung der gesamten Anzeige. Diese Einschränkung gilt für alle TabletPCs. Auch ist eine Drehung der Anzeige in alle vier möglichen Richtungen nicht möglich. Bei der Gestaltung von Software bzw. der graphischen Benutzungsoberfläche für TabletPCs ungelöst ist die Verdekkungsproblematik bei der direkten Eingabe auf dem Bildschirm: Bei der Digitizer-Variante kann die Hand bedenkenlos auf dem Bildschirm abgelegt werden und auch beim Halten hat ein Griff auf die Bildschirmfläche keine Auswirkungen, doch bleibt das Problem bestehen, dass die von der Hand verdeckten Bereiche der Anzeige nicht wahrgenommen werden können. Das ist natürlich auch bei einem herkömmlichen Klemmbrett so, doch bei einem herkömmlichen Klemmbrett verändert sich die Anzeige nicht situationsabhängig, so dass hier andere Bedingungen für die elektronische Variante gelten.

Ein zentrales Handhabungsproblem bei TabletPCs ist die Ablage des Geräts, wenn es nicht gebraucht wird bzw. wenn es zwischenzeitlich nicht gebraucht wird. Doch auch Klemmbretter können nicht problemlos abgelegt werden, auch bei ihnen besteht das Problem, dass sie Ballast sind, wenn sie gerade nicht im Einsatz sind. Doch sie gehören zu den Billigartikeln und können einfach irgendwo stehengelassen werden, wenn die BenutzerIn z.B. die beschrifteten Zettel in die Tasche steckt. Gleiches gilt nicht für die elektronische Variante. TabletPCs sind deutlich teurer. Zwar können auch dort die „ausgefüllten Zettel" gespeichert, versendet o.ä. werden, allerdings kommt es zu Datenschutz- und Datensicherheitsproblemen, wenn eine nicht autorisierte Person Zugriff auf das elektronische Klemmbrett bekommt, denn es ist nicht nur eine Unterlage für Papier, es bleibt ein Kanal, mit dem Zugriff auf Daten erfolgen kann, sei es auf dem Gerät selbst oder mittels drahtloser Konnektivität zu einer externen Quelle.

### 5.1.3 Universell einsetzbare, kompakte Wearable Computer

Es werden seit mehr als 13 Jahren Geräte gebaut, die als „Wearable Computer"[30] bezeichnet werden. Die Hersteller bemühen sich bisher darum, ihre Hardware so universell einsetzbar wie möglich zu gestalten, damit Serien produziert und keine Einzelanfertigungen gemacht werden müssen. Noch bis vor kurzem ging es bei der Weiterentwicklung dieser Rechner-klasse wie bei Notebooks und DesktopPCs um „kleiner, stärker, schneller".

**Abb. 24: Produktbeispiele: links: Panasonic [Tou06], rechts: Motum Via II PC [Mot06]**

Die Firma ViA Inc. wollte beispielsweise bereits Ende 2001 einen neuen Wearable Computer „PC-Stick" herausbringen, der bei gesteigerter Leistungsfähigkeit kleiner ausfällt und drahtlos mit den Ein-/Ausgabekomponenten verbunden sein sollte, doch das ist bis heute nicht erfolgt [VIA01]. Auch die letzte Neuentwicklung des „Mobile Assistant" von Xybernaut, der MA V, ist kleiner und schneller als die Vorgängerversionen, doch immer noch relativ groß. Auch die WearableGroup der Carnegie Mellon University (CMU) hatte für das Jahr 2002 die Vermark-tung einer ultrakleinen, kompakten mobilen, tragbaren CPU – Spot genannt – angekündigt, die über Standardschnittstellen für den Anschluss beliebiger peripherer Geräte verfügen sollte, auch ihre Markteinführung steht noch aus [Spo02].

---

[30]    Die erste Hardware, die man als (digitalen) Wearable Computer bezeichnen könnte, war der Eudaemon shoe aus den 70er Jahren. Er war allerdings bereits der Nachbau einer analogen Hardware zur Vorhersage am Roulett-Tisch, die schon in den 50er Jahre gebaut und ausprobiert worden war (siehe [Bas85], [Tho98], [Bar01b]). Den ersten Wearable Computer als Produkt gab es 1993 von CPSI Inc., heute Xybernaut [Xyb04]

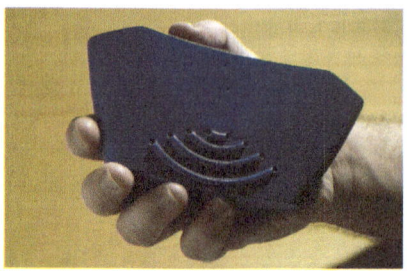

**Abb. 25: Angekündigte, aber bisher nicht realisierte Produkte, links: Spot R1 der CMU [Spo02], rechts: PC-Stick von VIA Inc. [VIA01]**

Xybernaut beschritt mit der Entwicklung des MA IV TC, des letzten Modells de MA IV-Reihe, einen neuen Weg, um die universelle Einsetzbarkeit mit einer individuellen Anpassung an den konkreten Anwendungsfall „unter einen Hut zu bringen": Der Rechner selbst ist unterteilt in zwei Bestandteile, eine universelle Rechnerkomponente und in eine kompakte Schnittstellenkomponente, die mit einem Handgriff voneinander zu trennen sind. Die Schnittstellenkomponente lässt sich konfigurieren, d.h. so mit Anschlüssen, dass sie die den individuellen Bedarf an Ein-/Ausgabegeräte und Anschlüssen bedient. Jede Bestellung eines Wearable Computers kann so andere Schnittstellen enthalten. D.h. Xybernaut bietet eine variantenreiche Produktion an, wie sie z.B. aus der Automobilindustrie bekannt ist. Doch auch diese Strategie hat die Verkaufszahlen für Wearable Computer nicht wesentlich erhöht.

**Abb. 26: Wearable Computer von Xybernaut, links: MA IV in der Benutzung, rechts: MA IV TC (Fotos: Xybernaut)**

Neben den Standardgeräten, die am Markt verfügbar sind, gibt es eine Vielzahl von Prototypen, Bausätzen und Komponenten, die noch keine Marktreife oder keine wesentliche Marktdurchdringung erlangt haben. Es ist z.B. versucht worden, die Lizenzpolitik der Firma Xybernaut durch das Anbieten von Bausätzen für Wearable Computer zu umgehen. Doch auch das scheint keine erfolgreiche Strategie gewesen zu sein, zumindest blieb meine Bestellung eines

78

CharmIT-Bausatzes bei Charmed Technologies [Cha01] trotz mehrerer Anfragen, verteilt über zwei Jahre, erfolglos, da das gewünschte Set jeweils nicht lieferbar war. Hinzu kommt die bisher geringe Nachfrage nach Wearable Computern, die es vor allem kleinen Unternehmen schwer gemacht hat, mit einem innovativen Produkt geschäftlich zu überleben. Ein vergleichbares Beispiel in diesem Zusammenhang ist das „Apple Newton MessagePad". Heute kann jeder PDA das, was der Newton bereits 1993 konnte, doch damals bestand scheinbar noch kein Bedarf nach Personal Digital Assistants und Apple beschloss Anfang 1998 nach mehr als 300.000 verkauften Exemplaren die Einstellung der Produktion [Bor03].

Das, was unter dem Label „Wearable Computer" bisher verfügbar ist, entspricht nicht in allen Punkten der Definition von Rhodes [Rho97], doch bieten alle vorhandenen Geräte die Voraussetzungen dafür: sie können in der Bewegung betrieben werden, sie können am Körper befestigt werden, sie haben diverse Schnittstellen, so dass Sensoren und verschiedene Ein-/Ausgabegeräte angeschlossen werden können und sie sind frei programmierbar. Im Rahmen von Standard-Schnittstellen kann auch eine drahtlose Konnektivität erreicht werden. Die meisten Geräte arbeiten mit Akkumulator-Packs, die entweder einen Arbeitstag halten, oder im laufenden Betrieb ausgetauscht werden können. Das heißt, technisch erfüllen sie alle Anforderungen. Schaut man allerdings ins Detail und berücksichtigt die Forderungen von Mann [Man96] und Feiner [Fei99], dann gibt es auch technisch noch einige Hürden zu überwinden. Auf die Eigenschaften und Nutzungsbedingungen von Ein- bzw. Ausgabegeräten, von Sensoren und von Software wird in den Abschnitten 5.3. und 5.4. eingegangen; an dieser Stelle steht die Untersuchung der Rechner selbst und ihrer Nutzungseigenschaften im Mittelpunkt.

Zwar erfüllen die verfügbaren Wearable Computer ihre grundlegende Funktion, doch haben sie Eigenschaften, die ihre Nutzung einschränken. Jedes Produkt und jeder Prototyp hat seine speziellen Eigenarten, so dass man sie nicht gemeinsam beurteilen kann, doch kann man Problemfelder benennen, so dass deutlich wird, wo noch Verbesserungen erforderlich sind bzw. auf welche Merkmale man bei der Auswahl eines Wearable Computers als Grundlage für eine mobile Lösung achten sollte.

Abb. 27: Wearable Computer von Xybernaut MA V, links: Gürtel, rechts: Weste als Tragesystem (Fotos: Xybernaut)

Die für den industriellen Einsatz gebauten „Mobile Assistants" (kurz MA) von der Firma Xybernaut sind entsprechen robust ausgestattet. Sie sind relativ groß und klobig, können aber auch Stöße etc. vertragen. Auch das Tough-Book von Panasonic ist für industrielle Umgebungen gebaut worden, es entspricht in seiner Baugröße der eines Xybernaut-Rechners. Der QBIC ([Amf04], [Qbi03]) ist ein „Gürtelschnallenrechner", er ist der Prototyp eines Wearable Computers, der zum ergonomische Tragen am Körper entwickelt wurde. Er ist im Vergleich zu den beiden genannten Produkten winzig: er findet in einer nur wenig überdimensionierten Gürtelschnalle Platz und wird durch Akkumulatoren im Gürtel mit Strom versorgt. Auch die Rechnerkomponenten der Firma Motum[31] werden fast in einen Gürtel integriert, da sie aus mehreren Modulen bestehen, die auf einem Gürtel aufgereiht werden. Der QBIC ist allerdings weder mit der Leistungsfähigkeit der MAs von Xybernaut zu vergleichen noch mit den Produkten von Panasonic oder Motium, da er über einen Prozessor der Leistungsklasse der PDAs verfügt; deshalb ist auch die Art und Anzahl seiner Schnittstellen im Vergleich wesentlich beschränkter. Um mit diesen Einschränkungen im systemischen Sinne dennoch die gleichen Leistungen zu erzielen, ist der QBIC mit drahtloser Konnektivität ausgestattet. So kommen seine Größe, sein Gewicht und seine Ausmaße dem angestrebten Ideal schon sehr nahe, als Zubehör von Arbeitskleidung für ÄrztInnen, Pflegekräfte, Stewards, Sicherheitspersonal oder IngenieurInnen ist er kein Hindernis mehr. Der QBIC wird bisher allerdings nur als Prototyp bzw. in einer Kleinserie von der ETH Zürich gebaut.

---

[31]   Seit 2003 werden die Produkte von VIA Inc. von der Firma Motium angeboten [Mot03]

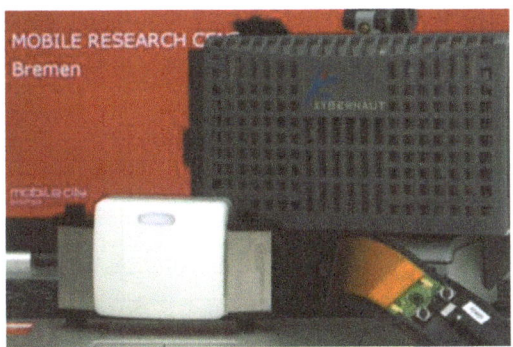

Abb. 28: Größenvergleich QBIC und MA V (Foto: MRC)

Zur regulären Rechnereinheit des MA von Xybernaut dazu gehört ein externes Akkumulator-Pack und ein Port-Replicator für die Erweiterung der Anzahl und der Vielfalt der Standard-Schnittstellen. Die verwendeten Prozessoren sind Notebook-Prozessoren (Leistungsdaten siehe Tab.2), die mittels eines Lüfters gekühlt werden. Beim Tragen eines dieser Geräte direkt am Körper sind eine sehr hohe Wärmeentwicklung und verhältnismäßig laute Lüftergeräusche zu beobachten. An einem schwülwarmen Tag bei einer Ausstellung in einem Zelt haben wir die Erfahrung machen müssen, dass alle Wearable Computer ab Mittag nicht mehr funktionierten, vor allem dann nicht, wenn sie mit einer aktiven drahtlosen Verbindung in ein Computernetz eingebunden waren. Die verwendeten Standardprozessoren waren durch die Hitze überlastet oder die Kühlung hat nicht ausgereicht. Für die TrägerInnen war die zusätzliche Wärme durch den Wearable Computer unerträglich. Die extrem lauten Lüftergeräusche wurden als zusätzliche Belastung empfunden. Neuere mobile Prozessoren sowie die Produkte von VIA werden nicht mehr mit Lüftern ausgestattet, u.a. auch, weil es Einsatzbereiche gibt, z.B. in der chemischen Industrie, in der Luftzirkulation extrem unerwünscht ist. Dennoch ist der Umgang mit vom Rechner erzeugter Wärme beim Einsatz von Wearable Computer ein Designfaktor und nach Ansicht von Thad Starner [Sta99] ein schwerwiegendes Handikap, das die Akzeptanz durch die BenutzerInnen negativ beeinflusst.

Es gibt einige Hinweise darauf, dass Xybernaut als Vision für die Entwicklung der Xybernaut MA-Serie die Metapher des „PC am Gürtel" verwendet hat. Als Befestigungssystem wird ein Gurt mit Taschen für Akkumulatoren, Verbindungskabel etc. mitgeliefert, das Gerät selbst hat entsprechende Aufnahmen. Neben dem Gürtel werden als Tragesystem ein Holster oder ein Rucksack angeboten. Werbebroschüren legen die Vermutung nahe, dass dieses Gerät wie ein Notebook verwendet werden kann (siehe z.B. linkes Bild der Abb.22). Bzgl. der Leistungsmerkmale trifft das auch tatsächlich zu, doch ist dieser Faktor für mobile Lösungen selten das ausschlaggebende Kriterium. Vor allen die Ein-/Ausgabemedien spielen im mobilen Einsatz eine herausragende Rolle. Xybernaut bietet als einziger Produzent Komplettsysteme an, d.h.

zur Rechnereinheit dazu geliefert werden Ein- und Ausgabegeräte, wahlweise Unterarmta-statur, 3D-Maus, Unterarm-Display, HMD etc.

| Produkt | CharmIT Kit | WSS 1040/1060 | Matchbox PC | VIA II | MA IV TC |
|---|---|---|---|---|---|
| Hersteller | Charmed Technology, Inc. | Symbol Technologies, Inc. | Tiqit Computers, Inc | ViA, Inc. | Xybernaut Corp. |
| Prozessor | Pentium MMX 266-400 MHz | NEC V25 16 MHz | 486-SX (AMD Elan SC410), 66 MHz | Transmeta CrusoeTM 600 MHz | Intel Pentium® III, 400 MHz (mobile) |
| Haupt-speicher | 64-256 MB | 640 KB | 16 MB SDRAM | 64 - 128MB DDR | 64 - 192 MB SDRAM |
| Festplatte | 10 oder 20 GB | n.v. | 1 GB | > 6.2 GB | 12 -32 GB |
| Schnitt-stellen | 1 USB 2 seriell 2 PCMCIA Typ II VGA | IrDA WLAN 802.11 | 1 PS/2 2 seriell 1 parallel VGA Diskettenlaufwerk IDE-Slave | 1 USB 2 seriell 2 PCMCIA Typ II 2 PS/2 VGA duplex Audio in/out (stereo) | S-Video in 2 USB 1 seriell 2 PCMCIA Typ II VGA oder LVDS duplex Audio in/out (stereo) |
| Strom-versorgung | 2 Camcorder-Akkus Netzteil | Einzellen-Lithium-Ionen Akku Backup: per Superkondensator Docking-Station | z.B. Sony-Akku, Lithium-Ion Akku, Bleiakku, etc. Kfz-Zigarettenanzünder (12V oder 24V) | Lithium-Ion Akku (Dual) Netzteil | intern: NiMH-Akku extern: Lithium-Ion Akku, Docking-Station |
| Akku-wechsel | hot swappable | hot swappable | hot swappable | hot swappable | hot swappable |
| Betriebszeit | 11 Std. (ohne Display) | > 8 Std. Backup: 15 Min. | 2-6 Std. | 6 Stunden | intern: 1,5 Std. extern: 4-6 Std. |
| Trage-system | in einer Gürteltasche | ergonomisch mit Gurt und Ring an Unterarm und Zeigefinger | ein Gehäuse ist nicht vorhanden | mit Gurt an der Taille | mit Gurtsystem an der Taille oder in einer Weste |
| Betriebs-system | Linux (vorinst.), Windows ≥98 | DR DOS | Windows <98 | Windows ≥98, Linux | Windows ≥98, Linux |
| Größe in cm | k.A. | 12,2 x 8,6 x 7,4 | 7,0 x 5,0 x 2,4 | ca. 25 x 8 x 3,2 | 18,7 x 6,3 x 11,7 |
| Gewicht | k.A. | 316 g | 93 g | 625 g | 900 g (inkl. interner Akku), jeder externe Akku: 454 g |

Tabelle 2: Technische Daten von Wearable Computern, Stand 2003

Die folgenden technischen Aspekte sind relevant für die Auswahl eines Wearable Computers:

• Größe, Form und Ausmaße

• Robustheit gegenüber der physischen Umgebung und den Einsatzbedingungen

• Platzierung am Körper und Tragesysteme

• Wärmeentwicklung und Methoden der Wärmeableitung

• Laufzeit und Handhabung beim Wechseln der Akkus

• Integrierte Ein-/Ausgabemöglichkeiten, drahtlose Konnektivität und Schnittstellen

• Verfügbare Ressourcen und Leistungsfähigkeit

Welchen Stellenwert die jeweilige Eigenschaft hat, hängt allerdings vom intendierten Einsatz-bereich ab. Die Geräte von Xybernaut und Panasonic sind robust und müssen auch robust gebaut sein, weil sie am Körper auf der Kleidung getragen werden. Eine Wartungstech-nikerIn, die auf diese Weise sein Werkzeug ständig bei sich trägt, erwartet von diesem

Widerstandsfähigkeit gegen „normale" Umwelteinflüsse, und dass sie dem Schutz des Werkzeugs keine Aufmerksamkeit widmen muss. Fragilere Geräte trägt sie nicht auf diese Weise. Vom Wearable Scanning System von Symbol Technologies wird berichtet, dass es zum Schutz des Körpers eingesetzt wird, wenn Schaden durch äußere Einwirkungen droht. Das kann auf mindestens zwei Ursachen zurückgeführt werden:

- der Mensch benutzt die Arme automatisch zum Schutz des Körpers
- im Wertesystem des Menschen steht die Unversehrtheit des Körpers vor dem Schutz von Gegenständen

Beim Tragen des Gürtelschnallenrechners kann man dagegen von anderen Bedingungen ausgehen. Er wird so dicht am Körper, z.T. unter Kleidungsstücken und in unmittelbarer Nähe zu empfindlichen Körperbereichen getragen, so dass er allein aufgrund dieser Platzierung höheren Schutz durch die TrägerIn erfährt als an einer anderen Stelle, da die TrägerIn diesen Körperbereich reflexartig schützt, so wie sie den Arm zur Abwehr von äußeren Einwirkungen einsetzt. Diese beiden Beispiele verdeutlichen, welche Konsequenzen bereits die Platzierung und die Bauweise der Hardware für die Benutzung haben.

## 5.1.4 Aufgaben- oder umgebungsoptimierte mobile Rechner

Es gibt einzelne mobile Rechner unterschiedlicher Leistungsklassen, die für besondere Aufgaben entwickelt worden oder auf besondere Umgebungsbedingungen hin optimiert sind. Für robuste Geräte gibt es verschiedene Robustheitsstandards[32], die für den Einsatz in der Industrie oder für das militärische Umfeld festgesetzt worden sind. Die wenigsten mobilen Endgeräte erfüllen diese Standards. Alle bereits genannten Einschränkungen bzgl. der Handhabbarkeit von mobilen Endgeräten gelten für die robusten Varianten in gleicher Weise. Robuste TabletPCs, PDAs oder Smartphones werden als Endgeräte für ein mobiles Büro z.B. in industriellen Umgebungen eingesetzt, doch muss der zusätzliche Nachteil des höheren Gewichts und der größeren Ausmaße durch einen besonderen Vorteil beim Einsatz kompensiert werden. Als „Verrechnungsgröße" für die Abschätzung des Vorteils gilt als Maßstab der vorherige Zustand, d.h., dass robuste Hardware als Ersatz für zerbrechliche Hardware auf den ersten Blick nur den Vorteil der längeren Haltbarkeit liefert, nachteilig sind die hohen Anschaffungskosten. Beim Einsatz robuster Hardware als Ersatz für Bücher, Papier und Stift oder als völlige Neuerung in dem Fall, dass es bisher gar keine Unterstützung vor Ort gegeben hat, gelten allerdings andere Bewertungskriterien. Über die Fertigung von robuster Hardware hinaus gibt es auch die Möglichkeit der Verwendung von „Schutzhüllen", z.B. ein bruchsicheres Etui für einige handelsübliche PDAs oder Mobiltelefone, die eine erhöhte Robustheit gewährleisten sollen. Diese Schutzhüllen erhöhen aber auch die Ausmaße und das Gewicht

---

[32]     Der internationale Standard IEC 60529 beschreibt das „International Protection (IP) rating" für elektrische Bauteile und Geräte. IP und „National Electrical Manufacturers Association (NEMA)" (www.nema.org) sind zivile Standards, MIL-STD und MIL-SPEC sind militärische Standards der USA für die Robustheit von Geräten.

des mobilen Endgeräts und in manchen Fällen behindern sie sogar die Benutzbarkeit, da sie den Zugang zu einigen Bestandteilen des Geräts behindern. Neben Standard-Hardware, die in größeren Stückzahlen produziert wird, gibt es aber auch andere, für spezielle Einsatzbereiche entwickelte mobile Endgeräte. Im Folgenden werden einzelne Geräte und ihre speziellen Einsatzbereiche vorgestellt.

**Abb. 29: Eine Ausbaustufe des VuMan der CMU ([Bas01, S.672], [Vum97])**

Der *VuMan* ist ein an der Carnegie Mellon University (CMU) in mehreren Generationen entwickelter Wearable Computer ([Bas97], [Vum97], [Sma98], [Sma99], [Bas01]). Er wurde für die Abarbeitung einer Checkliste entworfen. Eine hardwareseitige Optimierung auf einen Anwendungsbereich und auf eine zu unterstützende mobile Tätigkeit erfolgte vor allem bei den Ein-/Ausgabe-Möglichkeiten[33]. Die Eigenschaften der Recheneinheit selbst sind unspektakulär, da sie aus Standard-Komponenten zusammengebaut worden ist.

**Abb. 30: Cybercompanion (Foto: i/i/d Bremen)**

Wearable Computer können auch wie ein Werkzeug benutzt und von Fall zu Fall für die Bewältigung einer bestimmten Aufgabe angelegt werden, so wie eine Lupe zur Begutachtung

---

[33]    Auf diesen Aspekt wird in einem späteren Abschnitt zum Thema Ein- und Ausgabemedien ausführlicher eingegangen.

von Edelsteinen zeitweise vor dem Auge befestigt wird. Der *Cybercompanion* ist ein solches Gerät. Dabei handelt es sich um eine mobile, tragbare Augmented-Reality-Umgebung, die nicht ständig in der alltäglichen Umgebung benutzt werden kann, denn am Einsatzort muss ein externes Tracking-System installiert werden, um die Blickrichtung der BenutzerIn zu verfolgen und es muss ein virtuelles Modell von der Umgebung im Computersystem verfügbar sein, das von der 3D-Visualisierung überlagert wird. Auch die meisten anderen für 3D-Visualisierung entwickelten mobilen, tragbaren AR-Systeme können im Moment nur zeitweise angelegt werden, da die Hardware und die Interaktionsgeräte nicht für ein dauerhaftes Tragen ausgelegt sind.

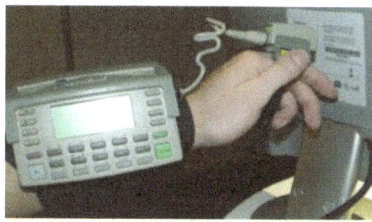

**Abb. 31: Scanning Systeme der Firma Symbol Technologies, links: WWS1000 (Foto: MRC), rechts: WT4000 [WT06]**

Der kommerziell erfolgreichste Wearable Computer ist das Wearable Scanning System der Firma Symbol Technologies. Die erste und am häufigsten verkaufte Variante dieser mobilen Lösung wurde unter dem Namen „WWS 1000 – Wearable Wrist Computer" bekannt [WSS06], das neuste Gerät kam 2006 unter dem Kürzel WT4000 auf dem Markt [WT06]. Dieser Wearable Computer ist ein mobiles, freihändig trag- und benutzbares System, das auf die „beiläufige" Datenaufnahmen – das Lesen von Barcodes – hin optimiert ist. Die Hardware, bestehend aus dem Computer und einem miniaturisierten, am Finger getragenen Laserscanner. Es ist ergonomisch optimal an die primäre Aufgabe der BenutzerInnen angepasst (manueller Transport von Gütern) und so gestaltet, dass diese in ihrer körperlichen Bewegungsfreiheit nicht eingeschränkt werden und der Benutzung des Systems kaum Aufmerksamkeit schenken müssen [Ste98]. Das System lässt sich im Rahmen dieser primären Aufgabe an die Gegebenheiten der speziellen Anwendungsumgebung anpassen, z.B. durch den Einsatz eines anderen Scanners, und es lässt sich erweitern, z.B. durch die drahtlose Integration in ein Firmennetz bzw. ein umfassendes Prozesssteuerungssystem. Im Gegensatz zu vielen anderen Wearable Computern sind kaum Schnittstellen für den Anschluss anderer Geräte oder Sensoren vorgesehen, so dass die Variationsmöglichkeiten relativ eingeschränkt sind. Anders als andere Wearable Computer ist dieses System aber auch nicht nur ein Prototyp und nicht nur im Feldversuch getestet worden, sondern es wird seit Jahren erfolgreich kommerziell eingesetzt.

### 5.1.5 Smart Clothes: Integration in die Kleidung

Der Übergang von Wearable Computern zu Smart Clothes, d.h. die Integration von informations- und kommunikationstechnischen Komponenten in die Kleidung ist fließend. Der Gürtelschnallenrechner QBIC [Qbi03] ist dafür ein gutes Beispiel: er ist in einen Bestandteil herkömmlicher Kleidung integriert, wird aber über jeder Kleidung getragen und bleibt insofern separat und hat keine Bekleidungsfunktion. Wearable Computer sind mit Tragesystemen ausgestattet – Gürtel, Holster, Rucksack –, die ebenfalls keine Bekleidungsfunktion erfüllen. Im Gegensatz zum „DesktopPC am Gürtel" (Xybernaut) ist der QBIC als „Rechner im Gürtel" konzipiert. Die EntwicklerInnen lassen seine Verwendung zwar weitgehend offen, doch verweisen die Präsentationen der ETH Zürich auf Einsatzbereiche jenseits der Schreibtischarbeit. Das belegt auch ihre maßgebliche Beteiligung am Europäischen Großprojekt wearIT@work, in dem der QBIC den Ausgangspunkt für eine verteilte Hardware-Plattform für Wearable Computing in Produktion, Wartung, Krankenhaus und Katastropheneinsatz bildet [Wea04].

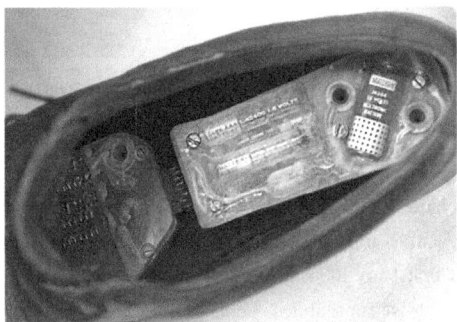

**Abb. 32: Eudaemon Shoe [Bar01a, S.478]**

Es gibt andere Beispiele von mobilen, tragbaren Endgeräten. CharmIT von Charmed Technology [Cha01] ist ein modular aufgebautes Komponentensystem, das je nach Anforderung der KundIn bzw. des Anwendungsbereichs mit unterschiedlichen Ein-/Ausgabemedien verkauft wird. Das CharmIT Kit ist ein Bausatz, der aus einer dem PC/104-Standard [PCC06] entsprechenden CPU, einer Festplatte und einigen Standardschnittstellen besteht. Der Grundbausatz kann (und muss) um die Stromversorgung sowie alle Ein- und Ausgabegeräte erweitert werden. Gedacht ist beim Zusammenbau und auch bei der Zusammenstellung der Komponenten an eine ganz individuelle Fertigung, z.B. an eine geeignete Integration der verschiedenen Bestandteile in die Kleidung. Dieses Produkt wurde mit Modenschauen beworben, die zeigten, wie chic Wearable Computer zusammen mit Kleidung aussehen können. Auch die School of Electronic and Electrical Engineering der University of Birmingham setzt bei der Vorstellung ihrer Wearable-Computer-Prototypen auf die Präsentation in Form einer Modenschau, auch sie basieren ihre Rechnertechnik auf PC/1004 [SEE06]. Die ersten Wearable

Computer (50er und 70er Jahre) zielten nicht auf die Erregung von Aufmerksamkeit ab, sie waren in Schuhe integriert, damit sie für Außenstehende unsichtbar blieben, da der Anwendungsbereich die Vorhersage beim Roulette war ([Bas85], [Tho98], [Bar01b]).

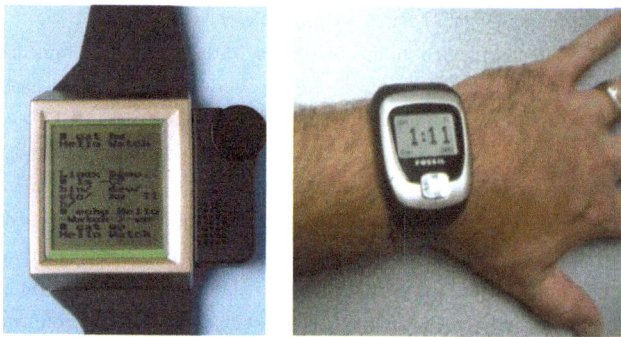

Abb. 33: Wrist-Watch, links: eine Linux-Uhr von IBM [IMB01], rechts: ein Produkt von Fossil [Mil02]

Beispiele neueren Datums sind die so genannten Watch-Computer, die wie eine Uhr am Arm getragen werden (siehe Abb.33). Darüber hinaus existieren Designstudien zur Integration von Computertechnologie in Schmuck und andere Accessoires u.a. von der CMU [CMU06] und von IBM [Bli01]. Im Rahmen derartiger Designstudien werden nicht immer Hochleistungsrechner integriert, meistens geht es um die geschickte und formschöne Unterbringung von Ein-/Ausgabegeräten wie Mikrofon und Lautsprecher, die dann möglichst drahtlos mit einer CPU verbunden werden.

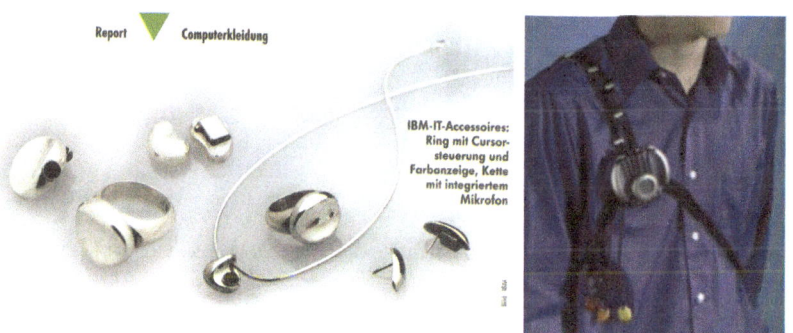

Abb. 34: Beispiele für Designstudien zur Integration von Computertechnologie in Bekleidungsassessoires. links: IBM [Bli01], rechts: CMU [Buc06]

Denkt man die Ergänzung der Kleidung um Computer konsequent weiter, dann liegt der Gedanke nahe, die Bestandteile einer mobilen Lösung in geeigneten Kleidungsstücken unterzubringen. Das MIThril-Projekt des MIT MediaLab [MIT03] stellt ein solches Konzept vor:

alle benötigten Komponenten werden „unsichtbar" in eine Weste eingebaut. Ende Dezember 2001 ging die Ankündigung durch die Medien, dass das MIT MediaLab zusammen mit Boeing und anderen Partnern an der Integration von Wearable Computern in Raumanzüge, d.h. die Arbeitskleidung von AstronautInnen arbeiten wird. Ergebnisse wurden bisher nicht veröffentlicht, es ist unter [Wea02] nur eine Webseite verfügbar.

Für den Konsumentenmarkt hatten Philips und Levis 2001 die erste „Multimediajacke" entwickelt, in der Leitungen eingebaut waren, die zur Verbindung zwischen handelsüblicher Kommunikations- und Unterhaltungselektronik (Mobiltelefon und MP3-Player) dienten [Aud01]. Die Firma Reima ging einen etwas anderen Weg, sie hatte eine Ski-Jacke so verändert, dass ebenfalls ein handelsübliches Mobiltelefon „eingesteckt" werden kann, die Bedienung erfolgte jedoch durch Ziehen an eingenähten Stofflaschen, so dass die TrägerIn telefonieren oder Benachrichtigungen absetzen konnte, ohne ihre Handschuhe auszuziehen zu müssen [Rei01]. Infineon[34] und rosner boten ab 2005 eine waschbare Jacke mit eingewebten Leiterbahnen an, in die auf den Jackenärmel eine Tastatur zur Steuerung von Unterhaltungselektronik aufgebracht war [Pah04]. Bei all diesen kommerziell angebotenen Produkten sind die benutzten Endgeräte Mobiltelefone, PDAs, MP3-Player, die meistens nicht zum Lieferumfang des Kleidungsstücks gehören und vor dem Waschen auf jeden Fall entfernt werden müssen. Einige dieser Produkte wurden mittlerweile jedoch wieder vom Markt genommen (siehe [Pah04], [Gue05]).

Abb. 35: Smart Clothes, links: MIThril-Weste [MIT03], rechts: Bedienelement der Firma Reima [Rei01]

Die Integration von mobiler informations- und kommunikationstechnologischer Komponenten in die Kleidung beschränkt sich bisher vorwiegend auf die Verwendung handelsüblicher Geräte der Unterhaltungselektronik und das Bereitstellen von Kabelkanälen oder das Einweben von elektrischen Leitungen in den Stoff. Deshalb kann man zurzeit noch sagen, dass Smart Clothes eine ähnliche Funktion erfüllen wie Geräte, die explizit als Wearable

---

[34]    Infineon hat bereits länger an Textilintegration gearbeitet, siehe z.B. [Jun02], [Mar03]

Computer bezeichnet werden: sie sind nur eine andere Form der herkömmlichen, bekannten Geräte, sie besitzen nur differenziertere Trageeigenschaften. Ihrer Entwicklung liegt deutlich der Wunsch zugrunde, das Gerät als solches noch weiter an den Rand der Wahr-nehmung zu verbannen und durch die Integration in die Bekleidung einerseits „Lust aufs Tragen" eines solchen Systems zu erzeugen, es andererseits aber im Sinne des Ubiquitous Computing in die Dinge des täglichen Gebrauchs zu integrieren. In diesem Sinne wurde die Entwicklung von Wearable Computern und Smart Clothes aus den gleichen Beweggründen vorangetrieben, so dass man beide unter einem übergeordneten Begriff vereinen kann; im EU-Projekt wearIT@work werden sie unter der Bezeichnung „Wearable" zusammengefasst. Doch auch bei Smart Clothes gibt es Bestrebungen in Richtung einer tieferen Integration in die Kleidung. Dabei handelt es sich um „Smart Fabrics", d.h. die Integration von Drähten oder elektro-nischen Komponenten geht weiter als bei den bereits kommerziell verfügbaren Smart Clothes, sie werden in die verwendeten Gewebe und den Stoff selbst integriert. Seitens der Material-forschung wird an neuen Materialien und Fasern geforscht, die z.B. leitfähig sind oder eine Abschirmung gegenüber elektrischen Feldern liefern. Ein Beispiel dafür sind die metal-lisierten Garne der Firma Statex aus Bremen.

Als technische Komponenten für eine mobile Lösung für den Gesundheitsbereich steht von der Firma Sensatex das SmartShirt ([Sma05], [Mar03]) zur Verfügung, in das die elektrischen Leitungen so eingewebt sind, dass eine Vielzahl von Geräten, insbesondere Sensoren, am Körper der TrägerIn untergebracht und mit einer CPU verbunden werden können. Benutzt wird ein solches Kleidungsstück z.B. von kranken Personen, bei denen bestimmte Vitalwerte ständig gemessen werden müssen. Ursprünglich war die Vitalwertüberwachung für militäri-sches Personal Ziel der Entwicklung dieser Stoff-Technologie. Das SmartShirt stellt die Infra-struktur für die Verbindung zwischen verschiedenen elektronischen Komponenten zur Ver-fügung. Es erfasst biologische und physikalische Parameter der TrägerIn, wobei dies durch Sensoren erfolgt, die an ein Netz aus eingewebten elektro-optischen Fasern angeschossen sind. Die ermittelten Daten werden durch eine zigarettenschachtelgroße Prozessoreinheit am unteren Ende des Shirts gespeichert oder per wireless LAN oder Mobiltelefon an den Sen-satex-Server geschickt. Das SmartShirt verwendet das „Wearable Motherboard™" [Sma05], das am Georgia Institute of Technology entwickelt worden ist. Mittels der Sensoren können z.B. Körpertemperatur, Herzschlag, Atmung ermittelt werden. Durch das Netz elektro-optischer Fasern können beliebige Sensoren hinzugefügt werden und ermöglichen so ein gros-ses Einsatzgebiet des SmartShirts (z.B. für Astronauten, chronisch Kranke, altersgeschwächte Personen, Militärpersonal, etc., siehe [Sma05]).

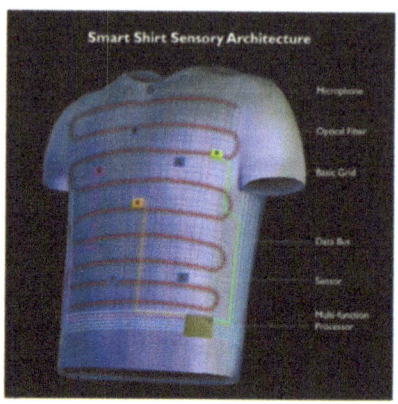

Abb. 36: Schematische Darstellung der Architektur des SmartShirts, das als Produkt von der Firma Sensatex verkauft wird [Mar03, S.30].

Es taucht bei der Betrachtung dieser Lösung die Frage auf, ob beim zu beobachtenden Fortschritt der Entwicklung drahtloser körpernaher Netze (Stichwort BAN, siehe nächster Abschnitt) diese Infrastruktur nicht besser auf nicht-materielle Weise bereitgestellt werden sollte. Doch bliebe auch bei der Verwendung von drahtlosen Netzen die Notwendigkeit bestehen, Sensoren, Rechnereinheit und Ein-/Ausgabe-Geräte am Körper zu befestigen, ein Shirt, das unmittelbar auf der Haut getragen wird, ist dafür ein geeignetes Trägermedium, so dass die Integration der Drähte oder leitenden Fasern in das Gewebe unter dieser Perspektive wiederum eine sinnvolle Möglichkeit ist.

Der prägnanteste Unterschied zwischen Wearable Computern und Smart Clothes scheint die Kompaktheit der erstgenannten und die Verteiltheit der letztgenannten zu sein, so dass der Eindruck entstehen könnte, beide Geräteklassen ständen in Konkurrenz zueinander. Doch bei der Realisierung mobiler Lösungen werden abhängig von der zu unterstützenden mobilen Tätigkeit sowohl Komponenten der einen als auch der anderen Geräteklasse benötigt, so dass die Heterogenität auch weiterhin erforderlich ist. Wie in den vergangenen Jahre ist auch weiterhin damit zu rechnen, dass die Chips kleiner, schneller und leistungsfähiger werden. Seitens der Textilingetration dieser elektronischer Komponenten ist die Frage der Waschbarkeit noch nicht gelöst und eine dauerhafte physische Verbindung der „harten" Chips mit dem „flexiblen" Stoff muss noch bis zur Produktreife entwickelt werden [Mec04].

Eine mobile, tragbare Rechnereinheit allein macht jedoch noch keine mobile Lösung aus. Zu den grundlegenden rechnerseitigen Voraussetzungen zur Realisierung mobiler Lösungen gehört eine drahtose Konnektivität. Die Qualität einer mobilen Lösung und ihre Gebrauchstauglichkeit hängen wesentlich von der Gestaltung der Interaktion ab, die zurzeit noch vor allem von den verfügbaren Ein-/Ausgabemedien bestimmt wird, die im Anschluss beschrieben werden.

## 5.2 Vernetzungsinfrastruktur für mobile Lösungen

Für alle nicht autonomen mobilen IKT-Lösungen ist eine drahtlose Konnektivität zu externen Ressourcen erforderlich, da ein Zugang per Kabel der Mobilität entgegen steht. Die drahtlosen Verbindungen zu externen Ressourcen müssen zudem problemlos und ohne besonderen Interaktionsaufwand der BenutzerIn anwählbar sein. Übergänge innerhalb eines Netzes oder zu einem anderen Netz z.b. beim Einsatz in der Bewegung müssen automatisch erfolgen, da der zu unterstützenden BenutzerIn während ihrer mobilen Tätigkeit nicht zugemutet werden sollte, der erforderlichen Konnektivität immer wieder Aufmerksamkeit zu widmen. Nach Starner [Sta01a/b] unterschieden werden off-body, near-body und on-body, im Folgenden werden die Aspekte dieser drahtloser Netze für mobile Lösungen darstellt.

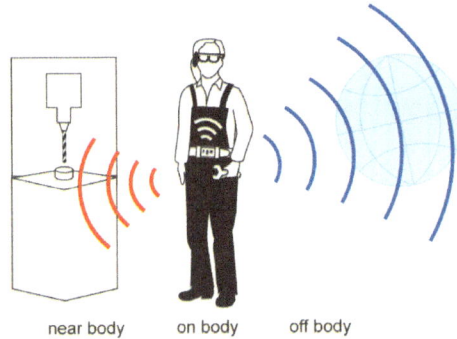

near body          on body          off body

**Abb. 37: Schematische Darstellung der verschiedenen, um den Menschen gespannten mobilen Netze (Foto: MRC)**

In der Vision vom Wearable Computing kommen für mobile Lösungen ausschließlich drahtlose Verbindungen in Frage. Das ist ist heute für off-body- und near-body-Netze realisiert. On-body-Verbindungen werden zurzeit aber auch noch per Kabel realisiert, die z.B. in die Kleidung integriert sind, wie das Beispiel des SmartShirt in vorherigen Abschnitt zeigt. Ein Grund für eine Verkabelung der erforderlichen Verbindungen am Körper ist, dass es z.B. für die Verwendung eines HMDs noch keine drahtlose Alternative gibt.

Für drahtlose Netzwerkverbindungen ist bei mobilen IKT-Lösungen nicht immer in erster Linie der maximale Durchsatz interessant, sondern wichtiger ist häufig ein komplexeres Maß wie „Bit*Watt/ Sekunde", denn der „Preis" für einen hohen Datendurchsatz bei drahtloser Konnektivität ist ein hoher Energieverbrauch. Starner, der sich in seiner Dissertation [Sta99] intensive mit den technischen Engpässen des Wearable Computing befasst hat, fordert darüber hinaus Interoperabilität zwischen den verschiedenen verfügbaren und eingesetzten Netzen sowie einen offenen Standard, der eine kontinuierliche Netzverbindung gewährleistet und eine nahtlose Konnektivität bei den unterschiedlichsten Übergängen während mobiler

Tätigkeiten ermöglicht [Tim05]. Dabei geht es im off-body-Bereich sowohl um horizontale Handoffs (z.b. Umschalten zwischen verschiedenen WLAN Hot Spots) als auch um vertikale Handoffs (Umschalten z.b. zwischen WLAN, UMTS, GSM etc.), da die verschiedenen mobilen Endgeräte durch unterschiedliche Kommunikationsnetze miteinander verbunden sein können (siehe z.b. [Aus04], Fik04]). Welches konkrete Netz gerade vorhanden ist und verwendet wird, sollte für die NutzerIn transparent, d.h. unbemerkt bleiben und von ihr keine Aufmerksamkeit und vor allem keine expliziten Handlungen erfordern.

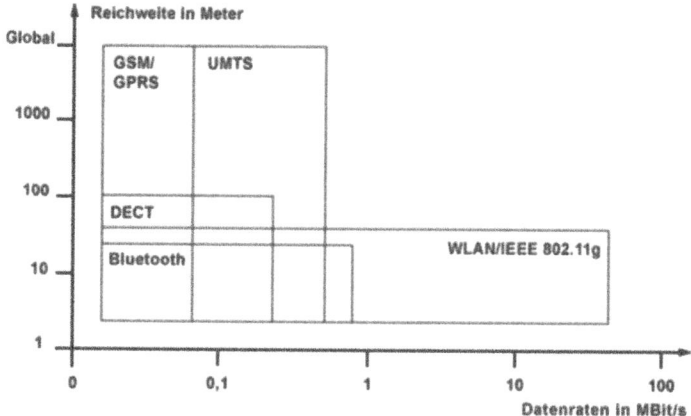

Abb. 38: Zusammenhang von Reichweite und Bandbreite drahtloser Netze im Überblick [Gru03]

## Off-body Vernetzung

Die drahtlose Kommunikation im off-body-Bereich ist die am weitesten entwickelte, verbreitete und am meisten untersuchte. Fast flächendeckend zur Verfügung stehen – zumindest in den industriell durchdrungenen Gebieten – Mobilfunknetze (mit entsprechenden Protokollen); zu nennen ist hier GSM mit seinen Erweiterungen GPRS, HSCSD und EDGE. UMTS befindet sich z.T. immer noch im Aufbau, ist vor allem in Ballungsgebieten und Städten zu finden und wurde bereits während der Markteinführung mittels HSDPA optimiert. Als Konkurrenz zu UMTS entwickelt sich mittlerweile Wimax. Bei den drahtlosen Nahverkehrsnetzen (WLAN)[35] haben sich die Standards der IEEE802.11-Gruppe durchgesetzt. Sie sind innerhalb von Firmengeländen und an ausgesuchten Orten wie zum Beispiel Flughäfen, Universitäten, Hotels, Stadtzentren vorzufinden. Es gibt mittlerweile eine deutlich steigende Anzahl von Chips bzw. mobilen Endgeräten, die mit Dual-Mode-Konnektivität ausgestattet sind, so dass sie sowohl drahtlose Konnektivität per GSM/UMTS als auch per WLAN aufbauen können. Es zeichnet sich in den USA und auch in Europa der Trend ab, dass

---

[35] Allgemeine Informationen über Wireless LAN und eine ausführliche Übersicht über durch die Wireless Ethernet Compatibility Alliance (WECA) zertifizierte Produkte (WiFi-Zertifikat) ist zu finden unter [WEC01]

IP zukünftig die Grundlage aller Kommunikationsprotokolle werden wird, mit denen nicht nur Daten übertragen werden, sondern über die auch die Kommunikation abgewickelt wird, z.B. die Telefonie per Voice-over-Internet-Protokoll (VoIP). In entlegenen Gebieten, in denen keines dieser Funknetze verfügbar ist, steht Satellitenkommunikation zur Verfügung. Diese ist aber entweder in der Leistungsklasse eines GSM-Mobiltelefons mit GPRS verfügbar oder von den technischen Komponenten her zu schwer, um als mobile Technik von einem Menschen am Körper getragen zu werden.

Ein grundsätzliches Problem drahtloser off-body-Netze und einer heterogenen Netzwerkstruktur besteht darin, dass keines der genannten Netze allgegenwärtig ist. Die Netzabdeckung durch Mobilfunknetze ist nicht lückenlos. Jede BenutzerIn eines GSM-Mobiltelefons kennt die Folgen: Die Gefahr ist groß, dass die Verbindung unvermittelt zusammenbricht oder an bestimmten Orten bzw. Positionen nicht möglich ist. Für Mobile & Wearable System Solutions für den professionellen Einsatz sind Lösungen erforderlich, die diese Gefahr beseitigen, insbesondere wenn es darum geht, kritische Daten wie Patienten-daten oder Steuerbefehle an Maschinen drahtlos zu übermitteln. Gerade in der letzten Zeit steigen die Forschungs- und Entwicklungsaktivitäten in diesem Bereich sprunghaft an, kommerzielle Lösungen stehen allerdings noch nicht zur Verfügung. Das Thema nahtlose Konnektivität jenseits der ausschießlich technischen Vernetzung auf einer Ebene (seamless connectivity [Usc04] bzw. intermittent connectivity [Ott05]) ist für mobile Lösungen dann von besonderer Bedeutung, wenn komplexe Softwareprogramme und umfangreiche Datenbestände benutzt werden müssen. Denn nicht alle Klassen mobiler Endgeräte sind darauf ausgelegt, die für eine solche Gesamtlösung benötigten Ressourcen (z.B. Rechnerleistung, Schnittstellen für Sensorik, Speicherplatz) vor Ort verfügbar zu halten. Bei der Konzeption und Realisierung einer mobilen Lösung zur Unterstützung einer mobilen Tätigkeit fällt spätestens nach der Ermittlung der erforderlichen Funktionen und Ressourcen die Entscheidung, ob eine stand-alone-Lösung realisiert wird oder eine (drahtlos) off-body-Vernetzung erforderlich bzw. wünschenswert ist.

**Abb. 39: Schematische Darstellung der Reichweiten der verschiedenen Netztechnologien (Bild: MRC)**

Ziel von Forschung und Entwicklung im Bereich Mobilkommunikation war es in den letzten Jahren, die verschiedenen Kommunikationstechniken so miteinander zu verbinden, dass man „always best connected" ist, d.h. Programme sollen sich möglichst so verhalten können, als liefen sie auf einem mit dem Festnetz verbundenen Computer. Dieses Ziel ist bis heute nicht erreicht, insbesondere nicht für den Fall, in dem die BenutzerIn während der Benutzung eines mobilen Computersystems zügig weite Wegstrecken überwindet, d.h. eine zuverlässige drahtlose Verbindung in der Bewegung benötigt. Selbst wenn verschiedene drahtlose Netze zur Verfügung stehen sollten, unterscheiden diese sich signifikant in Datendurchsatz, Verzögerung, und vor allem im Preis. Um zu wirklich nutzbaren Systemen zu kommen, müssen mobile Lösungen also nicht nur nahtlose Übergänge zwischen den unterschiedlichsten Netzen transparent handhaben, sondern auch mit Verbindungsunterbrechungen sowie Perioden äußerst schlechter Konnektivität zurechtkommen. Perioden guter Konnektivität müssen dann intensiv genutzt werden, dabei können explizite Eingaben der BenutzerIn (erneutes Anmelden, erneutes Starten einer durch Verbindungsprobleme abgebrochenen Aktion) nicht erwartet werden. Anwendungsprogramme, die diesen Anforderungen genügen, sind bis heute nicht verfügbar, doch es werden Ansätze verfolgt, sie über Anpassungsfunktionen mit verbesserten zugrunde liegenden Protokollen zu versehen. In Anbetracht dieser Unwegsamkeiten liegt der Gedanke nahe, möglichst auf eine drahtlose Verbindung zu verzichten, doch das erzeugt dann wieder andere Probleme, z.B. bzgl. der vor Ort verfügbaren Kapazitäten und der Datensicherung. So ist für jede mobile Lösung ein Designkonflikt bei der Entscheidung über eine Vernetzung zu lösen.

**On- und near-body Vernetzung**

Im on- und near-body-Bereich spielen vor allem auch leitende Stoffe und Fasern [Pos00] eine Rolle sowie drahtlose Personal Area Networks (PAN) ([Zim96], [Zim99]) und hier insbesondere die Infrarot-Kommunikation[36], Bluetooth, Zigbee[37], Wireless-USB und die so genannten Body Area Networks (BAN). Letztere werden häufig im medizinischen Einsatzbereich vorgefunden [Ban02a] und versuchen z.T. die Leitfähigkeit des Körpers in die technische Kommunikation zwischen den am Körper getragenen Komponenten einzubeziehen bzw. zu nutzen.

Bei der near-body-Vernetzung handelt es sich in der Regel vor allem um eine Vernetzung der Komponenten der mobile Lösung miteinander. Neben der Vernetzung mit Sensoren, die am Körper getragen werden, spielt hier vor allem die Verbindung der Rechnereinheit mit den Ein- und Ausgabegeräten eine zentrale Rolle. Hier ist bisher noch nicht für alle Ein- und Ausgabekomponenten eine drahtlose Anbindung möglich. Bisher verfügbare HMDs benötigen beispielsweise bis heute eine drahtgebundene Verbindung mit dem bildgebenden Computer.

Im on- und near-body-Bereich hat sich TCP/IP bisher nicht als Standard durchgesetzt, hier gibt es eine technische Heterogenität, die von der Entwicklung mobiler Lösungen die Überwindung von Kompatibilitätsproblem erfordert. Darüber hinaus beeinträchtigen sich die verschiedenen Funknetze z.T. gegenseitig. Bluetooth beispielsweise steht in Konkurrenz zu WLAN, da beide im lizenzfreien 2,4-GHz-Funkfrequenzband arbeiten und sich so gegenseitig beeinflussen, was negative Auswirkungen auf die verfügbar Übertragungsgeschwindigkeit und -leistung hat.

Die Verwendung von Bluetooth hat sich für den near-body-Bereich bereits etabliert und wird z.B. durch den Einsatz von RFID-Technologie an den Stellen ergänzt, wo es vorrangig um die Identifizierung von Objekten geht, die über keinen aktiven Sender und keine eigene Energieversorgung verfügen, z.B. Kleidungsstücke, Gefriergut oder Container. Für die Vernetzung auf der Ebene von Sensoren und insbesondere für die Kopplung unterschiedlichster Sensoren spielen andere Funknetze, z.B. Zigbee und auch proprietäre Lösungen eine zentrale Rolle. Im near-body-Bereich ist neben der Art der Funkverbindung und dem verwendeten Protokoll vor allem die dynamische Vernetzung mit wechselnden „Verbindungspartnern"

---

[36] Siehe z.B. die in [Sta01b] beschriebene Lösung für eine energiesparende Methode zur indoor-Positionsbestimmung

[37] Allgemeine Informationen zu Bluetooth und entsprechende Produkte sind zu finden unter [Blu06], zu Zigbee unter [Zig06] und zu wireless USB unter [USB06]

wichtig. Eine spontane ad hoc-Vernetzung kann sehr unterschiedliche Funktionen haben, z.B. können die Computer der unmittelbaren Umgebung so einfach als Gateway genutzt werden, um eine Verbindung zu anderen Informationsquellen herzustellen. Besonders für Location Based Services (LBS), wenn sie den Zugriff auf lokal beschränkte Informationen und Dienstleistungen gewähren, ist eine direkte ortsabhängige drahtlose Vernetzung – unabhängig von der globalen Einbindung der beteiligten mobilen Endgeräte – eine ressourcensparende und komplexitätsvermindernde Alternative zu einer permanenten Konnektivität. Durch die Öffnung eines mobilen Endgerätes für diese spontane Vernetzung mit den Geräten der unmittelbaren räumlichen Umgebung ist es z.B. möglich, eine mobile Lösung systemisch auf mobile und stationäre bzw. andere mobile Komponenten zu verteilen, so dass die Lösung erst durch das Zusammenspiel der Komponenten und ihren situationsabhängigen Zusammenschluss zu einer Gesamtlösung wird.

### Datenschutz und -sicherheitsprobleme durch drahtlose Vernetzung

In dem Moment, in dem Computer miteinander vernetzt wurden, erhöhte sich das Problem von Datenschutz und Datensicherheit, da der Schutz des Gerätes und die physische Zugangskontrolle zum Gerät als Sicherheitsmechanismen nicht mehr ausreichten. Durch die Vernetzung mussten das physische Kabel und der elektronische Zugang gesichert werden. Durch die *drahtlose* Vernetzung und den *mobilen* Einsatz wird diese Problematik weiter verschärft. Daten auf einem mobilen Endgerät erfordern aus zwei Gründen einen besonderen Schutz. Zum einen wird dieses Gerät an den unterschiedlichsten Orten getragen und sind dadurch mehr als DesktopPCs oder VR-Einrichtungen einem physischen Zugriff ausgesetzt. Zum anderen eröffnet eine drahtlose Konnektivität sowohl im near- als auch im off-body-Bereich eine weitere Möglichkeit für einen ungewollten und unbemerkten Zugriff auf sensible Daten. Die mobilen Endgeräte sind physisch einem fremden Zugriff leichter zugänglich und die Luftschnittstellen können physisch nicht abgeschirmt werden. Es entsteht ein weiteres Spannungsfeld zwischen Sicherheitsaspekten und Aspekten der einfachen Benutzbarkeit, vor allem wenn der Einsatzort des mobilen Endgeräts häufig gewechselt wird.

Zusätzlich verschärfend kommt hinzu, dass eine mobile Lösung proaktiv und always-on sein soll, d.h. der Zugriff ist zur Laufzeit des Systems immer möglich, so wie bei drahtgebundenen Lösungen ein System immer angreifbar ist, wenn es eine permanente Verbindung zum Internet hat. Das Problem des drahtlosen Zugriffs auf schützenswerte Daten kann durch eine Verschlüsselung der Daten bei der Übertragung und die Verwendung einer verschlüsselten drahtlosen Verbindung erreicht werden. Bei der Realisierung von Maßnahmen zum Schutz der Daten ist allerdings zu bedenken, dass sich hohe Sicherheit und leichte Benutzbarkeit von Systemen häufig diametral gegenüber stehen. Die Forderung nach einer beiläufigen Benutzbarkeit erlaubt keine sich wiederholende explizite Interaktion während der Nutzung einer mobilen IKT-Lösung mit dem Ziel des Datenschutzes oder der Gewährleistung der Datensicherheit; das muss auf andere Weise ermöglicht werden.

Dieser generelle Designkonflikt kann in konkreten Einsatzsituationen mit geeigneten Mitteln gelöst werden. Im Projekt wearIT@work wurde z.b. eine RFID-basierte, auf unmittelbarer räumlicher Nähe beruhende Lösung entwickelt [Ken06] und mit BenutzerInnen getestet: Eine ÄrztIn wird zur Unterstützung bei der Visite im Krankenhaus mit einer mobilen Lösung ausgestattet, die u.a. einen RFID-Scanner in einem Armband beinhaltet. Der Zugriff auf die Krankenakte im Krankenzimmer ist nur möglich, wenn sich die ÄrztIn per Handgeste – z.B. mit dem Armband hin zu ihrem Namensschild, in dem ein RFID-Tag verborgen ist – identifiziert und anschließend per Handschlag die PatientIn – die ebenfalls am Handgelenk einen RFID-Tag trägt – auf die gleiche Art identifiziert. Die ÄrztIn kann nun die elektronische Krankenakte auf dem bettseitig vorhandenen Bildschirm einsehen und drahtlos per Gestensteuerung mit dem Computersystem interagieren.

**Abb. 40: Beispiel einer mobilen Lösung mit integrierten Mechanismen zur Identifikation und Authentifizierung (Foto: MRC)**

Die enge körperliche Nähe und das Tragen mobiler informations- und kommunikationstechnologischer Komponenten am Körper bietet allerdings auch eine Erhöhung des Schutzes von Daten und Geräten, vor allem, wenn die Geräte in die Kleidung integriert sind. Als Maßnahmen zur Erhöhung des Datenschutzes sind z.B. einfache mechanische oder komplexere sensorbasierte Mechanismen denkbar, die bei einem Entfernen der Rechner-komponente für eine Verschlüsselung oder einen anderen Sicherungsmechanismus sorgen. Auch die Erwartung der Gewährleistung der Datensicherheit für mobile IKT-Lösungen erfordert die gleichen Mechanismen, die bereits für das mobile Büro realisiert wurden. Der Umstand, dass mobile IKT-Lösungen unter besonders schweren Umgebungsbedingungen und in der Bewegung genutzt werden, erhöht allerdings die Gefahr des Verlustes von Daten durch Beschädigung des mobilen Engerätes. Eine Entscheidung für eine drahtlos vernetzte mobile

Lösung generiert so eine Anzahl von Designkonflikten, die nur in Abhängigkeit von der geplanten Einsatzsituation und den jeweils vorliegenden Umgebungsparametern gelöst werden können.

## 5.3 Ein- und Ausgabemedien

Die Miniaturisierung von Computern und ihre drahtlose Vernetzung sind die wesentlichen Voraussetzungen für mobile IKT-Lösungen. Als relevante Faktoren dazu gehören ebenfalls die Trageeigenschaften und die Energieversorgung der verwendeten mobilen Endgeräte. Die Gestaltung der Interaktion zwischen Mensch und mobilem Computer ist ein weiterer zentraler Faktor, der für den Erfolg mobiler Lösungen von essenzieller Bedeutung sein wird. Um eine beiläufige Interaktion zu realisieren, werden mobile Ein- und Ausgabemedien sowie eine mobile Sensorik eingesetzt, die als Mittel zur expliziten und impliziten Interaktion dienen. Hardware und Software hierfür werden als untrennbar und deshalb zusammen dargestellt. Im Folgenden werden Eingabe- und Ausgabetechnologien getrennt behandelt, obwohl auch sie nicht vollständig zu trennen sind. Das bekannteste Beispiel für diese Verwobenheit sind Touchscreens, die Bildschirm und Eingabegerät in einem sind.

### 5.3.1 Eingabetechnologien

Die Unterstützung mobiler Tätigkeiten unter Einsatz mobiler IKT-Lösungen erfordert Eingaben in das System, da es sich dabei nicht um vollautomatische Systeme handelt. Zum einen dienen diese Eingaben der *Steuerung und Benutzung* des Anwendungsprogramms und zum anderen der *Datenerfassung*. In der Automatisierungstechnik erfassen die eingesetzten Computersysteme die Mehrheit der erforderlichen Eingabedaten selbstständig. „Selbstständig" bedeutet hier: ohne explizites Eingreifen der BenutzerIn, z.B. mittels Sensoren. Die BedienerIn einer automatisierten Anlage löst im Prinzip durch das Umlegen eines Schalters oder die Eingabe eines Befehls bzw. durch eine Menüauswahl zumeist an einem robusten Schaltpult einen Prozess aus, der dann vom Computersystem autonom durchgeführt wird, z.B. die Regelung von Temperaturen oder von Produktionsabläufen. Das Computersystem greift dabei auf in den Ablauf integrierte Sensoren zu und steuert über Aktoren Abläufe. Der BedienerIn bleiben als „aktive" Aufgaben die Überwachung der Anlage (Computeranzeigen kontrollieren und/oder Maschinenbeobachtung) und das Eingreifen im Störfall. Bei Büroarbeiten ist die BenutzerIn eines Desktop-Computers fast ausschließlich mit der Eingabe von Texten und Zahlen oder auch dem Einscannen von Fotos befasst. Sie benutzt Tastatur, Maus und z.B. einen Flachbett-Scanner als Eingabemedien und den Computer als „Arbeitsplatz". Ob dieser Computer nun als Werkzeug oder als Medium zu betrachten ist, wird an anderer Stelle diskutiert (siehe z.B. [Coy04], [Coy92] und [Sch97]), hier ist nur relevant, dass die Eingaben von der BenutzerIn gemacht werden, indem sie aktiv handelt, d.h. an dieser Stelle, dass sie Programme benutzt und den Prozess vollständig[38] kontrolliert. Aktionen und die verschiedenen Phasen des Produktionsprozesses werden nur auf ihren willentlichen Befehl hin ausgeführt. Die BenutzerIn schenkt dabei nicht der Tastatur oder dem Scanner ihre vollständige Aufmerksamkeit, die werden beiläufig benutzt; doch ihre Benutzung ist der einzige Weg, die gesamte Aufgabe zu erledigen, so dass sie einen existenziellen Stellenwert im Arbeitsprozess haben.

Bei mobilen Tätigkeiten fallen evtl. ähnliche Eingabesituationen wie die genannten an, doch eröffnet die Tatsache der Mobilität der BenutzerIn die Möglichkeit, den aktuellen Kontext, in dem sich die BenutzerIn befindet, aus ihrer Bewegung, aus ihrem Verhalten oder aus den sich dynamisch verändernden Umgebungsparametern durch den Einsatz von geeigneten Sensoren zu ermitteln. Um diese Messwerte zu erfassen, ist keine besondere bewusste Handlung der BenutzerIn und auch keine Aufmerksamkeit für die Benutzung eines Computers erforderlich, sondern nur der Einsatz von Sensoren und einer „intelligenten" Software, die die Messwerte dieser in angemessener Weise interpretiert. Diese Beispiele verdeutlichen zweierlei:

- Es lassen sich *explizite* und *implizite* Eingaben unterscheiden: Eine explizite Eingabe erfolgt durch eine zielgerichtete Handlung der BenutzerIn mit dem Ziel der Interaktion zwischen Mensch und Computer und durch die Nutzung des Computers als „Primär- artefakt". Die implizite Eingabe besteht in der weitgehend automatischen sensorischen Erfassung und Auswertung von Messwerten durch das Computersystem, die durch das Verhalten der NutzerIn ausgelöst und vom Computer als Eingabe interpretiert werden (vgl. [SG00]).

- Die Palette möglicher Eingabegeräte reicht von Sensoren, die z.B. physikalische, elek- trische oder chemische Gegebenheiten oder Zustände messen, bzw. Kombinationen solcher Sensoren, über bekannte Geräte wie Tastatur, Maus, Mikrofon oder Scanner bis hin zu mobilen Geräten, wie sie im Folgenden beschrieben werden.

Darüber hinaus machen die beiden oben genannten Beispiele auch deutlich, dass der Anwen- dungsbereich – die zu unterstützende bzw. zu erfüllende Aufgabe –, die Art der anfallenden Daten sowie Umgebungsfaktoren die Art des zu verwendenden Eingabemediums maßgeblich bestimmen. Für mobile Lösungen zur Unterstützung mobiler Tätigkeiten stehen deshalb eine Vielzahl neuer, expliziter und impliziter Eingabemedien zur Verfügung, befinden sich in der Entwicklung oder müssen noch entwickelt werden. Sie werden im Folgenden vorgestellt. Unter dem Aspekt mobiler Tätigkeit, die in der realen Welt durchgeführt wird und die primäre Aufgabe der BenutzerIn ist, erfüllen diese mobilen Eingabegeräte eine oder mehrere der folgenden Bedingungen:

---

[38]    Soweit man bei einer Computernutzung oder auch bei der Benutzung eines technischen Systems wie einem Auto überhaupt von „vollständiger Kontrolle" sprechen kann.

Sie sind

- in der Bewegung benutzbar und
- am Körper tragbar.
- Zur Benutzung wird keine Unterlage oder Abstellfläche benötigt.
- Es ist keine Unterbrechung der primären Tätigkeit erforderlich.
- Eine handfreie Bedienung ist möglich.

Da es nicht für jeden zu unterstützenden mobilen Arbeitsprozess notwendig ist, allen genannten Bedingungen zu genügen, werden im Folgenden auch Eingabegeräte berücksichtigt, die den letzten Punkt nicht gänzlich erfüllen. AnwenderInnen, BenutzerInnen und EntwicklerInnen müssen im konkreten Einzelfall entscheiden, welche Technologie für die speziellen Bedingungen des Anwendungsbereichs und für die gewünschten Softwareeigenschaften die bestgeeignetste ist. Dabei ist das zu wählende Eingabemedium immer auch im Zusammenspiel mit dem verwendeten Ausgabemedium zu bewerten, da Ein- une Ausgabemodalitäten sich gegenseitig beeinflussen.

Als Eingaben können eine Vielzahl verschiedener Datenarten und Aktionen, auch in Kombination, anfallen, z.B.:

- Text
- Bilder (diskret oder kontinuierlich)
- Ton
- Messwerte (diskret oder kontinuierlich)

Dies sind die generellen Formate, die als Eingaben erwartet werden, wobei „Messwerte" im Prinzip alles beinhalten können, was technisch erfassbar ist, also auch die anderen genannten Formate. In dieser Arbeit wird unter diesem Begriff jedoch nur all das verstanden, was man sensorisch erfassen und für die Ermittlung des Kontextes benutzen kann. Als weitere, systemnähere Eingaben sind folgende Parameter relevant:

- Menü- oder Checklistenauswahl
- Navigation in Karten oder Zeichnungen
- Schalten (Ein/Aus, auslösen)
- Blättern in Dokumenten
- Ggf. auch eine Navigation durch Web-Seiten oder Windows Explorer

Für die vorliegende Untersuchung wurden nur Eingabemedien berücksichtigt, die entwickelt wurden, um mobil eingesetzt zu werden, oder die sich für einen mobilen Einsatz eignen bzw. von denen eine mobile Version wünschenswert wäre und die für die explizite Eingabe verwendbar sind. Da der Markt mobiler Lösungen erst im Entstehen begriffen ist, erweitert sich die Palette der angebotenen Geräte ständig. Es liegen für diese Art von neuen, alternativen Eingabemedien kaum Testergebnisse zu ihrer Qualität oder Tauglichkeit vor, auch ein Vergleich, wie er z.b. von der Zeitschrift c't immer wieder für Desktop-Peripherie oder PDAs und Mobiltelefone durchgeführt und veröffentlicht wird, steht noch aus. Im Folgenden wird die Eignung deshalb auf der Basis eigener Empirie beschrieben.

Wie bereits angedeutet, haben der Anwendungsbereich und die zu unterstützende Aufgabe maßgeblichen Einfluss auf das zu wählende Eingabemedium. Das gilt im besonderen Maße für den Einsatz von Sensoren, also Eingabegeräte, die Komponenten technischer Wahrnehmungssysteme sind und vorrangig der impliziten Eingabe dienen. Es gibt einen großen Markt an Sensoren; sie reichen von Mini-Kameras über Thermometer bis hin zu Körperfunktionssensoren und werden seit Jahren z.b. intensiv in der Automatisierungstechnik oder in der Gerätemedizin genutzt. Andererseits gibt es eine Vielzahl einzelner Messgeräte, die bereits elektronisch, z.T. auch digital, funktionieren und ebenfalls mobil eingesetzt werden, aber (noch) nicht an ein Computersystem anschließbar sind. Viele dieser Komponenten ließen sich in eine mobile Lösung integrieren, doch welche Sensoren sich in welchem Anwendungsfall als sinnvoll und tauglich erweisen, kann nur im konkreten Einzelfall entschieden werden. Ich beschränke mich deshalb bei meiner Untersuchung auf explizite Eingabemedien und solche, die universell eingesetzt werden können.

Im Gegensatz zu herkömmlichen Anwendungssystemen muss bei mobilen IKT-Lösungen immer berücksichtigt werden, dass die BenutzerIn vor, während und nach der Bedienung des Informations- und Kommunikationssystems mit ihrer physischen Umgebung interagiert, und dass ihre primäre Aufgabe in der realen Welt verortet ist. Eingabetechnologien müssen daher so gestaltet sein, dass die „eigentliche" Interaktion mit der realen Umgebung möglichst wenig durch die nachrangige Interaktion mit dem mobilen Computersystem behindert wird. Hierbei hängt es jedoch von den spezifischen Eigenschaften der Interaktion mit der Umgebung ab, inwieweit die parallele Bedienung eines Eingabegerätes als hinderlich empfunden wird. Für das bei Computersystemen für mobile Lösungen zu erwartende große Spektrum an Bediensituationen muss daher ein reichhaltiges Repertoire an Eingabegeräten vorhanden sein. Kommerziell oder prototypisch vorhanden sind folgende periphere Eingabegeräte:

- Spracheingabe
- verschiedene Arten mobiler Tastaturen
- drahtlose Zeigemedien und Navigationskomponenten
- auf konkrete Aufgaben hin optimierte Eingabegeräte

Besonderes Augenmerk gilt bei der Untersuchung dieser Technologien der Funktionalität der Eingabegeräte, ihren Trage- und Benutzungseigenschaften sowie insbesondere der Einbindung der Hände in die notwendige Handhabung. Hier reicht die Bandbreite bei den betrachteten Technologien und Geräten von einer völlig freihändigen Bedienung über die Befestigung am Arm oder an der Hand und die Benutzung mit einer Hand bis hin zur zeitweiligen Inanspruchnahme beider Hände.

**Spracheingabe**

Die Interaktionsform, an die man als erstes denkt, wenn es um die freihändige Benutzung von Computersystemen geht, ist gesprochene Sprache. Schon seit den Anfängen der Computertechnologie besteht der Wunsch, Computer so zu gestalten, dass die Interaktion mit ihnen natürlich"[39] erfolgen kann. Seit den 80er Jahren gibt es Forschungs- und Entwicklungsansätze zur Spracherkennung und einige Jahre später auch zum Sprachverstehen. Auf dem kommerziellen Markt sind mittlerweile Spracherkennungssysteme verfügbar, die nach einem Sprachtraining und für klar umrissene Einsatzbereiche (z.B. Psychologie, Medizin) Erkennungsraten von bis zu 98% liefern [Kla04]. Spracherkennungssysteme erlauben vom Prinzip her eine vollständig freihändige Interaktion mit dem Computer. Sie reichen von einfachen Worterkennern, wie man sie z.B. von Telefondialogsystemen kennt, über sprecherabhängige Diktiersysteme mit einem einem umfangreichen Wortschatz zwischen 50.000 bis 280.000 Wörtern bis hin zu Prototypen zur sprecherunabhängigen Erkennung von Spontansprache[40]. Als Leistungsachse zur Bewertung von Spracherkennern bietet Susen ([Sus99], S.124f) hierfür die folgenden fünf Kriterien an:

- *Sprecherart*: sprecherabhängig oder -unabhängig

- *Sprachart*: diskret (mit deutlichen Pausen) oder kontinuierlich ausgesprochen

- *Wortschatzumfang*: aktives Vokabular

- *Grammatische Komplexität*: Einzelworterkennung (ohne Grammatik) oder Sprachverstehen (mit Grammatik)

- *Eingabemedium*: Qualität des Mikrofons

Für den mobilen Einsatz – und nicht nur für diesen – kommen sicher noch weitere Merkmale hinzu, denn gesprochene Sprache als Eingabemedium hat auch Nachteile. Diese sind zum einen technologischer Natur, verbinden sich aber in erster Linie mit konzeptionellen Fragen:

- Empfindlichkeit bzgl. Umgebungsgeräuschen und -bedingungen

- fehlende Genauigkeit bei der Erkennung

- Probleme bei der Erkennung, welche Lautäußerungen der NutzerIn an das Computersystem gerichtet sind und welche z.B. anwesenden Personen gelten

- Formen des Promptings (z.B. die Aufforderung, eine Eingabe zu tätigen bzw. auch eine durchgeführte Eingabe zu wiederholen)

Wearable-Computer-Hersteller sind sich dennoch der Potenziale von Spracherkennungssystemen für ihre Technologie bewusst, so stattet beispielsweise Xybernaut seine Mobile

---

[39] Dieser schon von Anbeginn der Entwicklung der Computertechnologie an gehegte Wunsch zeigt sich z.B. im Begriff des „Dialogsystems", das allerdings nur eingetippte Befehle akzeptierte, oder auch im Turing-Test, der als Dialog mit einem Computer gedacht war.

[40] Einen kurzen geschichtlichen Überblick der prototypischen Systeme sowie Beispiele für die Leistungsfähigkeit kommerzieller Spracherkenner nennt ([Ste05], S.12-16), kommerziell verfügbare Systeme werden in [Sus99] beschrieben.

Assistants auf Wunsch mit dem Programm ViaVoice von IBM [Via06] aus. Andere Diktier- und Spracherkennungssysteme, die auf Wearable Computern mit hoher Rechnerleistung eingesetzt werden können, sind SpeechMagic von Philips [Spe06], Dragon NaturallySpeaking von Nuance[41] oder SpeaKING von MediaInterface [Dra06], um nur die bekanntesten Firmen zu nennen. Der Ressourcen- und Speicherbedarf, den derartige Programme haben, wenn sie brauchbare Ergebnisse liefern sollen, ist nicht zu unterschätzen. So benötigt ViaVoice mind. 192 MB RAM und 500 MB freien Festplattenspeichern, Dragon NaturalSpeaking erfordert 512 MB RAM und 1 GB freien Speicher. Aus diesem Grund wurden im Rahmen von Forschungsprojekten zur Entwicklung von Wearable Computer-Hardware in einigen Fällen auch Hardware-Komponenten zur Beschleunigung der Spracherkennung entwickelt[42].

Zur Realisierung von Spracheingabe ist neben der Spracherkennungssoftware ein Mikrofon erforderlich. Tragbare Mikrofone gibt es in großer Zahl auf dem Markt, häufig werden sie schon beim Erwerb der Software mitgeliefert. Sie sind dann in der Regel in ein Headset integriert, das neben dem Mikrofon auch einen Lautsprecher bzw. ein Ohrhörer beinhaltet. Die dänische Firma nextlink.to [Nex06] beispielsweise verkauft seit 2001 unter dem Namen BlueSpoon™ das damals weltweit kleinste Bluetooth-Headset der Welt. BlueSpoon zeichnet sich durch seine besonderen Trageeigenschaften aus, es wurde mit einem winzigen Bügel im Ohr gehalten (siehe Abb. 36). Es wiegt 9,5g, ist 3,5 x 2,2 x 1,4 cm groß und hat eine Betriebs- zeit von 7-8 Stunden. Nextlink.to verkauft unter dem Namen INVISIO™ ein drahtgebundenes Headset für den professionellen Gebrauch, das eine Mikrofon-Lautsprecher-Kombination ist, die ebenfalls im Ohr zu tragen wird, in die jedoch das Mikrofon integriert ist, so dass das gesprochene Wort innen am „Sprechknochen" abtastet wird und von den Umgebungsgeräu- schen unabhängig gesprochene Sprache erfassen kann. Seit 2006 gibt es dieses Gerät unter dem Produktnamen INVISIO Q7 auch als drahtlose Bluetooth-Version: Gewicht 11g, mit 3 Tasten und einer Sprechzeit von ca. 5 Stunden [Nex06]. Inwieweit herkömmliche Spracher- kennungssoftware mit dieser Art von Mikrofon zusammenarbeiten kann, konnte nicht in Er- fahrung gebracht werden.

---

[41]  Lernout&Housepie hat 2000 Dragon aufgekauft und vertreibt seitdem Naturally Speaking. Seit November 2001 gibt es Lernout&Housepie ebenfalls nicht mehr, der Teil der Firma, der Sprach- verarbeitungsprodukte verkauft, wurde von der Firma ScanSoft, Inc. übernommen, die ihrerseits 2006 mit Nuance fusioniert hat.

[42]  z.B. der Navigator2 der Carnegie Mellon University, siehe ([Bas01], S.678f)

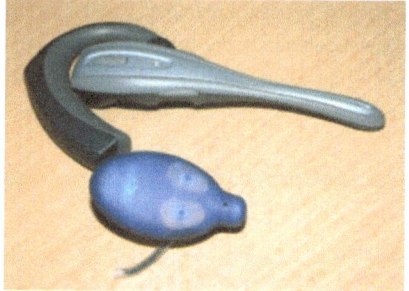

Abb. 41: BlueSpoon-Headset von Nextlink.de [Erl02]

Häufig lässt die Qualität der verfügbaren Massenware bei Headsets sehr zu wünschen übrig. Sie sind zwar für das Telefonieren geeignet, nicht aber als Eingabestrom für eine Spracherkennung, die gesprochene Sprache automatisch und mit einer möglichst hohen Erkennungsrate erfassen soll. Darüber hinaus besteht bei einer drahtlosen Übertragung vor allem in sensiblen Anwendungsbereichen wie der medizinischen Dokumentation häufig das Problem der fehlenden Verschlüsselung bei der Übertragung, so dass sich Probleme des Datenschutzes abzeichnen. Hier wurde in jüngster Zeit durch einen Anwender, einen Arzt aus Flensburg, Abhilfe geschaffen, der sich mit sicheren drahtlosen Funkstrecken und geeigneten Headsets befasst hat und diese jetzt als Mehrplatzsysteme vertreibt [Run06].

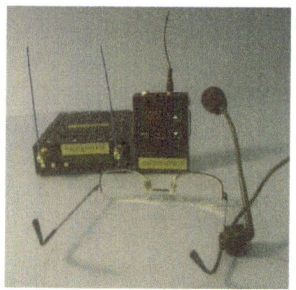
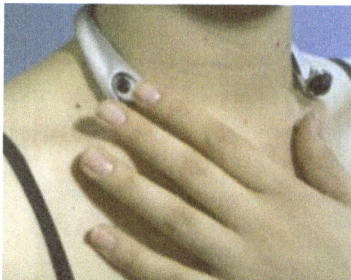

Abb. 42: links: drahtloses Funksystem von Rundtfeldt [Run06], rechts: Designstudie der CMU ([Geu06]

Eine andere Problemstellung in diesem Zusammenhang ist die geeignete Platzierung des Mikrofons in Mundnähe. Damit stellt sich die Frage der Tragbarkeit erneut, diesmal unter der Perspektive des Tragens und des Benutzens der Interaktionsgeräte. Neben der Platzierung und Anbringung spielt auch die Akzeptanz der Eingabetechnologie eine zentrale Rolle. Bei der Entwicklung von mobilen Lösungen mit Wearable Computern kann das Mikrofon u.U. in das HMD integriert werden; Die Designstudien der CMU [CMU06] lassen erahnen, dass die Integration von entsprechender Elektronik in Schmuckstücke oder andere Accessoires sowohl durch das Mikrofon als auch andere Ein- und Ausgabe-Geräte formschön und funktional am

Körper der BenutzerIn untergebracht werden können. INVISIO von Nextlink.to scheint auf den ersten Blick die erstrebenswerteste Headset-Lösung zu sein, da die Komponenten klein sind, im Ohr verschwinden, mit relativ leiser Stimme benutzt werden können und Umgebungsgeräusch-unabhängig sind. Doch besteht auf der anderen Seite natürlich das Problem, dass die Wahrnehmung der Umgebungsgeräusche durch das Tragen im Ohr für die BenutzerIn ebenfalls eingeschränkt ist. In manchen Anwendungssituationen könnte diese Einschränkung wiederum inakzeptabel sein.

Außer dem sichtbaren Mikrofon und der Übertragung des Datenstroms wird Spracheingabe vor allem durch die Qualität der Signalverarbeitung bestimmt, d.h. durch die eingesetzte Software. *Spracherkennung* – im engeren Sinne die Aufnahme und Erkennung gesprochener Wörter – und auch *Sprachverstehen* – die Erfassung der Bedeutung des gesprochenen Ausdrucks – sind die relevanten Eingabetechnologien für mobile Lösungen. Von der Grundlagenforschung sind diese Fragestellungen u.a. in zwei sehr umfangreichen mehrjährigen Forschungs- und Entwicklungsprojekten in Deutschland untersucht worden, die die Grenzen des technischen Sprachverstehens neu definiert haben:

- Das LILOG-Projekt zum Thema „Textverstehen" wurde in der Zusammenarbeit von IBM Deutschland mit den Universitäten Hamburg, Osnabrück, Saarbrücken, Stuttgart und Trier von 1986 bis 1991 durchgeführt [Her91].

- *Verbmobil* war ein langfristig angelegtes Leitvorhaben (1993-2000) des Bundesministeriums für Bildung und Forschung (BMBF), zum Thema „Erkennung gesprochener Sprache". Das entstandene Verbmobil-System erkennt gesprochene Spontansprache, analysiert die Eingabe, übersetzt sie in eine Fremdsprache, erzeugt einen Satz und spricht ihn aus. (Ver00], [Wah00])

Eine umfassende Einführung zum Stand der Technik im Bereich der Forschung ist z.B. zu finden in [Kla04]. Bereits Ben Shneiderman [Shn92] und James H. Bradford [Bra95] haben darauf hingewiesen, dass Einsatzbereich und -situation, zu unterstützende Aufgabe und vor allem die Anforderungen der Mobilität (hands-free, eye-free) die Benutzung von Spache als Eingabemedium nahelegen, und dass Spracheingabe von den BenutzerInnen nur bevorzugt wird, wenn andere, herkömmliche Eingabemedien nicht einsetzbar sind ([Bra95], S.63). Shneiderman weist jedoch darauf hin, dass Sprechen auch Aufmerksamkeit erfordert „In short, humans speak and walk easily but find it more difficult to speak and think at the same time" ([Shn00], S.64), so dass der Einsatz von Sprachtechnologie als Eingabemedium gegenüber dem Nutzungskontext genau abgewogen werden muss. Für die verschiedenen Einsatzbereiche und Bedarfe sind anwendungsspezifisch differenzierte Spracherkennungssysteme realisiert worden, die jeweils spezielle Eigenschaften.

„Command and Control" als feste Befehlssprache mit sehr eingeschränktem Vokabular, an die sich die BenutzerIn anpassen muss, indem sie die Semantik der Sprache erlernt. „Command and Control" funktioniert bereits sprecherunabhängig und in sehr guter und robuster Qualität, insbesondere auch bei einem stark eingeschränkten Kommandowortschatz und das auch bei BenutzerInnen mit starkem Dialekt.

Diktiersysteme ermöglichen das Diktieren von Texten in stark eingeschränkten Domänen (Medizin, Psychologie, oder auch in technischen Fachgebieten). Die gesprochene Sprace wird automatisch erkannt und in geschriebenen Text umgesetzt. Die BenutzerIn braucht eine relativ zeitintensiven Einarbeitungs- und Trainingsphase, kann dann aber zufriedenstellende Ergebnisse erreichen . Eine Erkennung ist allerdings nach wie vor problematisch, wenn der gesprochene Text außerhalb der Domäne der Erkennungssoftware liegt und wenn sich die Umgebungsgeräusche gravierend verändern. Insbesondere das Korrigieren ist bisher sehr wenig komfortable und für eine beiläufige Nutzung während einer mobilen Tätigkeit unzumutbar. Eine nachträgliche Korrektur würde einen zusätzlichen Aufwand erfordern, darüber hinaus besteht die Gefahr, dass der erkannte Text Fehler aufweist, die nachträglich nicht mehr bemerkt werden können, da der Situationskontext nicht mehr gegeben ist. Erwartet werden muss, dass das Erkennungssystem bei fehlendem Feedback völlig fehlerfrei funktioniert.

Dialogsysteme mit umfangreichem Vokabular erlauben zwar eine weitgehend natürlichsprachliche Eingabe, doch erfordern sie die Möglichkeit, der BenutzerIn angemessenes Feedback zu geben, vor allem wenn es sich um einen komplexen Dialog handelt. Hierfür sind dann geeignete Ausgabegeräte erforderlich (akustisch oder visuell). Die komplexeste und technisch aufwändigste Form der Spracherkennung sind Dolmetschersysteme, die automatisch die gesprochene Sprache des Dialogs zwischen zwei Menschen in Echtzeit in die Sprache der DialogpartnerIn übersetzen.

Da der Bedarf an Rechnerkapazitäten bzgl. Rechenleistung und Speicherplatz für Sprachverarbeitungssysteme nach wie vor groß ist, vor allem wenn es um Diktiersysteme oder um das Verstehen von Spontansprache geht, ist die Integration einer Spracheingabe, die über die Erkennung einzelner Schlüsselwörter hinaus geht, in ein kleines, mobiles Endgerät ist im Moment noch nicht zufriedenstellend gelöst[43]. Vor allem dann nicht, wenn auch noch andere Programme auf dieser Hardware in Echtzeit laufen sollen. Realisierbar ist jedoch eine drahtlose Lösung, die das mobile Endgerät mit einem entsprechend leistungsfähigen Server verbindet, der die Erkennung in Echtzeit durchführt. Voraussetzung hierfür ist eine kontinuierliche bzw. stabil verfügbare und schnell aufgebaute drahtlose Konnektivität. Die Abwägung zwischen der Wahl einer leistungsstarken Rechnereinheit am Körper oder einer zuverlässigen drahtlosen Konnektivität generiert einen Designkonflikt bei den EntwicklerInnen.

Die fehlende Akzeptanz von Spracheingabe war lange Zeit ein Ausschlusskriterium für den Einsatz dieser Technologie. Neben der fehlenden Genauigkeit wurden vor allem soziale Argumente gegen sie genannt: Reden ohne Gegenüber wirkt befremdlich, Headsets zerstören die

---

[43]     Die Multiplattform Edition von ViaVoice für PDAs benötigt 242-330 KB DRAM und 1,4-2 MB ROM auf einem Flash-Speicher [Via06]. Die Arbeitsstation für das Diktat erfordert bei SpeechMagic einen Intel Pentium II mit 128 MB RAM und 200 MB Festplattenspeicher [Spc06]. Microsofts Voice Command 1.5 benötigt 7 MB RAM [Voi06a]

Frisur usw. Doch wandelten sich diese Kriterien im Laufe der Zeit. Durch die Ausweitung der Telefonie und vor allem durch die Verbreitung der Mobiltelefonie hat sich das erste Argument überholt und das zweite wird durch die immer kleiner werdenden Headsets ausgehebelt. Heutzutage wirken fast nur noch die häufig noch schlechte technische Qualität und die durch jahrelang nicht eingelöste Versprechungen entstandenen Vorurteile. Hier ist Überzeugungsarbeit in Form von einwandfrei funktionierenden Beispielanwendungen zu leisten. Als Einschränkungen bestehen bleiben nach wie vor die erforderliche Anpassung des Sprechverhaltens der BenutzerIn an die Erfordernisse der Spracherkennung, d.h. die deutliche Artikulation, das langsamere Sprechen, die notwendigen Pausen zwischen den einzelnen Wörtern und die Markierung der Eingabegrenzen. Diese Anpassung wird von den BenutzerInnen gern geleistet, wenn der durch den Einsatz dieser Technologie erlangte Vorteil eindeutig genug ist. ÄrztInnen beispielsweise sind gern bereit, Spracheingabe für Diagnosen, Befunde und Dokumentation zu benutzen. Sie haben bereits in der Vergangenheit mit Diktier-geräten gearbeitet, die von Schreibkräften transkribiert und von der ÄrztIn anschließend überarbeitet worden sind. Von einem Sprachtechnologieeinsatz erwarten sie allerdings mehr Vorteile als nur den Ersatz der Diktiergeräte. Bisher scheitert die Einlösung des gewünschten Mehrwerts in diesem Anwendungsbereich vor allem noch an fehlenden Integrationsmög-lichkeiten in vorhandene (Praxis- oder KIS)-Softwaresysteme. In anderen Bereichen kann Spracheingabe nur bedingt eingesetzt werden, weil die auszusprechenden Inhalte dem Umfeld im wahrsten Sinne des Wortes nicht zu Ohren kommen dürfen. Zu denken ist hier z.B. an FlugbegleiterInnen, die keine beunruhigenden Formulierungen vor den Fluggästen verwenden dürfen. Ähnliches gilt für Sicherheitskräfte oder auch für militärisches Personal.

Bei Spracherkennern ist den technischen und linguistischen Aspekten bereits sehr viel Auf-merksamkeit gewidmet worden, die Gestaltung der Mensch-Computer-Interaktion dieses Ein-gabemediums und ihre explizite Evaluation wurde bisher allerdings weitgehend vernach-lässigt, so enthält die Einführung in die Computerlinguistik von Klabunde et al. [Kla04] zwar ein Kapitel zur Evaluation, darin wird aber nicht die Ergonomie der Benutzungsschnittstelle evaluiert, sondern die Qualität des Softwaresystems im Rahmen der ISO Norm 9126 (Funk-tionalität, Zuverlässigkeit, Handhabung, Effizienz, Wartbarkeit und Protabilität), um Systeme miteinander zu vergleichen bzw. den Leistungsstand festzustellen (siehe [Jet04], S.578).

Wenn man über Spracheingabe nachdenkt, die nicht nur der schriftlichen Dokumentation gilt, dann ist die Ausgabe von gesprochener Sprache ein weiteres nahe liegendes Thema, insbeson-dere dann, wenn eine mobile Lösung für eine kooperative Arbeitssituation eingesetzt werden soll, in der Kommunikation mit anderen Teammitgliedern erforderlich ist, die immer auch über akustische Signale erfolgt, so dass neben einem Mikrofon auch ein Kopfhörer zur Ausstattung der BenutzerIn gehören. Auf Ausgabetechnologien wird im nächsten Abschnitt eingegangen.

Stand der Technik ist, dass das Erkennen von Spontansprache z.B. zur Erfassung von Texten nicht befriedigend gelöst ist. Das muss nicht zu einer generellen Ablehnung von Sprachtechnologie führen. Allerdings ist vor jedem Einsatz in einem speziellen Anwendungsbereich eine genaue Analyse der konkreten Gegebenheiten während der mobilen Tätigkeit und des umgebenden Umfelds erforderlich. Umfangreiche Eingaben von freiem Text bleiben weiterhin die Domäne von Tastaturen.

## Mobile, tragbare Tastaturen

Tastaturen sind universelle, weit verbreitete und bekannte Eingabegeräte. Sie ermöglichen die Eingabe beliebiger Informationen in Textform sowie die Eingabe von Befehlen oder eine Menu-Auswahl. Herkömmliche Tastaturen sind jedoch für den mobilen Einsatz aufgrund ihrer physischen Eigenschaften und des Erfordernisses einer Ablage ungeeignet, auch faltbare Tastaturen, die mittlerweile z.B. für PDAs als Zubehör zur Verfügung stehen, sind in der Regel für mobile Tätigkeiten nicht geeignet. Entwicklungen gehen deshalb dahin, Tastaturen so zu gestalten, dass sie in und mit einer Hand bedient werden können oder am Körper getragen bzw. am Arm befestigt und möglichst nur mit einer Hand bedient werden müssen.

Als *Handheld-Tastaturen* kann man die Tastenfelder von Smartphones (mit oder ohne T9-Worterkennung) und von PDAs mit Tastaturen bezeichnen. Die Vielfalt der Anordnung, der Größe und der Ausprägung dieser Tastaturen ist groß. Kleine Mobiltelefone können z.B. mit einer Hand bedient werden, der Daumen wird dann zur Buchstabenauswahl benutzt. Beobachtet man die BenutzerInnen, so tippen sie immer mit Blick auf das Display, d.h. die Aufmerksamkeit ist vollständig auf das Gerät bezogen, da z.B. bei der T9-Worterkennung immer geprüft werden muss, ob am Ende das gewünschte Wort erreicht wurde. Wie schnell und sicher jemand mit einer Mobiltelefon-Tastatur Ziffern, Zahlen, Zeichen, Wörter und Texte schreiben kann und wie schnell diese Eingabe im Vergleich mit anderen Medien ist, ist noch nicht vollständig untersucht worden[44]. Da diese Art von Tastaturen mittlerweile für viele Menschen schon zur Gewohnheit geworden ist (siehe als Maßstab das SMS-Aufkommen in Abb.42) und sie sie z.T. sehr virtuos benutzen können, ist es eine Überlegung wert, ein Mobiltelefon mit Tastenfeld als Eingabegerät für ein leistungsfähiges Computersystem zu benutzen, wenn kurze Text-, Zeichen- oder Ziffereingaben erforderlich sind. Angebunden werden kann diese externe Tastatur an den Rechner durch eine drahtlose Verbindung, z.B. per Bluetooth. In die andere Richtung kann dann die GSM- oder UMTS-Konnektivität des Mobiltelefons dafür genutzt werden, situationsabhängig eine drahtlose Vernetzung zu einer entfernten Datenquelle aufzubauen.

---

[44]  T. Starner hat Vergleichsuntersuchungen mit Mobiltelefontastaturen und Einhandtastaturen durchgeführt, siehe [Lyo01], [Lyo04]

**SMS und MMS in deutschen Mobilfunknetzen[a]**
– Gesamte eingehende SMS/MMS pro Jahr in Mrd.–

| | | | | | | | 23,6 | MMS |
| | | | | | | 22,2 | | 116 Mio. |
| | | | | | 20,3 | | | 23 Mio. |
| | | | | 16,8 | | | | |
| | | | 11,8 | | | | | |
| | | 3,7 | | | | | | |
| 0,1 | 0,4 | 1,0 | | | | | | |
| 1996 | 1997 | 1998 | 1999 | 2000 | 2001 | 2002 | 2003 | 2004 |

**Abb. 43: Steigende Erfahrung mit dem Eingeben von SMS mit einer Mobiltelefontastatur. (Analyse von DIALOG CONSULT, Stand März 2005 [VAT05, S.42])**

Mobile Endgeräte, die eine vollständige, d.h. ein so genannte QWERTY-Tastatur haben, wie z.b. der Communicator von Nokia oder der Clié von Sony, können in einer Hand gehalten und mit der anderen bedient werden. Leichter zu handhaben ist diese Tastatur, wenn man eine feste Unterlage verwendet, wie bei einer DesktopPC- bzw. Notebook-Tastatur, vor allem dann, wenn man es gewohnt ist, diese Art von Tastatur mit beiden Händen zu bedienen. Probleme bereiten manchmal die eng beieinander liegenden Tasten, die Ursache für Fehleingaben sein können. Eine Benutzung mit Arbeitshandschuhen ist so gut wie unmöglich. Das gilt auch für die oben beschriebenen Mobiltelefon-Tastaturen.

Neben diesen in die Computer integrierten Tastaturen gibt es auch externe mobile Tastaturen, die mittels einer Standard-Schnittstelle – bisher meistens drahtgebunden – an den Rechner angeschlossen werden. Eine Gruppe sind *Wearable Keyboards* (auch *arm mounted micro keyboards* genannt), sie werden am Unterarm befestigt. Aufgrund ihrer physischen Abmessungen besitzen sie im Vergleich zu einer Standard-PC-Tastatur nur eine eingeschränkte Anzahl von Tasten zur direkten Zeicheneingabe, doch handelt es sich häufig bzgl. der Anordnung der Buchstaben immer noch um eine QWERTY-Tastatur. Weitere Zeichen sind z.T. über Umschalt- und Mehrfachtastenbelegungen erreichbar, so dass es sich um eine vollwertige Tastatur handelt. Eine solche Tastatur ist dazu gedacht, längere Texte einzugeben. Sie ist in Analogie zu einer herkömmlichen Tastatur entwickelt worden, man kann in der Tat von der „PC-Tastatur am Unterarm" sprechen. Die Benutzung ist nicht sehr komfortabel: im Prinzip werden beide Arme benötigt, an einem Arm ist die Tastatur befestigt, die Hand des anderen Arms wird zum Tippen benötigt. Falls die BenutzerIn den Umgang mit einer herkömmlichen PC-Tastatur gewohnt ist, muss sie ihre Gewohnheit ändern, da die Anordnung der Buchstaben nicht mehr ihren ursprünglichen Sinn der Unterstützung des 10-Finger-Eingabestils erfüllt. Von freihändiger Benutzung kann also nicht die Rede sein und – wie bei allen miniaturi-

109

sierten Tastaturen – ist eine Benutzung z.b. mit Arbeitshandschuhen so gut wie unmöglich. Der einzige Vorteil ist, dass keine Ablage benötigt wird. Zur Prüfung z.b. der Korrektheit der Eingabe ist in der Regel ein zusätzliches Display erforderlich.

**Abb. 44: Miniaturisierte Volltastaturen, Zubehör vom Xybernaut MA IV (Foto: MRC)**

Eine Miniaturisierung der Tastatur durch Reduzierung der Tastenanzahl kann auch zu anderen Spezialtastaturen führen, wie z.b. die des WSS 1000 der Firma Symbol Technologies Inc.. Dort ist ein Tastenfeld realisiert, dass durch Mehrfachbelegung auf Tasten verzichtet und den Abstand zwischen den Tasten vergrößert, um eine robustere Handhabung zu ermöglichen. Die Tasten sind nicht mehr mit leichten Berührungen zu bedienen, sondern müssen deutlich spürbar gedrückt werden. Aber auch hier ist eine Beteiligung beider Hände bzw. des einen Arms und der anderen Hand zwingend erforderlich und auch die Aufmerksamkeit der BenutzerIn ist vollständig gebunden, da die Eingabe auf dem eingebauten Display kontrolliert wird. Dieses liegt direkt im Blickfeld, wenn sie die Tasten bei der Benutzung im Blick hat.

**Abb. 45: Spezialtastatur des WSS1000 von Symbol Technologies Inc. (Foto: big Bremen)**

Abhängig davon, welche Art von Ausgabemedium für den konkreten Anwendungsbereich sinnvoll und erforderlich ist, kann u. U. auch auf eine physische Tastatur verzichtet werden, ohne auf eine Texteingabe verzichten zu müssen. In diesem Fall könnte ein Touchscreen oder Digitizer mit einer *virtuellen Tastatur* (virtual keyboard) eingesetzt werden, der dann softwaretechnisch zu einer vollwertigen Tastatur wird. Die Bedienung erfolgt per Stift oder mit den Fingern. Allerdings ist bei der Benutzung der Finger ein relativ großer Druck auf die Oberfläche erforderlich, so dass eine Bedienung mit mehreren Fingern, wie man es von PC-Tastaturen kennt, kaum möglich ist. Eine Eingabe mit Arbeitshandschuhen ist bei einem auf Fingerberührung ausgerichtetem Touchscreen nicht möglich, allerdings ist die Benutzung eines Stiftes auch mit den klobigsten Handschuhen bei einem entsprechen ausgerüsteten Touchscreen oder Digitizer unproblematisch. Durch die einhändige Eingabe auf einer glatten, physisch unmarkierbaren Oberfläche reduziert sich die Schnelligkeit, mit der Texte eingeben werden können, deutlich. Gleiches gilt für Stifteingabe. Die Eingabe von einzelnen Wörtern und Zahlen oder die Auswahl aus einem Menu hingegen stellt kein Problem. Allerdings muss die volle Aufmerksamkeit bei der Benutzung auf dem Display liegen, da durch die fehlenden Markierungen die Position der Buchstaben auf der Tastatur nicht blind gefunden werden können. Der Vorteil einer virtuellen Tastatur ist, dass die Rückmeldung genau dort erfolgt, wo die Aufmerksamkeit der BenutzerIn aktuell verortet ist. Ein Problem ist, dass der Bildschirm schlecht gegen Verschmutzung geschützt werden kann;bei Bildschirmen, die auf Stiftbedienung ausgelegt sind, ist die Reinigung einfacher. Virtuelle Tastaturen und Texteingabe mittels Stift sowie alternativ Handschrifterkennung per Stifteingabe kommen gerade im Mobile Computing häufig zum Einsatz, insbesondere bei der Verwendung von PDAs und TabletPCs. Virtuelle Tastaturen sollten möglichst nicht in Verbindung mit einem Head-Mounted-Display realisiert werden, da man dann zwei visuelle Displays benutzt.

Bei der Verwendung von Unterarmtastaturen – physisch oder virtuell – muss man von einem mittleren bis geringen Lernaufwand bei den BenutzerInnen ausgehen. Wird die Nutzung eines Touchscreens in Erwägung gezogen, sollte vorher abgeklärt werden, ob eine handschriftliche Eingabe nicht einen vergleichbaren Effekt hat. Handschrifterkennung erfordert evtl. weniger Lernaufwand als die Benutzung einer Tastatur. Das hängt jeweils von der Vorerfahrung der BenutzerIn ab.Es ist nicht klar, ob die Verwendung von Handschrift als Eingabe tatsächlich schneller und effektiver ist als die Benutzung einer virtuellen Tastatur. Bei einer Vergleich ist darauf zu achten, ob die erforderlichen Korrekturen bei einer handschriftlichen Eingabe die Vereinfachungen nicht wieder „aufbrauchen". Handschriftenerkennung, wie sie z.B. standardmäßig mit der TabletPC-Edition von Windows XP mitgeliefert wird, hat bei im Lexikon vorkommenden Wörtern eine hohe Erkennungsrate. Kürzel und nicht im Lexikon vorhandene Wörter führen zu einer mühseligen Korrektur. Die Zeichenerkennung bei einigen PDAs (z.B. Palm) ist zwar gewöhnungsbedürftig, doch nach einem entsprechenden Lernaufwand kann sie bei häufigem Einsatz fast wieder blind erfolgen, wie man das von der 10-Finger-Schreibtechnik an einer Scheibmaschinentastatur kennt. Die Benutzung erfordert allerdings den Einsatz beider Hände.

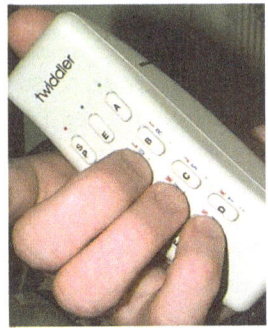

Abb. 46: Chording Keyboard Twiddler 2 [Twi06] von Handkey Corporation (Foto rechts: MRC)

Eine andere Klasse alternativer Tastaturen sind die so genannten *Chording Keyboards*, bei denen die Mehrfachbelegung von Tasten und damit die Reduzierung der Anzahl der Tasten bei gleichbleibendem Eingaberepertoire oberstes Ziel ist. Jeweils eine Kombination gleichzeitig gedrückter Tasten (ein „Akkord") entspricht der Eingabe eines Zeichens. Zur Bedienung und zum Tragen dieses Eingabegeräts wird in der Regel nur eine Hand benötigt, der andere Arm und die andere Hand bleiben völlig uneingeschränkt. Ein für Wearable-Computing-Lösungen häufig benutzter Vertreter dieser Tastaturkategorie ist der Twiddler der Firma Handykey Corporation [Twi06]. Er wird mit einem Klettband an einer Hand befestigt, kann aber auch mit einer entsprechenden Halterung am Unterarm getragen werden, wenn er gerade nicht benutzt wird. Der Tiddler kann gleichzeitig auch als Zeigegerät genutzt werden, falls diese Form der Eingabe ebenfalls benötigt wird, da er über einen Joystick für den Daumen verfügt.

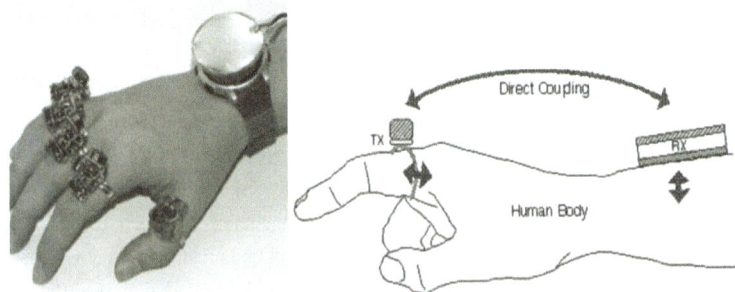

Abb. 47: Chording Keyboard FingeRing, Prototyp von NTT Human Interface Laboratories [Fuk97]

Mit Ausnahme der Mobiltelefontastaturen sind alle genannten mobilen Tastaturen bisher noch per Kabel an den benutzten Rechner anzuschließen. Es gibt mittlerweile kleine, leichte Bluetooth-Tastaturen z.B. von der Firma Frogpad Inc. [Fro06].

Abb. 48: Bluetooth iFrog der Firma Frogpad, links: Tastaturlayout, rechts: Vorschlag der Firma, die Tastatur in Eigenbau tragbar zu gestalten [Fro06a]

Eine effiziente Benutzung, d.h. eine Bedienung, ohne auf Ausgabegerät schauen zu müssen, muss und kann erlernt werden, so wie das blinde Benutzen einer konventionellen PC-Tastatur oder das „SMSsen" auf einem Mobiltelefon-Eingabefeld durch Übung gelernt wird. Eine virtuose Handhabung und eine häufige Nutzung sind Voraussetzungen für einen erfolgreichen Einsatz derartiger Einhandtastaturen. Laut einer Schätzung von Thad Starner sind von Chording Keyboards Ergebnisse zu erwarten, die evtl. sogar besser ausfallen als bei Standard-PC-Tastaturen, da die Körperhaltung während der Eingabe flexibler ist und das Eingabegerät ist nicht an eine bestimmte Unterlage und damit auch nicht an eine strenge Körperposition gebunden ist. Ergonomische Untersuchungen, vor allem für eine lange, dauerhafte Benutzung stehen noch aus. Ein Vergleich mit den Problemen, die beim excessiven „SMSen" auf Mobiltelefon-Tastaturen für den Daumen entstehen, wird wahrscheinlich auch zugunsten der Chording Keyboards ausfallen, da alle Finger der Hand beteiligt sind und ein gleichzeitiges Halten des Geräts nicht erforderlich ist. Als Hinweis für die Marktrelevanz von Chording Keyboards kann gewertet werden, dass sie mittlerweile als Alternative zu faltbaren Tastaturen auch für Smartphones und PDAs angeboten werden.

Chording Keyboards erfordern eine gewisse Einarbeitungszeit, wenn sie effizient eingesetzt werden sollen, gleiches gilt für die Multi-tap- und T9-Eingabe. Es gibt erste Vergleichsuntersuchungen darüber, wie schnell Texte mit verschiedenen mobilen Tastaturen eingegeben werden können und wie die Lernkurve bei den verschiedenen Methoden verläuft. Laut [Lyo04] nimmt die Benutzung des Twiddlers dabei eine Spitzenposition mit bis zu 67 Wörtern pro Minute ein; T9-Tastaturen lagen bei 20 Wörtern, keine andere Texteingabemethode war schneller als 21, mit dem Twiddler wurde ein Durchschnittswert von 26,2 erreicht. Mit genügend Übung können Chording Keyboards und Multitap- sowie z.T. auch T9-Tastaturen wie andere Werkzeuge blind eingesetzt werden, analog zur 10-Finger-Technik bei Standard-PC-Tastaturen. Doch auch beim blinden Schreiben ist hin und wieder ein Blick auf das Ergebnis erforderlich, d.h. ein Display wird benötigt. Im Rahmen einer mobilen Lösung wäre ein HMD hier eine gute Möglichkeit, da es nicht sinnvoll wäre, der BenutzerIn in die freigebliebene Hand ein Display zu geben, oder für jeden Kontrollblick zu erwarten, dass sie die gerade gewonnene freie Handstellung so verändert, dass sie z.b. das eingebaute Display – wie bei einem Mobiltelefon – vor Augen hat.

Fraglich ist, ob man eine Einhandtastatur benötigt und der BenutzerIn den erforderlichen Lernaufwand abverlangt, wenn man nur wenig und selten längere Texte einzugeben hat. Dann nämlich können zwei negative Effekte eintreten: Einerseits würden die Ringe, Schlaufen oder das Gerät selbst die Bewegungsfreiheit der Hände stören, andererseits kann man so ein Eingabegerät auch nur dann virtuos bedienen, wenn man es häufig tut, die Benutzung sozusagen „in Fleisch und Blut" übergegangen ist. Wenn man, wie das bei Laien häufig vorkommt, immer wieder hinschauen muss, mit welcher Tastenkombination welcher Buchstabe zu erreichen ist, wird die Benutzung zur Qual, dann wird es dafür keine Akzeptanz geben, die beiläufige Benutzung wird nicht erreicht. Auch Chording Keyboards können nicht mit Arbeitshandschuhen benutzt werden. Mit jeder Tastatur und mit jeder alternativen Tastatur ist es technisch möglich, eine Navigation oder eine Menüauswahl zu realisieren. Der Twiddler verfügt über einen besonderen Steuerungsknopf, der als Mauszeiger dient, viele Smartphones ebenfalls. Bei virtuellen Keyboards auf Touchscreens oder Digitizern dient der verwendete Stift oder der benutzte Finger als Mauszeiger.

**Datenhandschuhe zur Texteingabe**

Datenhandschuhe, wie sie z.B. in Virtual Reality Environments eingesetzt werden, wurden als Zeige- und Navigationsgerät konzipiert. Sie können aber auch als Tastaturersatz dienen, z.B. indem für jedes Zeichen und jede Ziffer eine Geste oder Pose der Hand festgelegt wird. Besonders gut vorstellbar ist hier, dass bestimmte Gesten und Posen für ganze Wörter oder Phrasen stehen. Das ist allerdings keine Alternative zur Tastatur, sondern eine andere Art der Eingabe von Text. Für Chording Keyboards wird bereits in diese Richtung gedacht und daran gearbeitet, Wörter oder häufig wiederkehrende Buchstabenkombinationen auf einen „Akkord" zu legen (siehe [Lyo04], [Wig04]), um so den Aufwand des „Eintippens" zu reduzieren. Es wurden bereits verschiedene Varianten von Tastaturen in Form eines Handschuhs oder Handgeräts entwickelt: An den Fingern und an der Handfläche des Handschuhs werden Tasten eingenäht, eine Kombination mehrerer Tastenberührungen erzeugt jeweils ein anderes Zeichen. Man kann diese Eingabehandschuhe so im Prinzip den Chording Keyboards zurechnen. Eine entsprechende Funktionalität hat z.B. Kitty ([Meh04], [Kit06]), dort wurde eine vollständige qwerty-Tastatur an den Fingern nachgebildet.

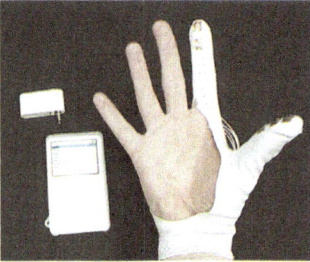

Abb. 49: Zwei Ausprägungen des Kitty-Eingabehandschuhs ([Meh04],[Kit06])

Als alternative kommerzielle Eingabegeräte stehen Datenhandschuhe aus dem VR-Bereich zur Verfügung. Sie sind jedoch teuer, sehr empfindlich und benötigen eine hohe Rechnerleistung zur Auswertung des gelieferten Datenstroms (siehe z.b. das Angebot der Firma Virtual Realites [Vir06]). Es gibt auch Ansätze, die die Hände per Kamera beobachten und die Bilddaten entsprechend auswerten. Für mobile IKT-Lösungen sind diese Ansätze nicht einsetzbar, da sie von einer externen Beobachtung ausgehen und dadurch nur stationär einsetzbar sind. An der Universität Beijing wurde mit ersten Erfolgen an einer helmbasierten Wearable-Computing-Variante gearbeitet [Liu04]. Für eine BenutzerIn ist die Eingabe von Text per Handgesten mit einem solchen System nicht ohne umfangreiche Einarbeitung möglich, denn jede Gestensprache muss erlernt und ständig geübt werden (siehe z.B. [Koh05]). Sie hat dann allerdings den Vorteil, dass zur expliziten Eingabe nur eine Hand erforderlich ist, und dass die Texteingabe durch eine geübte BenutzerIn sehr effizient sein kann. Untersuchungen bzgl. der Ergonomie dieser Art der Texteingabe sind nicht bekannt, auch nicht bzgl. ihrer Effizienz oder bzgl. eines Vergleichs mit Spracheingabe oder Tastatureingabetechniken. Das liegt u.a. daran, dass Gestenerkennung bei komplexen Aufgaben wie der Eingabe von Texten nicht die Genauigkeit liefert, die eindeutige Tasteneingaben oder Handschrifterkennung bzw. Spracheingabe leisten. Die erforderliche Rechenleistung bei Gestenerkennung ist vergleichbar zum Bedarf der Spracheingabe. Datenhandschuhe können vor allem als Zeigegeräte verwendet werden, da das Zeigen mit dem Finger eine beispielhaft beiläufige Art des Auswählens ist. Eingabegeräte, die die Bewegungen des Körpers als Eingabegesten nutzen und die Zielrichtung haben, die Hände für andere Aufgaben frei zu halten, legen den Gedanken nahe, die Eingabegeräte nicht als separate Geräte zu realisieren, sondern als Bestandteile der Kleidung oder des Bekleidungszubehörs zu konzipieren.

**In Kleidung und Accessoires integrierte Tastaturen und Eingabegeräte**

Kommerzielle Ansätze, Eingabetechnologie in Kleidung zu integrieren, beschränkten sich häufig auf die Integration von Bedienelementen für Unterhaltungselektronik oder Mobiltelefone in die Kleidung. Die Firma Reima verwendete dafür z.B. eingenähte Schlaufen [Rei01], das Klaus-Steilmann-Institut (KSI) entwarf den Prototyp eines waschbaren Telefontastenfelds

[Com03] und die in verschiednen Projekten von Infineon in einen Ärmel integrierte Tastatur ([Inf03] [Gue05]) entspricht den Bedienelementen eines Walkman oder CD-Players.

**Abb. 50: Prototypen von textilintegrierter Tastaturen. links: vom KSI [Com03], rechts: vom TITV [TIT04] (Foto rechts: MRC)**

Mit dieser Art von Eingabefeldern sind kaum Texteingaben möglich, doch einzelne Zeichen und Ziffern können eingegeben werden; Steuerungsbefehle und eine einfache Navigation sind möglich. Die Bedienung ist nicht freihändig, erlaubt aber z.T. die Benutzung von Handschuhen, d.h., die BenutzerIn ist auch nicht gezwungen, (Arbeits-)Handschuhe *auszuziehen* um ihren CD-Player oder ihr Mobiltelefon zu benutzen. Diese Funktionalität ist gerade für nordische Länder interessant, deshalb ist es nicht verwunderlich, dass diese Lösungen aus Skandinavien kommen [Rei01].

**Abb. 51: Beispiele für kommerzielle Textilintegration von Infineon [Jun02, S.40]**

Die wearablegroup der CMU hat sich intensiv mit der Platzierung von Computertechnologie-Komponenten am bewegten Körper befasst sowie mit den Auswirkungen von Form, Größe, Gewicht und der Auswirkung von Forderungen nach Erreichbarkeit, Möglichkeit der Interaktion, dauerhaften Gebrauch, thermische und ästhetischen Aspekten (siehe [Gem98], [Gem01];

[Bar01b]). Sie haben Design-Richtlinien vorgeschlagen und Formvorschläge gemacht, um eine Referenz für „Wearability" von Computertechnologie anzubieten. In der Fortführung ihrer Untersuchungen konnte die Gruppe einen Zusammenhang zwischen (angenommener) Funktionalität und Behaglichkeit feststellen und geschlechtsspezifischen Unterschiede bei der Platzierung [Bod03].

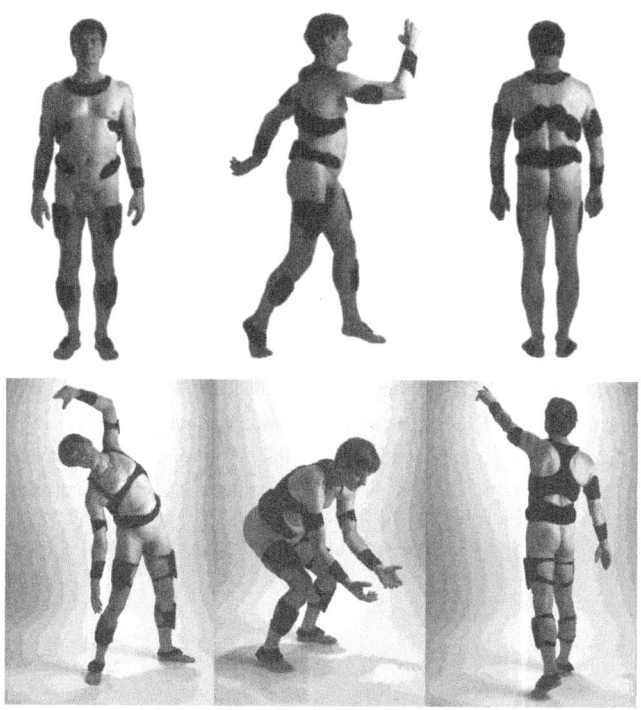

**Abb. 52: Platzierungsvorschläge der CMU für Wearable Computer und Interaktionsgeräte am Körper ([Bar01b], S.497-498)**

Verfügbare Wearable Computer und mobile Eingabegeräte erfüllen die von der CMU aufgestellten Richtlinien selten. Im Zusammenspiel mit der Integration von informations- und kommunikationstechnologische Komponenten in Kleidung und vor allem bei der Verwendung von leitenden Materialien bzw. Stoffen eröffnet sich zukünftig ein weites Feld an Gestaltungsmöglichkeiten, auch für die Realisierung neuer Eingabemöglichkeiten, das jetzt noch nicht abschätzbar ist. Die Platzierungsvorschläge werden sich mit dieser Integration noch einmal deutlich verändern, da bei zunehmender Miniaturisierung und bei einer weiteren Modularisierung und Verteilung der einzelnen Komponenten einer mobilen Lösung andere Voraussetzungen gelten als bei den bisher betrachteten kompakten Wearable Computern. Neben der Schaffung der technischen Voraussetzungen für diese Integration in die Bekleidung werden hierfür z.B. Bewegungsstudien in den konkreten Einsatzsituationen durchgeführt. Am

117

Centre for Allied Health Research an der University of South Australia wurden Untersuchungen durchgeführt, wo ein herkömmliches TouchPad als Eingabegerät für einen Wearable Computer am Körper platziert werden sollte, wenn die aktuelle Aufgabe der BenutzerIn z.b. im Liegen in unterschiedlichen Positionen ausgeführt werden muss [Tho02].

Für mobile Standardgeräte gab es schon früh das Patent für einen Gürtel, der als Tragesystem konzipiert wurde, aber gleichzeitig auch als Halterung von mobilen Engeräten für solche Situationen dienen sollte, in denen die Geräte benutzt, aber die Hände aber auch für andere Handgriffe frei sein mussten. Auch Hersteller von Touchscreen- oder TabletPCs haben die Vorteile dieser Art der Platzierung erkannt und bieten Haltegurte genau für diesen Zweck an. Der Vorteil des e-Belt-Gürtels von Perkins Engineering, Inc. [Mid02] ist allerdings, dass er neben der Befestigung auf Höhe des Bauches einen Abstandhalter in den Gürtel integriert. Bei den anderen Tragelösungen, die ein mobiles Endgerät in der Körpermitte direkt am Körper platzieren, entsteht das Problem, dass die unterschiedlichen Körperwölbungen der BenutzerInnen die Sicht auf das Display mehr oder weniger beeinträchtigen oder in manchen Fällen ergonomisch auch unmöglich machen[45]. Diese Art der Platzierung wird man im engeren Sinne nicht als Integration in die Kleidung bezeichnen, doch besteht Arbeitskleidung häufig aus Bekleidungsstücken und Zubehörelementen, die nicht zur üblichen Alltagskleidung oder Geschäftskleidung gehören. Die Integration von informations- und kommunikationstechnologischen Komponenten in Arbeitshelm, Schutzbrille, Arbeitsanzug und Tragesysteme wie Holster und Gürtel werden hier deshalb ebenfalls als Bestandteil von Kleidung aufgefasst.

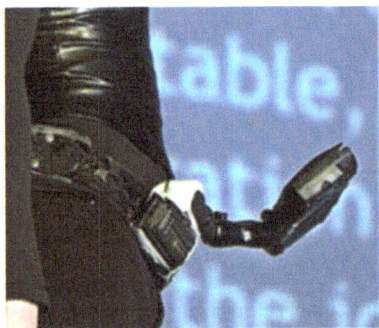

**Abb. 53: Patentierter Gürtel für das Tragen von Standard-Geräten am Körper [Mid02]**

**Drahtlose Zeigemedien und Navigationskomponenten**

Die Interaktion zwischen der BenutzerIn und ihrem mobilen, tragbaren Computersystem beschränkt sich nicht auf die Eingabe von Texten. In vielen Anwendungssituationen wird diese gar nicht gebraucht, sondern nur eine einfache, intuitive und schnelle Möglichkeit,

---

[45] Versuchen Sie es selbst: Wenn Sie stehen und an sich runterschauen, versuchen Sie, einen Blick auf Ihren Gürtel zu werfen, ohne sich dabei zu verbiegen oder die Hände zu benutzen.

innerhalb eines vorhandenen Informationssystems zu navigieren, die Auswahl aus einem Menü zu kennzeichnen und zu aktivieren oder auch, um elektronisch eine Funktion/Aktion auszulösen, d.h. vor allem, um das Computersystem zu steuern. Zu denken ist hier z.b. an den mobilen Einsatz von multimedial aufbereiteten Reparaturanleitungen oder an eine mobile Inspektionscheckliste sowie an digitale technische Zeichnungen oder Karten. Für diese Zwecke reicht es vollkommen aus, einen mobilen, drahtlosen Mausersatz zur Verfügung zu haben. Der Twiddler, der bereits als Chording Keyboard vorgestellt wurde, verfügt über eine integrierte Zeigefunktion, so dass er als all-in-one-Eingabegerät betrachtet werden kann, der sowohl für Texteingabe als auch zur Navigation und zur Steuerung benutzt werden kann.

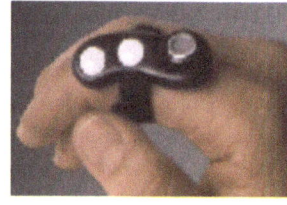

Abb. 54: Mobile Zeigegeräte. links: Zubehör des Xybernaut MA IV (Foto: MRC), Mitte: RingMouse von Pegasus Inc. [Peg97], rechts: die Gyromouse von Gyration [Gyr06a]

Als 3D-Zeige-Gerät kann z.b. eine mit Beschleunigungssensoren bestückte Maus verwendet werden, die sich gegenüber konventionellen Mäusen durch einen geringen Stromverbrauch auszeichnet. Das Problem von Beschleunigungssensoren ist allerdings die erforderliche Kalibrierung. Von Pegasus Technologies [Peg97] gab es einen Ultraschallsensor, der eigentlich für die drahtlose Steuerung von Spielen am PC gedacht war. Integrierte man den Ultraschallempfänger in die Kleidung der BenutzerIn, so steht eine am Finger zu tragende vollwertige drahtlose Maus zur Verfügung, die mit alternativen Interaktionsmetaphern kombiniert werden kann, so dass neue Benutzungskonzepte realisiert werden können, wie das z.B. beim ersten Winspect-Prototypen (siehe Abb.58) der Fall war ([Bor01], [Her03]). Die Firma Gyration hat eine ähnliche Funktionalität mit einem Gyroskop realisiert [Gyr06]. Sony hat versucht, die Muskelbewegung der Finger mit einem Armband zu erfassen und so ein alternatives Zeigegerät zu realisieren [Rek01] und das Fraunhofer IAO hat – anscheinend auf der Basis von Entwürfen der Studierenden der Bauhaus-Universität Weimar [Bau06] – Nutzertests mit einer neuartigen „Fingermaus" gemacht [Fra06].

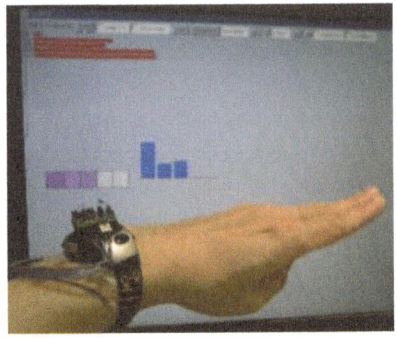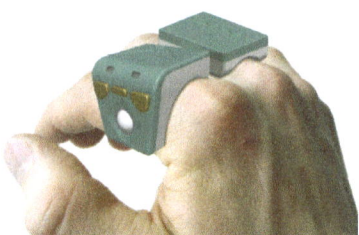

Abb. 55: Mobil einsetzbare Zeigegeräte. links: GestureWrist von Sony [Rek01], rechts: Der „Fingerzeigevogel canari" vom Fraunhofer IAO [Fra06].

Es wird bereits an mobilen Eyetracking-Systemen gearbeitet ([Bab00], [Bab03], [Ead04], [ASL06]). Eyetracking wird bisher als Beobachtungstechnologie z.b. bei der Untersuchung der Ergonomie von Bildschirmoberflächen und für die Ermittlung der visuellen Aufmerksamkeit eingesetzt. Eyetracking kann aber auch als Eingabetechnologie verwendet werden. Das Fixieren eines bestimmten Punktes kann technisch als Zeige-Geste interpretiert werden und würde die Hände von jeder Zeige-Aktion befreien. Eyetracking erfordert jedoch eine optische oder akustische Rückmeldung, damit die BenutzerIn sicher sein kann, dass ihre Auswahl auch eindeutig erkannt worden ist, denn Augenbewegungen können vom Menschen nicht so kontrolliert werden, wie z.b. sprachliche Äußerungen. Der Einsatz dieser Technologie erfordert ein Tracking-Equipment, das am Kopf getragen wird und Interpretationsergebnisse in Echtzeit liefert. Es könnte z.b. in Kombination mit einem HMD eingesetzt und dann an einer Brille oder an einem Helm befestigt werden. Das in [Ead04] beschriebene System kommt mit einem Ohrlautsprecher aus und wird an einer Brille getragen. Eyetracking erfordert, wie Spracheingabe, eine hohe Rechenleistung, die den Einsatz eines Hochleistungsrechners oder eine drahtlose Verbindung zu einem solchen erfordert.

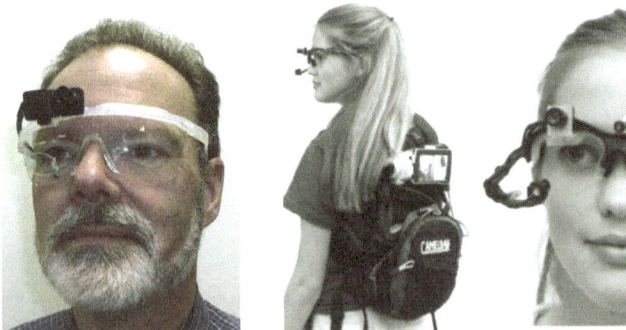

Abb. 56: Mobile Eye-Tracking-Systeme. links: das Produkt "Mobile Eye" von ASL [ASL04], Mitte und rechts ein Prototyp vom RIT [Bab00]

Jedes Zeigegerät und Navigationsinstrument benötigt als Referenz eine optische Ausgabe, anhand derer das angezeigt wird, in dem navigiert werden kann. Ein besonderes Thema ist in diesem Zusammenhang die Hand-Auge-Koordination und ihre Geläufigkeit für die BenutzerIn. Beim Desktop-Computing muss die BenutzerIn die horizontale zweidimensionale Bewegung der Hand in ein vertikal auf dem Bildschirm angezeigte umsetzen. Beim Tragen einer IKT-Lösung am Körper sind diese Bewegungen andere und es sind auch andere Zusammenhänge, wenn keine mobilen Endgeräte verwende werden, in denen Ein- und Ausgabemedien unmittelbar nebeneinander integriert sind, wie das bei Smartphones, PDAs und TabletPCs der Fall ist. Für mobile Lösungen hat sich bisher weder bei der Texteingabe noch bei der Eingabe von Messwerten oder Steuerbefehlen eine Zeige-Metapher herauskristallisiert. Es wurden verschiedene Ansätze realisiert, um die Palette der Möglichkeiten zu untersuchen. Im Folgenden werden jene Ansätze vorgestellt, die vor allem für die Steuerung des Computersystems bei gleichzeitigem Arbeiten in der realen Umgebung entwickelt worden sind und somit implizit die Gestaltung einer beiläufigen Mensch-Computer-Interaktion zum Ziel hatten.

**Spezialisierte Eingabemedien**

Eine Möglichkeit auf dem Weg zu neuen Interaktionstechnologien ist beispielsweise, Eingabemedien für bestimmte eingeschränkte Anwendungsfälle zu kreieren, die auf diese spezialisiert und in diese Richtung optimiert sind und damit eine allgemeine Einsetzbarkeit verlieren, aber für Klassen von Anwendungssituationen genutzt werden können. Das Design anwendungsspezifischer Eingabemedien ist ein interdisziplinärer Prozess, der nur in enger Zusammenarbeit mit den AnwenderInnen und den potenziellen BenutzerInnen erfolgen sollte. Dieser Weg ist auch für mobile Lösungen zukunftsweisend, denn für die Akzeptanz durch die BenutzerInnen haben auch hier erste partizipative Hardwareentwicklungsprojekte gezeigt, dass dieses Vorgehen entscheidende Vorteile bietet (siehe z.B. [Bas97],[Fin96], [Sma98], [Sma99]).

Die Schlichtheit der bisher prototypisch realisierten Eingabegeräte, die effektive Funktionserfüllung ermöglichen, sollen dazu verleiten, über die Entwicklung neuer anwendungsmotivierter Eingabemöglichkeiten für mobile Lösungen nachzudenken, denn hier ist das Potenzial noch nicht ausgeschöpft. Für die beiden Beispiele stehen eine Evaluation und Felduntersuchungen noch aus, die Aufschluss darüber geben, welche Chancen und Risiken sie bieten. Doch sie sind ausgezeichnete Beispiele dafür, dass eine NutzerInnenzentrierung und der Blick auf konkrete Anwendungssituationen Technologie hervorbringen kann, die eine größere Akzeptanz erfährt als die simple Portierung der Desktop-Metapher und ihrer Interaktionsmöglichkeiten in Anwendungsbereiche jenseits der Schreibtischarbeit.

Die Wearable Group im Laboratory for Interactive Computer Systems (LINCS) der Carnegie Mellon University (CMU) [LIN05] hat in einem mehrphasigen interaktiven Design-Prozess zusammen mit AnwenderInnen ein Eingabegerät entwickelt, das ganz speziell für die Auswahl aus einem Menü mittels einer Checkliste konzipiert worden ist. Ziel war es, die Handhabung von elektronischen Checklisten in einer intuitiven und beiläufig zu benutzenden Weise zu ermöglichen. Die Navigation in der Checkliste beim VuMan ([Bas97], [Bas01], [Dor02], [Dor03]) erfolgt per Wählscheibe. Die Auswahl eines Menüpunkts wird über einen Knopf auf der Wählscheibe realisiert. Es gibt insgesamt drei Knöpfe. Getragen wird dieses Eingabegerät, das in den Rechner integriert ist, am Gürtel. Es kann wahlweise mit der rechten oder linken Hand benutzt werden. Die Metapher, auf die beim Design referenziert wurde, ist die der Wählscheibe eines Telefons alter Bauart, verbunden mit dem Nummernschloss eines Tresors. Die BenutzerIn dreht die Scheiben mit der Hand am Gürtel, die Anzeige vor dem Auge wird entsprechen gedreht; Die Auswahl erfolgt durch das Drücken einer Taste an der Wählscheibe.

**Abb. 57: Eingabekomponente des VuMan; inkl. Entwürfe [Vum97]**

Ebenfalls zur Checklistenauswahl ist der „Winspect-Handschuh" entwickelt worden. Er hat allerdings noch weitere integrierte Funktionen (siehe [Bor01] [Her03], [Law06a/b]). In der ersten Version wurde ein handelsüblicher Arbeitshandschuh aus Leder mit Sensoren und Schaltern bestückt.

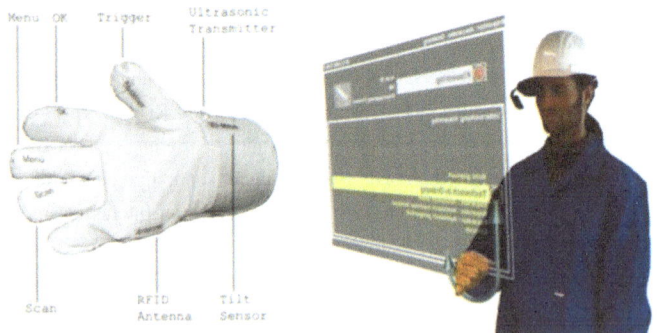

**Abb. 58: Winspect-Handschuh, erste Version (Bilder: TZI)**

U.a wurde ein Neigungssensor eingebaut, der das Drehen der Hand in Handgelenk und Unterarm nach rechts oder links registriert. Diese Bewegung wird mit dem Rollen eines Menus verknüpft, so als ob auf einem kleinen Abschnitt des Arms eine Liste befestigt wäre, von der man je nach Drehung der Hand einen Eintrag im Vordergrund sieht. Verbunden wird dieses Handdrehung mit einer Visualisierung in einem HMD, bei der der fokussierte Eintrag wie unter einer Lupe hervorgehoben wird. Die anderen verfügbaren Auswahlpunkte sind ebenfalls erkennbar, aber mit einer deutlich untergeordneten Sichtbarkeit. Die Auswahl des hervorgehobenen Menupunktes erfolgt ebenfalls per Hand durch die Berührung des Daumens mit dem Mittelfinger. Das Prinzip von VuMan und Winspect-Handschuh ist sehr ähnlich: eine Hand führt ohne direkte visuelle Kontrolle der Hand eine Bewegung aus, die als Navigations-anweisung interpretiert wird. Der Einsatz des VuMan legt den Ort, an dem die Hand zu benut-zen ist, strikt fest, beim Winspect-Handschuh kann eine individuell bequeme Armhaltung gewählt werden.

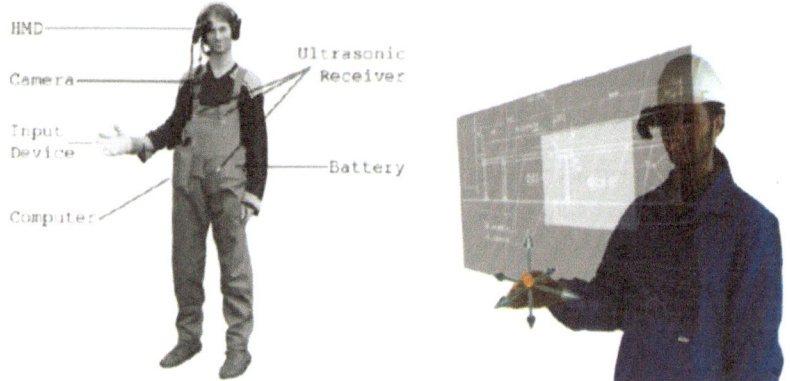

Abb. 59: Winspect-Anzug mit Navigationsmöglichkeit in einer Zeichnung (Bilder: TZI)

Über die Checklistenauswahl hinaus verfügte die erste Version des Winspect-Handschuhs über eine Möglichkeit zur Navigation in einer großen Zeichnung oder Karte. Eine dreidimen-sionale Position des Handschuhs relativ zum Körper der BenutzerIn wurde mittels eines Ultraschallsensors erfasst und kontinuierlich beobachtet. Das Referenzsystem war in die Arbeitskleidung der BenutzerIn integriert. Solange eine entsprechende Taste mit dem Dau men am Zeigefinger im Handschuh gedrückt wurde, folgte ein „Sichtfenster" der Bewegung der Hand. So konnte das virtuelle Dokument vor dem Auge der BetrachteIn auf eine sehr direkte Art und Weise seitlich in alle Richtungen bewegt und jeweils ein anderer Ausschnitt ins Sichtfeld des HMDs gebracht werden. Zusätzlich wurde die Bewegung der Hand zum Körper hin, bzw. von ihm weg registriert und als Befehl zur Verkleinerung bzw. Vergröße-rung des Sichtfensters interpretiert. So entstand der Eindruck, ein großer Abstand entspräche dem Überblickverschaffen, Nähe der Hand zu Körper zeigte Details. So spielte die Auflösung und Größe des Bildschirms eine untergeordnete Rolle. Der Wechsel von einem Dokument zu einem anderen – das Navigieren in der Dokumentenstruktur – wurde mit der gleichen Interaktionstechnik mittels eines Links bewerkstellig, der zu einem neuen Dokument führte. Die Verfeinerung dieser Interaktionsmetapher wurde in den Folgeversionen des Handschuhs allerdings nicht weitergetrieben, da das verwendet Ultraschallsystem nicht mehr auf dem Markt verfügbar war und auch, weil die Auflösung von HMDs für die Darstellung von echten Detailzeichnungen oder Schaltplänen noch nicht geeignet ist.

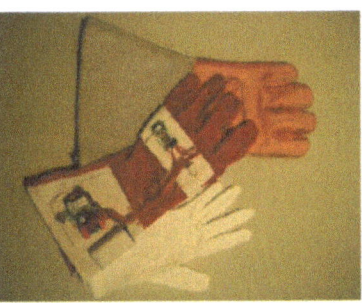

**Abb. 60: Drahtloser Winspect-Handschuh, Version 2 (Foto: MRC)**

Die nächste Ausbaustufe des Winspect-Handschuhs ist eine drahtlose Variante, die per Bluetooth mit dem Rechnersystem verbunden ist. Darüber hinaus wurde in Zusammenarbeit mit einer KostümbildnerIn an der Verbesserung des Handschuhs selbst und seiner Anpassung an die verschiedenen Einsatzorte gearbeitet: die Platzierung der Schalter wurde von den Fingerspitzen an die Fingerseitenflächen verlegt, damit sie bei der „eigentlichen" Arbeit weniger behindern; es wurden hygienische Innenhandschuhe konzipiert, die keine Technologie tragen und problemlos waschbar sind. Es wurden neue Außenhandschuhe entwickelt, die eine Aufnahme für die bei einer drahtlosen Variante erforderliche zusätzliche Stromversorgung enthalten.

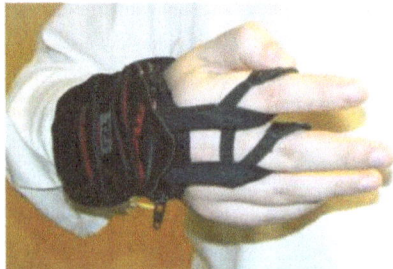

**Abb. 61: Wireless Winspect, Version 3 (Fotos: MRC)**

Jeder Finger des Winspect-Handschuhs ist mit einer anderen Funktion belegt, der kleine Finger beispielsweise ist mit der Aktivierung eines RFID-Readers. Diese Identifikationstechnologie wird dazu verwendet, die durch die BenutzerIn zu tätigenden Eingaben auf die Elemente zu reduzieren, die für die Dokumentation der Inspektion unumgänglich sind. Zentrale Elemente der zu inspizierenden Maschine sind aus diesem Grund mit RFID-Tags zu kennzeichnen. Der Interaktionsaufwand für die BenutzerIn reduziert sich so auf einen Scan, sie muss aus keinem Menu mehr auswählen, welche Checkliste sie an dem jeweiligen Bauteil benötigt, diese Auswahl erfolgt anhand der eingescannten Identifikation [Ken06]. In der dritten Version wurden die im Handschuh enthaltenen technologischen Komponenten optimiert [Law06a] und wurde für konkrete Einsatzsituationen wurden die Trageeigenschaften des Handschuhs angepasst. Es gibt mittlerweile einen Handschuh als Eingabegerät z.B. für Wartungsprozesse in der industriellen Fertigung oder bei der Inspektion von Flugzeugen und ein Armband als Eingabegerät für die sterile, beruhrungslose Interaktion im Krankenhaus.

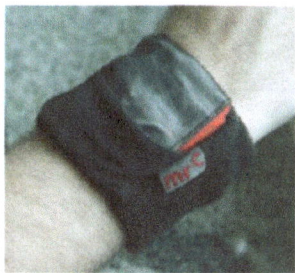

**Abb. 62: Wireless Winspect reduziert auf ein Eingabearmband (Foto: MRC)**

Die implizite Eingabe per Sensorkommunikation hat einen Preis, nicht unbedingt in Form von finanziellen Kosten, sondern als Kontrollverlust. In Fall des Winspect-Handschuhs ist dieser Preis sehr gering, da die BenutzerIn den Scan selbst auslöst und das registrierende Programm auf ihrem eigenen, am Körper getragenen Computersystem abläuft. Der Gewinn überwiegt in diesem Fall. Der Einsatz der impliziten Eingabe und die daraus resultierende Proaktivität des mobilen Systems reduziert den Interaktionsaufwand erheblich.

**Hybrides Schreibwerkzeug als Übergangstechnologie**

Bevor weitere Eigenschaften und Nutzungskontexte einer impliziten Eingabetechnologie, die sich der Sensorik bedient, im nächsten Abschnitt weiter ausgeführt wird, soll hier noch eine explizite Eingabetechnik vorstellt werde, die von ihrer Handhabung her schon heute als Übergangstechnologie für mobile Lösungen eingesetzt werden kann: die so genannte Anoto-Technologie [Ano01], [Ano06a]. Sie ist papierbasiert und wird nicht freihändig benutzt, kann aber in vielen Situationen, in denen vor Ort strukturiert und nach vorgegebenen Schemata dokumentiert werden muss, als Eingabetechnologie eingesetzt werden, die den bisherigen Arbeitsablauf nicht verändert.

Das Prinzip der Anoto-Technologie besteht aus einem mit einem speziellen Muster bedrucktem Papier und einem Kugelschreiber, der zusätzlich elektronische Komponenten erhält. Je nach Ausführung des Stiftes sind eine Kamera und ein Speichermedium enthalten darüber hinaus können die Stifte mit einem Bluetooth-Modul, einem GSM-Modul oder einem Barcode-Reader ausgestattet sein. Die integrierte Kamera ermöglicht es, die schreibenden Bewegungen auf dem Papier aufzuzeichnen und elektronisch zu speichern. Eine nachgeschaltete Zeichengestenerkennung macht es möglich, nicht nur ein elektronisches Abbild des Geschriebenen oder Gezeichneten zu bewahren, sondern vor allem auch die in ausgezeichneten Bereichen des verwendeten Blattes gemachten Notizen kontextabhängig zu erkennen und in maschinenlesbare Texte und Zeichen zu konvertieren, die dann in entsprechenden Datenbanken gespeichert werden können. Das Leitbild bei der Gestaltung diese Technologie referenziert eindeutig auf herkömmliches Papier und Stift, einem allen westlichen Menschen geläufigem Medium. Eingesetzt werden kann diese Technik überall dort, wo vor Ort an verschiedensten Einsatzorten ständig wiederkehrende Formulare auszufüllen sind, die in einem weiteren Arbeitsgang dann in ein Computersystem eingegeben werden müssen.

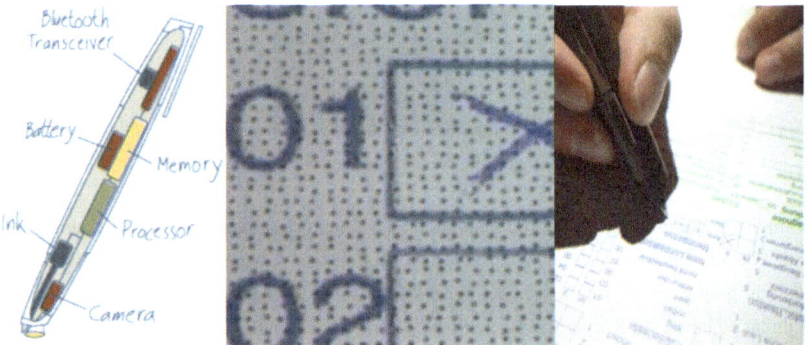

Abb. 63: Anoto-Technologie. links: Aufbau des Stifts [Ano06], Mitte: das auf das Papier aufgedrucktes Muster, rechts: Handhabung (Fotos: MRC)

Ein gutes Beispiel für die Einsatzmöglichkeiten dieser Technologie sind die Notfalleinsatzprotokolle von NotärztInnen. Jeder Einsatz muss im Detail dokumentiert werden und in Deutschland mit der Originalunterschrift der behandelnden ÄrztIn versehen werden. Das Formular umfasst zwei Din-A-4-Seiten, die meisten Einträge sind Auswahlmöglichkeiten nach dem Multiple-Choice-Verfahren. Hinzu kommen Namen und Adressen, Zeit- und Datumsangaben sowie in manchen Fällen das Einzeichnen von aktuellen Messwerten. Die Eingabe erfolgt standardisiert und sollte parallel zum Notfalleinsatz erfolgen. Das Formular existiert in mehrfacher Ausfertigung. Ein Exemplar behalten die Einsatzkräfte, ein anderes wird mit der PatientIn bei der aufnehmenden Stelle – sei es ein Krankenhaus oder eine niedergelassene ÄrztIn – abgegeben. Die Papierversion mit der Unterschrift der behandelnden ÄrztIn gilt als offizielles Dokument und kann nicht unmittelbar durch eine elektronische Erfassung ersetzt werden. Mindestens eine elektronische Signatur ist erforderlich. Außerdem wäre es erforderlich, dass das von den Rettern benutzte elektronische System mit dem der aufnehmenden Stellen kompatibel ist. All diese Anforderungen sind bekannt, an ihrer Umsetzung wird z.B. mit der Health Professional Card (HPC), die im Rahmen der Gesundheitskarte ebenfalls realisiert werden soll, gearbeitet, doch ist ihre flächendeckende Implementierung kurzfristig nicht zu erwarten. So müssten dann die papierbasierten Notfalleinsatzprotokolle weiterhin mit Daten gefüllt werden, die sowohl für die Abrechnung der erbrachten Leistungen als auch aus medizinischen Gründen umgehend elektronisch verfügbar sein sollten, Sie sind es aber nicht oder nur teilweise und dann fehlerhaft, da die vollständige Übertragung der Angaben vom Papier zuviel Aufwand ist, der dann auch noch an mehreren Stellen betrieben werden muss. Der Einsatz dieser papierbasierten Technologie löst das Problem der Inkompatibilität der verschiedenen Computersysteme im Gesundheitswesen nicht, doch er kann die Voraussetzungen für die Notwendigkeit des einfachen Datenaustausches schaffen. Die Verwendung dieser papierbasierten Technologie macht die Daten zumindest bei der erfassenden Stelle vollständig elektronisch verfügbar und bringt dort eine entsprechende Zeitersparnis, da die nachträgliche Bearbeitung auf eine Plausibilitätsprüfung zwischen gespeichertem Faximile und automatisch Handschriftenerkennung reduziert wird.

Die Anoto-Technologie ist eine reine Eingabetechnologie; sie eignet sich besonders für das Ausfüllen von Formularen mit vordefinierten Feldern, da die vom System erwarteten Eingaben die Qualität der Handschrifterkennung deutlich erhöht. Sie ist weniger für eine beiläufige Interaktion geeignet, da Schreiben und das Ausfüllen von Formularen die volle Aufmerksamkeit der BenutzerIn erfordert. Sie kann aber auch als Skizzenblock verwendet werden, auf dem die BenutzerIn schnell gemachte Zeichnungen mit vorgegebenen Anotationen versehen kann, wie es z.B. bei einer Unfallaufnahme erforderlich ist. Für die Benutzung werden in der Regel beide Hände benötigt: eine für den Stift und die andere zum Halten des Papiers. Allerdings hat diese Technologie auch Vorteile, die ihre Verwendung als mobile Lösungen dennoch sinnvoll erscheinen lässt:

- Es gibt viele mobile Tätigkeiten, bei denen vor allem die Dokumentation der Teil der Gesamtaufgaben ist, der informations- und kommunikationstechnologisch unterstützt werden kann. Diese Dokumentation erfolgt meistens schematisch, so dass sie in ein Formular gepresst werden kann.

- Neben den vorgegebenen Formularfeldern ist es auch möglich, auf dem Papier individuelle Notizen zu machen, ohne dass sie elektronisch gespeichert werden. Hier wird eine Flexibilität und eine Simplizität angeboten, die bei einer vollelektronischen Lösung so bisher nicht möglich ist.

- Papier und Stift sind geläufige Medien, deren Benutzung von Menschen der westlichen Welt „intuitiv" erfolgt. Diese Referenz auf Bekanntes und die Beibehaltung des bekannten Arbeitsprozesses kann Akzeptanzprobleme deutlich reduzieren, da der Wegfall der nachträglichen Übertragung der Daten sowohl beim Aufwand als auch hinsichtlich der Fehlerträchtigkeit einen schnellen Mehrwert aufzeigt.

- Papier und Stift sind leicht. Papier ist sehr robust gegenüber Umwelteinflüssen, ein Ausfall der mobilen Technik würde nicht zum vollständigen Datenverlust führen, da immer auch eine Papierkopie vorhanden ist. Darüber hinaus kann die Aufgabe auch fortgeführt werden, falls die Technik ausfallen würde.

Diese papierbasierte Eingabetechnologie kann allerdings nur als mobil einsetzbare „Übergangstechnologie" betrachtet werden, da es gerade für das Ausfüllen von Formularen und die Abarbeitung und Darstellung von Checklisten in absehbarer Zeit einsetzbare vollelektronische mobile Lösungen geben wird. Ein Anlass für einen weiteren Wandel ist die Beobachtung, dass Dokumentation und das nachträgliche Nachvollziehen von mobilen Tätigkeiten immer mehr an Bedeutung gewinnt und immer mehr Anteil an der mobilen Tätigkeit bekommen wird, obwohl die Ausführenden die Notwendigkeit dieser zusätzlichen und in ihren Augen aufgabenfremden Aufgaben nicht akzeptieren. Eine Möglichkeit, beide Anforderungen zu erfüllen, ist, eine halbautomatische Dokumentation zu realisieren, die die erforderlichen Informationen elektronisch und weitgehend sensorisch erfasst und die BenutzerIn nur wenig in Anspruch nimmt. Ein weiterer Grund für den Ausbau und den Einsatz mobiler Lösungen ist, dass Arbeitsprozesse, Werkzeuge und Produkte immer mehr mit Informationen angereichert werden und dadurch so komplex werden, dass das Erfahrungswissen der ArbeiterIn/ IngenieurIn allein zur Bewältigung der Aufgaben nicht mehr ausreichen wird. Zu denken ist hier z.B. an die variantenreiche Produktion, die immer kürzer werdenden Produktzyklen oder die Integration von Informationselektronik in Geräte und Maschinen. Eine technische Unterstützung für einen schnellen und effektiven Zugriff auf die vielfältigen benötigen Informationen vor Ort und eine Reduzierung des Interaktionsaufwands für die BenutzerIn werden die zentralen Eigenschaften sein, die technisch zu realisieren sind. Das kann durch den Einsatz intelligenter Software erreicht werden, die in der Lage ist, den aktuellen Kontext der BenutzerIn zu interpretieren. Vor dieser Interpretation ist allerdings erst die Ermittlung des Kontextes erforderlich, die möglichst ohne den Eingriff der BenutzerIn erfolgen sollten. Zu diesem Zweck können Sensoren eingesetzt werden, ihre Eigenschaften und Nutzungskontexte im Rahmen mobiler IKT-Lösungen werden im Folgenden beschrieben.

**Sensoren zur impliziten Interaktion**

Sensoren im mobilen Einsatz können die expliziten Eingaben der BenutzerIn erheblich reduzieren. Die Vielfalt potenziell mobil einsetzbarer Sensoren ist so groß, dass eine vollständige Darstellung an dieser Stelle nicht zielführend wäre. Die Auswahl eines konkreten Sensors sollte immer anhand einer konkreten Anwendung erfolgen, da die bestimmenden Faktoren sehr zahlreich sein können. Produktbeispiele werden deshalb an dieser Stelle nicht gegeben, sondern nur die prinzipiell verfügbaren Kategorien vorgestellt. Darüber hinaus werden vor allem Hinweise darauf gegeben, welche sensorisch erfassbaren Kontexte in welchen Situationen sinnvolle Ergebnisse liefern können.

Sensoren spielen in der Automatisierungstechnik in ihrer Kombination mit Aktoren im Regelkreis eine wichtige Rolle, gehören sie doch neben der Computertechnologie zu den grundlegenden Komponenten der Automatisierung. Der Markt für Sensorik ist sehr groß, da Sensoren bereits seit langer Zeit für die verschiedensten Zwecke eingesetzt werden, z.B. in der Fahrzeugtechnik und in industriellen Prozessen. Im Desktop-Computing sind Sensoren allerdings kaum zu finden, da in diesem Anwendungsbereich so gut wie keine impliziten Eingaben anfallen. Eingaben werden explizit gemacht, eine technische Wahrnehmung der Umgebung spielt in den seltensten Fällen eine Rolle. Ausnahmen sind Kameras, Scanner und Mikrofone; allerdings fungieren sie hier nicht im engeren Sinne als Sensoren, da ihr Datenstrom nur aufgezeichnet und nicht zur Ermittlung eines etwaigen Kontextes ohne Zutun der BenutzerIn ausgewertet wird.

Im Ubiquitous Computing wiederum sind Sensoren die zentrale Technologie. Dort gehört es zur grundlegenden Funktion der eingesetzten Computertechnologie, dass sie die Umgebung (technisch) wahrnimmt und aufgrund einer intensiven und insbesondere intelligenten Interpretation der erfassten Rohdaten „agiert". Diese Eigenschaft eines Computersystems wird „awareness" genannt, wobei sich dieses „bewusst-sein" auf Verschiedenes beziehen kann, z.B. auf die geographische Position (location awareness), auf mehrere Faktoren der Umgebung (context awareness) oder auch auf ein komplexes Faktorengefüge, in das auch die Intentionen der BenutzerIn mit einbezogen werden (situation awareness).

Ähnliches gilt für Wearable Computing, allerdings kommt hier, im Gegensatz zur Automatisierungstechnik und zum Ubiquitous Computing, die Eigenschaft der Mobilität als wesentlicher Faktor hinzu. Ist die Eigenschaft Mobilität bei den expliziten Eingabe-Geräten eine Anforderung an das Design, eine mobile Benutzung zu gewährleisten, so ist sie im Bereich Sensorik ein Angebot, das es zu nutzen gilt. Rhodes [Rho97] identifizierte als eine charakteristische Eigenschaft von Wearable Computern, dass sie über Sensoren zur Wahrnehmung der physischen Umgebung verfügen. Im Desktop-Computing macht eine solche Forderung wenig Sinn, da sich die Umgebung kaum ändert und deshalb auch keine sensorisch erfassbaren und technisch aauswertbaren Daten zur Verfügung stehen. Die einzige Ausnahme stellt im Desktop-Computing die BenutzerIn dar, deren Befindlichkeit evtl. durch den Einsatz von Sensoren ermittelt werden kann. Rosalind Picard verfolgt mit ihrem Ansatz des „Affective Computing" genau dieses Ziel (siehe [Pic97a], [Pic97b], [Pic00]). Die Bewegung eines Menschen, der mit mobilen Körpersensoren bestückt ist, durch Raum und Zeit stellt durch die beständige Veränderung eine große Vielfalt von Daten bereit, die weit über die Vitalwerte hinaus gehen und zur Ableitung von Faktoren zur Context-Awareness ausgewertet werden können.

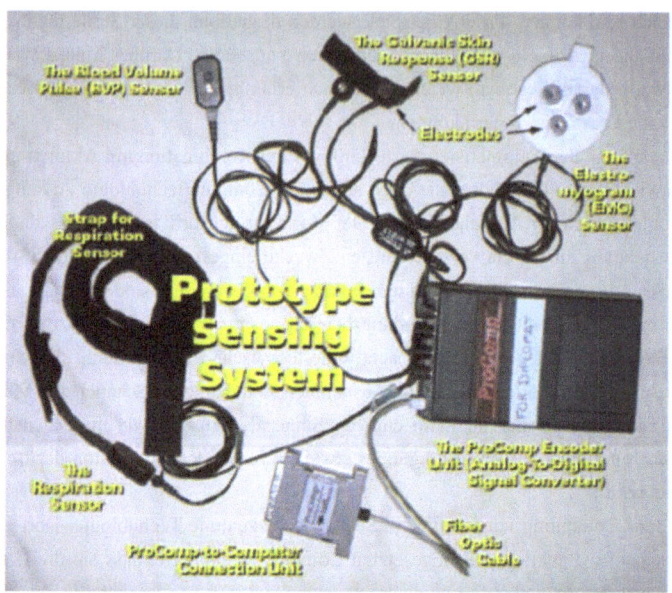

Abb. 64: Mögliche Komponenten eines „Affective Wearables" [Pic97b]

Sensoren können in verschiedenen Dimensionen klassifiziert werden. Einmal kann man physische von logischen Sensoren unterscheiden, in einer anderen Ebene kann man sie nach der Ausrichtung ihres „Wahrnehmungsbereichs" bzgl. der BenutzerIn einteilen. Wie eingangs erwähnt, sind manche Sensoren nur aufgrund des mobilen Einsatzes wichtig, andere werden eingesetzt, weil die spezifisch zu unterstützende Aufgabe ihren Einsatz erfordert. Im Folgenden wird nur eine Unterscheidung zwischen physischen und logischen Sensoren vorgenommen und die Merkmale der möglichen Wahrnehmungsrichtungen erläutert.

*Physische Sensoren* nehmen direkt messbare (kontinuierliche oder diskrete) Daten auf, dies geschieht zum einen als technische Entsprechung zu menschlichen Sinnesorganen:

- Kameras zur Erfassung von Bildern und Bildfolgen als Analogon zum menschlichen Auge, sowie Infrarot- und UV-Sensoren als Erweiterung des menschlichen Sehens

- Mikrofone als Analogon zum menschlichen Ohr, die aber auch Frequenzbereiche erfassen können, die dem menschlichen Sinnesorgan nicht zugänglich sind

- Temperatur-, Feuchtigkeit, Druck- oder andere taktile Sensoren entsprechen der menschlichen Haut

- Gassensoren sind elektronische Nasen

Zum anderen erfassen sie Daten, die über den menschlichen Wahrnehmungsbereich hinausgehen:

- Beschleunigungs- und Neigungsmessung

- Kompass

- Radar, Abstandsmessung

- Strahlungsmesser

- Ultraschall

- Laser

- Barometer

- Licht-, Helligkeitsmesser

- Rauchmelder, Gassensoren, Windmesser

- Messtechnik zur Erfassung menschlicher Vitalwerte wie Blutdruck, Körpertemperatur, Puls, Gehirnaktivitäten

Die Wahl eines geeigneten Sensors hängt vor allem von den konkreten Nutzungsbedingungen ab. Einzelne Sensoren erfüllen meist nicht die Anforderungen, erst eine Kombination mehrerer gemessener Parameter ermöglicht eine brauchbare Interpretation. Zur Erreichung des Ziels der Kontexterfassung ist Kreativität gefragt, da sich hier noch keine Standards herausgebildet haben. Bzgl. des Einsatzes von Sensoren gibt es eindeutige Überschneidungen zwischen den Paradigmen des Wearable und Ubiquitous Computing. Die Messung von Werten allein reicht für die Bestimmung eines Kontextes nicht aus; es sind „intelligente" Auswertungsprogramme erforderlich, die aus den Messwerten, z.B. anhand eines Kontextmodells Ableitungen berechnen.

*Software-gestützte Sensoren* erfassen Daten, messen diese jedoch nicht direkt, sondern benutzen andere Medien, z.B. bereits ausgewertete Sensoren (sensor fusion) und auch Ergebnisse anderer Computerprogramme, um ihre Werte zu „messen". In diese Kategorie gehören u.a.

- Sensoren zur *Bestimmung der Position*, der Orientierung oder der Blickrichtung der BenutzerIn werden in der Regel als Tracking-Systeme bezeichnet. Hier lässt sich die Sensorik nach ihrer Reichweite, dem entsprechenden Referenzsystem und ihrer Genauigkeit unterscheiden. Positionsbestimmung erfolgt per Funk, Infrarot, Trägheitsnavigation oder Ultraschall. Bei der Lokalisierung wird zwischen Outdoor- und Indoor-Navigation unterschieden. Im Outdoor-Bereich kommen z.B. die bekannten GPS Empfänger (global positioning system) zum Einsatz. Für den Indoor-Bereich werden relativ genaue elektromagnetische, akustische und optische Trackingsysteme eingesetzt, die integraler Bestandteil von Virtual-Reality- und Augmented-Reality-Environments sind. Für die mobile Nutzung hinzu kommt die zellbasierte Positionsermittlung per GSM/UMTS oder die WLAN-Ortung an den Stellen, wo eine entsprechende Funkabdeckung verfügbar ist. Auch die Ermittlung der räumlichen Nähe zu anderen Computersystemen bzw. die Detektion ihrer „Anwesenheit" in einem Computernetz kann zur Positionsbestimmung herangezogen werden.

- Sensoren zur (berührungslosen) *Objektidentifikation* wie optische Barcode-Scanner, elektronische RFID-Scanner oder der Einsatz von Active-Badges.

- Auch *Zeitmessung* gehört zu den Software-gestützten Sensoren.

- Die Bestimmung von prozessgetriebenen virtuellen Momenten oder Punkten, die z.B. aus einem Prozessmodell ermittelt werden.

Ein anderes Kriterium zur Klassifizierung von Sensoren kann aber auch die Richtung sein, aus der die verwendeten Sensoren ihre Daten beziehen, d.h., wie der Sensor eingesetzt wird und mit welcher „Blickrichtung" seine Messwerte beim mobilen Einsatz interpretiert werden. Zu unterscheiden sind:

- Sensoren, die *auf die jeweilige Umgebung der BenutzerIn gerichtet* sind, die sozusagen die Position der BenutzerIn einnehmen und von ihrer Warte aus eine technische Wahrnehmung realisieren. Dazu gehört z.B. eine Digitalkamera oder eine elektronische Nase, die die Umgebungseigenschaften erfasst, sowie Barometer, Thermometer, Druckmesser usw. Dazu gehören aber auch berührungslose Objektidentifikationssysteme wie z.B. Barcode-Scanner, Active Badges und RFID-Sensoren. Ausschlaggebend ist hier, wo der Sensor platziert ist und wie er eingesetzt wird.

- Sensoren, die *auf die BenutzerIn gerichtet* sind, beispielsweise eine Mini-Kamera, die zur Verfolgung der Augen- oder Kopfbewegung verwendet wird. Zu dieser Kategorie gehören alle Körperfunktionssensoren, die z.B. im Rahmen von Affective Computing ([Pic97a], [Pic97b]) nach ihrer Auswertung Rückschlüsse auf die Befindlichkeit der BenutzerIn zulassen. Die so genannten Biofeedback-Sensoren gehören ebenfalls dazu, bzw. der „Biosensor", der nach der heute nicht mehr gebräuchlichen aber hier zutreffenden Definition nach Meyers Universallexikon folgendermaßen charakterisiert wird: „Gerät zur Messung physikal. und chem. Lebensvorgänge an und in Lebewesen, wie z.B. Atmung, bioelektr. Potentiale (EKG, EEG, Elektroretinogramm), Blutdruck, Herzfrequenz, Körpertemperatur, Magensalzsäure und Darmbewegungen. Diese Vorgänge werden durch entsprechende Meßfühler (z.B. Elektroden, Druckwandler, Thermometer) in elektrische Signale umgewandelt, elektronisch verstärkt und gewöhnlich kurvenmäßig aufgezeichnet."

- Sensoren, die den *internen Zustand des Computersystems*, seine anwendungsprogramminternen Zustände oder die über ein Netzwerk eingehenden Informationen überwachen, werden allgemeinhin nicht als Sensoren bezeichnet. Sie können im Sinne einer impliziten Eingabe jedoch als *Softwaresensoren* betrachtet werden, die digitale Informations- und Kommunikationsbewegungen als eingehende Daten registrieren und auswerten.

Bei der Positionsbestimmung ist es darüber hinaus z.b. wichtig, wer die Informationen über den Aufenthaltsort der BenutzerIn erhält, d.h. ob die BenutzerIn selbst mittels eines in ihr mobiles, tragbares Computersystem integrierten Sensors ihren Standort bestimmt oder ob ein externes System sie ortet und ihr – oder auch anderen – die Koordinaten „mitteilt". Nicht nur bei der Unterstützung von Arbeitsprozessen mit dieser Möglichkeit kommen Fragen nach Datenschutz und Überwachung auf, die es abzuwägen gilt.

Durch die mittels Sensoren und ihre Interpretation generierten impliziten Eingaben lässt sich die von Rhodes [Rho97] geforderte Pro-Aktivität eines Wearable Computers realisieren, denn nur wenn ein Computersystem über „eigene Wahrnehmungen" verfügt, kann es auf der Grundlage dieser ständig eingehenden Daten „von sich aus" aktiv werden und der BenutzerIn angemessene kontextabhängige Informationen selbstständig präsentieren. Für jeden konkreten Einsatzfall ist jeweils zu untersuchen, wie eine technische Wahrnehmung die menschliche Wahrnehmung in der Situation der Ausübung einer mobilen Tätigkeit sinnvoll ergänzen und unterstützen kann, so dass eine kognitive Arbeitsteilung umgesetzt wird, und welche Bünde-lung von Sensoren geeignete Daten für eine aussagekräftige Interpretation liefern können. Von DesignerInnen von Interaktionstechniken und -abläufen für mobile Lösungen werden deshalb mehr Aufgaben und Fähigkeiten erwartet, als die Gestaltung einer geeigneten Bild-schirmoberfläche. Sie müssen Eingabegeräte auswählen bzw. neu gestalten, sie müssen Sen-soren auswählen und zu einer impliziten Eingabeeinheit kombinieren und sie müssen die anwendungsorientierte Aufteilung zwischen expliziter und impliziter Eingabe gestalten.

Wenn die Arbeitsaufgabe der BenutzerIn neben der Arbeit im Gegenständlichen nicht aus-schließlich der Datenerfassung dient oder wenn die erfassten Daten direkt vor Ort durch die BenutzerIn verifiziert werden müssen, dann ist neben der Eingabe ein angemessener Rück-kanal erforderlich, d.h. mobil einsetzbare Ausgabetechnologien werden benötigt, die mit den Eingabegeräten und der Rechnerkomponente zu einer Gesamtlösung kombiniert werden.

## 5.3.2 Ausgabetechnologien

Mobile, tragbare Computersysteme benötigen Ausgabegeräte, wenn eine Interaktion zwischen Mensch und mobiler IKT-Lösung notwendig ist. Abhängig von der konkreten Ausprägung der mobilen Tätigkeit, die mit dem informations- und kommunikationstechnologischen System unterstützt werden soll, sind ganz verschiedene Formen der Ausgabe denk- und realisierbar. Vom Desktop-Computing ausgehend ist die offensichtlichste Art eine visuelle Ausgabe, widergegeben auf einem mobilen, tragbaren Display. Mobiltelefone, Smartphones und PDAs sind im Bereich des Massenmarktes die kleinen, TabletPCs UMPCs die größeren Kompaktgeräte. Erstere verfügen über kleine Displays, deren Leistungsfähigkeit beschränkt, jedoch an ihre ursprünglichen Aufgabe angepasst ist: Telefonbuch, Kalender, Browsing. Mit fortschreitender Erhöhung der Erwartungen an die Funktionalität von Handheld-Geräten veränderte sich auch die Größe und Qualität dieser Displays. Festzustellen ist, dass eine rein textuelle oder monochrome Ausgabe heute nicht mehr auszureichen scheint, da z.B. Fotos, interaktive Spiele oder Videos unterwegs mobil dargestellt werden sollen. Eine multimediale Ausgabe ist deshalb für die mobilen Endgeräte des Konsumenten-Marktes mittlerweile Standard geworden. Für professionelle oder industrielle mobile Lösungen jenseits von Konsumenten- und Büro-Anwendungen können auch alternative Ausgabekanäle relevant werden, besonders dann, wenn Displays aufgrund des aktuellen Arbeitsortes, der Umgebungsbedingungen oder der sozialen Situation nicht einsetzbar sind. Doch auch in Anwendungsfällen jenseits der Schreibtischarbeit ist bisher ein visuelles Feedback die bevorzugte Ausgabeart. Aus diesem Grund werden im Folgenden zwar die vorhandenen Ansätze zu akustischer und taktiler Ausgabe im Bereich mobiler Lösungen vorgestellt, der Schwerpunkt liegt jedoch auf visuellen Ausgabemedien, die aufgrund der angestrebten freihändige Nutzung von mobilen Endgeräten vor allem Head-Mounted Displays (HMDs) sind.

**Akustische und Sprachausgabe**

Wie im Abschnitt über Eingabemedien bereits erwähnt, liegt es nahe, beim Nachdenken über Spracheingabe die Frage nach den Möglichkeiten einer Ausgabe mittels Sprache in Betracht zu ziehen. Für eine Umsetzung dieser Art der Ausgabe spielen zwei Forschungs- und Entwicklungsfelder eine zentrale Rolle:

- Die Generierung von natürlichsprachlichen Sätzen bzw. Texten und das Erzeugen einer akustischen, d.h. im weiteren Sinne gesprochenen Ausgabe dieser Texte. Die Bereitstellung von Ausgaben in Form von Wörtern, Sätzen oder ganzen Texten erfolgt durch Auswahl aus einer Datenbank mit vorgefertigten Textschablonen. Es wird auch als Aspekt der Spracherkennung mit behandelt, z.B. bei der automatischen Übersetzung von Sprache. Sieht man dabei von den Problemen bei der Verarbeitung von natürlicher Sprache ab, so ist die Erzeugung einfacher, verständlicher Antwortsätze auf der Ebene der Erzeugung von Text kein Problem[46].

- Zur „Vertonung" der so generierten Texte gibt es verschiedene Verfahren. Je nach Anwendungsbereich und Erfordernissen wird entweder eine Sprachsynthese mit einer computergenerierten und -modulierten Stimme realisiert oder eine Kombination von gesprochenen Wörtern und Phrasen aus einer Datenbank vorgenommen. In ganz eingeschränkten Domänen werden sogar alle erforderlichen Sätze vollständig als Sound-Dateien vorgehalten. Die Qualität einer computergenerierten Stimme ist subjektiv gesehen noch weit von der einer angenehmen menschlichen Stimme entfernt. Wer sich schon einmal längere Text mit einer solchen Stimme hat vorlesen lassen, der wird evtl. zwei Effekte bemerkt haben: Man gewöhnt sich an die Fehler bei der Betonung und der Satzmelodie und das Zuhören wird mit der Zeit zunehmend anstrengender. Doch, wie bereits bei der Spracheingabe, kann man auch computergenerierte Sprachausgabe

---

[46]    Zur Einführung in Themen wie Textgenerierung, Sprachsynthese, Dialogsysteme etc. siehe z.B. [Kla04]

in klar definierten und eingeschränkten Domänen verwenden. Erfolgreiche Beispiele sind hochwertige Autonavigationssysteme oder Wettervorhersagesysteme. Komplizierter und auch ressourcenintensiver werden Systeme, die im Dialog zwischen BenutzerIn und Computersystem flexibel und in Echtzeit antworten müssen.

Als Geräte für auditive Ausgaben werden Kopfhörer und kleine, qualitativ hochwertige Ohrhörer benötigt, die es schon zur Genüge z.B. für Walkmans, CD-Player, Mobiltelefone usw. und auch in besserer Qualität gibt. Auf diese Hardware wird in der vorliegenden Arbeit nicht eingegangen, da zwar noch technische Verbesserungen anstehen, aber keine neuen technologischen Potenziale zu erwarten sind. Der einzig für mobile IKT-Lösungen interes-sante Aspekt ist die Integration von Kopfhörern und anderen Interaktionsgeräte in Schmuck oder andere Accessoires der alltäglichen Kleidung oder der Berufsbekleidung[47]. Konkrete Anforderungen aus Anwendungsbereichen werden die Entwicklungen an dieser Stelle bestimmen: Eine TechnikerIn beispielsweise, die eine Produktionsanlage überwacht, erhält aus den Geräuschen der Maschinen wichtige Informationen über deren Zustand. Sie könnte deshalb keine Stereokopfhörer tragen, ein Lautsprecher am Kragen oder am Sicher-heitshelm wäre die bessere Lösung. Andererseits muss eine InspekteurIn in einem Stahlwerk oder einem anderen, geräuschintensiven Ort einen Ohrhörer haben, wenn sie akustische Informationen erhalten soll, da die Lautstärke der Umgebung nichts anderes zulässt.

Neben der Art und der Platzierung des verwendeten Lautsprechers ergeben sich im Zusammenhang mit den Charakteristika mobiler Tätigkeiten weitere Potenziale einer auditiven Ausgabe, die jetzt schon Beiläufigkeit ermöglicht. Hier stellt der auditive Kanal der menschlichen Wahrnehmung eine Modalität dar, dessen Integration in die Interaktionsarchitektur weiterer Forschungen und Entwicklungen bedarf[48]. Noch nicht ausreichend untersucht worden ist z.B. die generellere Frage, welche Art von akustischer Ausgabe in welchen mobilen Arbeitssituationen überhaupt sinnvoll und geeignet ist: gesprochene Sprache, Melodien, Geräusche, Signale, einzelne Töne, Tonfolgen usw. Interessant in diesem Zusammenhang ist darüber hinaus, welche Modalitäten zu welchem Zweck, mit welcher Wirkung und unter welchen Umständen angesprochen werden können. Bekannt ist, dass Menschen beim Lernen Anreize auf mehreren sinnlichen Ebenen brauchen, um das Gelernte zu verstehen und zu integrieren (siehe z.B. [Kük82], [Ves97]). Im Rahmen von Untersuchungen zum Verstehen und Bedienen komplexer technischer Anlagen oder zur Kommunikation über entsprechende Planungsprobleme wurde ebenfalls festgestellt, dass sinnliche Wahrnehmungen und vor allem auch körperliche Handlungen zu einem kompetenten menschlichen Arbeitshandeln und verstehen beitragen ( [Böh88], [Bol98], [Böh98]); Scheel et al drücken das in ihrem Buchtitel „Fabrikorganisation neu beGreifen" sehr anschaulich aus [Sch94]. Für mobile Lösungen, die eine

---

[47]    Beispiele für Ansätze zur Integration von Informations- und Kommunikationstechnik in Bekleidung wurden bereits in Abschnitt über Eingabegeräte vorgestellt, da bisher vor allem Tastaturen und Bedienelemente zur Steuerung von Computern und mp3-Playern oder zur Bedienung von Mobiltelefonen integriert worden sind.

[48]    Erste Umsetzungen zu alternativen auditiven Ausgabemedien sind z.B. zu finden in [Bre99], [Saw00].

beiläufige Interaktion benötigen, kann hier auf fundierte Erkenntnisse aus anderen Gestaltungsbereichen zurückgegriffen werden. Hören und Sehen lässt sich mit computertechnisch generiertem Output relativ einfach anregen. Geschmack und Geruch sind kaum zu bedienen, aber physischer Druck und Berührung, das Fühlen lässt sich technisch bedienen. Der Vibrationsalarm von Mobiltelefonen ist da die bekannteste Variante, die sich in anderer Form als Ausgabemöglichkeit für mobile Lösungen nutzen lässt.

**Taktile Ausgabe**

Die Carnegie Mellon University (CMU) arbeitet seit mehreren Jahren daran, neben akustischer und visueller Ausgabe einen weiteren menschlichen Wahrnehmungskanal in die Interaktion zwischen Mensch und Wearable Computer mit einzubeziehen. Ihre Wearable Computing Group entwickelte den Prototyp eines taktilen Displays, das auf dem Rücken getragen wird, und untersuchte seine Einsatzmöglichkeiten und -bedingungen ([Gem01]). Ein leichtes „Klopfen auf die Schulter" oder ein „Kribbeln auf der rechten Seite" kann, immer abhängig von der zu unterstützenden Aufgabe, Information komprimierter vermitteln als so manches Bild oder ein Ton. Zu denken ist hierbei jedoch nicht nur an sehbehinderte BenutzerInnen, sondern gerade auch an BenutzerInnen, deren visuelle Aufmerksamkeit voll und ganz von ihrer primären Aufgabe in der realen Umgebung in Anspruch genommen wird oder die eine Vielzahl von Informationen gleichzeitig brauchen, so dass die Entlastung des visuellen bzw. auditiven Kanals durch eine taktile Alternative hilfreich ist. Bei der Navigation kann ein leichtes Tippen an der rechten Schulter als Richtungshinweis genügen oder der erfolgreiche Abschluss einer angestoßenen Aktion kann so fast unterschwellig durch eine Vibration kommuniziert werden. Ein weiterer positiver Aspekt ist die Eigenschaft einer taktilen Ausgabe, dass sie von der Umwelt, d.h. von den sich in der Nähe aufhaltenden Personen, weitgehend unbemerkt erfolgen kann. Der Eudaemon Shoe [Bar01b] verwendete schon in den 50er und 70er Jahren eine vibrotaktile Ausgabe.

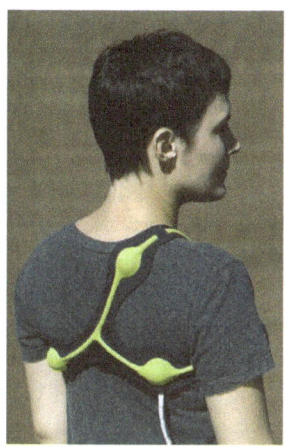

**Abb. 65: Prototyp eines taktilen Displays der CMU ([Gem01], [CMU06])**

Die Überführung dieser nicht-visuellen Ausgabetechnologien in einsatzfähige Produkte steht noch aus. Je nachdem, wie schnell es gelingt, die Bedeutung der über das Sehen hinausgehenden menschlichen Sinne für die Interaktion zwischen Mensch und Computer im technischen Bereich zu erschließen, wird es zukünftig sehr wahrscheinlich mehr so genannte multimodale Interfaces[49] geben. Das bedeutet allerdings nicht, dass eine visuelle Wahrnehmung für mobile Lösungen keine Rolle mehr spielen wird. Ziel ist vielmehr, den visuellen Kanal der BenutzerIn zu entlasten, um die visuelle Aufmerksamkeit für die realen Welt „freizuhalten". Doch in vielen Situationen wird eine visuelle Präsentation, besonders von komplexen Informationen unvermeidlich, ja sogar der Mehrwert einer mobilen Lösung sein, so dass dieser Art der Ausgabe im Folgenden besondere Aufmerksamkeit gewidmet wird.

**Visuelle Ausgabe**

Die einzusetzenden Displays für mobile Lösungen müssen tragbar und stromsparend sein und sollten nicht unbedingt in der Hand gehalten werden müssen oder eine Ablage benötigen. Es gibt Anwendungsfälle, in denen TabletPCs, Smartphones oder PDAs die angemessenen mobilen Endgeräte sind. Die heute auf dem Markt befindlichen Geräte verfügen über hochwertige, hochauflösende, meistens farbige Displays, die einen großen Teil der mobilen Stromversorgung beanspruchen, so dass die wenigsten Geräte ohne Akkuwechsel über einen längeren Zeitraum einsetzbar sind, vor allem keinen ganzen Arbeitstag lang. Neben diesem Res-

---

[49]    Die menschlichen Sinne und Ausdrucksfähigkeiten werden als „Modalitäten" bezeichnet. Sind mehrere Modalitäten gleichzeitig beteiligt, spricht man von „Multimodalität", z.B. Hören und Sehen gleichzeitig bzw. mit dem Finger zeigen und „dort" sagen, sind jeweils multimodal. „Multimedial" wird im Computerbereich für die verschiedenen Ausgabemöglichkeiten (Text, Bilder, Video und Sprache) benutzt. Für ein sich komplementär ergänzendes multimodales Interface aus Sprache und Gesten siehe [Coh97], [Ovi97], [Ovi00]).

sourcenproblem sind einerseits die auf dem Bildschirm darstellbare Größe und andererseits das Halten die Einschränkung, so dass hierfür schon seit mehr als einem Jahrzehnt an alternativen visuellen Ausgabemöglichkeiten gearbeitet wird.

Diese müssen bei anspruchsvollen Aufgaben die Qualität der Displays heutiger Mobiltelefone und PDAs übertreffen, vor allem wenn die Menge und die Übersichtlichkeit der gleichzeitig darstellbaren Inhalte berücksichtigt wird. Naiv gewünscht wird zwar eine den Desktop-Bildschirmen vergleichbare Qualität und Auflösung, doch ob das für jeden Anwendungsbereich notwendig ist, bedarf weiterer Untersuchungen. Sinnvoll ist auf jeden Fall, Displays zu haben, die von ihrer Größe, ihrer Beschaffenheit und von ihrer Handhabbarkeit her für den mobilen Einsatz geeignet sind, die also z.b. mit einer Halterung direkt vor den Augen der BenutzerIn oder zumindest in ihrem unmittelbaren Sichtbereich platziert werden können. Im folgenden Abschnitt wird deshalb auf verschiedene Mikrodisplay-Technologien eingegangen, und es werden einige Produkte exemplarisch vorgestellt, die das Ziel einer freihändigen Benutzung von Computersystemen bzgl. der visuellen Anzeige unterstützen können. Der Schwerpunkt der Darstellung wird auf Head-Mounted-Displays (HMDs) liegen, die zurzeit als die vorrangige Ausgabetechnologie für Wearable Computing betrachtet werden.

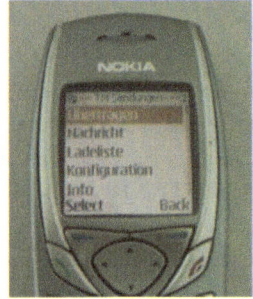

Abb. 66: Spannbreite der Darstellungsmöglichkeiten unterschiedlicher mobiler Displays. links: Mobiltelefon ([Pan05] , S.31), rechts: Sony VGN UX90 [Son06]

Größer als Smartphone- und PDA-Bildschirme sind z.b. die Mini-Displays (ca. 10x13cm), die in Form von Touchscreens als Flat-Panels am Unterarm befestigt oder in der Hand getragen und z.b. von Xybernaut als Zubehör zum MA angeboten werden [. Sie können in Situationen verwendet werden, in denen phasenweise eine ausschließliche Interaktion zwischen Mensch und Computer möglich ist, z.b. wenn Texte bei der Eingabe kontrolliert, ausführliche Dokumentationen gelesen, Zeichnungen genau geprüft oder etwas skizziert werden muss. Situationen also, in denen die BenutzerIn kurzzeitig ihre volle Aufmerksamkeit dem Computersystem widmen kann, in der sie aber anschließend wieder eine völlig uneingeschränkte Blickfreiheit benötigt. Es gibt nur sehr wenige mobile Flachbildschirme, die nicht Bestandteil eines Kompaktgeräts sind.

Abb. 67: TouchScreen als Zubehör zum Wearable Computer MA V (Fotos: Xybernaut)

Neben den führenden Herstellern von Wearable Computern, Xybernaut und VIA, bietet nur Panasonic einen mobilen Flachbildschirm an. Dieser ist lichtstark, hochauflösend, industrie-tauglich und drahtlos per WLAN mit der mobilen und tragbaren Rechnereinheit von Pana-sonic verbunden. Das sind ideale Voraussetzungen für einen mobilen Touchscreen, allerdings ist dieser nur in Kombination mit dem Panasonic-Rechner zu haben. Die anderen beiden Her-steller bieten jeweils eine Indoor- und eine Outdoor-Variante an, da die Lichtverhältnisse eine wesentliche Rolle für die Lesbarkeit eines Displays spielen und es auch bei den Flachbild-schirmen keine zufrieden stellende Allround-Lösung für beide Extreme gibt. Es sind bisher nur drahtgebundene Varianten; zum Lieferumfang dazu gehört ein Gurt- bzw. Manschetten-system, mit dem das Display am Unterarm befestigt werden kann. Durch die Größe dieser Displays und durch ihre gerade nicht an die Rundungen des Arms angepasste Form, können sie nicht bequem am Unterarm getragen werden, insbesondere nicht, wenn mit den Händen und Armen Arbeiten ausgeführt werden, die Bewegungsfreiheit erfordern. Hier besteht Ver-letzungsgefahr und die Gefahr des Bruchs der Geräte ist extrem hoch. Im Gegensatz zu den Kompaktgeräten sind diese mobilen Bildschirme relativ leicht, so dass sie auch gut für längere Zeit in der Hand gehalten werden können, ohne dass die Hand oder der Arm erlahmt. Sie eignen sich auch als elektronische Klemmbretter, wofür aber zum einen eine kontinuierliche drahtlose Verbindung zum Rechnersystem gewährleistet sein muss, und zum anderen muss eine Möglichkeit gefunden werden, eine unwillkürliche Berührung des Touchscreens nicht als Eingabe zu interpretieren. Das ist erforderlich, da der Bildschirm unbeachtet weggesteckt oder unter den Arm geklemmt und wieder hervorgeholt werden können muss. Der Schwerpunkt liegt auf der Funktion des Touchscreen. Ein Handheld-Bildschirm ohne diese Funktionalität ist nicht auf dem Markt erhältlich; ein Ausgabegerät, das in der Hand gehalten oder abgelegt werden muss und keine integrierte Eingabemög-lichkeit beinhaltet, scheint wenig Nutzen zu haben. Diese Annahme ist allerdings zu über-prüfen, denn so, wie man ein Bild an vielen Stellen aufhängen kann, kann man sich auch vorstellen, dass man einen robusten mobilen drahtlosen Bildschirm mit verschiedensten Befestigungsmöglichkeiten ausstattet – Bänder, Haken, Ösen, Magneten etc. – und dann vor Ort jeweils so anbringt, dass er im Blickfeld der BenutzerIn „hängt". Die Eingabe muss dann über ein anderes Gerät erfolgen. Bei einem Ortswechsel oder einer Positionsveränderung der BenutzerIn kann es allerdings leicht passieren, dass die Anzeige außerhalb Sichtbereichs der BenutzerIn hängen bleibt und sie nach einem neuen Platz für das Display suchen muss. Eine Alternative zu mitgeführten Bildschirmen sind Head-Up-Displays. Das sind miniaturisierte Projektoren, die zwar am Kopf befestigt werden, ihr Bild jedoch vom Kopf weg z.B. auf eine Wand, eine Windschutzscheibe oder eine andere Projektionsfläche bringen. Die Verwendung dieser Art der visuellen Ausgabe erfordert jedoch immer eine geeignete, flache Projektionsfläche. Jede Bewegung des Kopfes verursacht eine Bewegung des projizierten Bildes, was ein gewisses „Flimmern" bei der Projektion auslöst. Der Vorteil ist, dass die Sicht der BenutzerIn völlig unbeeinträchtigt bleibt, wenn die Anzeige ausgeschaltet ist. Vor allem befinden sich keine technischen Komponenten vor oder in unmittelbarer Nähe zum Auge, so dass hier ein Gefährdungspotenzial im Sinne des Arbeitsschutzes nicht gegeben ist. Eine freihändige Benutzung ist gut möglich, eine Benutzung in der Bewegung allerdings nicht, denn es stehen in der Bewegung keine Projektionsflächen zur Verfügung. Die bevorzugte visuelle Ausgabetechnologie für mobile Lösungen sind deshalb Head-Mounted-Displays (HMDs), auf die ich mich im Folgenden beschränke.

### 5.3.3 Beispiel Head-Mounted Displays

Die ersten HMDs wurden bereits in den 60er Jahren entwickelt[50]. Ivan Sutherland ([Sut65], [Sut68]) setzte beispielsweise 1968 zwei miniaturisierte CRT-Monitore ein und verwendete einen halbdurchsichtigen Spiegel direkt vor den Augen der BenutzerIn, um ihre reale Sicht auf die Welt mit eingespiegelten computergrafisch generierten Stereobildern zu überlagern. Bereits sein Ziel war, einen Datenraum „betreten" zu können, so dass seine Entwicklung eines „Datenbetrachtungsgeräts" als Vorwegnahme der Virtual Technology eingestuft werden kann. Die von Sutherland verwendete Technologie wird in der Fachsprache als „optical see-through HMD" bezeichnet ([Azu01], S.29). Die Sicht auf die reale Welt wird durch eine optische Einspiegelung mit computergenerierten Bildern unmittelbar überlagert. HMDs waren in den Anfängen immer binokular, d.h. vor beiden Augen platziert. Sie waren meistens auch mit einem Trackingsystem ausgestattet, um die Kopfbewegung und die Blickrichtung der BenutzerIn zu ermitteln, aus der dann die einzuspiegelnde Computergrafik abgeleitet und berechnet wurde. Motiviert war diese Ausstattung durch den intendierten Einsatz: Augmented Reality. HMDs wurden in erster Linie für militärische Zwecke entwickelt, z.B. von Herstellern wie Kaiser Electronics und McDonnell Douglas, die diese binokularen Sichtgeräte noch heute anbieten und auch weiterentwickelt haben. Die Qualität dieser Geräte ist sehr doch; sie wurden an die speziellen Bedingungen im Cockpit eines Flugzeugs angepasst und in einen Helm als Tragesystem integriert. Später wurden HMDs auch für zivile Aufgaben verfügbar

---

[50]  Zum HMD als Ausgabemedium für Virtual Reality siehe z.B. [Bur94], [Hal94], [Mel97], [Vel00], [Bun05], [Vir06]. Zur Einteilung und Entwicklung von binokularen HMDs für Augmented Reality siehe die Beiträge von Azuma und von Rolland und Fuchs in ([Bar01a], S.27-63 und S.113-156).

gemacht, z.B. in industriellen Anwendungsbereichen und in der Medizin. Neben optical see-through HMDs gibt es auch "video see-through HMDs". Letztere sind mit zwei Kameras ausgestattet, die per Video aufzeichnen, was die BenutzerIn sieht und die die computergenerierten Bilder direkt und in Echtzeit mit dem aufgezeichneten Video mischen und der BenutzerIn als ein Bild anzeigen. Diese kann die reale Welt dann nur noch vermittelt durch das Video visuell wahrnehmen. Für Virtual-Reality-Programme werden videobasierte binokulare HMDs ohne Stereokameras eingesetzt, da der BenutzerIn in VR-Umgebungen ausschließlich computergenerierte 3D-Welten gezeigt werden. Video-HMDs werden in der vorliegenden Arbeit nicht betrachtet, da sie auf absehbare Zeit für den Einsatz zur Unterstützung mobiler Tätigkeiten in der Bewegung nicht verwendbar sind[51]. Laut Rolland und Fuchs sind auch die meisten see-through HMDs optical see-through ([Rol01], S115). Für eine mobile Nutzung werden heute sogar vor allem monokulare HMDs eingesetzt, auch für Lösungen im Bereich AR. Sie sind zurzeit die am besten geeigneten visuellen Anzeigegeräte für Wearable Computing und mobile IKT-Lösungen, wenn eine freihändige Benutzung sinnvoll ist und die reale Umgebung weitgehend uneingeschränkt sichtbar sein muss, da der Durchblick durch ein optical see-through HMD immer noch mit dem Blick durch eine gute Sonnenbrille zu vergleichen ist.

HMDs unterscheiden sich voneinander durch das verwendete Mikrodisplay – das die erreichbare Bildqualität, wie u.a. anderem die Auflösung und Anzahl der Farben festlegt –, durch die Projektionstechnologie und das Befestigungssystem sowie die daraus resultieren Trageeigenschaften, die vor allem bestimmt werden durch Größe, Gewicht, Kompaktheit und Auffälligkeit des HMDs und dadurch Einfluss auf die Akzeptanz dieser mobilen Technologie durch die BenutzerIn haben. Alle drei Aspekte werden im Folgenden betrachtet.

**Displaytechnologie**

Standard-Displays, wie sie in einer Büroumgebung in Verbindung mit herkömmlichen Desktopcomputern verwendet werden, sind aufgrund ihrer Bauform, ihrer Größe, ihres Gewichts und ihres Energieverbrauchs nicht für mobile Lösungen einsetzbar. BenutzerInnen mobiler Lösungen verlangen nach möglichst großen, hellen, kontrastreichen und bunten Anzeigen, doch stehen diese Forderungen im Konflikt zu dem Wunsch nach langen Batterielaufzeiten. Eine Alternative für mobile Lösungen mit Wearable Computern sind *Mikrodisplays*. Diese briefmarkengroßen, zu den Flat-Panel-Displays gehörenden Miniaturbildschirme, ausgestattet mit einer Vergrößerungs- oder Projektionsoptik, übertreffen die Bildqualität, die eine herkömmliche Smartphone- oder PDA-Anzeige in punkto Fläche und maximale Auflösung liefert. Realisierungsansätze für Mikrodisplays, die in der folgenden Übersicht zusammengefasst sind, kann man zunächst nach der Art der verwendeten Lichtquelle unterscheiden: emissive Anzeigen leuchten selbst, transmissive bedienen sich einer zusätzlichen Hintergrund-

---

[51] Es gibt Ansätze zum Einsatz von Video-see-through HMDs, z.B. der AR-Schweißhelm im Projekt Terebes ([Tsc02]), der für den mobilen Einsatz aber noch nicht als Produkt fertig gestellt worden ist.

beleuchtung, reflektive Displays nutzen das Umgebungslicht als Lichtquelle. Das optische System der Firma MicroVision nutzt einen Laser-Scanner, um ein Bild über einen Spiegel ins Auge der BenutzerIn zu projizieren. Für mobile Lösungen ist neben der Kleinheit des Displays deshalb ebenso wichtig, wie diese Anzeige in das Blickfeld der BenutzerIn gebracht wird. Dazu sind die Trägermaterialien des Displays relevant, die Projektionstechnologie und die Befestigungstechnik.

In *emissiven Displays* sitzt der lichtaussendende Layer auf einem Trägersubstrat. Dieses enthält eine Ansteuerelektronik für das Display und je nach Basismaterial weitere elektronische Schaltungen, die in der stromsparenden CMOS-Technologie ausgeführt sind. Mikrodisplays auf der Basis von organischen lichtemittierenden Polymeren (OLEP oder OLED) konnten bisher nur mit einer relativ niedrigen Auflösung hergestellt werden. Die Hersteller nutzen zurzeit eine CMOS-Ebene als Träger, um sich die prinzipielle Möglichkeit zu schaffen, die leuchtende Schicht auf formbare Trägersubstrate aufzubringen – der Bildschirm würde dann faltbar werden. Ein Prototyp, bei dem die leuchtende Schicht auf eine flexible Folie aufgebracht ist, wurde Ende 1999 vom Siemens-Forschungszentrum Erlangen vorgestellt ([Zel99], [Fre00]).

*Transmissive Displays* benötigen eine rückwärtig angebrachte Lichtquelle. Das durch eine Flüssigkeitskristallschicht fallende Licht wird mit Hilfe der Steuertransistoren in jedem Pixel moduliert, bevor es an die Displayoberfläche tritt, wie bei herkömmlichen Aktiv-Matrix-LC-Displays (AMLCD) von Notebooks. Derzeit gibt es zwei grundsätzliche Verfahrensweisen für transmissive Displays: Entweder werden die Steuertransistoren (die Modulatoren) in Poly-Silizium (p-Si) oder in einkristallinem Silizium (als Silikon-On-Insulator (SOI) realisiert) gefertigt. Aufgrund der verbesserten elektrischen Eigenschaften von p-Si können Teile der peripheren Treiberelektronik zusammen mit den On-Screen-Transistoren gefertigt werden, was kompaktere Formen und kostengünstigere Realisierungen ermöglicht. Einkristallines Silizium ist hochwertiger, aber auch aufwändiger und kostspieliger in der Fertigung. Die zusätzliche Steuerelektronik wie Zeilen- und Spaltentreiber muss jenseits der eigentlichen Displayfläche platziert werden. Das Verhältnis von lichtdurchlässiger zu lichtundurchlässiger Fläche ist bei Verwendung von einkristallinem Silizium sehr günstig, da dies eine große Elektronenbeweglichkeit besitzt. Die Transistoren können deshalb bei gleicher elektrischer Beanspruchung am kleinsten dimensioniert werden. Amorphes Silizium zeigt die geringste Ladungsträgerbeweglichkeit, die Ansteuerelektronik fällt dementsprechend groß aus. Poly-Silizium liegt zwischen beiden Formen. Prinzipiell gilt, dass je kleiner die notwendigen Schalttransistoren sind, desto höher ist die maximale Pixelzahl, die bei maximaler Lichtausbeute auf ein Mikrodisplay passt.

*Reflektive Mikrodisplays* nutzen zur Beleuchtung das Umgebungslicht, sie modulieren es, während es vom Display reflektiert wird. Es gibt auch hier prinzipiell zwei Techniken: Liquid-Crystal-On-Silicon (LCOS) und Micro-Electrical-Mechanical-Systems (MEMS). Auf der Silizium-Backplane von MEMS sitzen kleine bewegliche Teilchen, die auf eine durch

Spannungsimpulse hervorgerufene elektrostatische Kraft reagieren (Digital Micromirror Devices (DMD) von Texas Instruments sind die bekanntesten Vertreter). Bei LCOS-Displays liegt zwischen dem CMOS-Trägersubstrat und einer Glasabdeckung eine Flüssigkeitskristallschicht, wie bei transmissiven Mikrodisplays richten sich die Flüssigkristallzellen im elektrischen Feld der Steuertransistoren aus und modulieren so das reflektierte Licht. Da sie keine „eigene" Lichtquelle besitzen, entfällt der große Leistungsverbraucher Hintergrundbeleuchtung, deshalb zählen sie zu den aussichtsreicheren Kandidaten für künftige Mikrodisplays.

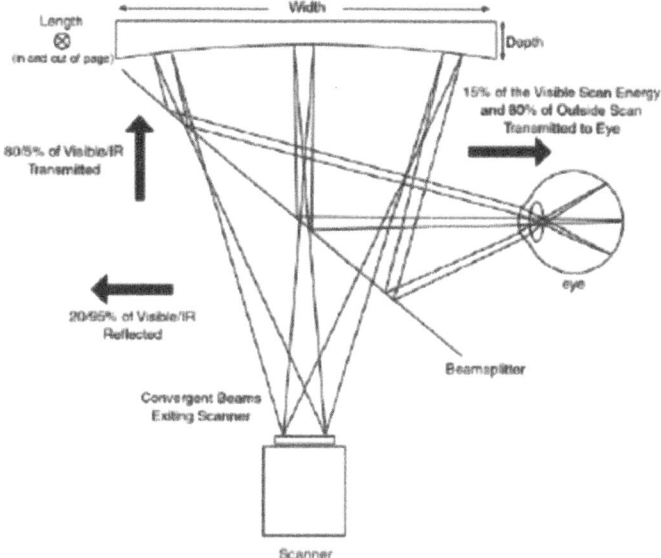

**Abb. 68: Funktionsprinzip des Virtual Retinal Display (RSD): der Strahl des Laserscanners projiziert das Bild – nach der Umlenkung durch einen Spiegel – direkt auf die Retina. ([Chi03], S.18)**

Lange Zeit galt das „Virtual Retinal Display" (das auch „Retinal Scanning Display" (RSD) genannt wird [Chi03]) der Firma MicroVision [Mic06] als der visionärste, aber auch vielversprechendste Ansatz im Bereich der Microdisplay-Entwicklung. MicroVision erhielt 2004 für ihr „Nomad Expert Technican System", den Nachfolger des RSD, einen Innovationspreis vom Wall Street Journal in der Kategorie „wireless" [Mic04]. Die Technik dieses Mikrodisplays verzichtet auf Flüssigkristallanzeigen, OLED u.a. und nutzt stattdessen die menschliche Netzhaut als „Leinwand", indem Bildprojektoren mit extrem schwachen Laserstrahlen Grafiken in schnellen Pulsen über einen Spiegel auf die Netzhaut des Auges „malen". Die Lichtquelle wird direkt moduliert, um die gewünschte Intensität an einer gegebenen Pixelposition zu erhalten. Verfügbar ist so ein auch noch im hellen Tageslicht lesbares optical see-through HMD, das monokular oder binokular verwendet werden kann. Das RSD

143

zeichnete mit einem roten Laserstrahl ein monochromes Bild ohne Abstufungen, die nächste Generation ist ebenfalls noch Rot, liefert jedoch bereits 32 Graustufen. Geplant war ursprünglich auch eine Version in Farbe: Es sollte die von einem Computer, einer Kamera oder aus einer anderen Quelle stammenden Signale zu farbigen Bildpunkten bündeln, die zeilenweise direkt durch die Pupille auf die Netzhaut projiziert werden. Die Farbigkeit entsteht durch das Zusammenspiel von roten, grünen und blauen Laserstrahlen für jedes Pixel. 2006 kündigte MicroVision die Einstellung der Produktion der Nomad-Displays ein zugunsten eines neuen „Integrated Photonics Modules (IPM)", das ein Farbdisplay realisieren soll [Mic06c].

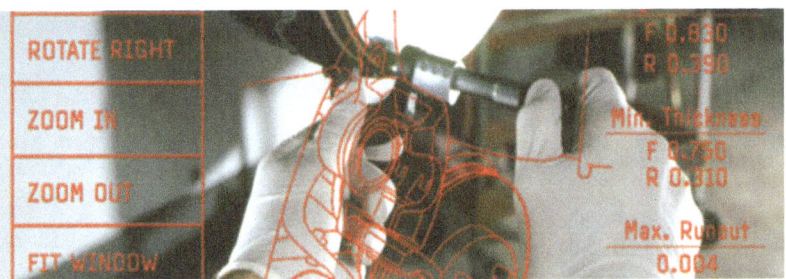

Abb. 69: Darstellung eines Blicks durch das Nomad-Display von Microvision [Mic06b]

Die in der Tabelle genannten Produkte zeigen exemplarisch die Parameter der verschiedenen Mikrodisplay-Technologien. Diese briefmarkengroßen Displays können nicht direkt verwendet werden, sie benötigen jeweils ein Projektionssystem, das die hohe Auflösung für die BenutzerIn auch lesbar macht. Dazu werden Linsen, Prismen und Spiegel eingesetzt sowie eine Halterung benötigt und ein Befestigungssystem für das Tragen am Kopf.

| Technologie | AMLCD | AMEL | OLED | LCOS | Laser | OLED |
|---|---|---|---|---|---|---|
| Display Mode | Transmissiv | Emissiv | Emissiv | Reflektiv | | Emissiv |
| Firma | Kopin | Planar | eMagin | Zight | MicroVision | Lumus |
| Produktname | Cyberdisplay 640 Color | AMEL 640.480.24 | OLED SVGA+ | Z86D-3 | Nomad [2] | Vision Display [2] |
| Auflösung | 640 x 480 [1] | 640 x 480 | 800 x 600 [1] | 800 x 600 | 800 x 600 | 640 x 480 |
| Kontrastverhältnis | 100:1 | > 500:1 | > 100:1 | 100:1 | k.A. | k.A. |
| Helligkeit | 76 cd/m² | 258 cd/m² | > 100 cd/m² | k.A. | k.A. | k.A. |
| Graustufen | Kontinuierlich | 128 | 256 | Kontinuierlich | 32 | Kontinuierlich |
| Farben | 16.7 Millionen | Monochrom | color, k.A. | 16,7 Millionen | Monochrom, rot | color, k.A. |
| Interface | Digital, analog | Digital, analog | Digital, analog | Digital, analog | Digital, analog | Digital, analog |
| Betriebstemp. | 0°C - 60°C | -40°C - 75°C | -35°C - 70°C | 0°C - 60°C | 0°C - 45°C | -35°C - 70°C |
| Aktive Fläche | 7,68mm x 5,76mm | 15,5mm x 11,4mm | 12,73mm x 9mm | 9,6mm x 7,2mm | k.A. | k.A. |
| Diagonale | 9,60mm | 19,1mm | 15,6mm | 12mm | k.A. | k.A. |
| Maße | 18,5mm x 14,3mm x 8,9mm | 25,7mm x 23,9mm x 2,4mm | 19,5mm x 15,2mm x 5,1mm | 14,16mm x 3,16mm x 1,8 mm | k.A. | k.A. |
| Gewicht | 3,8g | < 3g | ~ 8g | 1,2g | 128 g (inkl.) | k.A. |
| Field of View | 32° | 160° | 35° (diagonal) | k.A. | 23 x 17,25° | k.A. |
| Bildwiederholung | 120Hz | 60Hz | max. 85Hz | max. 120Hz | 60Hz | max. 85Hz |
| Leistungsaufnahme | Display: 75mW Hintergrund: 75mW | Display: 1,3W | Display: < 300mW | Display: 10mW | k.A. | k.A. |

[1] Die Produktpalette beinhaltet auch ein monochromes Mikrodisplay mit einer Auflösung von 1280x1024
[2] vollständige HMDs mit integriertem Mikrodisplay

**Tabelle 3: Technische Eigenschaften aktueller Microdisplay-Technik laut Produktinformation der Firmen (Stand 2006)**

## Projektions- und Befestigungssysteme für HMDs

Für eine mobile, freihändige Benutzung, bei der Arme und Hände zur Handhabung des Computersystems nicht zur Verfügung stehen, ist die Verwendung einer Halterung am Kopf – ein so genanntes Headset – erforderlich, in das das Mikrodisplay unter Verwendung von optischen Linsen-, Prismen- und/oder Spiegelsystemen eingebaut wird. Die Kombination mit einem Kopfhörer als zusätzlichem Ausgabegerät bietet sich an. Je nach Bedarf kann ein solches Headset auch noch mit einem Mikrofon, einem Kopfhörer, einer Kamera oder einem Trackingsystem ausgestattet werden. Es gibt verschiedene Möglichkeiten, wie das Bild des Mikrodisplays dem Auge der BetrachterIn zugänglich gemacht wird. Die verschiedenen Varianten werden in Folgenden anhand einzelner Beispiel vorgestellt.

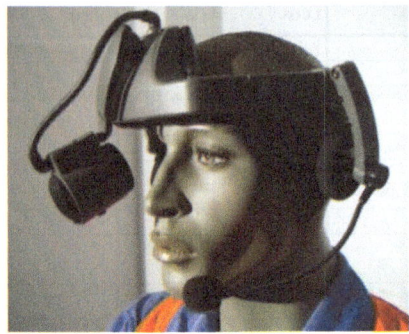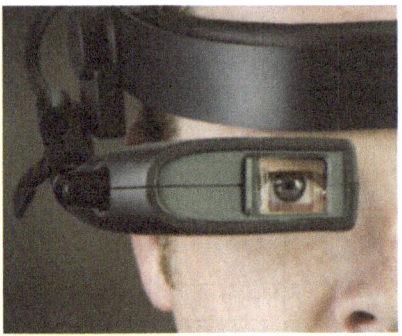

Abb. 70: HMDs mit Linsensystem. links: HMD des MA III von Xybernaut (Foto: MRC), rechts: LE-500 der Firma Liteye [Lit06a]

Das Display kann direkt vor dem Auge platziert werden. Linsen vergrößern die Anzeige und projizieren sie so ins Auge der BenutzerIn. Die BenutzerIn kann an diesem Display nicht vorbei schauen, es beeinträchtigt ihren Blick also deutlich. Des Weiteren haben Display und Linsen ein gewisses Gewicht, das mit einer entsprechenden Halterung einige Zentimeter vom Auge entfernt gehalten werden muss. Wenn Linsen und Display am Ende dieser Halterung befestigt sind, erzeugen sie damit eine Hebelwirkung die eine sehr feste und robuste Halterung sowie ein entsprechend großes Gegengewicht erfordern. Das erste HMD der Firma Xybernaut hatte einen solchen Aufbau. Die hierfür bereitgestellte Halterung war ein fest an den Kopf „angeschraubtes" breites Band, das individuell auf die jeweilige TrägerIn angepasst werden konnte (siehe Abb.70).

Das Gewicht des Displays und der erforderlichen Optik wurde in der nächsten Generation der Halterungen dichter an den Kopf heran gebracht. Die bildgebende Technik wird in unmittelbarer Nähe des Kopfes angebracht und über einen leichten, gebogenen Spiegel, der dort platziert wird, wo vorher das Display angebracht war, ins Auge gelenkt. Die Firma Xybernaut hat ein nach diesem Prinzip aufgebautes HMD seit der Markteinführung des MA IV als Zubehör angeboten (siehe Abb.71). Der verwendete Spiegel konnte opaque oder semitransparent gewählt werden. Die benötigte Elektronik wurde in einem länglichen Seitenteil untergebracht, das Display und die Optik in einem kleinen Kästchen, das über oder unter dem Auge platziert werden kann. Als Halterung mitgeliefert wurde eine Art Kopfhörerhalter, der an einen sehr großen Studiokopfhörer erinnert, und der auch über den Ohren getragen wird. Das HMD kann vor dem rechten oder vor dem linken Auge platziert und die Anzeige entsprechend umgeschaltet werden. Die von Xybernaut angebotene Halterung verfügt über eine Polsterung rund um die Ohren. Zwar wird das Ohr selbst frei gehalten, doch bewirkt die Polsterung direkt vor der Ohrmuschel, dass die TrägerIn nicht mehr richtig hören kann und die Umgebungsgeräusche bzw. ein Gegenüber nicht mehr unbeeinträchtig hören kann. Diese mitgelieferte Halterung kann allerdings ersetzt werden, z.B. durch einen Schutzhelm. In diesem Fall bleiben die Ohren frei und eine BenutzerIn, die das Tragen eines Helms gewohnt ist, empfindet das Gewicht des HMDs kaum als zusätzliche Belastung. Allerdings besteht bei einem produktiven Einsatz des Xyberview – zumindest in Deutschland im industriellen Bereich – das Problem, dass Arbeitsschutzverordnungen es nicht zulassen, dass ein Spiegel in dem erforderlichen Abstand und „frei schwebend" vor dem Auge getragen wird. Des Weiteren bedeutet das Verbindungskabel vom HMD zum Rechner ebenfalls noch eine Gefährdung, die von den Berufsgenossenschaften nicht zugelassen wird[52]. Das mit dem MA IV ausgelieferte HMD ist mit einer proprietären Schnittstelle an den Wearable Computer von Xybernaut anzuschließen. Es wird über dieses Kabel mit dem Videosignal und mit Strom versorgt. Es gibt zurzeit noch keine drahtlosen HMDs. Sie würden auch ihr geringes Gewicht einbüßen, wenn die Stromversorgung für die Anzeige in das Display integriert werden würde.

**Abb. 71: HMD des MA IV von Xybernaut (Foto: big Bremen)**

Die Problematik der gefährdenden Spiegelpositionierung wurde durch den Einsatz von Prismen gelöst. Die Firma MicroOptical [Mic06d] entwickelte verschiedene Varianten so genannter Clip-on-HMDs, die z.B. an einer handelsüblichen Brille oder an einer Schutzbrille befestigt werden können. Die Folge ist allerdings, dass eine BenutzerIn während der Benutzung immer eine entsprechende Brille tragen muss. In Einsatzbereichen, in denen Schutzbrillen obligatorisch sind, wird diese Art der Befestigung nicht als Einschränkung gesehen. Eine Integration in eine Brille ist auch noch aus anderen Gründen zu begrüßen:

- Brillen werden individuell an die Physionomie einer Person angepasst.

- Das Brillengestell bietet viele Möglichkeiten, die erforderliche Technik unterzubringen und zwar nicht nur das Display und seine Elektronik, sondern auch die Stromversorgung kann so ohne Beeinträchtigung der BenutzerIn z.B. als „Gegengewicht" eingebaut werden.

---

52    Siehe die Ausführungen der bundesdeutschen Verordnungen zu Arbeitsstätten [ArbStättV04] und zur Betriebssicherheit [BetrSichV02]

- Eine Brille schützt die Augen ihrer TrägerIn.
- Dadurch, dass Brillen so dicht an empfindlichen Körperteilen platziert sind, werden sie automatisch von der BenutzerIn geschützt. Das bedeutet für die Technik, dass sie zum einen weniger robust und damit leichtgewichtiger gebaut werden kann und zum anderen, dass mit weniger Ausfällen durch Bruch zu rechnen ist.

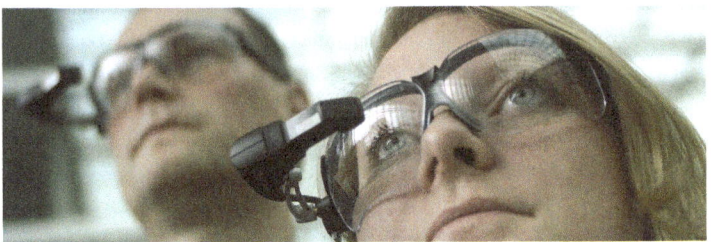

**Abb. 72: SV-6-PC von der Firma MicroOptical (Foto: MRC)**

Binokulare HMDs werden, wenn sie nicht die Integration in einen Helm erfordern, üblicherweise in eine Brille eingebaut. Mit dem EG-7 Invisible Monitor plante MicroOptical die Entwicklung einer Lösung, die den Blick der BenutzerIn durch die Brille nicht mehr beeinträchtigt, da nur ein durchsichtiges Prisma auf dem Brillenglas angebracht werden soll, das von einem seitlich platzierten Projektor mit Bildern bespielt wird, wenn eine Anzeige erforderlich ist [Spi99]. Damit würde auch der Anforderung der Berufsgenossenschaft Genüge getan, die eine Einschränkung des Blickfeldes während der Bewegung untersagt[53]. Allerdings hat dieses Freihalten des Blickfelds zur Folge, dass Proaktivität eines Wearable Computers nicht mehr visuell realisiert werden kann, denn eine unvermittelte Einblendung einer Information oder auch eines Warnhinweises während der Bewegung ist gefährlicher als eine Veränderung einer permanent vorhandenen Anzeige. Für diese Rahmenbedingungen müssen in jedem Fall Lösungen gefunden werden, die nicht mit der Art des Displays zusammen hängen, sondern die Steuerung der Anzeige betreffen. Das angekündigte Produkt von MicroOptical (siehe Abb.73) ist bisher nicht auf den Markt gebracht worden.

---

[53]   Siehe vorherige Fußnote.

Abb. 73: Angekündigter EG-7 Invisible Monitor von der Firma MicroOptical [Spi99]

Ein kommerziell verfügbares und für verschiedene mobile Lösungen eingesetztes HMD ist der SV-6 PC Viewer von MicroOptical (siehe Abb.72). Er ist ein Clip-on-HMD, das an einer handelsüblichen Brille befestigt werden kann [Mic06e]. Er ist mit einem Magnetanschluss oder einem „Druckknopf" versehen, so dass die Halterung zwar an der Brille befestigt wird, das Display selbst jedoch mit einem Griff entfernt werden kann. Der „Finger", der von der Befestigung bis vor das Auge reicht, ist mit mehreren Gelenken ausgestattet, so dass es eine Vielzahl von Möglichkeiten gibt, das Display vor dem Auge zu positionieren. Darüber hinaus besteht aber auch die Möglichkeit, das Display einfach „wegzuklappen", ohne es abnehmen zu müssen. Zum Tragen vor einem Auge bietet sich die Verwendung eines Sportbrillengestells an, da dieses die Brille auch bei heftigeren Kopfbewegungen sicher hält. Die heute üblichen superleichten Brillen sind als Träger nicht so gut geeignet, da sie die Tendenz haben, durch das Gewicht des Displays und vor allem durch den Zug des Kabels einseitig belastet zu sein und auf dieser Seite etwas „durchzuhängen". Als Lösung könnte ein Gegengewicht am anderen Brillenbügel befestigt werden, z.B. ein Mikrofon. Je nach zu unterstützender mobiler Tätigkeit ist jedoch zu prüfen, ob die Anfertigung von speziellen Brillengestellen sinnvoll wäre. Diese können dann u.U. für eine drahtlose Realisierung mit geeigneten Aufnahmen für Stromversorger versehen sein und sie können vor allem auch Brillenstärken haben, die auf die individuelle BenutzerIn angepasst sind. Die HMDs von MicroOptical werden mit einer eigenen Stromversorgung per Kabel ausgeliefert. Über dieses Kabel wird auch das Videosignal vom Computer transportiert, das über eine Standard-Video-Schnittstelle eingespeist wird. [Mic06e].

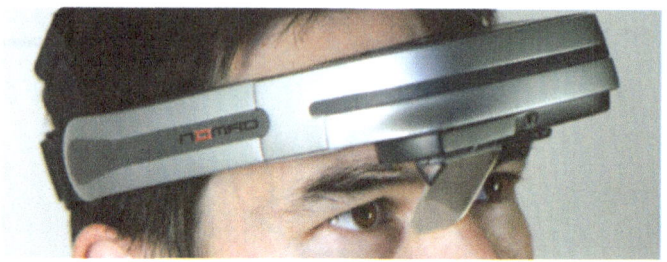

Das Nomad-Display von MicroVision [Mic06] gab es in zwei Ausführungen. Die erste Variante wurde mit einem Stirnreifen am Kopf festgeklemmt, die zweite Variante wurde in eine Baseball-Kappe integriert, in der die erforderlichen Bestandteile in der Kappe und vor allem im Schirm der Kappe untergebracht wurden. Auch das Nomad-Display verfügt noch nicht über eine drahtlose Verbindung zum bildgebenden Rechner. Es ist mit einer VGA-Kabel versehen, in der Kappe ist keine autonome Stromversorgung vorgesehen. Um mit diesem Display ein scharfes und vollständig sichtbares Bild zu haben, muss es an einer bestimmten Stelle vor dem Auge positioniert werden; diese Position darf nicht verändert werden. Wenn die Anzeige nicht an einer ganz bestimmten Stelle vor dem Auge erfolgt, wird das Bild unscharf oder es ist nur ein Ausschnitt des Bildschirms sichtbar.

Das Lumus Vision Display von der Firma Lumus Ltd. [Lum06] ist vorerst das neueste und innovativste Produkt auf dem Markt der monokularen HMDs. Verwendet wird ein OLED-Mikrodisplay, dessen Bild über ein neues Verfahren mittels einer planen Glasscheibe vor das Auge der BenutzerIn projiziert wird. Diese Glasscheibe ist bei der ersten Generation mit halber VGA-Auflösung völlig durchsichtig, wenn keine Anzeige erfolgt. In der nächsten Generation mit SVGA-Auflösung ist die Glasscheibe leicht getönt, um ein Anzeige auch bei hellen Umgebungsverhältnissen zu ermöglichen. Die Einspiegelung in das Glas ist relativ robust gegenüber der Veränderung des Blickwinkels, so dass für die Platzierung vor dem Auge ein größerer Spielraum zur Verfügung steht als bei den vorgenannten HMDs. Mussten die anderen Displays bzw. Umlenkspiegel in einer sehr genauen Position vor dem Auge gehalten werden, besteht beim Lumus-HMD eine so große Varianz, dass eine Befestigung z.B. an einem einfachen Arbeitsschutzhelm möglich ist. Auch dieses HMD erhält sein Signal über ein VGA-Kabel und benötigt eine eigene Stromversorgung. Als Halterung ist bisher nur ein relativ einfaches Stirnband inkl. Kopfbügel vorgesehen, das schon nach kurzer Tragezeit Schmerzen verursacht.

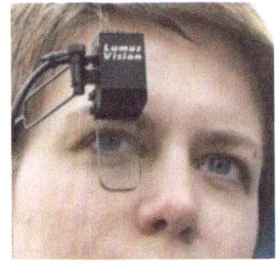

Abb. 75: Das Lumus Vision Display. links: PD-20 [Lum06a], rechts: erstes ausgeliefertes Produkt des PD-10 (Foto: MRC)

Die HMD-Hersteller haben sich darauf eingestellt, dass man ihre Displays mit verschiedensten Rechnern betreibt und haben sich bei der Verbindung mit dem Rechner für eine Standardschnittstelle entschieden. Xybernaut hatte ursprünglich eine proprietäre Schnittstelle für das Xyberview angeboten, die das HMD direkt über ein Kabel mit ihrem Wearable Computer verband, ohne z.B. eine zwischengeschaltete Stromquelle zu erfordern. Beim MA V bietet Xybernaut z.T. Komplettsysteme an die das HMD integriert haben. Es wird aber auch ein HMD der Firma MicroOptical als Zubehör angeboten, das dann über eine eigene Stromquellen und einen Umsetzer auf ein VGA-Signal verfügt ([Mic06e], [Xyb06]). Diese Entscheidung für die Verwendung von VGA-Schnittstellen als Verbindung zu einem Rechner bedeutet, dass eine Stelle am Körper und eine Befestigungsmöglichkeit für diese zusätzliche Hardwarekomponente des HMD gefunden werden muss.

**Gebrauchstauchlichkeit und Nutzungsbedingungen von HMDs**

Vor welchem Auge ein monokulares HMD am besten zu platzieren ist, hängt von der Aufgabe ab. Jeder Mensch verfügt über ein führendes und ein nachrangiges Auge (siehe [Eye06], [Han02]). Platziert man das HMD vor dem führenden Auge, dann ist die Anzeige immer im primären Wahrnehmungsbereich der BenutzerIn präsent; es fällt ihr leicht, häufig auf die Anzeige zu fokussieren. Wird das Display vor dem nachrangigen Auge platziert, dann muss die TrägerIn mehr Konzentration aufwenden, um die Anzeige wahrzunehmen, es fällt ihr aber andererseits leichter, an dem Display vorbei die physische Umgebung zu sehen, wenn die Anzeige nicht relevant ist. Wird das HMD getragen, um häufig die Sicht auf die reale Welt mit computergenerierten Bildern zu überlagern, so sollte das HMD vor dem führenden Auge positioniert werden; ist die Anwendung eher ein gelegentlicher Blick auf Informationen, der sogar eine kurze Unterbrechung der eigentlichen Aufgabe erlaubt, dann sollte es vor dem nachrangigen Auge angebracht sein. Die Wahrnehmung einer Veränderung der Bildschirmanzeige erfolgt auch dann, wenn die BenutzerIn nicht auf den Bildschirm fokussiert, so wie man auch „aus dem Augenwinkel" sieht. Setzt man ein derartiges Display das erste Mal auf, so neigt man dazu, ein Auge zuzukneifen, um mit dem anderen Auge die Anzeige besser erkennen zu können. Doch dieses Verhalten lässt häufig schon nach ganz kurzer Einge-

151

wöhnungszeit[54] nach, wenn die TrägerIn bemerkt, dass dieses Verhalten keine bessere Qualität liefert. Zu beobachten ist auch, dass die BenutzerInnen den Kopf an einer Position ruhig halten, um die Anzeige besser sehen zu können. Anfangs wirkt diese „stabile Kopfhaltung" etwas steif, mit der Zeit wird sie entspannter, doch sie wird beibehalten, d.h. auch bei längerer Erfahrung mit der Benutzung eines HMDs wird während der Wahrnehmung der Anzeige jede Kopfbewegung vermieden. Diese Beobachtung gilt allerdings nur für Einsatzsituationen, in denen der Inhalt der Bildschirmanzeige nicht die Sicht auf die Umgebung optisch überlagert. Bei mobilen AR-Anwendungen bewegt die BenutzerIn ihren Kopf sehr wohl, allerdings langsamer als ohne HMD und öfter, da häufig die Kopfbewegung getrackt wird und sich die Anzeige im HMD nur anpasst, wenn der Kopf bewegt wird. Abschließend geklärt ist noch nicht, ob das längerfristige Tragen eines monokularen HMDs Auswirkungen auf das Sehen oder Sehverhalten der BenutzerIn hat. Eine augenärztliche und psychologische Untersuchung[55] Mitte 2006 hält HMDs grundsätzlich für einsetzbar, allerdings wird die Ergonomie der verfügbaren Geräte, vor allem der Tragekomfort kritisiert.

| Bezeichnung | LE-500 | Xyberview | SV-6 PC | Nomad | Lumus Visionen Display P-10 |
|---|---|---|---|---|---|
| Hersteller | Liteye | Xybernaut | MicroOptical | MicroVision | Lumus |
| Prinzip | Display mit Linsensystem vor dem Auge | Umlenkung über einen Spiegel | Umlenkung über ein Prismensystem | Direktes Schreiben per Laser mit Umlenkung über einen Spiegel | "Transport" des Bildes durch eine Glasscheibe |
| Abstand zum Auge | Mindestabstand wie eine Brille, aber um ein Mehrfaches dicker | Display direkt unter oder über dem Auge, Spiegel mit zusätzlichen festen Abstand | Abstand wie ein Brille | Abstand einer Brille | wie eine Brille oder mit größerem Abstand |
| Transparenz für das reale Bild | nicht vorhanden | möglich, aber schlecht | möglich | gut | abhängig von der Auflösung; hVGA sehr gut |
| Anforderung Halterung | Gewicht des gesamten Displays muss an einer Position gehalten werden | ein relativ großes Display muss mit einem leichtem Spiegel in relativ großem Abstand an einer Position gehalten werden | kann leicht an einer Brille befestigt werden | relativ viele Komponenten müssen an einer Position gehalten werden | kann in eine Brille integriert werden |
| Positionierung | Gerät exakt vor dem Auge | Spiegel exakt vor dem Auge | Prisma exakt vor dem Auge | Spiegel exakt vor dem Auge | Glasscheibe variabel vor dem Auge |
| Benutzung im Gegenlicht | gut | schlecht | schlecht | sehr gut | schlecht |
| Merkmale | als Sichtgerät vor dem Auge nutzbar | gute Schärfe, störend weit vom Körper entfernt, zerbrechlicher Spiegel, an einer Halterung anzuklippen | relativ unauffällig zu tragen, sehr leicht, gut zu befestigen | sehr hohe Schärfe, sehr lichtstark, bisher nur monochrom rot mit 32 Graustufen | noch in der Entwicklung, deshalb Verfügbarkeit unzuverlässig |

**Tabelle 4: Für die Nutzung relevante qualitative Eigenschaften kommerziell verfügbarer HMDs**

---

[54]     Meiner Beobachtung nach werden zur Eingewöhnung nur wenige Minuten gebraucht.

[55]     Siehe Bericht in [Rit06] und Vortrag [Kam06]. Usability-Untersuchungen zu HMDs sind zu finden in [Lar02], [Pin05], [Vad06].

Laut Werbung der Hersteller von HMDs wird mit einem HMD der Eindruck erzeugt, einen 17- oder 19-Zoll großen Monitor in einer Entfernung von ca. 50 cm vor dem Auge zu haben. Allerdings darf man nicht erwarten, dass auf diesem virtuellen Bildschirm die gleiche Menge an Informationen wahrgenommen werden kann, wie auf einem realen Bildschirm dieser Größe. Die Projektion und die Nutzung in der Bewegung bringt Einbußen mit sich, vor allem bei der Wahrnehmung von Details, deshalb müssen sich EntwicklerInnen von Bildschirm-oberflächen für HMDs wieder mehr auf die von der Softwareergonomie[56] schon immer geforderte Schlichtheit besinnen und Bildschirmanzeigen minimalistisch und „aufgeräumt" gestalten. Dass dies erforderlich ist, lässt sich leicht nachvollziehen, indem man einen einfachen Test macht: Aufgrund der vorhandenen VGA-Schnittstelle kann ein HMD an jeden Desktop-PC angeschlossen werden. Setzt man die Auflösung der Darstellung entsprechend herunter und überträgt dann das Bild, das auf einem Desktop-Monitor zu sehen ist, auf ein HMD, so wird mit einem Blick durch das HMD erkennbar, dass die übliche Gestaltung für Desktop-Computing-Anwendungen auf einem solchen mobilen Display kaum lesbar ist, vor allem dann nicht, wenn man sich bewegt und wenn sich die Umgebungsverhältnisse ändern, oder wenn nur ein kurzer Blick auf das Display geworfen werden kann. Versucht man dann noch mit einem Desktop-Computing-Eingabe-Gerät wie der Maus auf dieser Bildschirmoberfläche zu navigieren, Eingaben zu machen, oder eine Auswahl zu treffen, so stellt man fest, dass das auch mit viel Übung sehr anstrengend und z.T. unmöglich ist, da einerseits der Mauszeiger schwer erkennbar ist und da andererseits die Hand-Auge-Koordination bei einer mobilen Tätigkeit schwieriger ist, als an einem stationären Desktop-Arbeitsplatz. Die Regeln der Softwareergonomie für die Gestaltung von Bildschirmdarstellungen haben zwar auch für HMDs ihre Gültigkeit, doch ist eine Überarbeitung dieser Regeln mit einem Schwerpunkt auf ihre Anwendbarkeit für eine beiläufige Benutzung und auf Darstellungen in der Bewegung erforderlich, da es bei der Nutzung eines HMD als Ausgabegerät immer auch um die Mitbenutzung eines mobilen Eingabegerätes geht und sich das eine nicht ohne das andere testen lässt (sieh z.B. [Pin05], [Tsv05], [Vad06]).

---

[56]  Siehe z.B. die in ([Dah06], S.149-159) zusammengefasst dargestellten Richtlinien der Softwareergonomie.

153

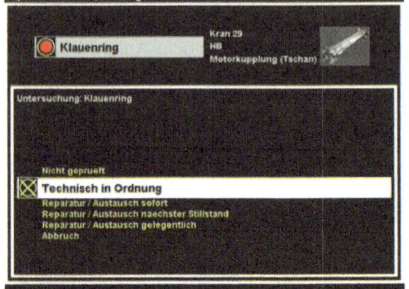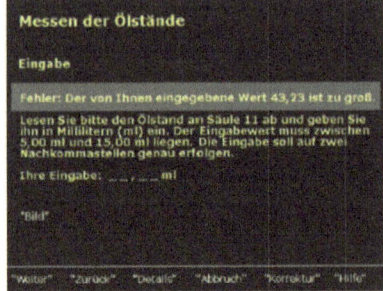

Abb. 76: Zwei Screenshots von Bildschirmoberflächen für ein HMD für Wartungsaufgaben[57] (Bilder links: TZI, rechts: [Thi02], S.41).

HMDs sind heute für die meisten Menschen noch „Science Fiction Equipment", dessen Nutzung sie sich im ersten Moment für sich selbst schwerlich vorstellen können. Zeigt man ihnen jedoch konkrete Einsatzszenarien, vor allem in ihrem eigenen Arbeitsbereich auf, kann man diese anfängliche Ablehnung in Neugierde verwandeln und sie dazu motivieren, diese Technik unter einem neuen Blickwinkel zu beurteilen. Im Rahmen einer Technologieberatung für ein produzierendes Unternehmen wurde z.B. ein Arbeitsplatz in der Qualitätssicherung identifiziert, der die Voraussetzungen für eine mobile Tätigkeit erfüllt. Für diesen Arbeitsplatz wurde als erstes ein Handhabungstest mit einer kleinen Zahl von Probanden aus dem Anwendungsbereich und direkt an ihrem Arbeitsplatz durchgeführt. Im zweiten Schritt wurden u.a. unter Beteiligung des Werksarztes Untersuchungen zu gesundheitlichen Beeinträchtigungen der MitarbeiterInnen durch die Benutzung eines HMDs durchgeführt.

Um aussagekräftige und verallgemeinerbare Evaluationsergebnisse zur Verwendung von HMDs zu erhalten, ist mehr als ein einfacher Handhabungstest erforderlich. Doch für HMDs gilt, dass die Bewertung ihrer Qualität und ihrer Benutzbarkeit nicht per se, sondern nur im Kontext einer Einsatzsituation sinnvoll ist. Die im TZI durchgeführten Untersuchungen in einem produzierenden Unternehmen lassen noch keine Verallgemeinerung auf andere Einsatzszenarien zu. Vergleiche zwischen den verschiedenen kommerziell verfügbaren Produkten sind bisher nur auf der rein technischen Ebene bei Eigenschaften wie Auflösung, Schärfe und Helligkeit durchgeführt worden, doch diese Werte sind bei der Nutzung nicht von vorrangiger Bedeutung.

Im BMBF-Leitprojekt ARVIKA wurde u.a. die Gebrauchstauglichkeit von HMDs untersucht; benutzerInnenzentrierte Systemgestaltung war im Projekt als Querschnittsfunktion verankert ([Oeh02], [Arv03], [Fri04], [Oeh04], [Sch05]). Im Rahmen der in diesem Projekt durchgeführten Untersuchungen von HMDs, die allerdings mit dem Fokus auf Augmented-Reality-Technologien erfolgten, wurde neben einiger Mängel verfügbarer HMDs vor allem auf die

---

57 Das Foto auf dem linken Bild sowie der weiße Text sind auf einem HMD, das in der Bewegung benutzt wird, nicht mehr lesbar.

Verbesserungswürdigkeit von Haltesystemen hingewiesen [Sch04a]. Diese unter Beteiligung der Firma Carl Zeiss durgeführten Untersuchungen haben z.B. festgestellt, dass es signifikante Hinweise darauf gibt, dass die verwendete Kopfbefestigung eine wesentliche Rolle bei der Beurteilung der Qualität des HMDs spielt. Was als tragbar und angenehm empfunden wird, hängt jedoch stark vom Einsatzbereich und auch von der realisierten Funktion der mobilen Lösung ab. Aussagekräftige Langzeitstudien stehen noch aus. Die Untersuchung der Universitätsaugenklinik Ulm mit 45 Testpersonen hat keine messbaren Beeinträchtigungen am Auge und auch keine Hinweise auf psychische Mehrbelastungen feststellen können [Kam06].

Als generelle Eigenschaften kann man über die verfügbaren HMDs sagen, dass sie sich alle für eine freihändige Nutzung eignen, und dass sie für das rechte oder linke Auge konfiguriert werden können. Sie benötigen ebenfalls alle einen gewissen Abstand zum Auge, so dass ihr Einsatz eine gewisse Bewegungsfreiheit für den Kopf erfordert. Als Halterung sind Helm, Kappe und Brille besonders geeignet. Die Führung des Versorgungskabels ist bei allen Arten ein Problem, genauso wie die Befestigung des Signalwandlers und der Stromversorgung am Körper. Eine drahtlose Version steht bisher nicht zur Verfügung. Die mitgelieferten Halte- und Tragesysteme eignen sich meistens nur zur Vorführung und zum Ausprobieren, nicht aber für einen Dauereinsatz in unterschiedlichen Nutzungssituationen. Die Benutzung im direkten Sonnenlicht ist für alle Displays ein großes Problem, diese Beeinträchtigung gilt auch für HMDs. Die einzige Ausnahme stellt hier das Nomad-Display dar. Ein Handikap bei allen hier dargestellten Produkten ist zurzeit noch die fehlende Robustheit gegenüber Umwelteinflüssen[58]. Man kann die HMDs mit ihren aktuellen Haltesystemen z.B. nicht im Freien bei Regen einsetzen. Diese Einschränkung gilt ebenfalls für alle Standard-Displays aus der Massenfertigung, die nicht besonders gegen Umwelteinflüsse geschützt sind, und auch für herkömmliche Materialien z.B. in Papierform. Im Gegensatz zu tragbaren Displays kann man jedoch nicht jedes HMD in dieser Situation einfach abnehmen und in einer entsprechenden Schutzhülle sicher verstauen. Allerdings können sie dennoch rudimentär geschützt werden: Die MicroOptical-HMDs verfügen z.B. über mehrere Gelenke zum Wegklappen und über einen Magnetverschluss, der es ermöglicht, sie einfach abzunehmen und in die Tasche zu stecken – wenn das Versorgungskabel entsprechend lose geführt wird [Mic06d]. Der Spiegel des Xyberview kann einfach abgenommen und eingesteckt werden und der Schirm eines Helms oder einer Kappe schützt das darunter getragene Display.

Bei der Untersuchung der Benutzbarkeit von monokularen HMDs spielen die folgenden Fragen und Faktoren eine besondere Rolle:

- Was wird auf dem Display dargestellt?
- Wie oft muss auf das Display geschaut werden, wie lange?
- Wie häufig muss der Blick zwischen Display und realer Welt gewechselt werden?

---

[58] Eine Ausnahme stellt das HMD von Liteye dar; das gibt es auch in einer robusten Version, sogar nach dem US-militärischen Standard (siehe die Produkte der Firma unter [Lit06]).

- Wie kann das HMD getragen werden? Ist eine Befestigung an der Arbeitskleidung (z.B. an Schutzhelm oder -brille) möglich? Ist eine Integration in die Arbeitskleidung denkbar?
- Welche Bewegungsfreiheit benötigt die BenutzerIn für ihre primäre Aufgabe?
- Unter welchen sozialen Bedingungen wird das HMD verwendet? Arbeitet die BenutzerIn allein oder hat sie Kontakt z.B. mit Gästen oder Kunden?
- Welchen Umgebungsbedingungen ist die BenutzerIn mit dem HMD ausgesetzt?
- Ist das heute noch erforderliche Vorhandensein des drahtgebundenen Anschlusses an einen Computer bzgl. des Arbeitsschutzes erlaubt?

Die Zielrichtung bei der Entwicklung von Mikrodisplays und HMDs ist die einer weiteren Miniaturisierung auf der einen und einer Erhöhung der Auflösung auf der anderen Seite. Allerdings ist auch zu beobachten [Bun05], dass manche HMDs nicht mehr produziert werden, da die Nachfrage wohl noch nicht groß genug ist und Hersteller mit der Zeit das Interesse an diesem Produkt zu verlieren scheinen. Es besteht somit die Gefahr, dass der Fortschritt in diesem Bereich an den fehlenden spezifischen Anwendungsprogrammen für mobile Lösungen mit HMDs scheitern könnte.

## 5.4 Software, Modelle und Dienste für mobile Lösungen

Mobile Lösungen bestehen technologisch gesehen aus einem System mit Hardware- und Softwarekomponenten, die aufeinander abgestimmt sein müssen, so wie das auch bei allen anderen informations- und kommunikationstechnichen Lösungen der Fall ist. Es ist zu beobachten, dass in dem noch sehr jungen Feld der mobilen IKT-Lösungen die wechselseitige Bedingtheit dieser Komponenten wesentlich gravierender ist, als das z.B. bei Desktop-Computing- oder Virtual-Reality-Lösungen der Fall ist. Die hardwareseitige Vielfalt erfordert eine entsprechende Vielfalt auf Seiten der Software. Merkmale von Software machen jedoch wieder Vorgaben an die verwendbare Hardware und das gewählte Interaktionsdesign macht seinerseits Vorgaben für beide Aspekte. In den vorangegangenen Abschnitten wurden bereits Hardwarekomponenten für mobile Lösungen beschrieben. Im folgenden Kapitel werden realisierte anwendungsspezifische Systeme dargestellt. Der aktuelle Abschnitt befasst sich deshalb nur mit Softwareelementen, die keine individuellen Applikationen für konkrete anwendungsspezifische Lösungen sind, sondern generelle Eigenschaften mobiler IKT-Lösungen betreffen.

Wie alle anderen IKT-Lösungen erfordern mobile Lösungen Betriebssysteme, Kommunikationsprotokolle, u.U. eine Middleware, verschiedenste Dienstprogramme sowie Anwendungsprogramme (hier „Applikationen" genannt). Es wird auch für mobile Lösungen versucht, hardwareunabhängige Programme bereit zu stellen und bereits vorhandene Software oder Komponenten wiederzuverwenden. Hierbei wurde bei der Entwicklung mobiler Lösungen bisher vor allem auf Programme aus dem Desktop-Computing zurückgegriffen, die auf mobile Endgeräte portiert oder mit möglichst geringem Aufwand an die beschränkten Ressourcen mobiler Engeräte angepasst worden sind. Demzufolge sind die bisher abgedeckten Applikationen für den Konsumentenmarkt gedacht sowie vor allem für Büro-Applikationen wie Textverarbeitung, Tabellenkalkulation, Internet-Browser usw., also kaum Software, die speziell für mobile Tätigkeiten im eingangs definierten Sinne von Bedeutung sind. Dennoch ist es lohnenswert, vorhandene Software genauer zu untersuchen, um ihre Wiederverwendbarkeit oder Übertragbarkeit sowie ihre Möglichkeiten und Grenzen für eine Verwendung als Komponenten für mobile Lösungen zu bewerten. Software wird hier auf drei Ebenen unterschieden:

- Die erste Ebene, die die technischen Voraussetzungen für das *Funktionieren* der mobilen Lösung liefert. Dazu gehören z.B. das Betriebssystem, die Kommunikationsprotokolle sowie integrierte Basisdienste wie Synchronisation und grundlegenden Software-Architekturen (siehe [Has06]) für die Verteilung der Programme und Daten auf einem oder auf verschiedenen (vernetzten) Computern.

- Die zweite Ebene, die die *Benutzung* des Computersystems, also z.B. die beiläufige Interaktion zwischen Computer und BenutzerIn sowie die implizite Eingabe und die daraus resultierende Proaktivität realisiert. Zu dieser Interaktionsarchitektur gehören z.B. Context Awareness und biometrische Sicherheitsmechanismen.

- Die dritte Ebene, die die Applikationen darstellt und erst den *Mehrwert* für die BenutzerIn bringt, also beispielsweise Informations- oder Navigationsdienste.

In diesem Abschnitt werden nur einzelne Aspekte dieser drei Ebenen betrachtet: Betriebssysteme, Software-Architekturen, Context Awareness und die Interaktionsarchitektur. Auf spezielle Applikationen für konkrete Anwendungsfälle wird in Kapitel 6 eingegangen.

**Betriebssysteme für mobile Lösungen**

Hatte man es bei DesktopPCs bisher mit den drei Betriebssystem-Kategorien MacOS, Microsoft Windows und Unix und ihren verschiedenen Versionen und Derivaten zu tun, kommen für die Realisierung mobiler Lösungen noch die speziell für kleine ressourcenbeschränkte mobile Engeräte entwickelten Betriebssysteme und Entwicklungsumgebungen Palm OS, Symbian, Microsoft Windows CE, Microsoft Pocket PC, Microsoft Pocket PC Phone Edition, Microsoft XP Embedded sowie Embedded Linux und das Plattformübergreifende Java , für das „virtual machines" für alle gängigen Betriebssysteme zur Verfügung stehen, sowie J2ME hinzu. Da der Bereich der kleinen mobilen Endgeräte noch relativ jung und dynamisch ist, haben sich bisher noch keine verlässlichen Standards entwickelt.

| Kommerzielle Betriebssysteme | Palm OS | Symbian | Windows CE, Pocket PC, Pocket PC Phone Edition | Windows XP, XP Embedded | Embedded Linux | Java, J2ME |
|---|---|---|---|---|---|---|
| Hersteller | Palm-Source | Herstellerkonsortium aus 12 Firmen | Microsoft | Microsoft | Open Source | Sun Mycrosystems |
| Zielhardware | PDAs | Smartphones | Universell | Universell | Universell | plattformunabhängig |
| Konfigurierbarkeit | Gering | Gering | Hoch | Hoch | Hoch | |
| Beispiele für Endgeräte | Palm, Handspring, Kyocera, Samsung, Sony, ... | Nokia, Motorola, Samsung, Siemens, Sony Ericson, ... | Compaq, ... | OQO, ... | selten vorinstalliertes Linux angeboten, aber möglich (z.B. IPaq) | Virtual Machines existieren für alle kommerziell verfügbaren Betriebssysteme |
| Aktuelle Version (Stand 2005) | 5.0 | 7.0 | | | MontaVista Linux Pro, aber verschiedene Distributionen (Siehe z.B. [Emb06]) | |
| Unterstützte Schnittstellen | IrDa Bluetooth WLAN gem IEEE 802.11 GSM/GPRS CDMA | IrDa Bluetooth TCP/IP, UDP USB (slave) GSM/GPRS Seriell ATA Unterstützung (Compact Flash Multimedia-, SD Memory-Cards) | Bluetooth TCP/IP GSM/GPRS IP Telephony TAPI 2.1 Multimedia LAN, WAN ATA Unterstützung im FAT-Dateisystem | wie Desktop, z.B. Bluetooth TCP/IP GSM/GPRS IP Telephony TAPI 2.1 Multimedia WLAN gem IEEE 802.11 | | Java VM |
| WEB | | WAP WEB HTTP(S) XML Java | Internetexplorer HTTP Server Windows Media Player RAS, FTP, Telnet | wie Desktop, z.B. HTTP Server Windows Media Player | | |
| Messaging | | SMS, MMS, EMS Email (POP, IMAP, MIME, SMTP) FAX | | wie Desktop | | |
| Prozessoren | ARM | ARM | ARM/Strong, ARM/XScale MIPS, SuperH X86 | wie Desktop | nahezu alle | alle |
| min. Speicherbedarf | k.A. | ~ 200 Kb | 300 Kb | 5 MB (XP) | 250 – 700 Kb | |
| Multitasking | nur auf BS-Ebene | X | X | X | X | |
| Programmierung | spezielle API | spezielle API | wie Desktop | wie Desktop | wie Desktop | |
| Handschrifterkennung | integriert | integriert | integriert | integriert | optional | |
| Multimedia | | Audio rendering/streaming Image rendering | DirectX 8, Direct* (Draw, 3D, Show, Sound), Media Player | wie Desktop | | |
| Software Developement | | Personal Java / Java Phone / J2ME C++ PC emulation enviroment | | wie Desktop | | |
| Security | RC4, SHA-1, RSA-verify, SSL | SSL/TLS/WLS IPSec (für VPN) Cryptographic module | SSL | wie Desktop | | |

Tabelle 5: Einige Eigenschaften kommerziell verfügbarer Betriebssysteme für mobile Lösungen.

Die Erfahrung von ApplikationsentwicklerInnen für diese Art von mobilen Endgeräten besagt allerdings, dass die Einhaltung der jeweiligen Betriebssystem- und Entwicklungsumgebungs-Spezifikation keine Garantie dafür ist, dass die entwickelten Anwendungsprogramme auf den unterschiedlichen Geräten tatsächlich auch einwandfrei funktionieren [Bri02]. Anders als im DesktopPC-Bereich muss hier noch unter der Prämisse gearbeitet werden „develop once – test every device". Die Verwendung der von den Hardwareherstellern bereitgestellten Emulatoren von mobilen Endgeräten auf DesktopPCs ist dabei keine ausreichende Hilfe, denn die Simulation liefert häufig kein 100%iges Abbild des physischen Systems und auch die Ressourcenbeschränkungen, denen mobile Endgeräte unterliegen, werden meistens nicht authentisch abgebildet [Bri02].

So, wie die PDA- und Smartphone-Betriebssysteme mit dem Fokus auf Organizer- und Telefonie-Funktionen hin entwickelt worden sind, stammt z.B. die PocketPC-Edition aus der DesktopPC-Welt. Die Reduzierung eines Desktop-PC-Betriebssystem ist nur dann sinnvoll, wenn die wiederverwendeten Elemente auf den mobilen Einsatz hin optimiert und neue, spezielle Elemente hinzugefügt werden. Eine Funktionalität, die besonders wichtig für Software für mobile IKT-Lösungen ist, ist eine flexibel skalierbare Verteiltheit, so dass je nach Applikation und verwendeter Hardware z.B. rechenintensive Programmteile auf andere Rechner ausgelagert werden können. Hier können mobile IKT-Lösungen von verteilten bzw. eingebetteten. Systemen profitieren.

**Besondere Aspekte von Software-Architekturen für mobile Lösungen**

Mobile IKT-Lösungen benötigen neben geeigneter Hardware und Betriebssystemen auch Elemente, die die Integration der verschiedenen Basisdienste, die Nutzung unterschiedlicher Programme sowie die Integration der mobilen Lösung in die umgebende informations- und kommunikationstechnische Infrastruktur leisten. Diese Funktionalität kann in Form einer Middleware oder als Plattform konzipiert und realisiert werden. Eine Middleware[59] leistet die Vermittlung zwischen den verschiedenen Programmen, dem Betriebssystem und dem verwendeten Netzwerk auf der Softwareebene, d.h. für Interoperabilität zwischen verschiedenen Betriebssystemen und zwischen einzelnen Applikationen. Middleware war bisher vor allem eine serverseitige Lösung, die bei der Übertragung auf mobile Lösungen eine drahtlose Konnektivität und evtl. zusätzliche Programme auf dem mobilen Endgerät erfordert.

Kommerziell verfügbare so genannten „Mobilen Dienste" legen bisher eine Client-Server-Architektur zugrunde und gehen häufig sogar von einer Web-basierten Realisierung aus. Doch es befinden sich noch weitere Architektur-Ansätze in der Entwicklung[60]: IBM, Microsoft und SAP bieten z.B. service-orientierte Architekturen (SOA) an, bei denen es sich um fachliche Architekturmuster handelt, die technologieunabhängig angewendet werden können [GI06a]. Darüber hinaus stehen ad-hoc-Netzwerke als Konzepte zur Verfügung und flexible peer-to-

---

[59]   Ansätze zur Realisierung einer Middleware sind z.B. die in Bremen von einigen mittelständigen Firmen gemeinsam aufgesetzte „Mobile Solution Platform". Dabei handelt es sich – anders als der Name im ersten Moment vermuten lässt – um einen zentral angebotenen, Web-basierten Dienst, der Anbietern mobiler Lösungen allerdings die Möglichkeit bietet, ihre Angebote im Rahmen eines vorhandenen Frameworks zu entwickeln, bereitzustellen und zu vermarkten [MSP06]

[60]   Zum Begriff der Softwarearchitektur siehe z.B. den Artikel von Hasselbring in [Has06].

159

peer-Architekturen, wie sie z.B. Witt in seiner Diplomarbeit zu einem Location-Based-Service vorschlägt [Wit04]. Je nach Anwendungsbereich werden diese, ebenfalls auf der Idee der Verteilung basierenden Ansätze nur dann eine Zukunft haben, wenn sich die Idee der zweckgerichteten „Computing Appliances" weiter durchsetzt.

Agententechnologie wurde schon sehr früh mit Wearable Computing in Verbindung gebracht. Rhodes [Rho97] hat seine Definition eines Wearable Computers im Rahmen seiner Forschungsarbeit zu so genannten „intelligenten Agenten" aufgestellt. Agententechnologie stellt in Abgrenzung zu Mainframe- und Client-Server-Architekturen weitgehend autonome Softwarestrukturen zur Verfügung, die von der Vision her die Möglichkeit eröffnen, Aufgaben an Softwareprogramme zu delegieren, die diese Aufgaben dann im Rahmen der Eigenschaften einer Software selbstständig und initiativ ausführen. Es gibt verschiedene Charakterisierungen von Agenten. Die Begrifflichkeit zur Beschreibung dieser Softwareprogramme wird an menschlichem Verhalten ausgerichtet, Wooldridge/Jennings [Woo95] beispielsweise sprechen von einem Agenten, wenn das Softwaresystem folgende Eigenschaften aufweist:

- Es ist *autonom*, d.h. das Programm arbeitet weitgehend unabhängig und verfolgt unabhängig vom Menschen seine Ziele.

- Es ist *sozial*, d.h. es kommuniziert und kooperiert bei seinen Aktivitäten mit Menschen oder anderen Agenten.

- Es arbeitet *pro-aktiv*, d.h. es ergreift die Initiative und löst Aktionen ohne expliziten Befehl aus.

- Es ist *reaktiv*, d.h. es nimmt die Umwelt wahr und reagiert auf Änderungen der Umgebung.

Diese Art von Agenten werden auch *deliberativ* genannt, da sie ein Modell ihrer Umwelt in einer eigenen Datenstruktur verwalten. Durch die Vorhaltung eines internen Modell ist die Planung von Aktionen und schließlich auch ein zielgerichtetes Handeln möglich. Eine häufig genannte Unterklasse sind hier die so genannten BDI-Agenten-Architekturen, die in den Datenstrukturen auch Angaben zu Beliefs (Weltwissen), Desires (Ziele) und Intentions (Absichten) berücksichtigen. *Mobiler Agent* bedeutet in diesem Zusammenhang, dass das entsprechende Programm an beliebigen Orten (innerhalb von vernetzten Computersystemen) ausgeführt werden kann und u.U. auch den Ort der Ausführung wechselt. Für mobile Lösungen verspricht diese Technologie auf verschiedenen Ebenen Realisierungsmöglichkeiten:

- Die Ausführbarkeit an verschiedenen Orten bedeutet eine Flexibilisierung die dem physischen Ortswechsel der BenutzerIn und dem damit u.U. verbundenen Wechsel der umgebenden Rechnerstruktur Rechnung trägt.

- Die Autonomie und die „Intelligenz" eines Agenten könnten die erforderliche Minimalisierung des Interaktionsaufwands der BenutzerIn minimieren.

**Interpretation des mobilen Kontextes**

Ein wesentlicher Vorteil der Platzierung von Informations- und Kommunikationstechnik direkt an einer mobilen TrägerIn ist, dass sich durch den Einsatz verschiedener Sensoren eine deutlich größere Anzahl von Umgebungsparametern automatisch erfassen und interpretieren lässt, als das bei der Nutzung eines stationären Systems der Fall ist. Ort, Ausrichtung, Temperatur, Beleuchtungsverhältnisse, Nähe zu anderen Objekten sind Parameter, die sich bei mobilen Tätigkeiten dynamisch verändern und deren Veränderung je nach Anwendungsbereich für die mobile Lösung von Bedeutung sein kann.

„Kontext" ist das zentrale Stichwort sowohl für Ubiquitous Computing als auch für Wearable Computing. Es ist deshalb auch für mobile IKT-Lösungen von hoher Relevanz. Die Qualität einer mobilen Lösung wird bestimmt durch Antworten auf folgende Fragen: Was ist im konkreten Fall ein geeigneter Kontext? Wie kann er sensorisch erfasst und technisch ausgewertet werden? Welche Adaptionen läst die Interpretation des Kontextes zu? Diese Fragen können abschließend nur im konkreten Anwendungsfall beantwortet werden, doch es gibt ein generalisierbares Schema, wie Kontext erfasst und ausgewertet werden kann: Die verwendeten Sensoren liefern Messwerte, die von geeigneten Softwareprogrammen erfasst, analysiert und interpretiert werden müssen. Soll diese Verarbeitung über einfache Schwellwertermittlungen hinaus gehen und sollen darüber hinaus mehrere verschiedene Sensoren in die Auswertung mit einbezogen werden, so ist eine Interpretation der Messwerte auf der Grundlage von entsprechenden Modellen erforderlich. Die Qualität dieser Modelle und die Effizienz der Modellanalysealgorithmen sind zentrale Kriterien für eine mobile Lösung. Eine Kalibrierung und die Adaption der Modelle, möglichst sogar noch zur Laufzeit an den sich verändernden Kontext sind ein weiteres Qualitätskriterium ([Fah05], [Fah06]).

Albrecht Schmidt hat sich in seiner Dissertation „Ubiquitous Computing – Computing in Context" intensiv mit dem Thema Kontext bzw. Context Awareness auseinander gesetzt [Sch02]. Sein Fokus lag dabei zwar auf einem Beitrag zum Ubiquitous Computing, doch weist er explizit auf die Verwendung von mobilen Systemen hin. Schmidt hat die verschiedenen Definitionen von Kontext, wie sie für seine Fragestellung – die Integration von Umgebungsparametern in ein Computer-ausführbares Kalkül – relevant ist, dokumentiert und ausführlich diskutiert und gibt einen guten Überblick über die in diesem Forschungsbereich durchgeführten Projekte ([Sch02], S.20-39). Er schlägt folgendes informationstechnisches Modell vor, das als hierarchisch angeordneter Merkmalsraum entwickelt werden kann:

- "A context describes a situation and the environment, a device or user is in.
- A context is identified by a unique name.
- For each context a set of features is relevant.

For each relevant feature a range of values is determined (implicit or explicit) by the context." ([Sch02], S.29)

Er unterscheidet auf der obersten Ebene zwischen Human Factors und Physical Environment und unterteilt diese wiederum in

- „Human Factors
  - ➤ User
  - ➤ Social Environment
  - ➤ Task
- Physical Environment
  - ➤ Conditions
  - ➤ Infrastructure
  - ➤ Location"

Dabei bezieht er die Zeit bzw. die Historie als wesentliches zusätzliches und durchgängig notwendiges Merkmal mit ein. Diese Strukturen können weiter verfeinert werden, die terminalen Werte dieser Merkmale determinieren den konkreten Kontext. Schmidt weist im Rahmen einer kritischen Würdigung dieses Modells allerdings darauf hin, dass ein zu generalisiertes Modell u.U. zu wenig Aussagekraft für eine konkrete Applikation hat, und es vorkommen könnte, dass man Modelle auf verschiedenen Ebenen benötigt ([Sch02], S.31f). Er belegt damit meine Hypothese, dass erst der konkrete Anwendungsfall analysiert werden muss, um geeignete Parameter und aus diesen resultierende Komponenten für eine mobile IKT-Lösung bestimmen zu können.

Zum Paradebeispiel für kontextbezogene Dienste sind so genannte Location-Based Services (LBS) avanciert. Das sind standortbezogene Informations- und Dienstleistungsangebote, die über ein drahtloses Netzwerk erbrachte werden und vor allem auf den geographischen Aufenthaltsort der BenutzerIn abgestimmte Angebote präsentieren. Die technische Veraussetzung besteht in der möglichsten genauen Ermittlung der Position der BenutzerIn. LBS zielen bisher vor allem auf kostenpflichtige Angebote für Konsumenten ab und stehen deshalb vor allem auf Mobiltelefonen bzw. Smartphones und PDAs mit entsprechender Konnektivität zur Verfügung. Es gibt aber auch Ansätze für die Unterstützung von FernfahrerInnen [Pan05] bei ihrer logistischen Tätigkeit.

**Interaktionsarchitektur mobiler Lösungen**

Es gibt mittlerweile eine große Anzahl von Applikationen für PDAs und Smartphones, u.a. viele Shareware-Programme. Aber auch etablierte Software-Produkte wie SAP sind auf das eine oder andere Handheld-Betriebssystem portiert worden. Die Hersteller mussten jedoch feststellen, dass die einfache Portierung auf ein mobiles Endgerät noch keine mobile Lösung ist und sich als solche auch nicht verkaufen lässt. Dafür gibt es mindestens zwei Gründe: Zum einen ist eine Benutzungsoberfläche, die für einen DesktopPC konzipiert worden ist, nicht ohne größeren Aufwand auf einen handflächengroßen – oder sogar noch kleineren – Bildschirm und die Eingabemöglichkeiten dieser Geräte übertragbar. Das aus einer einfachen Portierung resultierende „unendliche" Scrollen beispielsweise und die dadurch unübersichtlichen Menus lassen die BenutzerIn nach kürzester Zeit den Überblick verlieren. Heutzutage drucken BenutzerInnen in der Praxis nach wie vor viele Dokumente aus, um sie nebeneinander legen zu können, wenn sie sich über einen komplexen Sachverhalt einen Überblick verschaffen wollen. Den bekommen sie scheinbar nicht am DesktopPC; beim Einsatz kleinerer, mobiler Endgeräte wird diese Problematik noch potenziert und bedarf mindestens einer Anpassung, in den meisten Fällen jedoch sogar einer Neukonzeption der gesamten Interaktionsarchitektur.

Bei einer 1:1-Portierung eines Desktop-Computing-Programms wird die Software nur auf das Betriebssystem des mobilen Endgeräts gebracht, auch ohne den Besonderheiten einer mobilen Tätigkeit Rechnung zu tragen. Das führt zwar dazu, dass dieses Programm an den unterschiedlichsten Lokalitäten benutzt werden kann, aber dort nur in genau der Weise, wie vorher am Schreibtischarbeitsplatz auch, nämlich unter der Prämisse der vollen Aufmerksamkeit der BenutzerIn für die Interaktion und auf keinen Fall beiläufig. Ein Aspekt des mobilen Einsatzes eines Desktop-Programms ist z.B., dass eine mobile Tätigkeit häufig nicht den kompletten Funktionsumfang einer „stationären" Software benötigt und eine andere Form der Interaktion notwendig ist; ein anderer ist, dass am Schreibtisch explizit einzugebende Parameter bei einem mobilen Einsatz automatisch aus dem aktuellen Kontext abgeleitet werden können. Es reicht nicht aus, einzelne Funktionen für eine mobile Lösung einfach auszublenden. Eine Überarbeitung der gesamten Applikation kann notwendig werden, die z.T. bis in die Repräsentation der Informationen in der verwendeten Datenbank reicht. Sie umfasst vor allem auch die Wahl des Interaktionsgeräts und betrifft auf jeden Fall die Gestaltung der Benutzungsoberfläche. Die Mobilität der TrägerIn des Computersystems ermöglicht die Realisierung einer impliziten Eingabe mittels Sensoren und erfordert eine geeignete Interpretation der ermittelten Werte. Diese Art der Interpretation wird als „intelligent" bezeichnet, da sie Methoden der Künstlichen Intelligenz einsetzt, um einen verwertbaren Kontext zu ermitteln.

Da mobile Lösungen von ihrer BenutzerIn häufig für einen längeren Zeitraum direkt am Körper getragen werden, ist die Individualisierung besonders wichtig und naheliegend. Das gilt nicht nur für die Anpassung der Hardware an die offensichtlich sehr unterschiedlichen Körperformen von Menschen, sondern auch für die Software, die an die Gewohnheiten, Vorlieben, Kenntnisse und mentalen Modelle der BenutzerIn angepasst werden muss. So, wie man Fahrrad- oder Autofahren, die Benutzung spezieller Werkzeuge und Maschinen lernt, muss man zumindest in der Arbeitswelt auch die Benutzung eines mobilen Computersystems lernen. Wenn es sich beim Erlernen der Benutzung um ein komplexes System handelt, entspricht das der Anpassung der BenutzerIn an ein technisches Artefakt. Ich halte es für unangemessen, hier eine „natürliche" oder „intuitive" Gestaltung anzustreben. Vielmehr ist hier eine Gestaltung erforderlich, die dem Arbeitsgegenstand angemessen ist, die BenutzerIn in ihrer Individualität unterstützt und sich den jeweiligen Gegebenheiten anpasst. Auf der Ebene der Software erfolgt diese Anpassung der Technik an den Menschen durch *Adaption*.

Entweder bestimmt die explizite Voreinstellung von Parametern durch die BenutzerIn das „Verhalten" des Systems während der späteren Benutzung oder es erfolgt eine dynamische Anpassung des Systems während der Laufzeit aufgrund von „Beobachtungen" des Verhaltens der BenutzerIn und mittels der Verwendung von technischen Lernmethoden (siehe z.B. [Fah05], [Fah06]).In beiden Fällen wird ein *Modell der BenutzerIn* generiert, das das Systemverhalten maßgeblich beeinflusst. Diese beiden Möglichkeiten der Adaption stehen bereits für das Desktop-Computing zur Verfügung und wurden in diesem Rahmen intensiv untersucht und entwickelt. Es wurden z.B. so genannte „intelligente Software-Assistenten" wie der Microsoft Office-Assistent entwickelt. Diese Art von Assistenz ist für mobile Lösungen allerdings nicht geeignet, da sie interaktionsorientiert ist und die Aufmerksamkeit der BenutzerIn erfordert. Für mobile Lösungen wird die Realisierung einer Assistenz benötigt, die gerade die Vielzahl der Interaktionsanforderungen seitens des Systems auf die notwendigsten und unvermeidbaren reduziert. Ein Möglichkeit für diese Reduzierung bietet die Einbeziehung des sich dynamisch verändernden Kontextes als implizite Eingabe in die Gestaltung der expliziten Interaktion.

Software ist am leichtesten für Tätigkeiten zu entwickeln, die statisch sind, vollständig verstanden, funktional formalisierbar und „virtualisierbar". Mobile Tätigkeiten sind das per definitionem nicht, da sie hochgradig dynamisch und durch die physischen Anteile auch nicht vollständig virtualisierbar sind. Angestrebt wird deshalb bei der Konzeption mobiler Lösungen nur eine Teilautomatisierung von wiederkehrenden Aufgaben und eine Realisierung als interaktive informations- und kommunikationstechnologische Unterstützung für einen zumeist fachlich kompetenten, mobil tätigen Menschen. Die Anforderungen an Software für mobile Lösungen scheinen dadurch auf den ersten Blick sehr vielfältig zu sein: Die verwendete Software soll der Aufgabe angemessen und robust gegenüber Fehlern und Ausfällen sein, sie soll den Erwartungen und dem Vorwissen der BenutzerIn angepasst sein und sie bei ihrer primären Aufgabe nicht behindern. Sie soll individualisierbar sein, ihre Bedienung soll intuitiv sein. Diese Anforderungen entsprechen jedoch genau den Grundsätzen, denen jedes „interaktive System" genügen muss und die z.B. in der Norm DIN EN ISO 9241 im Teil 110 zu „Grundsätzen der Dialoggestaltung" [DIN04] niedergeschrieben sind. Folgende Eigenschaften von Systemen werden dort genannt:

- Aufgabenangemessenheit
- Selbstbeschreibungsfähigkeit
- Steuerbarkeit
- Erwartungskonformität
- Fehlertoleranz
- Individualisierbarkeit
- Lernförderlichkeit

Unter einer technisch motivierten Perspektive spielen Faktoren wie Interoperabilität, Portabilität, Skalierbarkeit und Wiederverwendbarkeit von Software für mobile Lösungen ebenfalls eine wichtige Rolle.

Generelle Anforderungen dabei sind, dass die Software vor allem folgende Eigenschaft hat:

- Effizient und in Echtzeit ausführbar

- Ressourcenschonend (Energie und Speicherplatz)

- Modular und bei Bedarf verteilt ausführbar

- Extrem robust

- Autonom und proaktiv

Auch diese Eigenschaften werden von herkömmlicher Software erwartet, doch ihre Beachtung konnte bisher häufig vernachlässigt werden, da die hardwareseitig verfügbaren Kapazitäten seit Jahren kontinuierlich wachsen und eine immer wieder prognostizierte Verknappung der Ressourcen nie eingetreten ist. Diese Verbesserungen sind für mobile Lösungen nicht zu erwarten, da es immer wieder zu energetischen Engpässen kommt, so dass die genannten Forderungen „hart" sind in dem Sinne, dass ihre Einhaltung ein entscheidendes Kriterium für den Erfolg mobiler Lösungen sein wird.

Die zentrale Frage für die Gestaltung der Interaktion zwischen Mensch und Computer für eine mobile Lösung ist, was die Grundsätze der Dialoggestaltung und die genannten Qualitätsfaktoren für mobile IKT-Lösungen konkret bedeuten und wie sie eingelöst werden können[61]. Forschung und Entwicklung im Bereich Software-Ergonomie bzw. HCI (Human-Computer-Interaction) und im Software-Engineering zeigen, dass die Beantwortung dieser Fragen auch für Desktop-Programme noch nicht zufriedenstellend gelöst sind, deshalb wird auch die vorliegende Arbeit nur Hinweise darauf gegeben können, welche Eigenschaften von interaktiven Systemen für mobile Lösungen besonders relevant sind, wo Probleme zu erwarten sind, welche speziellen Funktionalitäten erforderlich sind, welche Aspekte bei der Auswahl von Software für die Realisierung einer mobilen Lösung von besonderer Bedeutung sind und an welchen Stellen noch Forschungsbedarf besteht.

---

[61] Eine Anfang 2004 abgeschlossene Diplomarbeit hat sich damit befasst, welche speziellen Fragen an Wearable-Computing-Lösungen gestellt werden müssen, um die Intention der DIN-Norm und weiterer Technologieentwicklungsrichtlinien erfüllen zu können. [Thi04]

# 6 Bestandsaufnahme realisierter mobiler IKT-Lösungen

Die folgende, bisher umfassendste Bestandsaufnahme realisierter mobiler Lösungen beruht auf eigenen empirischen Anwendungsstudien, auf im Technologie-Zentrum Informatik (TZI) durchgeführten Projekten und auf einer Online-Erhebung per Eingabemaske, die seit dem 01.04.2002 fortlaufend durchgeführt wird. Diese Bestandsaufnahme war bereits Gegenstand einer von der Bremer Wirtschaftsförderung und der Firma Xybernaut finanziert Studie „Technologische und anwendungorientierte Potenziale mobiler, tragbarer Computersysteme", die ich in den Jahren 2001/02 im TZI durchgeführt habe [Rüg02a]. Im Rahmen dieser Recherchen wurden über 100 Anwendungsbeispiele erfasst. Sie verteilten sich zu einem Drittel auf Beispiele aus industriellen Einsatzbereichen, 50% aus anderen professionellen Anwendungsbereichen jenseits der Schreibtischarbeit; ca. 15% waren Beispiele für „persönliche Anwendungen", konzipiert für den Konsumentenmarkt. Die meisten dokumentierten mobilen Lösungen waren Prototypen, die Machbarkeitsstudien für Forschungsansätze oder Feldstudien dienten. Produkte sind bis heute kaum verfügbar und auch auf Erfahrungen mit einem langfristigen kommerziellen Einsatz einer mobilen Lösung kann nur in einem Fall verwiesen werden [Sym06], [Ste98]. In der folgenden Bestandsaufnahme stehen Anwendungsbeispiele aus den Bereichen Industrie und Dienstleistungen im Zentrum. Auf Beispiele aus dem Bereich der Konsumentenanwendungen wird nur dann eingegangen, wenn sich die mobile Lösung für die Übertragung auf den professionellen Arbeitsbereich eignet. Bei der Untersuchung mobiler IKT-Lösungen wurde neben den Aspekten der Realisierung und der verwendeten Komponenten vor allem die Motivation für die Entwicklung der mobilen Lösung hinterfragt und untersucht, warum die meisten Ansätze noch nicht zu einem Produkt oder einer Dienstleistung weiterentwickelt worden sind.

Verschiedene Quellen, z.B. die Case Studies und White Paper der Hersteller von Wearable Computing-Hardware oder von SoftwareentwicklerInnen für den Einsatz ihrer Programme auf mobilen Geräten, aber auch wissenschaftliche Untersuchungen zeigen eine Vielfalt an Anwendungsbereichen, für die mobile IKT-Lösungen ein Innovationspotenzial darstellen können. Die Palette umfasst die gesamte Breite der klassischen Wirtschaftssektoren – von der Dienstleistung über die Industrie bis hin zur Landwirtschaft – und den Konsumenten-Bereich[62]. Umsetzungen wurden für folgende Sparten entwickelt:

- Transport und Logistik
- Produktion, Montage, Konstruktion
- Instandhaltung: Inspektion, Wartung, Instandsetzung
- Gesundheitswesen

---

[62]   Zu Einsatzbeispielen von mobilen Lösungen für Konsumenten oder im Büro-Bereich siehe z.B. [Pic04] und [Pic05] oder [Wic04]

- Krisen- und Katastrophenmanagement, Militär / Sicherheit
- Umwelt / Landwirtschaft
- Tourismus / Kultur / Journalismus
- Individuelle, persönliche Unterstützung für Privatpersonen

Bisher weitgehend vernachlässigt bei der Entwicklung mobiler Lösungen wurde das Handwerk, obwohl die Arbeitsprozesse dort häufig mobile Tätigkeiten beinhalten. Das Mobiltelefon hat sich bei HandwerkerInnen seit langem als allgegenwärtiges Kommunikationsmittel durchgesetzt. Es bleibt zu hinterfragen, ob für die verschiedenen handwerklichen Gewerke der Einsatz leistungsfähiger mobiler Lösungen genügend Innovation und handfeste wirtschaftliche Vorteile bietet. Der folgende Abschnitt gibt eine Übersicht über Einsatzbeispiele im industriellen und gewerblichen Bereich sowie im Gesundheitswesen. Am Ende dieses Kapitels schließt sich eine technologisch motivierte Systematisierung der Einsatzbeispiele an.

## 6.1 Einsatzbeispiele mobiler Lösungen in Industrie und Gewerbe

Im Bereich **Transport und Logistik** werden Güter bewegt. Er zeichnet sich durch eine frühe Durchdringung mit Computertechnologie aus, denn jedes transportierte Gut besitzt eine symbolische Repräsentation – sei es in Form einer Rechnung oder eines Zahlungseingangs – die mittels elektronischer Datenverarbeitung abgewickelt wird. Man denke ebenfalls an die Automatisierung in Hochregallagern oder in Containerterminals, an Warenwirtschaftssysteme sowie an Fahrzeugverfolgungssysteme und Prozesssteuerungen. Neben den physisch zu bewegenden Gütern gibt es immer mehr Dokumente, die die transportierten Güter (physisch und/oder virtuell) begleiten. Darüber hinaus gibt es eine Vielzahl von Arbeits- und Transportprozessen, die auch ohne Dokumententransfer koordiniert und strukturiert werden müssen. Nimmt man die notwendige, heute noch nach wie vor papierbasierte symbolische Begleitung hinzu, dann sind Informationen, Dokumente und Datenströme für die Logistik ein überaus wichtiger Wirtschaftsfaktor. Für die LagerarbeiterIn, die KommissioniererIn oder für den Paketboten bedeutet die Erfassung oder Verarbeitung von Daten jedoch zusätzliche Arbeit, die völlig anders geartet ist als ihre primäre Aufgabe – das Bewegen von Gütern von einem Ort zu einem anderen – und die einen Zeitaufwand erfordert, der zu Lasten der produktiven Arbeit geht. Aus diesem Grund wurden für Transport und Logistik bereits eine Anzahl von mobilen Lösungen entwickelt, von denen im Folgenden eine Auswahl genannt und in Einzelfällen weiter beschrieben wird.

Die Wearable Scanning Systeme (siehe Abb.45) der Firma Symbol Technologies [WSS06], [WT06] werden von verschiedenen AnwenderInnen u.a. in der Paketverteilung, in der Kommissionierung und in der Lagerbewirtschaftung eingesetzt. Es handelt sich dabei um einen speziell für diesen Zweck entwickelte, d.h. auf die Aufgabe hin optimierte und an die BenutzerIn angepasste mobile IKT-Lösungen, die bei UPS in USA flächendeckend eingesetzt

168

wurde [Ste98]. Sie wird so an Unterarm und Finger getragen, dass kein Halten in der Hand und Ablegen erforderlich ist. Eine ähnliche mobile Lösung wurde von anderen Hard- und Softwareherstellern durch die Portierung einer vorhandenen Software auf einen universell einsetzbaren, kommerziell verfügbaren Wearable Computer für die Inventarüberwachung bei umfangreichen Wartungsarbeiten in Kernkraftwerken erreicht [Xyb01a]. Mit dieser kurzfristig umzusetzenden Strategie wurde beispielsweise auch die Schalterabfertigung in einem Flughafen auf ein mobiles Gerät transferiert [Mot02g].

**Abb. 77: links: Inventarüberwachung [Xyb01a], rechts: Mobile Schalterabfertigung [Mot02g]**

Die industrielle **Produktion, Montage und Konstruktion** beinhalten ein umfangreiches Repertoire an mobilen Tätigkeiten. Diese zeichnen sich durch ihren bis zu einem gewissen Grad gleichförmigen und wiederkehrenden Charakter aus, also durch einen gewissen Automatismus. Diese Tatsache hat in der Vergangenheit dazu geführt, industrielle Tätigkeiten durch Automation zu rationalisieren. An dieser Entwicklung hatte die Computertechnologie einen erheblichen Anteil. Die Hoffnungen, die in den Grad der Automatisierung gesetzt worden sind, sind nicht ganz erfüllt worden: Es sind eine Vielzahl von Tätigkeiten geblieben, die von Menschen ausgeführt werden (müssen), insbesondere mobile Tätigkeiten, die seitens der MitarbeiterIn besondere Kompetenz erfordern.

In Deutschland wurde im BMBF-Leitprojekt ARVIKA ([Arv03], [Fri04]) an Augmented Reality-Lösungen für die Entwicklung, die Produktion und den Service komplexer technischer Produkte und Anlagen gearbeitet: Der FacharbeiterIn sollten aufgabenbezogen und kontextabhängig visuelle Informationen in ihr Blickfeld projiziert werden. Die Anwendungsszenarien stammen aus dem Maschinen-, dem Anlagen-, dem Fahrzeug- und dem Flugzeugbau und beinhalteten z.T. mobile Tätigkeiten zu deren Unterstützung mobile AR-Technologie eingesetzt wurde. Das Projekt hat technische Möglichkeiten und Grenzen des Einsatzes von AR-Technologien gegeben, u.a. hat es wertvolle Hinweise zur Beschaffenheit und zu Einsatzmöglichkeiten von HMDs gegeben. Die Erkenntnis, dass neue Interaktionskonzepte für die Etablierung von mobilen IKT-Lösungen erforderlich sind, hat sich auch in diesem Projekt durchgesetzt. In der Nachfolge, im Projekt ARTESAS [Art04], wird gezielt an der Entwicklung und Erprobung von Tracking-Verfahren und von ergonomischen Geräten gearbeitet.

Ein weiteres Beispiel ist ein Projekt, das bereits Anfang der 90er Jahre von und bei Boeing durchgeführt wurde [Miz01]: Die elektrische Verkabelung von Flugzeugen erfolgt außerhalb des Flugzeugs und ist eine komplexe, nicht zu automatisierende Aufgabe, die anhand von Zeichnungen und Handbüchern erfolgt. Diese Tätigkeit erfordert eine umfassende Einarbeitung. Sie ist mobil, da der Arbeitsplatz eine mehrere Meter lange Tafel ist, an der die MitarbeiterIn sich während des Zusammenbaus des Kabelbaums hin und her bewegt. Außerdem ist die primäre Aufgabe der Zusammenbau, alle eingesetzten Materialien sind Hilfsmittel und Werkzeuge. Der Einsatz neuer Technologien soll diesen Produktionsprozess kostengünstiger gestalten. Boeing hat sich für eine mobile AR-Lösung und damit für den Einsatz von Augmented Reality Technologie entschieden: Die gedruckten Materialien werden durch digitale ersetzt. Die geometrische Zeichnung wird über ein monokulares halb-durchsichtiges HMD in das Blickfeld der BenutzerIn eingeblendet, wobei die Position der BenutzerIn und ihre Blickrichtung die visuelle virtuelle Überlagerung bestimmen. Darüber hinaus können die Handbücher benutzt werden, ohne den Arbeitsplatz zu verlassen und es wird eine schrittweise Anleitung für ein „gutes" Design eines Kabelbaus zur Verfügung gestellt, um so spätere Wartungsarbeiten zu vereinfachen. Die angestrebte Produktivitätssteigerung wurde nicht erreicht, denn die Probanden, die den Wearable Computing Prototypen benutzten, waren nur genauso gut und schnell wie ihre traditionell arbeitenden KollegInnen. Als Ursache werden die Ungenauigkeit der Sensoren und Mängel im Interaktionsdesign gesehen.

Die Prozessüberwachung einer großen Produktionsanlage erfolgt zwar von einer zentralen Leitstelle aus, eine regelmäßige Kontrolle vor Ort wird dadurch allerdings nicht ersetzt, denn eine lückenlose sensorische Überwachung von Produktionsanlagen ist bei den heutigen dynamischen Produktionsprozessen nicht möglich. Das Servicepersonal muss insbesondere im Problemfall vor Ort Messungen vornehmen und an jedem Aufenthaltsort über den aktuellen Zustand der gesamten Anlage informiert sein. Auch der Zugriff auf Dokumentationen und die direkte multimediale Kommunikationen mit KollegInnen oder anderen ExpertInnen kann zur Gewährleistung eines störungsfreien Funktionierens erforderlich sein. Dieses Problem wurde für die Temperaturkontrolle in einer Lebensmittelproduktionsanlage mittels eines Wearable Computing Systems gelöst [Xyb01b]. Eine mobile Lösung kann aber auch als Lernunterstützungssystem eingesetzt werden, z.B. beim Lernen vor Ort [Bar01c], [Bas01], [Fei93], [Web96]).

Abb. 78: links: Produktionsunterstützung ([Miz01], S.456), rechts: Lernunterstützungssystem [Fei96]

Die **Instandhaltung** von Produktionsanlagen leistet einen wichtigen Beitrag zum störungsfreien Ablauf einer Produktion, sie ist aber auch in vielen anderen Bereichen Bestandteil der täglichen Arbeit, z.B. bei der Wartung von Haushalts- oder Gebrauchsgeräten oder in und an Gebäuden. Bereits seit den Anfängen mobiler IKT-Lösungen wird daran gearbeitet, diese Technologie für die Instandhaltung einzusetzen, da der Zugriff auf Informationen (Handbücher, Schaltpläne, Reparaturanleitungen etc.), eine multimediale Expertenkonsultation, eine papierlose Schadensberichtserfassung oder die systematische Steuerung des Arbeitsablaufs per interaktiver Checkliste zu einer deutlichen Prozessoptimierung beitragen können (vgl. [Sch00a]). So verwundert es nicht, dass in der Instandhaltung bereits eine große Anzahl von Anwendungsfeldern für mobile Lösungen identifiziert und bearbeitet worden ist, z.B.:

- Wartung von Gebrauchsgeräten (z.B. Drucker) oder der Gebäudetechnik (Vernetzung) ([Fei93], [Kor99]),

- Visualisierung verborgener architektonischer Strukturen in Gebäuden zur Wartung ([Web96], [Fei95]),

- Inspektion von Fahrzeugen, von Flugzeugen, von Industriekränen, von Schiffen oder von Postsortieranlagen ([Bas01], [Fri04], [Arv03], [Her03], [Sie00]),

- Inspektion und Wartung von Wohnhäusern und Gebäudetechnik ([Mot02f], [Bau98], [Kor99]),

- Inspektion in Produktion und Montage, z.B. beim (verteilten) Bau von Schiffen ([Mot02e]).

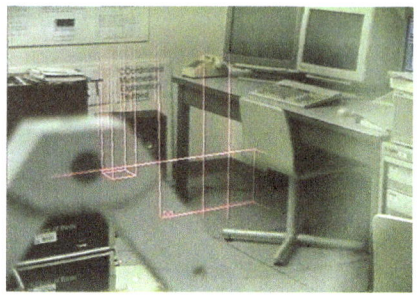

Abb. 79: links: Visualisierung in Wänden verborgener Strukturen [Fei95], rechts: Anleitung zur Druckerwartung [Fei93]

Ein wesentlicher Arbeitsabschnitt bei der Instandhaltung ist die Inspektion, d.h. die Ermittlung des aktuellen Zustands eines Objekts, eines Geräts oder einer Anlage. Im Prinzip werden bei dieser Aufgabe nur Daten erhoben und erst auf der Grundlage dieser Daten werden weitere Maßnahmen eingeleitet, z.B. Ersatzteile bestellt oder Arbeiten durchgeführt. Ein Beispiel für ein solches Anleitungssystem ist der VuMan [Bas01]. Das System wurde sowohl für Fahrzeug- als auch für Flugzeugwartungen getestet. Die BenutzerInnen waren bei der Evaluation sehr zufrieden. Diese Zufriedenheit wird u.a. darauf zurückgeführt, dass sie bereits in der Design-Phase an der Entwicklung „ihres" Systems beteiligt waren und hierdurch die Anwendungsperspektive entsprechend berücksichtigt worden ist [Sma99].

Abb. 80: links: Schiffbau [Mot02e], rechts: Gebäudetechnik [Bau98]

Kommerziell breit einsetzbare Systeme für diesen Einsatzzweck sind dennoch nicht auf dem Markt verfügbar. Ein Hindernis ist z.B., dass ein Modell aller zu inspizierenden Objekte sowie ein Modell des jeweiligen Inspektionsprozesses implementiert sein muss, um ein solches System produktiv einzusetzen. Daran mangelt es in dem meisten Fällen, denn die Digitalisierung eines Teilekatalogs reicht für diesen Zweck einfach nicht aus und die Modellierung jedes Wartungsprozesses würde einen erheblichen personellen Aufwand erfordern.

## 6.2 Einsatzbeispiele mobiler Lösungen im Gesundheitswesen

Die Medizin ist, was den Einsatz neuer Technologien betrifft, schon immer ein Vorreiter gewesen, auch bei der Nutzung von Informations- und Kommunikationstechnologien. Manche Abteilung im Krankenhaus und auch einzelne niedergelassene Praxen (z.B. der Augenheilkunde) sind von (Computer)Technologie zu einem hohen Grad durchdrungen; die ersten Expertensysteme und Virtual-Reality-Anwendungen wurden in der Medizin mit in Zusammenarbeit mit ÄrztInnen erforscht und entwickelt. Diese Vorreiterrolle trifft auch auf den Einsatz mobiler Endgeräte[63] zu: Pager gehören z.b. seit langem zur Ausstattung jeder KrankenhausärztIn. Es lassen sich fünf Bereiche identifizieren, in denen sich mobile Lösungsansätze häufen:

- Notfallmedizin; Einsatz im Notfallwagen

- Patienten-Monitoring

- Pflege- und klinische Dokumentation

- Informationstechnische Prothetik / Verbesserung der individuellen Lebensqualität

- Klinische Studien / Patiententagebuch

Die meisten für das Gesundheitswesen entwickelten mobilen IKT-Lösungen sind Prototypen, doch gibt es mittlerweile einige mobile Lösungen, die bereits als Produkte bzw. Dienstleistungen am Markt platziert sind, die MEDICA, die weltgrößte medizinische Fachmesse in Düsseldorf, hat deshalb 2003 ein eigenes Anwenderforum für mobile Lösungen eingerichtet. Bei den meisten kommerziell angebotenen Lösungen unter dieser Bezeichung handelt es sich allerdings nach wie vor um Notebook-Versionen vorhandener Desktop-Applikationen oder um Portierungen solcher auf PDAs. Eine neuartige „mobile Dienstleistung", die sich an das Konzept der Hausnotrufdienste anlehnt, sind patientenorientierte Notruflösungen (siehe z.B. [Vit06]): Risikogruppen wie Herzkranken, Bluter, Diabetiker oder BluthochdruckpatientInnen werden mit einem speziellen, ähnlich wie ein Mobiltelefon zu bedienendem mobilen Endgerät ausgestattet, das zusätzlich mit einem Notrufknopf, einem GPS-Empfänger und einem mobilen EKG-Gerät oder einem anderen Vitalwert-Messgerät bestückt ist. Integral zum Dienst dazu gehört eine mit Fachkräften besetzte Notrufzentrale, die im Falle des Auslösens eines Notrufs mit der KundIn in Verbindung tritt oder Rettungsmaßnahmen einleitet.

Im Bereich der Erforschung drahtloser Kommunikationstechnologien sind einige Machbarkeitsstudien wie die FU-Projekte xMotion ([Xmo02], [Xmo03]) und 6WINIT [6wi06] durchgeführt worden, in denen grundsätzlich geprüft wurde, inwiefern drahtlose Netze in der Medizin, z.B. UMTS im Notarztwagen oder WLAN im Krankenhaus, einsetzbar sind und wie die

---

63   Einen sehr umfangreichen Einblick in die Aktivitäten im Gesundheitswesen zum Thema „Mobile Lösungen" geben die Tagungsbände (seit 2001) der Workshopreihe „Mobile Computing in der Medizin" der GMDS-Arbeitsgruppe MoCoMed [Moc06] sowie der seit 2000 jährlich erscheinende Telemedizinführer Deutschland [Jäc06].

erforderliche Übertragungssicherheit in den eingesetzten drahtlosen Netzen, auch bei der Durchfahrt durch verschiedene Netze realisiert werden kann. Im Folgenden wird eine Auswahl aus der Vielfalt der verfügbaren mobilen Lösungen für das Gesundheitswesen vorgestellt, der Fokus der Betrachtung liegt auf den Nutzungsbedingungen der vorgeschlagenen mobilen Lösungen.

**Notfallmedizin und Notfalleinsatzunterstützung**

Es gibt Firmen und medizinische Einrichtungen, die sich mit der Unterstützung des Einsatzes von Rettungskräften durch Informations- und Kommunikationstechnik in der Notfallmedizin oder im Katastrophenschutz befassen, z.B. das Rettungszentrum Regensburg zusammen mit der Abteilung für Unfallchirurgie an der Universitätsklinik Regensburg, Wenk Systems GMBH mit der Berufsfeuerwehr Dresden, die Frankfurter Rotkreuz-Krankenhäuser. Der Schwerpunkt wird bei mobilen Lösungen in diesem Anwendungsbereich auf den klassischen Notfalleinsatz eines Rettungswagens mit NotärztIn an Bord gelegt. Als mobile Endgeräte kommen PDAs, neue Eingabegeräte wie der Anoto-Pen, oder ein Wearable Computer der Firma Xybernaut zum Einsatz. Den meisten Projekte ist gemeinsam, dass die Hauptaufgabe darin besteht, schon während des Rettungseinsatzes wichtige Daten der PatientIn schnell zu erfassen, um sie ohne Zeitverlust z.B. an die Rettungszentrale zur weiteren Koordination zu übermitteln. Die aufnehmende Klinik kann dann frühzeitig vorbereitende Maßnahmen zur Weiterversorgung des Notfallpatienten treffen. So wird ein Zeit- und Informationsvorsprung erreicht, der u.U. über Leben und Tod entscheidet. Die Spezialanfertigung einer Rettungsweste mit integriertem Wearable Computer entstand im Projekt „Notfall-Organisation- und ArbeitsHilfe (NOAH)" der Universität Regensburg ([Noa06], [Röc00]). Der Lösungsansatz besteht aus einer verbesserten Kommunikationsanbindung der NotärztIn an die Rettungsleitstelle und die Notaufnahmen der Krankenhäuser.

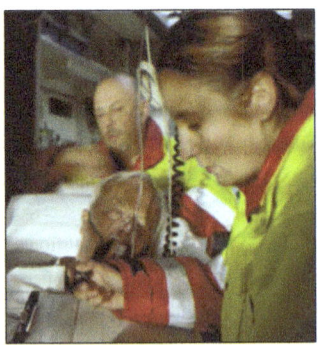

**Abb. 81: links: NOAH-Vest [Xyb01d], rechts: Anoto-Stift im Notarztwagen [Ban02]**

Mit dem kommerziell verfügbaren Produkt Medical PAD ([Dre06], [Med06b] lassen sich nicht nur die von der NotärztIn erfassten Daten, sondern auch Daten aus medizinischen Messgeräten auslesen, die ebenfalls zur weiteren Behandlung an die aufnehmende Klinik übermittelt werden können. Einen etwas spezielleren Schwerpunkt setzten die Frankfurter Rotkreuz-Krankenhäuser. Sie beschleunigen durch den Einsatz des EKG-Gerätes Cremoni [Neu06] im Notarztwagen die Diagnostik bei Herzinfarkt-Patienten. Noch im Haus der PatientIn legt die NotärztIn das Mini-EKG an und mit Hilfe der eingebauten Mobilfunktechnik werden die Daten direkt an das Kompetenzzentrum, zum Beispiel ein Herzkatheterlabor, gesendet. Eine erfahrene KardiologIn kann das EKG in Echtzeit verfolgen und sich mit der NotärztIn dann über die Diagnose und das weitere Vorgehen verständigen.

Zum Notfalleinsatz gehören aber auch realisierte mobile Ansätze, die zeitkritische unmittelbare Analyse gasförmiger Stoffe z.B. in einem Klärwerk, einer Kompostieranlage oder auf Altlastverdachtsflächen ermöglichen [Xyb01b]. Eine schnelle, rudimentäre Auswertung der Messwerte vor Ort und der Abgleich mit dezentral gehaltenen Informationssystemen z.B. über Schadstoffe, über vor Ort gelagerte oder aktuell verwendete Stoffe bietet Hinweise auf unverzüglich einzuleitende Maßnahmen oder auch auf die Veranlassung einer vertiefenden Analyse in einem Labor. Hier werden beispielsweise Voice-over-IP und mobile Telekonferenz-Systeme eingesetzt [Xyb01e]. Für den Einsatz von Informations- und Kommunikationstechnologien in Extremsituationen wie Feuerwehr- oder Rettungseinsätzen gibt es darüber hinaus auch Entwicklungsansätze aus dem Bereich Robotik, die für mobile Lösungen relevant sind[64].

Abb. 82: links: Feuerbekämpfung [Mot02a], rechts: Gasanalyse [Xyb01c]

An der Integration von Wearable-Computing-Technologie in die Arbeitskleidung von Feuerwehrleuten wurde von Via Inc. in einer Anwendungsstudie untersucht [Mot02e] und wird

---

[64]     Siehe z.B. Konferenzen und Veranstaltungen wie die MechRob - Mechatronics & Robotics (www.mechrob.de/) und RoboCup (www.robocup.org/).

zurzeit im EU-Projekt wearIT@work [Wea04] gearbeitet. Die Integration in einen Raumanzug verfolgt Boeing [Wea02]. Vorrangiges Ziel ist neben der Orientierungshilfe vor allem die Erfassung der Umgebungsparameter per Sensorik sowie die Kommunikations- und Kooperationsunterstützung, die ein situationsgemäßes Workflowmanagement und die gezielte Bereitstellung von Informationen für alle Einsatzkräfte – mobil oder stationär – ermöglicht.

**Patientenmonitoring und Notfalldienste**

Ein anderer, häufig schon untersuchter Bereich für mobile IKT-Lösungen im Gesundheitswesen, der direkt an diese Beispiele aus dem Notfalleinsatz anschließt, ist das Patientenmonitoring. Dieses Anwendungsfeld erstreckt sich von Diagnoseverfahren bis hin zu Präventionsmaßnahmen bei Risikogruppen. Das Beobachten bzw. Überwachen zu Diagnose- oder Therapiezwecken war bisher immer eine kostenintensive Variante, da die PatientIn in einer Klinik untergebracht werden musste. Durch ein am Körper zu tragendes Geräte kann diese Überwachung jetzt in der häuslichen Umgebung stattfinden. Diese Möglichkeit erhöht einerseits das Wohlbefinden der PatientInnen und bietet zudem „realistischere" Beobachtungsbedingungen als bei einem Aufenthalt in einem Krankenhaus, und es reduziert darüber hinaus die Kosten der Behandlung erheblich. Mobile Geräte zum Patientenmonitoring können aber auch im Krankenhaus oder in Alten- und Pflegeheimen zum Einsatz kommen.

Im Projekt „e-ssist" [Fra02] wurde am Fraunhofer IGD in Rostock der Entwicklungsschwerpunkt auf die breitbandige Nahbereichskommunikation (Body Area Network, BAN) gelegt und in einem Folgeprojekt weitergeführt [Ban02]. Beim Einsatz dieser Technologie entsteht eine drahtlose Kommunikation zwischen am menschlichen Körper getragenen elektronischen Komponenten, auch dieser Ansatz dient der Gesundheitsüberwachung. An der GeorgiaTech-Universität wurde an einem Wearable Motherboard™ geforscht und entwickelt, das mittlerweile zum Produkt „Smartshirt" der Firma Sensatex geworden ist [Sma05]. Auch die Firma VivoMetrics hat Vitalsensoren in Kleidungsstücke integriert, die Zielgruppe hier sind Konsumenten und medizinische Einrichtungen ([Sta01], [Viv06]). Das European Media Lab (EML) hat für SchwimmerInnen einen DigiCoach entwickelt, der auch Trainingsvorschläge macht [EML06]. Er basiert auf einem mobile Meßsystem aus dem Projekt „Dr. Feelgood" der Universität Heidelberg ([Mar01], [Inn02]). Das Gerät ermittelt nicht nur die Vitalfunktion der PatientIn, sondern erfasst auch sensorisch Informationen aus dem unmittelbaren Umfeld ( z.B. körperliche Aktivität, Umgebungstemperatur), um die Anzahl der Alarmierungen zu reduzieren. Diese Kategorie von Geräten ist auf der Grenze zwischen professionellem Unterstützungssystem und Angeboten für Konsumenten anzusiedeln und wird hier deshalb nicht weiter ausgeführt.

Abb. 83: Vitalwertüberwachung, links: Lifeshirt ([Mec04], S.84), rechts: DigiCoach [Inn02]

## Unterstützung von Arbeitsprozessen im Krankenhaus

Eine andere, große Gruppe mobiler Lösungen ist im klinischen Umfeld zu finden. Das scheint im ersten Moment verwunderlich, da ein Krankenhaus eine stationäre Einrichtung ist, die infrastrukturell sehr gut versorgt werden kann. Doch sind gerade unter den Tätigkeiten im alltäglichen Krankenhausbetrieb viele mobile Aspekte zu finden, die mit der stationär verfügbaren Infrastruktur nicht angemessen unterstützt werden können. Der Schwerpunkt der mobilen Lösungen für die Arbeitsprozesse im Krankenhaus liegt bei der dort erforderlichen umfangreichen Dokumentation und der Bereitstellung von Informationen vor Ort. Da Krankenhäuser in der Regel bereits über ein Krankenhausinformationssystem (KIS) verfügen, beschäftigen sich einige Projekte mit einer mobilen Erweiterung der stationär eingesetzten Desktop-Computing-Software auf eine mobile Lösung, um dem Krankenhauspersonal ein ortsungebundenen Zugriff auf die Patientenakten zu ermöglichen. Des Weiteren soll das Personal die erbrachte Leistung oder Verordnungen gleich direkt am Ort des Geschehens erfassen, um Fehler durch Vergessen bei der nachträglichen Dokumentation oder durch Übertragungsfehler von der Papiernotiz in das KIS zu vermeiden und den administrativen Aufwand zugunsten der eigentlichen Aufgabe zu reduzieren.

In Ansätzen zur Unterstützung der Dokumentation von medizinischen oder Pflegeprozessen werden häufig Handheld-Computer (PDAs oder TabletPCs) eingesetzt[65]. Vereinzelt gibt es aber auch schon Ansätze zur Entwicklung ganz anders gearteter mobiler Endgeräte und insbesondere von Mechanismen, die durch die Verwendung von Wissensbanken und durch die Erfassung und Auswertung des aktuellen Kontextes den Interaktionsaufwand für die BenutzerInnen weitestmöglich reduzieren. Eine Anknüpfung an die bisher gewohnte Arbeitsweise mit Papier und Stift stellt das schwedische Projekt LINDA 2 [Ban02] dar, das als Eingabemedium die Anoto-Technologie einsetzt. Der digitale Kugelschreiber hat den entscheidenden Vorteil,

---

[65] Siehe z.B. die Vielzahl der Beiträge über Smartphone- und PDA-Einsätze im medizinischen Bereich, die in den vergangenen Jahren auf dem Mocomed-Workshops präsentiert wurden [Moc06].

dass sein Einsatz die eingespielten Arbeitsabläufe nicht verändert und das Medium Computer fast unsichtbar integriert. Mit Hilfe dieses Stifts schreibt die BenutzerIn in gewohnter Weise z.b. auf einem Formular, das auf speziellem Papier[66] gedruckt ist. Der Stift sendet die beim Schreiben erfassten Daten z.b. sofort per Bluetooth, oder später per USB, ausgelöst durch einfaches Ankreuzen einer Send-Checkbox, an einen Server, der die Daten validiert und in das KIS einpflegt, ohne dass für die BenutzerIn ein zusätzlicher Eingabe-Aufwand entsteht.

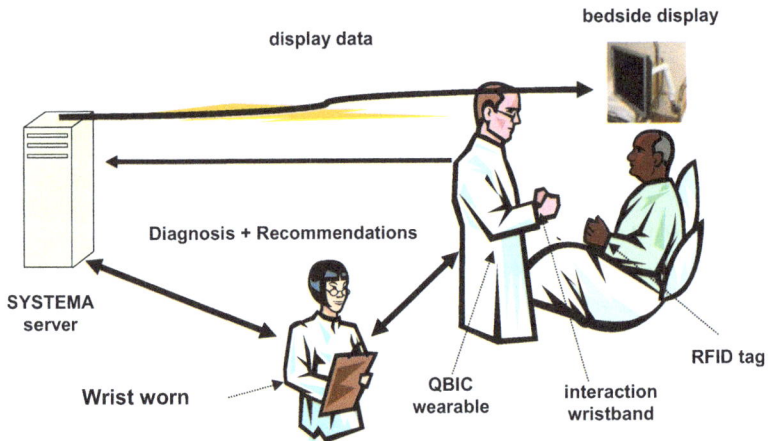

Abb. 84: Schematische Darstellung der Komponenten des ersten Demonstrators im Projekt wearIT@work. (Darstellung: TZI-Projektfolien)

Neben der Dokumentation im Sinne einer Datenerfassung, die schon mehrfach per Spracheingabe ermöglicht worden ist (siehe z.b. die in [Run06] beschriebene drahtlose Erfassungstechnik), ist häufig eine Sprachkommunikation mit anderen Akteuren erforderlich Im Krankenhaus ist vor allem der bettseitige Zugriff auf Laborergebnisse, auf Patientendaten oder auf andere Informationen gewünscht (siehe die Studien im Rahmen des EU-Projekts wearIT@work [Wea04] im Anwendungsbereich „Krankenhaus"). Für diese Aufgabe eignen sich weder Anoto-Technologie noch Sprachverarbeitung, hier sind Visualisierungen erforderlich, für die ein Display gebraucht wird, und eine geeignete Extraktion der relevanten Informationen aus dem vorhandenen Datenbestand.

---

66    Das Spezielle an dem Papier ist das aufgedruckte Punktmuster, das dem Stift dazu dient, seine Position auf dem Papier eindeutig zu bestimmen. Für den Menschen kann das so präparierte Papier mit den bekannten Formularen bedruckt sein, so dass der Unterschied zu den vorher verwendeten Unterlagen nur bei ganz genauem Hinsehen bemerkt wird (siehe Abbildung 63).

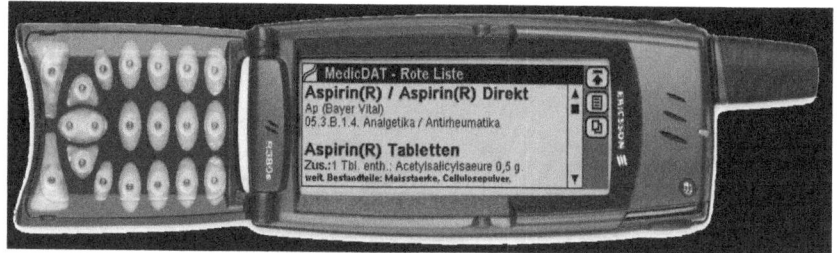

**Abb. 85: MedicDat – Medizinische Informationen per WAP [Med06a]**

Es gibt aber auch Ansätze, medizinische Informationssysteme per WAP zur Verfügung zu stellen. Beispielsweise ist im Projekt MedicDat ([Ren00], [Med06a]) auf dieser Grundlage ein medizinisches Informationssystem entstanden, welches über ein Arzneimittelverzeichnis, Tabellen zur Notfallversorgung von Kindern, länderübergreifende Giftnotrufnummern und vieles mehr verfügt. Das Projekt „Multimedia Terminal Mobile: Mobile Teleradiology" [Eng02] des Deutschen Krebsforschungszentrums und des Steinbeis-Transferzentrum Medizinische Informatik in Heidelberg widmete sich der Entwicklung einer mobilen Teleradiologie-Anwendung, die es der RadiologIn erlauben soll, drahtlos im Haus (per WLAN) oder außer Haus (per UMTS) Röntgenbilder auf einem Handheld-Computer zu empfangen oder mittels einer Telekonferenz externe ExpertInnen zu Rate zu ziehen. Im Projekt „Mobiles Patienteninformationssystem" [Blu02] wurde an der Visualisierung medizinischer Sachverhalte im zwei- bzw. dreidimensionalen Raum für die stationäre Patientenaufklärung gearbeitet. Die behandelnde ÄrztIn sollte grafische Darstellungen nutzen können, um PatientInnen schneller und umfangreicher über medizinische Inhalte zu informieren.

**Informationstechnische Prothetik zur Steigerung der Lebensqualität**

Bei der Recherche nach mobilen Lösungen im Gesundheitswesen fällt auf, dass sich bereits viele Institutionen mit mobilen Anwendungen beschäftigen, die die persönliche Lebensqualität von kranken oder behinderten Menschen steigern und ihnen das tägliche Leben erleichtern sollen. Meist werden in diesen Projekten als Hardware-Grundlage Eigen-bauten eingesetzt. Dies sind zwar keine mobilen Lösungen für mobile Tätigkeiten im vorn definierten Sinne, doch gibt es im Bereich der Unterstützungstechnologie für beeinträchtigte Menschen Ideen und Realisierungen, die sich für die Unterstutzung von Arbeitsprozessen nutzen und anpassen lassen und es werden Ideen für neue Perspektive auf mögliche Lösungsansätze geliefert, so dass auch diese Art mobiler IKT-Lösungen in die vorliegende Arbeit Eingang finden. Hervorzuheben ist z.B. das Projekt PARREHA [Par03] und das daraus resultierende Produkt INDIGO [Par06], die sich mit der Unterstützung von Parkison-PatientInnen durch mobile Informations- und Kommunikationstechnologien beschäftigen. Entwickelt wurde das Produkt auf der Basis eines handelsüblichen Wearable Computers inkl. Head Mounted Display (HMD). Das Projekt beschäftigte sich mit der Beurteilung der motorischen Leistung von Parkison-Patienten sowie mit der Konzeption von therapeutischen Übungen für diese Patientengruppe, die durch geeignete Anzeigen im HMD mehr persönliche Unabhängigkeit erlangen.

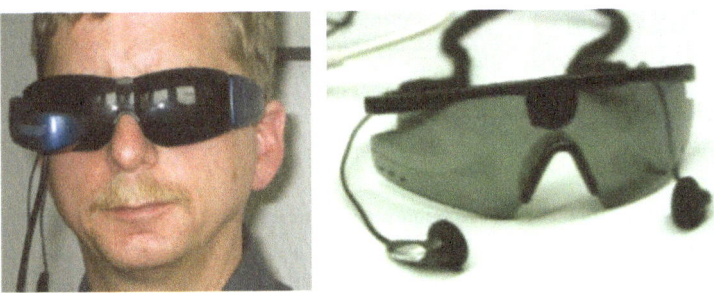

**Abb. 86: links: Ausstattung für Parkinson-PatientInnen [Par06], rechts: Interaktionsgerät für Blinde [Voi06]**

Ausschließlich mit der Unterstützung von Blinden beschäftigte sich das Projekt „The vOICE" [Voi06]. Gegenstand ist die Konvertierung von Videodaten in Audio-Informationen und damit der Versuch, blinde Menschen mittels ihrer Ohren „sehen" zu lassen: Hoch im Bild positionierte Pixel ergeben einen hohen Ton, tiefer liegende erzeugen einen tieferen; je heller ein Pixel ist, desto lauter wird es widergegeben. Mit etwas Übung soll es auf diese Weise möglich sein, aus dem Gehörten ein „Gesamtbild" entstehen zu lassen, das der BenutzerIn mehr Informationen über ihre Umgebung bietet, als sie normalerweise hören oder ertasten könnte. Mobile Lösungen können in diesem Sinne die Funktion einer Prothese erfüllen, indem die technische Wahrnehmung, die von den verschiedensten Sensoren geliefert wird, in eine von der BenutzerIn wahrnehmbare transformiert wird. Steve Mann hat bereits in den 80er Jahren eine Weste für sehbehinderte Menschen vorgeschlagen, die mit Radar Gegenstände in der Umgebung registriert und deren Position der TrägerIn in Form von Vibrationen zugänglich macht [Man98]. Die Transformation von technischen Daten in menschlich Wahrnehmbares und auch die Stimulierung von anderen bzw. zusätzlichen Wahrnehmungskanälen kann für mobile Lösungen richtungsweisend sein, denn die Forderung nach einer „beiläufigen" Benutzung impliziert nicht nur, dass die Eingaben anders als über Maus und Tastatur erfolgen, sie eröffnet auch die Möglichkeit, dass die Rückmeldungen vom Computersystem in anderer Form erfolgen als das bisher z.B. beim Desktop Computing der Fall ist.

**Unterstützung klinischer Studien / Patiententagebücher**

Ein völlig anderer Bereich, in dem mobile Lösungen eingesetzt werden, ist die Durchführung von klinischen Studien. Im Projekt „Einsatz von mobilen Computern in einer klinischen Studie", das an der Universität zu Köln durchgeführt wurde [Koo01], ging es um die Erprobung neuer Medikamente. Dazu wurde jeder ProbandIn statt eines Heftes ein PDA mit einem Tagebuchprogramm ausgehändigt, auf dem nach Verabreichung des Medikaments im Takt von 15 Minuten die aktuellen Beschwerden registriert werden sollten. Die Studie verlief sehr positiv, die ProbandInnen hatten keine Probleme mit der Handhabung des mobilen Endgeräts. Im weiteren Verlauf der Studie stellte sich sogar heraus, dass durch den Einsatz von mobilen Endgeräten eine Erhöhung der Datenqualität sowie eine zeitliche Beschleunigung erreicht werden konnte. Es werden aber nicht nur handelsübliche Handheld-Computer für diese spezielle Art von Dokumentation eingesetzt [Mic06f], sondern auch Eigenentwicklungen wie der „m medicus Praxiscomputer" [Med06]. Er dient der Befindlichkeitsregistrierung sowie als Erinnerung an die Medikamenteneinnahme für die PatientIn. Durch diese Förderung der Mitarbeit der PatientInnen an der Therapie wird die Genesung beschleunigt und somit teure Arzneimittelkosten eingespart. Ein solches System wird in anderer Form auch zur Kommunikation zwischen PatientIn und betreuender ÄrztIn eingesetzt, z.B. durch Integration eines Messaging-Systems oder durch Bereitstellung als Telekonferenzdienst (siehe Projekt Endotel [End04]). Die Delegation der Datenerfassung an die PatientInnen wird unterschiedlich bewertet. Sie stellt auf der einen Seite eine Entlastung der MitarbeiterInnen im Gesundheitswesen und eine Reduzierung der Fehlerhäufigkeit bei der Übertragung von der Papierformulare in die EDV dar, andererseits besteht dadurch auch die Gefahr, dass Arbeitsplätze abgebaut und die Arbeit der verbleibenden MitarbeiterInnen so verdichtet werden, dass für die Ansprache und Betreuung der PatientInnen immer weniger Zeit zur Verfügung steht.

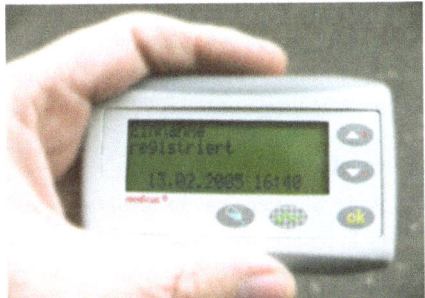 

Abb. 87: links: m medicus [Med06], rechts: Standard-Geräte im Projekt Endotel [Med02]

Dieses Problem der Veränderung und Verdichtung von Arbeitsprozessen ist in allen Bereichen des Gesundheitswesens gegeben. Es besteht nicht nur für mobile Lösungen, sondern betrifft jede Art von Technikeinsatz. Dieser Interessenkonflikt soll hier deshalb nur erwähnt und nicht weiter ausgeführt werden, da die Erörterung dieser Frage den Rahmen der vorliegenden Arbeit sprengen würde. Bei der Konzeption und Entwicklung von mobilen Lösungen spielen derartige Faktoren jedoch vor allem bei der Akzeptanz durch die MitarbeiterInnen und auch bei der Ermittlung und Identifikation von mobilen Tätigkeiten eine

Rolle. Aus diesem Grund werden in dieser Arbeit in Kapitel sieben und acht Vorgehensmodelle und Methoden vorgeschlagen, die diesen Interessenkonflikt frühzeitig offen legen können und es wird über Erfahrungen mit der Thematisierung derartiger Interessenkonflikte berichtet.

## 6.3 Systematisierung der bisher realisierten mobilen Lösungen

Die bisher realisierten mobilen Lösungen unterscheiden sich in mehreren Dimensionen. Sie reichen von der Portierung herkömmlicher Software aus dem Desktop-Computing auf ein kommerziell verfügbares mobiles Endgerät bis hin zum Design völlig neuer Hardware und Software. Trotz einer enormen Vielfalt der anwendungsspezifischen Ansätze sind in den entwickelten mobilen Lösungen Ähnlichkeiten zu beobachten, z.B. bei der Auswahl der Komponenten oder bei den angenommenen Bedarfen und Anforderungen seitens der BenutzerInnen. Die Herausarbeitung dieser Gemeinsamkeiten ist für eine Fortführung einer wirtschaftlich motivierten Technologieentwicklung notwendig. Die Verbreitung und Etablierung mobiler IKT-Lösungen wird aber auch davon abhängen, welche offensichtlichen Vorteile ihr Einsatz und ihre Entwicklung für einen konkreten Anwendungsbereich bringen werden. Um diese Vorteile frühzeitig identifizieren und mit den potenziellen NutzerInnen diskutieren zu können, ist ein generalisierender Blick über die vorhandenen mobilen Lösungen in allen Anwendungsbereichen sinnvoll. Die folgende Auswertung geht deshalb nicht statistisch vor, sondern qualitative. Sie fokussiert auf die Beurteilung und Offenlegung der bereits jetzt ersichtlichen Probleme mit den vorhandenen technischen Ansätzen und der sich in ihnen offenbarenden Lösungspotenziale durch mobile IKT-Lösungen. Die Lösungsklassen werden anhand charakteristischer Beispiele beschrieben, ohne dass auf weitere Lösungsvarianten eingegangen wird, da sie sich jeweils nur in Details unterscheiden.

**Portierung von Desktop-Programmen auf mobile Endgeräte**

Eine auf den ersten Blick sehr attraktive und einfache Strategie, eine mobile Lösung mit wenig Aufwand zu entwickeln, ist es, herkömmliche Softwareprogramm auf einen tragbaren Computer zu bringen, um die Funktionalität dann auch in der Bewegung jederzeit und an jedem beliebigen Ort zu nutzen. Die Portierung der Organizer-Funktionalität auf PDAs beispielsweise war eine erfolgreiche Portierung. Doch auch umfangreichere und komplexere Desktop-Softwaresysteme sind auf Wearable Computer, TabletPCs oder UMPCs portierbar. So nutzte z.B. Northwest Airlines Wearable Computer der Firma ViA durch die einfache Portierung ihrer stationär eingesetzten Software auf die mobilen, tragbaren Geräte in ihr Flughafen-Schalterabfertigungssystem, um die Fluggäste dezentral schneller abfertigen zu können [Mot02]. Ein anderes Beispiel ist der Einsatz eines mobilen Endgeräts, bestückt mit bereits auf DesktopPCs eingesetzter Software, beim Erzeugen von Inspektionsberichten vor Ort während der Inspektion von Wohnhäusern [Mot02]. Als Vorteil des Wearable Computers, auch an den unzugänglichsten Orten eingesetzt werden zu können, wird hier genutzt.

Ursprünglich, d.h. vor Verwendung eines Wearable Computers, musste die InspekteurIn während ihrer Arbeit mit Papier und Stift protokollieren und später die notierten Daten in das auf einem Notebook oder einem PC lauffähige Protokollierprogramm eingeben. Nicht nur, dass sie so doppelte Arbeit zu leisten hatte, auch die Fehlerrate war dadurch erhöht. Allerdings bedeutet die 1:1-Übertragung auch, dass alle Benutzungsbedingungen, die für Desktop Computing gelten, auch für die Arbeitssituation der „mobilen ArbeiterIn" angenommen werden. Was nicht der Fall ist, denn bei der Inspektion ist nicht die Benutzung des Computers die primäre Aufgabe, sondern die Untersuchung des zu inspizierenden Gegenstands.

Wearable Computer können auch unter Schutzkleidung getragen und dadurch vor Umwelteinflüssen geschützt werden. So wurde z.B. ein Wearable Computer der Firma Xybernaut, erweitert um einen Sensor zur berührungslosen Objektidentifikation (Barcode-Scanner) und um eine drahtlose Netzverbindung, mit einem Inventarisierungsprogramm des Anwenders bestückt und für die Inventarüberwachung bei Wartungsarbeiten in einem Kernkraftwerk eingesetzt [Xyb01a]. Diese Portierung führte laut Hersteller sowohl zu einer deutlichen Zeitersparnis bei den kostenintensiven Wartungsarbeiten als auch zu einer Erhöhung der Sicherheit. Den Mehrwert brachte, so der Hersteller weiter, die drahtlose Kommunikation, durch die ein direktes Arbeiten vor Ort mit dem aktuellen Datenbestand auf dem stationären Server ermöglicht wurde.

Ein anderer Bereich, in dem eine Portierung bereits stationär etablierter Software auf ein drahtlos miteinander verbundenes System bestehend aus Wearable Computern durchgeführt wurde, ist das Krisen- und Katastrophenmanagement. Die Firma ViA hatte dafür ihre Geräte, insbesondere ihre Wrist-Mounted-Touchscreens so umgerüstet, d.h. isoliert, dass sie in und an der Schutzkleidung von Feuerwehrleuten getragen werden können [Mot02a]. In einem konkreten Anwendungsfall wurde ein Desktop Computing-Programm zur Kooperationsunterstützung eingesetzt, um den Einsatz der Feuerwehrleute zu koordinieren und sie mit all den Informationen zu versehen, die sonst nur in der Leitzentrale auflaufen. In einem anderen Anwendungsfall erhielten die Feuerwehrleute darüber hinaus eine Navigationshilfe und ihre Position wurde ständig ermittelt. Auch hier sieht der Hersteller den Mehrwert in der drahtlosen Einbindung in das bereits stationär erfolgreich betriebene System. Die Liste der Ansätze zur Portierungen vorhandener, für stationäre Geräte entwickelter Software auf mobile Hardware ließe sich noch weiter fortsetzten. Versucht werden sie überall dort, wo vor Ort Daten erhoben und notiert werden, die bisher in einem zweiten Arbeitsgang in ein Dokumentations- oder Informationssystem eingepflegt werden müssen. Landvermessung [Mot02c], Tier- und Pflanzenbeobachtung [Kir95], archäologische Katalogisierung und die Dokumentation landwirtschaftlicher Produktionsparameter [Mot02d] sind die bisher berücksichtigten Anwendungsfelder. Allerdings gibt es bei Systemen, die ohne Veränderung der Benutzungsoberfläche und ohne die Anpassung des Interaktionsdesigns auf ein mobiles Endgerät übertragen werden, Benutzbarkeits- und Akzeptanzprobleme.

Auch Bedienungsanleitungen, Benutzungshandbücher, Konstruktionspläne, Teilekataloge oder Lernsoftware liegen in digitaler Form vor und können mit jedem leistungsstarken mobilen Engerät benutzt werden. Die aktuellen Wearable-Computing-Produkte bieten dafür auf jeden Fall genügend Kapazität, deshalb wird mit der Portierung bekannter Software auf einen Wearable Computer häufig die Vorstellung vom „DesktopPC am Gürtel" verbunden. Es geht bei mobilen IKT-Lösungen nicht darum, den Computer vom Schreibtisch zu verbannen, nur um ihn dann am Gürtel unterzubringen und die gleichen Arbeiten unbequem „im Gehen" zu verrichten, auch wenn aus dem Klaus Steilmann Institut zu lesen ist, "dass in den nächsten fünf bis zehn Jahren in Freizeit- und Arbeitsbekleidung eingebettete Elektronik den Desktopcomputer abgelöst haben wird." ([Bli01], S.84). Dass eingebettete Elektronik eine immer wichtigere Rolle spielen wird, ist unbestreitbar, doch wird es weiterhin Domänen geben, z.B. der Bereich der Verwaltung oder die Sekretariate, in denen die Desktop-Metapher genau das richtige Leitbild der Technikgestaltung bleiben wird. Für die Benutzung von In-formations- und Kommunikationstechnologie in der Bewegung wird sie das nicht sein, denn die Voraussetzung der primären Aufmerksamkeit für die Benutzung des Computersystems ist bei mobilen Tätigkeiten nicht gegeben. Jede Person, die schon einmal ein Wearable-Com-puting-System z.B. mit monokularen HMD und alternativem Eingabegeräte ausprobiert hat, wird bestätigen, dass Standard-Applikationen aus dem Desktop-Computing-Bereich mit diesem Equipment unmöglich auf Dauer zu benutzen sind. Deshalb ist die Konzeptionierung einer neuen, mobilen Form der Interaktion zwischen Mensch und Computer erforderlich, die sowohl Software- als auch Hardwareanpassungen und somit eine neue *Interaktionsarchitektur* beinhaltet. Über die Portierung von Software auf ein mobiles Endgerät kann in jedem Anwendungsbereich nachgedacht werden, doch sollten EntwicklerInnen sich nicht auf dieses Vorgehen beschränken, da die Gefahr besteht, dass die resultierende mobile Lösung nicht nur nicht benutzt wird, sondern die Barriere für die Akzeptanz einer mobilen Lösung sogar noch erhöht.

**Aufgabenspezifische Optimierung von Hard- und Software**

Mobile Lösungen die nicht einfach aus der Portierung von Desktop-Computing-Lösungen auf mobile Endgeräte bestehen, wurden schon früh prototypisch umgesetzt. Der erste Wearable Computer bzw. das Gerät, das rückblickend als solcher bezeichnet wird, war ein analoges System, das in den sechziger Jahren zur Vorhersage der Ergebnisse beim Roulette eingesetzt wurde ( [Bas85], [Tho98], ([Bar01b] S.478)). Jahre später wurde sogar noch eine zweite, dies-mal digitale Variante entwickelt, die die Ergebnisse der ersten jedoch nicht verbesserten konnte. Klein waren beide Systeme und tragbar. Die Tragbarkeit ging über das „am Körper befestigen" hinaus, da Komponenten des Systems in die Kleidung integriert wurden: Es bestand aus zwei drahtlos vernetzten Komponenten, die von zwei Personen jeweils im Schuh getragen wurden. Mindestens das jüngere System war programmierbar, allerdings nicht wäh-rend der Benutzung. Diese wissenschaftliche „Spielerei" ist ein gutes Beispiel für die Anpassung eines Computersystems an die konkrete Anwendung. Weitere Schritte in diese Anwendungsrichtung wurden nicht unternommen, bzw. sind bisher nicht bekannt geworden, da allein schon der Versuch einer Vorhersage beim Roulett in den USA illegal ist. Darüber hinaus war die entwickelte Lösung nicht dafür geeignet, auf komplexere Aufgaben übertragen zu werden.

Die beiden im folgenden angeführten Beispiele stellen eine Anpassung von Hardware, Peripherie und Software an eine spezielle, stark eingeschränkte Aufgabe dar, die jeweils kommerziell erfolgreich war, da die resultierenden mobilen IKT-Lösungen produktiv eingesetzt worden sind. Die Firma Symbol Technologies [Sym06], spezialisiert auf Barcode-Scanner und eines der führenden Unternehmen im Bereich Scannerkassen und mobilen Computer- und Kommunikationssystem, insbesondere zum Einsatz im Handel und in der Logistik, hat frühzeitig die Vorteile einer mobilen Unterstützung für Kommissionierung und Lagerarbeiten erkannt und verschiedene Systeme zur mobilen Datenerfassung per Handheld-Endgerät entwickelt. Die Evaluation dieser Handheld-Lösungen und die Erfahrungen im kommerziellen Einsatz bei verschiedenen Arbeitsaufgaben wies auf Handhabungs- und daraus resultierende Akzeptanzprobleme in bestimmten Segmenten hin [Ste98]: Die MitarbeiterInnen konnten mit den mobilen Handscannern zwar den Barcode der Waren schneller einlesen als bei der Datenerfassung mit Papier und Stift, mussten das Gerät aber jedes Mal aus der Hand legen, wenn sie die Güter bewegten. Diesem Nachteil wurde durch die Entwicklung eines ergonomisch gestalteten Wearable Computers Abhilfe geschaffen. Die Geräte wurden in mehreren Entwicklungs- und Evaluationszyklen bzgl. ihrer äußeren Form und ihrer Trageeigenschaften sowohl an die Aufgabe – das Einlesen von Barcodes – und auf den Anwendungszusammenhang – das manuelle Bewegen von Gütern – sowie an die BenutzerIn – körperliche Bewegungsfreiheit – angepasst [Ste98]. Das Wearable Scanning System ([WSS06] und [WT06]) kann

- jederzeit während der Bewegung benutzt werden;
- so am Körper getragen werden, dass es die BenutzerIn nicht bei ihrer primären Arbeit (z.B. Entladen eines LKWs, Bestücken eines vollautomatischen Lagers, Kommissionierung) behindert;
- robust und ausdauernd (mehr als 8 Std. Dauerbetrieb) eingesetzt werden;
- in die bestehende Infrastruktur integriert werden (mit geringen Anpassungen, z.B. durch den Austausch des Scan-Kopfs, durch die Verwendung einer drahtlosen Netzwerkkarte und durch die Programmierbarkeit)
- den BenutzerInnen und den AnwenderInnen einen Mehrwert liefern.

Diese mobile Lösung steht kommerziell zur Verfügung, sie wird eingesetzt und benutzt. Der Einsatz bei UPS Albertsons, FedEx, Wal-Mart, Office Depot, Sainsburys u.a. gilt als der erfolgreichste Einsatz eines Wearable Computers [Bil02]. Hervorzuheben ist, dass das System auch von den MitarbeiterInnen angenommen wurde [Ste98]. Das Tragen der mobilen Lösung behindert sie nicht. Es erleichtert ihnen sogar ihre Arbeit, da sie z.B. keinen Handscanner in die Hand nehmen und deshalb auch nicht mehr darauf achten müssen, wo sie ihn abgelegt haben. Der Vorteil dieser Lösung liegt in der Spezialisierung und Optimierung auf eine eng umgrenzte Aufgabe bzw. auf einige wenige Aufgaben. Das Wearable Scanning System wird eingesetzt, um ganz spezielle Daten auf möglichst einfache Weise und ohne Behinderung der BenutzerIn bei ihrer Arbeit zu erfassen: Barcode-Kennungen. In der erweiterten Funktionalität stellt es einfache Kommunikation z.B. in Form einer Arbeitsauftragserteilung oder einer Verfügbarkeits- oder Ortsinformation zur Verfügung. Die METRO Group hat zur Cebit 2006 ein vergleichbares System für die Nutzung der RFID-Technologie vorgestellt [MET06]. Es handelt sich um ein RFID-Voice-Picking-System, das aus einem neu entwickelten RFID-Handschuh und einem kommerziellen Pick-by-Voice-System [IND05] besteht. LagerarbeiterInnen erhalten per Sprache computergenerierte Anweisungen, wo sie welchen Artikel sie z.B. bei der Kommissionierung aus dem Regal nehmen sollen. Der RFID-Scanner erfasst die Entnahme; ein sofortiger Abgleich mit der Auftragsdatenbank generiert eine Fehlermeldung, wenn ein falscher Artikel gegriffen worden ist. Ein Praxistest wird gerade durchgeführt, Ergebnisse liegen deshalb noch nicht vor [MET06].

Abb. 88: links: WT4000 - Wearable (Barcode) Scanning System [WT06], rechts: Pick-By-Voice System "dictulus" von der Firma Perdictum (Foto: Perdictum)

Zu einer der frühen und sogar mehrfach kommerziell verfügbaren mobilen Lösungen gehören Online-Berichterstattungssysteme mit denen just-in-time Reportagen z.B. von Messen und Ausstellungen, aber auch von Reisen und anderen zeitlich begrenzten Events veröffentlicht werden können. JournalistInnen und ReporterInnen sind Zielgruppe dieser mobilen Lösung. Im Laufe der Jahre wurden verschiedene Varianten dieser Technologie entwickelt, allerdings auch immer wieder verworfen. Die erste sogenannte „Webreporterin" [Xyb01g] war mit einem Wearable Computer der Firma Xybernaut ausgestattet (Computer am Gürtel, HMD, Unterarmtastatur), der um eine Digitalkamera zum Erstellen von Fotos erweitert worden war. Sie berichtete 1999 im Auftrag von Audi von der IAA, indem sie vor Ort Interviews führte und diese als Berichte niederschrieb, ihre GesprächspartnerIn fotografierte und diese Reportage dann im WWW veröffentlichte. Die späteren Berichterstattungssysteme sind mit Video-kamera und Mikrofon ausgestattet und drahtlos mit einem Server verbunden, so dass der Live-Stream direkt im Intranet, im Web oder auch in den klassischen Medien Radio und Fern-sehen veröffentlicht werden kann. Durch die permanente Netzverbindung können die ZuschauerInnen direkten Einfluss auf die Berichterstattung nehmen, indem sie per E-Mail oder Live-Chat mit der ReporterIn kommunizieren - die Berichterstattung wird zum interak-tiven Online-Ereignis.

**Abb. 89: links: WebReporterin [Wea00], rechts: Ires [Art01]**

Jeder Wearable Computer kann eingesetzt werden, wenn er mit der erforderlichen Peripherie (WebCam, Mikrofon, HMD, Tastatur etc.) ausgestattet ist. Darüber hinaus ist eine Software zur Veröffentlichung erforderlich. Die Firma Wearix hat beispielsweise ein entsprechendes System unter dem Namen „WebReporter" entwickelt (siehe [Wea00], [Wea06]), ART+COM haben unter der Bezeichnung „Ires" ein Komplettsystem und sogar einen Berichterstattungs-service angeboten [Art01]. Das ZDF sendete Live-Berichte ihres „CyPorters" in ZDF.online [ZDF01] und die Valcast Streaming Group übertrug live von der ifa 2001 ein Modera-torInnen-Casting von cyberchannel.de ins Web [IFA01].

Das WebReporter-System [Wea00] ist ein auf die online-Berichterstattung hin optimiertes Wearable-Computing System. Es ermöglicht

- die multimediale Aufnahme von Daten (Einzelbilder bzw. Videostream, Audio-Stream und geschriebener Text),

- eine Durchleitung dieser Daten über ein drahtloses Netz an einen „Veröffentlichungs-server",

- die Kommunikation mit den ZuschauerInnen per E-Mail oder Chat und

- die Informationspräsentation (z.B. des veröffentlichten oder zu veröffentlichenden Materials, des gerade zu erstellenden Textes, des Dialogs mit den Online-Zuschau-erInnen).

Gegenüber herkömmlicher Berichterstattung bringt der Einsatz dieser mobilen Lösung den Vorteil der absoluten Aktualität und der hohen Flexibilität durch die Mobilität bei geringem – sprich tragbarem – Aufwand. Ein gewisser Qualitätsverlust z.b. bei der Bildqualität wird gern in Kauf genommen, sowohl von den ZuschauerInnen als auch von der RedakteurIn. Der ReporterIn stehen für ihre mobile Tätigkeit alle ihr geläufigen „Werkzeuge" vor Ort zur Verfügung, denn Journalismus besteht schon in weiten Teilen aus Arbeit am Computer. Das Wearable-Computing-Reportage-System ist in diesem Sinne die konsequente Fortführung des einmal eingeschlagenen Weges. Die bereits benutzten und bekannten Komponenten (Kamera, Mikrofon, Aufzeichnungsgerät, Text- und Bildverarbeitung, Schnittsystem etc.) werden mit dem Medium Computer zu einem Gesamtsystem integriert und an die Bedingungen der Mobilität angepasst, um eine spezifische Tätigkeit zu unterstützen.

Die technische Intelligenz dieser mobilen Lösungen ist verschwindend gering. Ihre Stärke liegt in der mobilen, tragbaren, berührungslosen Datenerfassung vor Ort, in der Kombination bekannter mobiler Endgeräte zu einem mobilen Gesamtsystem am Körper und in der Beschränkung auf die Unterstützung einer konkreten, begrenzten Aufgabe. Ähnliche spezifische Aufgabenstellungen lassen sich in vielen anderen Anwendungsbereichen finden. Die Entwicklung derartiger monofunktionaler, robuster mobiler Lösungen ist der nächste, kurzfristig kommerziell realisierbare Schritt in Richtung einer Unterstützung mobiler Tätigkeiten durch mobile Informations- und Kommunikationstechnologien. Das Problem dieser auf eine speziellen Anwendung zugeschnittene Lösung ist der hohe Anpassungsaufwand bei einem eingeschränkten Einsatzbereich. Verzichtet man jedoch auf die Optimierung, wie im Fall des Web-Reporters, findet die mobile Lösung keine Akzeptanz.

**Integration mobiler Messsysteme mit Wearable Computern**

Es gibt eine Vielzahl von mobilen Tätigkeiten, bei denen Daten gemessen oder auf andere Art und Weise erhoben werden. Die digitale Erfassung dieser Daten und ihre elektronische Analyse erforderte bisher immer einen zweiten Arbeitsgang, da eine sofortige Eingabe und Verarbeitung mit einem herkömmlichen Computersystem aufgrund der Einsatzbedingungen nicht möglich war: Es werden die meiste Zeit beide Hände für die primäre Aufgabe oder für die Benutzung eines Messsystems gebraucht, die MitarbeiterIn muss evtl. ständig Sicherheitshandschuhe tragen, es gibt keine Ablagemöglichkeit etc. Außerdem verhinderten u.U. auch die Umweltbedingungen den Einsatz herkömmlicher Hardware: Zu heiß, zu schmutzig, zu nass, zu gefährlich, zu hell oder zu dunkel usw. In solchen Arbeitssituationen wurden aber sehr wohl schon Messgeräte, auch elektronische, eingesetzt. Ihre Messwerte werden allerdings abgelesen und mit Stift und Papier festgehalten, die digitale Erfassung erfolgt später in einer „rechnerfreundlicheren" Umgebung, z.B. an einem Schreibtischarbeitsplatz im Büro oder mit einem Notebook im Auto oder zu Hause.

Die Folgen eines solchen mehrstufigen Verfahrens sind häufig Qualitätseinbußen, weil die Dateneingabe zu einem späteren Zeitpunkt immer eine zusätzliche Verzögerung bedeutet und eine große Fehlerquelle darstellt. Handschriftliche Notizen sind beispielsweise nicht immer vollständig oder verständlich und eine erneute Prüfung ist mit zuviel Aufwand verbunden oder nicht mehr möglich. Bei archäologischen Ausgrabungen z.B. wird jeder Schritt genauestens dokumentiert, jeder Fund verzeichnet und kartographisch vermessen. Die Katalogisierung erfolgt später. Jedes vergessene oder verlorengegangene Datum bedeutet einen unwiederbringlichen Verlust. Für die Beobachtungen von Tieren gilt das gleiche. Ein in solchen Szenarien einzusetzendes mobiles informations- und kommunikationstechnisches System muss seitens der verwendeten Hardware den Umgebungseinflüssen standhalten und sollte so weit wie möglich automatisch Kontextinformationen aufzeichnen und so wenig wie möglich explizite Eingaben von der BenutzerIn erfordern. Ein bisher bereits eingesetztes mobiles Messsystem wird so mit einem mobilen Computersystem zu einer Geräteeinheit integriert, das die traditionelle Nutzung des Messsystems für die spezielle Aufgabe ermöglicht, gleichzeitig aber die bisher erforderlichen Nacharbeiten vor Ort übernimmt, ohne das nennenswerte zusätzliche Geräte getragen und bedient werden müsste. Die vor Ort gemessenen Daten können elektronische erfasst werden, ohne den Umweg über handschriftliche Notizen. Mit GSM- bzw. UMTS-Endgeräten lassen sich auch Informationen über die aktuelle Funkzellen erfassen, Smartphones und PDAs der aktuellen Generation enthalten mittlerweile integrierte GPS-Empfänger und auch für andere mobile Endgerät.

Die Anbindung eines Landvermessungsgerätes und eines dGPS-Empfängers an einen Wearable Computer, der über eine drahtlose Netzwerkverbindung einen Abgleich mit einer zentral verfügbaren Datenbasis durchführt und dadurch eine Plausibilitäts- oder Konsistenzprüfung vor Ort ermöglicht, wurde von der Firma Via Inc. gestestet ([Mot02b], [Mot02c]). Die Firma Xybernaut realisierte eine derartige mobile Lösung für die Detektion unterirdischer Rohrleitungen [Xyb01f] sowie für die mobile Gasdetektion [Xyb01c].

Diese Art der Optimierung vorhandener Systeme und die Integration zu einer monofunktionalen mobilen Lösung stellen gegenüber der Portierung von herkömmlicher DesktopPC-Software auf mobile Standardgeräte eine erste deutliche Anpassung der eingesetzten mobilen Technologien an die Gegebenheiten der mobilen Arbeitstätigkeit dar, sind aber noch sehr einer traditionellen Nutzung – des Messsystems und des Computersystems – verhaftet.

**Mobile, kontextbezogene Informationssysteme**

Außer der Erfassung von Daten vor Ort spielt für viele mobile Tätigkeiten der Zugriff auf Informationen in der konkreten Arbeitssituation und –haltung eine zentrale Rolle. Für viele Anwendungsbereiche bedeutet es einen klaren wirtschaftlichen Vorteil, z.B. wenn Betriebs- und Reparaturanleitungen oder auch alle Arten von Leistungsdaten eines zu inspizierenden Gerätes immer auf dem aktuellsten Stand und vor Ort verfügbar sind. Durch die Vernetzung von Informationsquellen durch Internet oder Intranet sowie durch die voranschreitende Digitalisierung von Informationen steht bereits eine sehr große Menge von Informationen zur Verfügung, die ständig zunimmt. Das Problem ist heute, an die benötigte Information mit einem akzeptablen Aufwand heranzukommen, d.h. die richtige Information aus der Fülle der angebotenen zu extrahieren. Als informatische Technologien werden zur Lösung dieser Aufgabenstellung Such- und Filtermechanismen bereitgestellt (z.B. Information Retrieval für textuelle oder auch für multimediale Inhalte), die im interaktiven Dialog benutzt werden. Da die weltweit bereitgestellten Informationen nicht in einem einheitlichen Datenformat und insbesondere auch nicht mit dem gleichen Ziel bereitgestellt werden, sind außerdem noch Verfahren nötig, die eine Integration heterogener Datenquellen sowohl auf der Ebene der Datenstrukturen und Formate (Syntax) als auch auf der Ebene der Inhalte und ihrer konkreten Bedeutung (Semantik) ermöglichen und Interoperabilität gewährleisten.

Datenintegration und -filterung sind keine exklusiven Fragestellungen für mobile Lösungen, doch ist ihre effiziente Realisierung essentiell für den Erfolg jener mobilen IKT-Lösungen, die den Zugriff auf Informationen in einer mobilen Arbeitssituation erfordern: Geht man davon aus, dass die BenutzerIn einer mobilen Lösung dem Informationssystem nur geringe Aufmerksamkeit widmen kann, weil ihre primäre Aufgabe in der realen, gegenständlichen Welt verortet ist, dann folgt daraus, dass ihr im Idealfall zu jedem Zeitpunkt immer nur die Information angeboten wird, die sie aktuell benötigt. Bei einer mobilen Tätigkeit ist das Eingeben einer Suchanfrage und ein langer, interaktiver Dialog bis zum Erreichen der gewünschten Information nicht akzeptabel. Allerdings ist der Zugriff auf die Fülle aller verfügbaren Informationen in mobilen Arbeitssituationen auch nicht notwendig. Erwünscht ist vielmehr die Einschränkung des Informationsraums durch eine automatische Vorauswahl auf die in der aktuellen Situation sinnvollen Informationen. Die implizite Interaktion, die ohne das Zutun der BenutzerIn erfolgt, ist für mobile Lösungen das Mittel der Wahl. Dadurch wird der Übergang von einer interaktiven Informationsauswahl zu einer proaktiven Vorauswahl realisiert. Das eingesetzte informations- und kommunikationstechnische System muss in diesem Fall die aktuelle Situation kennen und die Bedeutung von sensorisch erfassten Veränderungen in geeigneter Weise interpretieren können (Context Awareness). Das Wissen über die Situation und über die Bedeutung der Veränderungen wird durch die Implementierung eines Modells der Situation und des Prozesses bzw. der Übergänge erreicht. Die meisten der heute vorhandenen Informationssysteme verfügen (noch) nicht über diese Funktionalität, da sie vor allem Daten enthalten, selten Meta-Informationen über diese Daten und vor allem keine Kontextinformationen über sie, z.B. keine Ortsinformationen.

Ein häufig zitiertes Anwendungsbeispiele für kontextbasierte Informationspräsentation ist ein Projekt, das bereits Mitte der 90er Jahre von und bei Boeing durchgeführt wurde [Miz01]: Die elektrische Verkabelung von Flugzeugen erfolgt außerhalb des Flugzeugs und ist eine komplexe, nicht zu automatisierende Aufgabe, die anhand von Zeichnungen und Handbüchern erfolgt. Diese Tätigkeit erfordert eine umfassende Einarbeitung. Sie ist mobil, da der Arbeitsplatz eine mehrere Meter lange Tafel ist, an der die MitarbeiterIn sich während des Zusammenbaus des Kabelbaums hin und her bewegt. Außerdem ist die primäre Aufgabe der Zusammenbau, alle eingesetzten Materialien sind Hilfsmittel und Werkzeuge. Der Einsatz neuer

Technologien soll diesen Produktionsprozess kostengünstiger gestalten. Boeing hat sich für eine mobile AR-Lösung und damit für den Einsatz von Augmented Reality Technologie entschieden: Die gedruckten Materialien werden durch digitale ersetzt. Die geometrische Zeichnung der Kabelbäume wird über ein monokulares halbdurchsichtiges HMD in das Blickfeld der BenutzerIn eingeblendet, wobei die räumliche Position der BenutzerIn und ihre Blickrichtung die visuelle virtuelle Überlagerung bestimmen. Darüber hinaus können die benötigten Handbücher benutzt werden, ohne den Arbeitsplatz zu verlassen und außerdem wird eine schrittweise Anleitung für ein „gutes" Design eines Kabelbaums zur Verfügung gestellt, um so spätere Wartungsarbeiten zu vereinfachen. Die angestrebte Produktivitätssteigerung wurde im Rahmen dieses Projektes nicht erreicht, denn die Probanden, die diese mobile AR-Lösung benutzten, waren nur genauso gut und schnell wie ihre traditionell arbeitenden KollegInnen. Als Ursache werden die Ungenauigkeit der Sensoren, das bis heute ungeläste so genannte Registrierungsproblem [Azu01] der AR und Mängel im Interaktionsdesign gesehen [Miz01]. In industriellen Anwendungsbereichen wie Produktion und Wartung ist mit sehr widrigen Umgebungsbedingungen zu rechnen. Die bisher umgesetzten Lösungen hierfür sind mobile AR-Systeme wie das beschriebene Beispiel von Boeing [Miz01]. Auch Siemens hatte begonnen, ein Wearable-Computing-System namens „Simon" zur Unterstützung von Wartungs- und Reparaturarbeiten zu entwickeln, das online-Handbücher bereitstellt [Sie00]. Darüber hinaus ermöglichte es auch eine multimediale Kommunikation mit anderen ExpertInnen an anderen Orten. Gerade diese Kommunikation, die mit leistungsfähigen Wearable Computern zusätzlich zum Informationssystem genutzt werden, wird in einigen Anwendungsfällen besonders betont. Eingesetzt werden dafür mobile Videokonferenzsysteme, die der entfernt tätigen ExpertIn erlauben, die Bilder und Informationen wahrzunehmen, die der BenutzerIn vor Ort zugänglich sind (siehe z.B. [Xyb01e]. Im NETMAN-Projekt der Universität Oregon z.B. wurden TechnikerInnen bei der Wartung der Netz-Infrastruktur ihres Campus sowohl durch ein Informationssystem zu dieser Domäne als auch durch diverse Möglichkeiten der Kooperation mit KollegInnen an anderen Orten unterstützt ([Bau98], [Kor99]).

**Kontextgetriebene BenutzerInnenführung**

So gut wie alle Informationssysteme, die bisher für den mobilen Einsatz konzipiert oder prototypisch realisiert wurden, sind mit einer zusätzlicher Funktionalität ausgestattet, die über den reinen Zugriff und die Präsentation von Informationen hinaus geht. Sie verfügen z.B. über die Möglichkeit der Dateneingabe, über diverse Kommunikationsmöglichkeiten oder haben eine integrierte BenutzerInnen-Führung bzw. Instruktionskomponente. Die implizite Interaktion reduziert auf der Basis des aktuellen Kontextes die angebotenen Informationen und den Interaktionsaufwand für die BenutzerIn.

Bei der mobilen Nutzung eines Informationssystems für eine produktive Arbeit bietet es sich jedoch an, die Informationen nicht nur passiv kontextabhängig bereitzustellen, sondern sie können auch aktiv zur Unterstützung und Anleitung der BenutzerIn eingesetzt werden. So, wie es im Ansatz das RFID-Voice-Picking-System der METRO Group für die Steuerung von LagerarbeiterInnen vorsieht [MET06]. Eine andere Möglichkeit in diese Richtung ist die Ergänzung der Informationen um eine Lehr- bzw. Tutoring-Komponente. Bei der Führung der BenutzerIn z.b. durch eine Inspektionsanleitung kann das mobile IKT-System gleichzeitig dazu genutzt werden, die Befundung sofort vor Ort in das Informationssystem einzupflegen. Die Erweiterung des Informationssystems um einen Lokalisierungskomponente macht es zu einem Navigationsführer, der der BenutzerIn von sich aus (proaktiv) Informationen zur näheren Umgebung anbieten kann.

Die „Touring-Machine", das Campus-Informationssystem der Columbia University [Fei97], beispielsweise bietet historische Informationen zur 68er-Studentenrevolution auf dem Uni-Gelände oder zum Tunnelsystem unter den Gebäuden oder auch zu in den Gebäuden befindlichen Institutionen an. Der BenutzerIn des mobilen, tragbaren Computersystems wird im ersten Schritt mittels kleiner, visuell dargebotener, schlichter Ikonen angezeigt, dass zu den in ihrer näheren Umgebung sichtbaren Gebäuden zusätzliche Informationen verfügbar sind. Die Ikonen sind mit den realen Objekten verbunden, so dass nur die Ikonen eingeblendet werden, deren Orte im Sichtbereich der BenutzerIn liegen. Sie entscheidet dann, ob und zu welchem Ort sie weiter Informationen haben will. Diese zusätzlichen Informationen wiederum werden auf einem zusätzlichen Handheld-Display multimedial präsentiert. Von diesem System gibt es Weiterentwicklung, doch handelt es sich bei allen Verbesserungen immer nur um Forschungs-prototypen ([Fei06],[Höl99a/b]). Es gibt ähnliche Systeme, aber auch das sind keine kommerziell einsetzbaren Wearable-Computing-Lösungen, sondern eher Forschungsprogram-me, z.B. „Deep Map". Deep Map ist ein mobiler, tragbarer Touristenführer den das European Media Labs (EML) zusammen mit dem Fraunhofer Instituts für Grafische Datenverarbeitung (IGD) entwickelt hat (([Xyb01h],[Zip03]). Er bietet einen „geführten historischen Rundgang" durch Heidelberg, bei dem die tatsächlichen Gebäude mit ihren historischen Vorfahren visuell überlagert und ortsabhängig zusätzliche historische Informationen oder auch was-wäre-wenn-Simulationen angeboten werden.

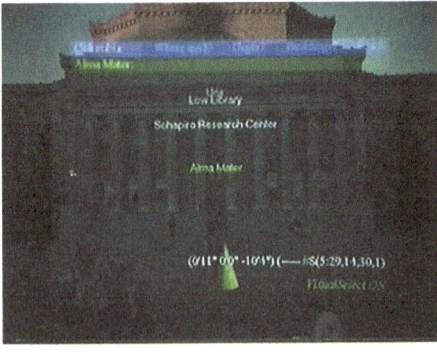

Abb. 90: Touring Machine, links: Hardwareausstattung, rechts: Blick durch das HMD. [Fei06]

Gerade bei mobilen Lösungen, die der BenutzerIn als Führer dienen, ist ein großes Maß an „Eigeninitiative" des Systems erforderlich, das durch die Proaktivität erreicht wird. Dafür ist es in manchen Anwendungssituationen notwendig, dass das Computersystem in der Lage ist, die Intention der BenutzerIn zu ermitteln. Aufgrund welcher Kontextparameter und mit welchen Methoden derartige Interpretationen gemacht werden können, ohne sie explizit von der BenutzerIn zu erfragen, ist eine noch offene Forschungsfrage, deren Lösung den Erfolg von Wearable Computing maßgeblich mit beeinflussen wird. Sie lässt sich allerdings nicht generell beantworten, sondern nur im Zusammenhang mit einer konkret zu unterstützenden Tätigkeit bzw. Aufgabe. Im Tourismus kann ein proaktives Wearable-Computing-System z.B. auf der Grundlage der Vorlieben der BenutzerIn, ihrer aktuellen Position und der Tageszeit von sich aus Vorschläge unterbreiten, wo bei einer Wanderung mittags gegessen werden kann. In einem Inspektionsszenario kann das Computersystem die InspekteurIn z.B. auf eine bei der letzten Inspektion aufgefallene Komponente in ihrer unmittelbaren Reichweite hinweisen.

Eines der ersten proaktiven AR-Systeme, das tatsächlich – allerdings immer noch räumlich sehr beschränkt – mobil einsetzbar ist, war ein wissensbasiertes System zur Anleitung beim Zusammenbau architektonischer Konstruktionen [Web96]. Es wurde an der Columbia University entwickelt, an der vorher bereits ein AR-basiertes Informationssystem zur Visualisierung der in Wänden verborgenen Konstruktionen sowie von Ver- bzw. Entsorgungsleitungen prototypisch umgesetzt worden war [Fei93]. Diese beiden Systeme waren noch nicht mobil, demonstrierten aber bereits die Vorteile, die die visuelle Überlagerung einer realen Sicht mit visuellen dreidimensionalen Informationen eines entsprechenden virtuellen Gebäudemodells bringen kann. Das (teil)mobile Tutoring-System [Web96] diente angehenden KonstrukteurInnen und ArchitektInnen dazu, im Gegenständlichen das Zusammenbauen komplexer Strukturelemente zu üben, die sie zuvor bereits virtuell konstruiert hatten, u.a. um ein Gespür für das Material und seine Widerständigkeit zu erhalten. Diese Erfahrung ließe sich als Simulation mit viel Modellierungsaufwand in einer VR-Umgebung z.B. auch mit Force Feedback vermitteln, oder mit realen Komponenten, die bereits die physischen Eigenschaften besitzen, und einem AR-System, das die Anweisungen und Informationen einblendet.

Für einfache Instandhaltungsaufgaben wurde ebenfalls an der Columbia University under der Bezeichnung „Karma" ein wissensbasiertes AR-Instruktionssystem zur Wartung von Druckern entwickelt [Fei93], das es Laien erlauben sollte, anhand der detailliert vorgegebenen Schritte und den kontextabhängigen Instruktionen des Computersystems z.B. die Tonerkartusche zu wechseln. Die Instruktionen wurden erteilt, indem das reale Gerät im Blickfeld der BenutzerIn um visuelle, z.T. dreidimensional visualisierte Einblendungen punktgenau bzgl. des zu wartenden Geräts ergänzt wurde.

**Abb. 91: links: AR-PDA für die Vertriebsunterstützung von Miele [ARP04], rechts: AR mit HMD für OMV [Sie06]**

Gerade im Bereich der Bedienungsanleitungen und Reparaturanweisungen liegt ein Potenzial mobiler Lösungen, z.b. auch bei Geräten im Haushalt. Allerdings wäre hier eine Voraussetzung, dass entsprechende mobile Endgeräte mit der benötigten Software zu einem für jeden Haushalt erschwinglichen Preis verfügbar wären. Eine weitere Voraussetzung ist, dass die Hersteller von Haushaltsgeräten eine entsprechend aufbereitete elektronische Anleitung zur Verfügung stellen. Betrachtet man die Mehrheit der vorliegenden gedruckten Bedienungsanleitungen technischer Geräte, so ist hier mittelfristig nicht mit der Erstellung allgemeinverständlicher Anleitungen zur Benutzung von Laien zu rechnen. Elektronische Versionen, die heute bereits zur Verfügung stehen, beschränken sich meistens auf pdf-Dokumente, die bei der Nutzung entsprechender Software indiziert und per Volltext-Recherche erschlossen werden können. Verändert man jedoch den Fokus und nimmt entsprechend gut ausgebildete HandwerkerInnen als Zielgruppe, dann können entsprechende Anleitungs- und Trainingsprogramme einen Markt haben. Bisher gibt es hier allerdings nur mobile Lösungen bzw. Projekte für den Vertrieb von Miele-Hausgeräten [ARP04] und für eine australischen Gasproduzenten OMV [Sie06]; eine Überarbeitung der elektronisch verfügbaren Dokumentationsunterlagen mit dem Ziel der Erstellung eines interaktiv nutzbaren Dokuments ist nicht erfolgt.

Abb. 92: i-boro, neuster, als „geborgtes Auge" bezeichneter Wearable PC für Servicekräfte [SNT06]

Bei der Instandhaltung werden häufig Daten erhoben, auf deren Grundlage dann weitere Maßnahmen eingeleitet werden, z.b. Ersatzteile bestellt oder Wartungsarbeiten veranlasst und durchgeführt; manchmal sich auch Expertenkonsultationen erforderlich. Kommerzielle, breit einsetzbare mobile IKT-Lösungen sind noch nicht auf dem Markt. Ein Hindernis bei der Umsetzung war bisher z.b., dass ein Modell des zu inspizierenden Objekts sowie ein Modell des jeweiligen Inspektionsprozesses erstellt und implementiert sein muss. Am Vorhandensein eines solchen Plans mangelt es in dem meisten Fällen, denn das dafür erforderliche Wissen steckt sozusagen „in den Köpfen" der TechnikerInnen, die Digitalisierung eines Teilekatalogs reicht für diesen Zweck nicht aus. Dieses Problem kann z.b. durch ein mobiles Computersystem gelöst werden, das mit generischen Modellen arbeitet und während der ersten Einsätze vor Ort anhand der sensorischen „Beobachtung" der InspekteurIn die konkreten Modelle erlernt, d.h. mit konkreten Daten füllt. Für die Realisierung einer derartigen Lösung sind allerdings noch Forschungsarbeiten u.a. zum maschinellen Lernen und zur Plangenerierung erforderlich. Die bisher umgesetzten Inspektionsinterstützungssysteme besitzen mehr Funktionalität als die reine BenutzerInnenführung oder die kontextabhängige Bereitstellung von Informationen (siehe auch [Liu04a]); sie ermöglichen zusätzlich eine Datenerfassung.

**(Semi-)automatische Dokumentation**

Die Kombination von kontextabhängiger BenutzerInnenführung und Informationspräsentation mit mobiler Datenerfassung ermöglicht eine Teilautomatisierung des Arbeitsprozesses. Die für die implizite Interaktion sensorisch erfassten und ausgewerteten Daten können auch gespeichert werden. Sie können darüber hinaus anhand der expliziten Interaktionen der BenutzerIn weiter interpretiert werden, so dass die Proaktivität nicht nur Selektionsprozesse verkürzt, sondern auch Arbeitsprozesse abnimmt. Das einzige bisher bekannte Beispiel ist hier die Dokumentation.

Mobile Dokumentationssysteme werden während der mobilen Tätigkeit eingesetzt, um die Arbeit der BenutzerIn weitgehend automatisch zu protokollieren oder aktuelle Messwerte zu speichern, die aufgezeichnet und aufbewahrt werden müssen. Diese Informationen sind sofort, vor Ort und möglichst ohne die Aufmerksamkeit der BenutzerIn zu erfordern so aufzubereiten, dass die Dokumentation in eine bestehende Wissensbasis oder ein Informationssystem integriert wird und zu einem späteren Zeitpunkt wieder verfügbar ist. Mobile Dokumentationssysteme dieser Art werden in den verschiedensten Anwendungsbereichen gebraucht, z.B. für die Instandhaltung, also bei Inspektion, Wartung und Instandsetzung, für Schadensdokumentationen sowie in der Notfallmedizin, für die Dokumentation klinischer Arbeitsprozesse oder bei der ambulanten Pflege.

Eine umfangreiche Studie der Wearable Computing Research Group der University of Oregon [Uni01] hat unter dem Titel „MediWear" verschiedene Szenarien herausgearbeitet, wo und wie Wearable Computing in der häuslichen Pflege eingesetzt werden kann. Beispielsweise sollte das Pflegepersonal anhand der Krankenakte und der aktuellen Behandlungshinweise der behandelnden ÄrztIn mit aktuellen patientenbezogenen Informationen versorgt werden. Sie sollte die erforderliche Dokumentation direkt vor Ort durchführen, u.U. mit der behandelnden ÄrztIn oder mit anderen PatientInnen kommunizieren können, ohne eine Vielzahl von Geräten oder Papieren mit sich tragen zu müssen. Die Ergebnisse dieser Studie wurden allerdings nicht systematisch umgesetzt. Realisiert wurden an anderer Stelle Smartphone-basierte Unterstützungssysteme für die ambulante Pflege, die vor allem die Einsatzplanung und die Kommunikation mit den verschiedenen beteiligten Personengruppen (Angehörige, ÄrztInnen, Apotheken etc.) sowie die Abrechnung der erbrachten Leistungen beinhalten (siehe z.B. das regional geförderte Projekt „beecare mobile" [Bee06]). Die zu beobachtenden Schwierigkeiten liegen hier vor allem in den Problemen bei der Vernetzung der unterschiedlichen Statusgruppen und der fehlenden Kompatibilität bei den bereits eingesetzten Systemen sowie auf der Bedienung des mobilen Endgeräts [Rüg03/04].

Für die Unterstützung von Wartungsprozessen in der Instandhaltung von Flugzeugen bei der Dokumentation wird in einem Projekt für die Kabinenwartung ([Ber04], [Wit06a], [Ken06]) und im EU-Projekt wearIT@work [Wea04] an der Unterstützung der Wartung von Hubschraubern gearbeitet. Für die Kabinenwartung werden mit wissensbasierten Methoden die Informationen aus dem Bord-Logbuch, den automatischen Diagnosen des Bord-Computers und den Eingaben des Servicepersonals ausgewertet und der WartungstechnikerIn kontextabhängig präsentiert, um den Arbeitsaufwand am Boden so weit wie möglich zu minimieren [Wit06]. Die kontextabhängige Präsentation der Wartungsaufträge wird gleichzeitig genutzt, um die Dokumentation der Wartung zu unterstützen.

Ein anderer Lösungsansatz für eine weitgehend automatische Dokumentation der Befundung ist das Winspect-System ([Bor01], [Her03]). Für die Inspektion von Industriekranen wurde ein Wearable-Computing-System konzipiert und in Teilen prototypisch realisiert, das die BenutzerIn bei der Durchführung ihrer Arbeit unterstützt, indem es digital den kompletten Inspektionszyklus abbildet, aber der Ausführenden nicht vorgibt, in welcher Reihenfolge sie ihre Arbeit durchzuführen hat. Bei der Benutzung dieses Systems wird jeder Befund automatisch aufgezeichnet und steht im firmeneigenen Informationssystem umgehend zur Verfügung.

Ein realisiertes Anwendungsbeispiel einer semi-automatischen Dokumentation ist ein System zur Unterstützung bei der Qualitätssicherung im (verteilten) Schiffbau, das u.a. aus einem Wearable Computer der Firma ViA besteht, der um eine Digitalkamera ergänzt wurde [Mot02a]. Während des Baus eines Schiffes werden die Bestandteile an verschiedenen Orten gefertigt und später zusammengefügt. Dieser Vorgang wird genauestens überwacht. Dafür benötigt der Inspekteur, der vor Ort für die Qualitätssicherung verantwortlich ist, den Zugriff auf alle Manuals und Zeichnungen. Um entstehende Fehler frühzeitig zu beheben, wird der Zusammenbau begutachtet und dokumentiert, u.a. mit Fotos, und umgehend an ExpertInnen im Backoffice weitergeleitet.

Es bestehen weitere Einsatzpotenziale für Dokumentationssysteme nicht nur im professionellen Bereich in der Instandhaltung, in der Produktion oder in der Medizin, sondern auch im persönlichen Bereich jedes Menschen: Wer wünscht sich nicht manchmal, besonders schöne Situationen oder Bilder festhalten zu können, um sich später an sie so genau wie möglich zu erinnern? Diese persönliche Gedächtnisassistenz ist mit einer automatischen Dokumentation z.B. per Videokamera zu leisten, allerdings müssen die aufgezeichneten Daten so abgelegt werden, dass sie zu einem späteren Zeitpunkt auch wiederauffindbar sind bzw. von einem entsprechenden Programm dann wieder in den Wahrnehmungsbereich der BenutzerIn gebracht werden. Außerdem ist es nicht sinnvoll, vollautomatisch alle sensorisch erfassten Daten zu speichern, hier ist eine Filterung bereits bei der Erfassung erforderlich, so dass bei der Auswahl der zu speichernden Daten nur eine Teilautomatisierung notwendig ist. Deshalb erfordert dieses Einsatzfeld wesentlich mehr als nur eine automatische sensorische Aufzeichung des Geschehens, denn der Kontext ist diffizil und personenbezogen. Eine mobile Lösung dieser Art ist eher als „persönliches, mobiles Assistenzsystem" zu bezeichnen, das im nächsten Abschnitt näher erläutert wird.

**Mobile (persönliche) Assistenzsysteme**

Die komplexesten und umfassendsten Einsatzmöglichkeiten für mobile Lösungen sind Situationen, in denen ein Individuum in all seinen verschiedenen Tätigkeiten mit mobiler Informations- und Kommunikationstechnologie unterstützt wird. Die mobilen Lösungen hierfür stellen ein ganzes Ensemble interaktiver und proaktiver bis hin zu semi-automatischer Funktionalität dar. Besonderes Charakteristikum von mobilen Lösungen für diese personenbezogene Untersützung ist die Metapher der *persönlichen Assistenz*.

PC (Personal Computer) und PDA (Personal Digital Assistent) tragen in ihrer Bezeichnung schon den Ausdruck eines seit vielen Jahren gehegten Wunsches an die Computertechnologie in sich: Der Computer soll ein persönlicher Gegenstand, ein persönliches Werkzeug oder möglichst ein ganz persönliches intelligentes System sein, das gänzlich seiner BenutzerIn angepasst ist bzw. sich selbst anpassen kann. Der miniaturisierte Computer, den die BenutzerIn am Körper trägt und der mit Sensoren zur Wahrnehmung der Umgebung bestückt ist oder der evtl. sogar die Befindlichkeit der TrägerIn wahrnehmen kann, ist zurzeit der Kandidat am Horizont der Erfüllung dieses Wunsches. Die neue körperliche Nähe zwischen Mensch und Computer, die mit mobilen Lösungen erreicht werden kann, und Fortschritte in der Forschung im Bereich der Künstlichen Intelligenz bieten vielversprechende Voraussetzungen zur Annäherung an die Erfüllung dieses Wunsches. Deshalb ist die persönliche Assistenz die zentrale Metapher bei der Entwicklung mobiler Lösungen für mobile Tätigkeiten. Allerdings gibt es je nach Anwendungsbereich sehr unterschiedliche Vorstellungen davon, was persönliche Assistenz konkret bedeuten kann. Als Metaphern verwendet werden z. B. der Butler (vgl. [Sta97]) oder Vertraute, die SekretärIn, der „ständige Begleiter" und manchmal auch die Mensch-Computer-Symbiose des Cyborgs (vgl. [Sta01a/b]).

Die Bezeichnung „persönlicher Assistent" hat im Deutschen einen relativ hohen Stellenwert. Als Konnotationen sind u.a. folgende Eigenschaften üblich

• emphatisch und loyal gegenüber der zu assistierenden Person,

• kompetent bzgl. der Aufgabe,

• bzgl. der zu unterstützenden Handlung proaktiv,

• vorausschauend,

• bzgl. der Vorbereitung der Unterstützung selbstständig handelnd.

Den genannten Metaphern und Konnotationen ist gemeinsam, dass sie auf das Persönliche, also die Unterstützung *einer bestimmten Person* abzielen. Es gibt aber noch eine andere Lesart von „Assistent", z.B. die „Assistenz der Geschäftsführung". Dieser Assistent hat seine eigenen Kompetenzbereiche und seine eigenen Werkzeuge. Er assistiert nicht unbedingt einer einzelnen Person, sondern eigentlich einer Funktion – in diesem Falle der Geschäftsführung. Im Vordergrund steht hier das Assistieren *bei einer Aufgabe*. Welche Person diese Aufgabe zu erfüllen hat, ist zweitrangig. Beide Lesarten kommen als Metaphern für mobile Lösungen in Frage. Das bereits mehrfach erwähnte Winspect-System wurde als Inspektionsassistent konzipiert, der eine TechnikerIn bei der Durchführung ihrer Inspektionsaufgaben unterstützt. Der Remembrance-Agent des MIT ([Rho97], [Rem04]) wurde als Gedächtnisassistent entwickelt, der der BenutzerIn das „lästige Suchen" in Datenbeständen abnimmt. Die BenutzerIn bekommt in einem HMD Zusammenfassungen von Texten angezeigt, die in unmittelbarem Zusammenhang mit ihrer aktuellen Umgebungssituation stehen. Das Softwaresystem beruht auf einer Agententechnologie. Der Rememberance Agent nimmt alle Dokumente, die die BenutzerIn auf ihrem am Körper getragenen Computer hat bzw. in der Situation eingibt, und durchsucht diese mit Retrieval-Methoden, wie sie beispielsweise von Suchmaschinen im Web bekannt sind, nach für die aktuelle Situation relevanten Dokumenten.

Der aktuelle Kontext wird ohne Mitwirkung der BenutzerIn ermittelt, z.B. aus

- der Uhrzeit,

- dem Tag,

- dem Ort,

- der GesprächspartnerIn und

- dem Thema der Unterhaltung.

Alle genannten Daten können mit Sensoren erfasst werden: die Zeit beispielsweise durch die interne Systemzeit, der Ort mit einem Positionssensor, die GesprächspartnerIn heute noch durch Markierung mit Active Badges, zukünftig evtl. per Bilderkennung, und das Thema heute noch per expliziter Tastatureingabe, morgen vielleicht per Spracherkennung. Die Qualität der Informationsauswahl durch den Software-Agenten wird höher, wenn ihm weitere Details über die BenutzerIn oder über die Gesprächsdomäne bekannt sind, auch eine lernende Komponente kann sie verbessern. Der Rememberance Agent diente für einige weitere Systeme als Vorbild einer erfolgreichen Gedächtnisassistenz. Im gleichen Haus wurde beispielsweise auch DyPERS entwickelt, einer multimedialen Version der Gedächtnisunterstützung . Es werden Bildsequenzen aufzeichnet, die mit Einzelbildern annotiert werden. Bilderkennung soll in späteren Situationen per Image-Information-Retrieval die aufgezeichneten Videosequenzen wiederfinden. Ein sehr mobile Gedächtnisunterstützungs-system war Forget-me-not [Lam94], das explizit für die Nutzung auf einem kleinen, mobilen Engerät entwickelt worden ist und demgemäß wenig explizite Interaktion erfordert und die präsentierten Informationen auf ein Minimum reduziert. Unter dem Stichwort „Affective Wearable" wird, ebenfalls am MIT, daran gearbeitet (siehe z.B. [Pic97b] und [Pic00]), den emotionalen Zustand einer ComputerbenutzerIn anhand der Interpretation der aktuell gemessenen und über die Zeit beobachteten Vitalwerte zu ermitteln. Dieser „persönliche Kontext" kann dann als weiterer Parameter in die persönliche Assistenz einfließen.

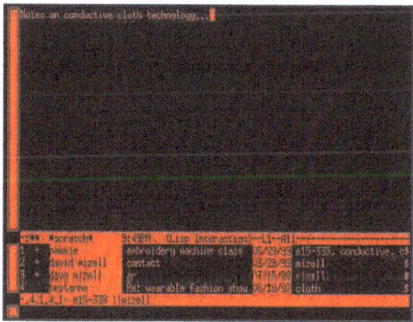

**Abb. 93: Beispiel für die Visualisierung der Gedächtnisassistenz. links: Jimminy, der mobile Remembrance Agent [Sta03], rechts: Forget_me_not [Lam94]**

Die Auswertung der dokumentierten Anwendungsbeispiele, White Papers und wissenschaftlichen Veröffentlichungen ergab eine umfangreiche Palette von Anwendungsbeispielen, die sich in zweierlei Weise systematisieren lassen. Zum einen können die informations- und kommunikationstechnischen Aufgabenfelder (hier „Anwendungsfälle" genannt) extrahiert werden, in denen mobile Lösungen einsetzbar sind, zum anderen kann eine Typisierung der mobilen Lösungen anhand der Anwendungen erfolgen. Beide Perpektiven werden im Folgenden dargestellt

## 6.3.1 Anwendungsfälle mobiler Lösungen

Je nach Branche und Anwendungsbereich unterscheiden sich die realisierten Anwendungsfälle deutlich, doch es gibt auch eine Vielzahl übergreifender Gemeinsamkeiten. Eine wesentliche Gemeinsamkeit ist, dass der aktuelle Kontext der BenutzerIn für die Interaktion eine Rolle spielt. Genutzt wird, dass der Kontext der BenutzerIn sich bei einer mobilen Tätigkeit – mehr als bei jeder stationären – ändert, da das unmittelbar am Körper getragene mobile Endgerät z.B. jede Bewegungen der BenutzerIn direkt „mitmacht" und die Veränderungen der Umgebung ebenfalls „miterlebt", d.h. sensorisch erfassen kann. Welche konkreten Kontexte relevant sind und wie sie erfasst werden können, hängt vom Anwendungsbereich ab. Im Tourismus beispielsweise lässt die Bestimmung der geographischen Position Schlüsse darüber zu, welche Restaurants der BenutzerIn mittags angeboten werden sollten oder zu welchen Sehenswürdigkeiten multimediale Informationen bereitgestellt werden. Andere Aufgabenstellungen erfordern und erbringen andere Kontexte: Zeit, Ort, Zustand der Umgebung (bzw. der Objekte in unmittelbarer Umgebung), Fähigkeiten oder Zustand der BenutzerIn, Vorlieben und Intention der BenutzerIn, Aufgabe, Historie der Tätigkeit usw., die Liste lässt sich beliebig fortsetzen.

Hier nun einige Beispiele von konkreten informations- und kommunikationstechnischen Aufgaben, die mittels einer mobilen Lösung unterstützt oder von einem mobilen IKT-System übernommen werden können. Diese Zusammenstellung ist Ergebnis der Auswertung der in den vorherigen Abschnitten skizzierten Anwendungsfälle:

- Explizite Informationsakquisition
    - ➢ Erfassung von Messwerten, Texten, Bildern, Bildfolgen etc. und ihre geeignete Aufbereitung durch die BenutzerIn direkt vor Ort
    - ➢ Einlesen kodierter Daten (z.B. Barcode, RFID-Tags)
    - ➢ Online-Berichterstattung
    - ➢ semi-automatische Erstellung von Dokumentationen, z.B. Protokollierung von Arbeitsabläufen, Schadensberichts- oder Inspektionsberichterstellung
- Implizite Informationsakquisition
    - ➢ automatische Erfassung des aktuellen Kontextes

> Messung und Auswertung aktueller Umgebungsvariablen, z.B. der Luft-
zusammensetzung, der Radioaktivität, der Temperatur

> Messung und Auswertung von aktuellen benutzerInnenbezogenen Daten, z.B.
ihre Position, ihren emotionalen Zustand, ihre körperlichen Vitalwerte

> berührungslose Objektidentifikation, z.b. bei der Inventarisierung oder
kontextabhängig bei der Inspektion oder zur Objektverfolgung

* Workflow-Management

> Ausführen eines vorgegebenen Arbeitsablaufs anhand von Checklisten, z.B.
Alarmierung

> flexible Arbeitsplanung und kontextabhängige Auftragserteilung, z.B. posi-
tionsabhängig, abhängig vom Systemzustand, von der Auftragslage, von der
aktuellen Situation

> schrittweise BenutzerInnenführung bei der (multimedialen) Instruktion

> flexible Koordinierung von Arbeitsabläufen, z.b. auch in Krisensituationen

* Synchronisation virtueller Informationen mit den realen Gegebenheiten vor Ort, z.B.

> Abgleich aktuell gemessener Werte mit bereits vorhandenen (Konsistenz-
prüfung)

> Einpflegen neuer Messwerte in ein digitales Modell

> Ein- und Aus-Checken von Objekten in ein Warenwirtschaftssystem, ein
Prozesskontrollsystem oder ein anderes Informationssystem

* Expliziter oder kontextgetriebener Zugriff auf verschiedene umfangreiche, heterogene
und z.T. verteilte Informationsbestände, z.b. auf Geoinformationssysteme

* kontextabhängige Informationspräsentation: Auswahl und Darbietung von Informationen in Abhängigkeit von verschiedenen Kontexten, z.B. von der aktuellen Position
der BenutzerIn, vom Datum und der genauen Uhrzeit, vom systeminternen Zustand,
von der aktuellen Aufgabe, vom Ort und der Blickrichtung der BenutzerIn, aber auch
von ihren Vorlieben und Intentionen

* Kooperationsunterstützung durch Bereitstellung von drahtlos vermittelten Kommuni-
kationsdiensten wie E-Mail, Chat, Telefonie, Videokonferenz, Remote-Zugriffen; einzeln und insbesondere multimedial kombiniert

* kontextabhängige BenutzerInnenführung, z.B. geographische Navigations- und Orien-
tierungsunterstützung, situationsabhängige Arbeitsprozesssteuerung, Reparaturan-
leitung

* persönliche Assistenz, z.B. persönliches Informationsmanagement, Gedächtnis- und
Wahrnehmungsunterstützung, Kontrolle des eigenen körperlichen und gesundheitlichen Zustands

Für diese Anwendungsfälle wurden die in der vorherigen Kapiteln genannten Komponenten und Gesamtlösungen entwickelt. Um eine wirtschaftlich relevante Marktdurchdringung zu erreichen, besteht allerdings noch Entwicklungsbedarf, da die Mehrheit der bisher realisierten Lösungen noch Prototypen sind, die bisher nicht in Produkte überführt wurden, oder die gerade eine Markteinführung erfahren haben, so dass noch keine Aussagen über ihr Marktdurchdringung gemacht weden kann. Der Entwicklungsbedarf lässt sich konkreter benennen, wenn die durchgeführten Projekte und verfügbaren Prototypen anhand der Anforderungen aus den Einsatzbereichen evaluiert werden.

## 6.3.2 Anwendungsorientierte Typisierung der Entwicklung mobiler Lösungen

Da es heutzutage kaum noch Branchen gibt, die Computertechnologie nicht nutzen, handelt es sich bei den hier beschriebenen Anwendungsfällen und den für sie realisierten mobilen IKT-Lösungen häufig um Erweiterungen der bereits eingesetzten stationären oder portablen Technologien und um die Integration in eine vorhandene informations- und kommunikationstechnschische Infrastruktur. Jedes Anwendungsbeispiel[67] erfüllt jeweils einige Anforderungen aus dem Anwendungsbereich und bietet eine bestimmte Funktionalität, die u.U. auf andere Einsatzbereiche übertragbar ist. Jede realisierte mobile IKT-Lösung hat jeweils Vorteile, weist Grenzen auf und gibt in erster Linie Hinweise auf weitere Potenziale. Die im folgenden aufgelisteten Lösungstypen wurden nach dem Vorgehen, d.h. nach der Strategie, wie die Lösung entwickelt wurde, und anhand der inhaltlichen Ausrichtung gebildet:

- Portierung vorhandener Software auf ein mobiles Endgerät, speziell auf einen kommerziell verfügbaren Wearable Computer

- Optimierung einzelner Technologien durch Anpassung von Hardware, Peripherie und Software auf die Erfüllung einer speziellen Aufgabe hin, dazu gehört die Kombination eines mobilen Messsystems mit einem mobilen Endgerät und ihre Integration zu einem neuartigen mobilen Gesamtsystem zu einem monofunktionalen Gesamtsystem

- Mobile, kontextbezogene Informationssysteme, die den Zugriff auf vor Ort benötigte Informationen mit wenig explizitem Interaktionsaufwand ermöglichen.

- Kontextgesteuerte BenutzerInnenführung (Anleitung und Navigation), die die BenutzerIn proaktiv durch Informationsangebote bei ihrer primären Aufgabe unterstützt.

- Mobile Unterstützung bei der Kommunikation z.B. mit entfernt verorteten ExpertInnen und Kooperation mit verteilt arbeitenden Teammitgliedern.

- (semi)automatische Dokumentation

---

[67]  Weitere Ansätze sind in der Online-Version der Studie „Technologische und anwendungsorientierte Potenziale mobiler, tragbarer Computersysteme" zu finden, siehe [Rüg02a]

- Mobile (persönliche) Assistenzsysteme

Die Lösungstypen lassen einen Übergang von der Portierung herkömmlichen Software auf ein mobiles Endgerät hin zur Realisierung einer automatisierten persönlichen Assistenz erkennen.

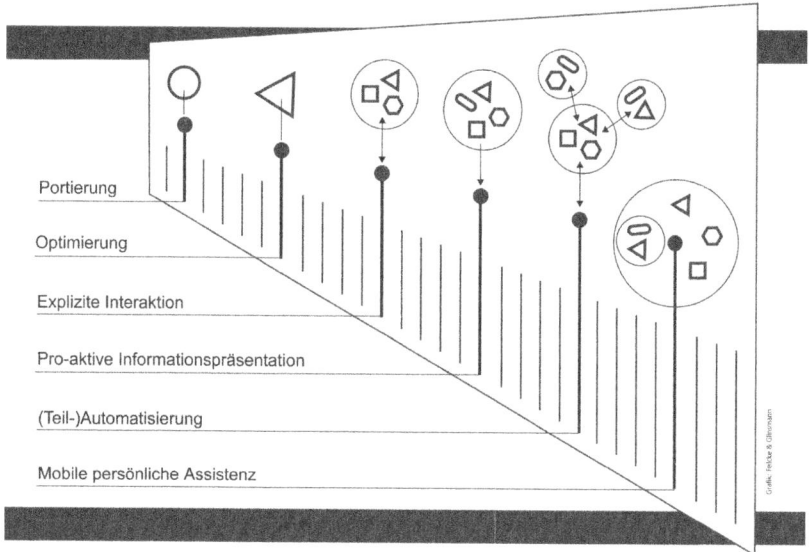

Portierung

Optimierung

Explizite Interaktion

Pro-aktive Informationspräsentation

(Teil-)Automatisierung

Mobile persönliche Assistenz

**Abb. 94: Evolution der Entwicklung mobiler Lösungen (Darstellung: MRC)**

Es gibt bisher nur wenige kommerziell verfügbare mobile Lösungen für mobile Tätigkeiten, doch ihre Anzahl wächst. Als Hardware-Plattformen werden vor allem Wearable Computer und besonders die als Massenware verfügbare Standardgeräte wie PDAs und Smartphones mit integrierter Vernetzung oder Notebooks verwendet, die in Rucksäcken „versteckt" werden. Die Mehrheit der realisierten Lösungen sind Forschungsansätze aus Forschungs-gruppen, die sich anhand von Anwendungsbeispielen aus dem Bereich mobiler Tätigkeiten mit der Weiterentwicklung einzelner Technologien befassen. Eine „Gesamtsicht", die alle Aspekte einer mobilen Lösung in gleicher Weise beachten, ist kaum zu beobachten; eine Anpassung der Lösung an die Belange der AnwenderIn oder BenutzerInnen und insbesondere an die konkrete Aufgabe ist jedoch häufig erkennbar.

## 6.4 Technikbedingte Probleme mobiler IKT-Lösungen – eine erste Zusammenfassung

Bei der Untersuchung der mobilen informations- und kommunikationstechnologischen Systemlösungen fielen einige technikbedingte Einschränkungen ins Auge, die im Folgenden dargestellt werden. Da die Einsatzpotenziale und Nutzungsprobleme der Komponenten bereits in Kapitel fünf beschrieben worden sind, werden sie an dieser Stelle nicht noch einmal aufgegriffen. Der zweite auffällige Punkt ist, dass bisher so gut wie keine systematischen Benutzungstests mit einer aussagekräftigen Anzahl und Auswahl von Probanden sowie kaum (software)ergonomische Evaluationsergebnisse von mobilen Lösungen veröffentlicht worden sind. Es lassen sich nur einzelne Hinweise finden, z.B. in einem Bericht über die Entwicklung des kommerziell erfolgreichen Wearable Scanning System von Symbol Technologies [Ste98], die Begründung für das Scheitern des AR-Systems bei Boeing [Miz01] und die Dokumentation der Erfahrungen mit der BenutzerInnenbeteiligung bei der Entwicklung der Hardware für den VuMan ([Sma98/99]], [Bas01]). Zu einzelnen Komponenten oder Prototypen gibt es Nutzungsversuche mit kleinen BenutzerInnengruppen oder eine technische Evalutation des informations- und kommunikationstechnologischen Systems[68], für die Mehrheit der entwickelten Systeme stehen jedoch systematische und repräsentative Usability-Tests noch aus. Für die vorliegende Arbeit konnten derartige Tests von Gesamtsystemen ebenfalls nicht durchgeführt werden. Ein Grund liegt darin, dass die meisten mobilen Lösungen den Status eines Forschungsprototyps oder Demonstrators haben, oder Machbarkeitsstudien sind, dessen Nachbau zu kostspielig und aufwändig wäre und die in der dokumentierten Form für eine Nutzung durch BenutzerInnen aus den anvisierten Anwendungsbereichen und in der dort vorhandenen täglichen Praxis nicht geeignet ist. Um dennoch zu einer Bewertung der vorhandenen Komponenten und zu Hinweisen auf technische Problemfelder und Weiterentwicklungsmöglichkeiten zu kommen, wurden die recherchierten Systeme auf ihre offensichtlichsten technikbedingten Schwachstellen hin analysiert. Das Ergebnis dieser Analyse wird im Folgenden widergegeben.

**Genauigkeit der Positionsbestimmung**

Die Positionsbestimmung ist für viele mobile Lösungen der zentrale Parameter, auf dem sich ihr Mehrwert begründet. Die konkrete Anwendung bestimmt den Grad der notwendigen Genauigkeit; der Ort an dem die Informationen verarbeitet oder gespeichert werden, bestimmt die Akzeptanz des jeweiligen Verfahrens. Die bisher kommerziell verfügbaren technischen Lösungen zur Positionsbestimmung reichen für die meisten Produkt- bzw. Dienstleistungsideen noch nicht aus, hier besteht noch weiterer Entwicklungs- und vor allem Integrationsbe-

---

[68]     Siehe z.B. die jährliche Veröffentlichung der Beiträge des International Symposium on Wearable Computers (ISWC) der IEEE (iswc.net/) oder die Dokumentation der internationalen Tagung mobileHCI und des International Forum on Applied Wearable Computing (IFAWC) (www.ifawc.org/).

darf der verschiedenen Technologien zu einer dem Bedarf in den Anwendungsbereichen entsprechenden Lösung.

Die Ungenauigkeit der GPS-Lokalisierung in waldreichen oder eng bebauten Gebieten und in Innenräumen sowie die in unbekannten Einsatzgebieten fehlende Möglichkeit, die GPS-Ortung durch Landmarken o.ä. zu ergänzen, die Abhängigkeit der Ortungsgenauigkeit bei zellbasierten Verfahren von der Dichte der Sendemasten bzw. WLAN- Hotspots und der technische Aufwand, die genauere Tracking-Verfahren erfordern, ohne dass sie befriedigende Ergebnisse liefern – das hat der Ansatz von Boeing gezeigt – sind Einschränkungen, die eine Ausweitung mobiler Lösungen zurzeit noch verhindern.

**Darstellung von Karten und komplexen Zeichnungen**

Die Bereitstellung von ortsbezogenen Informationen beinhaltet in vielen Beispiellösungen immer auch die Bereitstellung von Kartenmaterial oder von komplexen Zeichnungen vor Ort. Ein generelles Problem bei der Darstellung von Karten und Zeichnungen ist die Größe (eigentlich die Kleinheit) mobil verfügbarer Displays und die Navigation innerhalb einer Karte, die in der Regel größer als jedes verfügbare Display sind. Ob die bisher verfügbaren mobilen Displays, z.B. HMDs, und neuartige mobile Navigationskonzepte wie der vorgeschlagene Winspect-Prototyp ([Bor01],[Her03]) dieses Problem lösen können, ist noch unklar. Als alternative Technologie werden flexible Displays betrachtet, die groß wie eine papierbasierte Landkarte sein können, die aber aufrollbar sind.

**Dynamische Veränderung der Interaktionsmodalitäten**

Die vielfältigen Möglichkeiten der Integration des Kontextes und die Tatsache, dass mobile Lösungen vor Ort und unter dynamischen Veränderungen eingesetzt werden, haben zur Folge, dass sich auch die Modalitäten der Interaktion ständig ändern können. Im einen Moment ist beispielsweise Spracheingabe das Mittel der Wahl, in einer direkt anschließenden Situation ist Spracheingabe nicht möglich: die bereits zitierte FlugbegleiterIn kann Bestellungen per Spracheingabe aufnehmen, Schadensmeldungen darf sie jedoch nicht laut aussprechen, muss sie aber dennoch dokumentieren. Sollen beide Aufgaben mit einem mobilen informations- und kommunikationstechnischen System unterstützt werden, muss dieses System verschiedene Interaktionsmöglichkeiten zur Verfügung stellen. Bei einer Desktop-Computing-Applikation müsste man für diese beiden Aufgaben höchstwahrscheinlich unter Verwendung der gleichen Interaktionsgeräte das Programm wechseln, bei einer mobilen Lösung kann der Wechsel des Interaktionsgerätes evtl. die Nutzung eines anderen Programms auslösen. Im Prinzip darf von der BenutzerIn gar nicht mehr erwartet werden, dass sie in Termini wie „benutztes Computer-Programm" denkt, sondern nur noch in Aufgaben oder Prozessen. Es können auch andere Kontextparameter die jeweiligen Interaktionsmöglichkeiten ändern: während des Check-in auf einem Passagierschiff kann eine bestimmte Eingabegeste z.B. die Erhöhung der Anzahl der an Bord befindlichen Passagiere bedeuten, während stürmischer See kann die gleiche Geste evtl. ein Signal für die SchiffsärztIn sein, dass und wo ein weiterer

Passagier erkrankt ist und während der nächtlichen Ruhe kann dieser Geste wiederum eine andere Bedeutung zugeordnet sein. Die Software-Ergonomie des Desktop-Computing fordert zwar „Erwartungskonformität" und verbindet damit, dass ein bestimmter auf dem Desktop angezeigter Befehl immer die gleiche Funktion hat, gleich in welchem Programm man sich befindet, doch muss diese Regel für mobile Lösungen noch einmal neu überdacht werden, da die BenutzerIn im Idealfall keinen expliziten Programmwechsel mehr vornehmen muss.

**Unterschiede in der menschlichen und technischen Wahrnehmung**

Mobile Videokonferenzsysteme und Kameras auf der Schulter sollen eine multimediale Kommunikation zwischen mobil tätigen Menschen (oder zumindest zwischen einem mobil Tätigen und einer evtl. stationär arbeitenden ExpertIn) ermöglichen, wenn eine Sprachkommunikation allein nicht ausreicht. Videokonferenzsysteme finden langsam mehr Verbreitung, seit die Aufzeichnungs- und Übertragungsqualität deutlich besser geworden sind. Doch sie werden nicht so intensiv genutzt, wie sich die EntwicklerInnen das vorgestellt haben, vor allem mobile Videokonferenzsysteme nicht. Zu vermuten ist, dass es, wie im Desktop-Computing-Bereich, zu wenige Situationen gibt, in denen eine bildgestützte face-to-face-Kommunikation zwischen den Beteiligten erforderlich ist. Benötigt wird vielmehr eine multimediale Kommunikation, die einerseits den gemeinsamen Zugriff auf gleiche Daten erlaubt und die andererseits der entfernten Person ermöglicht, die gleichen Dinge wahrzunehmen, die die AkteurIn vor Ort wahrnimmt, bzw. der entfernten AkteurIn eine vermittelte aber eigene Wahrnehmung zu haben. Diese Problemstellung wurde bei einigen der vorgeschlagenen Ansätze dadurch gelöst, dass am Headset oder an einer anderen Stelle am Körper der Person vor Ort eine Kamera befestigt wird, die einen Videostream erzeugt, den sowohl die TrägerIn als auch die entfernte ExpertIn sehen kann. Das Problem mit dieser technisch vermittelten Wahrnehmung ist allerdings, dass das Sehen vor Ort nicht identisch ist mit den Aufzeichnungen einer Kamera, auch dann nicht, wenn sie in unmittelbarer Nähe zu den Augen der TrägerIn befestigt ist. Beim Sehen fokussiert der Mensch immer auf einen Punkt. Die Augen stehen zwar nie still, die aus diesen Augenbewegungen und den unwillkürlichen Bewegungen des Kopfes und des übrigen Körpers resultierende ständige Bewegung wird beim Fokussieren auf einen Gegenstand von der Person vor Ort jedoch nicht als solche wahrgenommen. Das Kamerabild jedoch zeigt jede Bewegung, so dass diejenige, die nur das Bild beobachten kann, große Schwierigkeiten hat, ein bestimmtes Objekt zu fixieren. Diese technisch nahe liegende Lösung ist deshalb keine akzeptable Lösung, da sie bei der entfernten „ZuschauerIn" im schlimmsten Falle die Symptome der Simulatorkrankheit hervorrufen kann.

**Probleme mit der Interaktionsarchitektur**

Nicht nur Desktop-Computing-Lösungen leiden unter der manchmal sehr schlechten Qualität der realisierten Mensch-Computer-Schnittstelle ([Hei03], [Wei02]). Auch die jüngst der Öffentlichkeit zugänglich gemachten Erkenntnisse bzgl. Akzeptanzbedingungen bei der Benutzung und beim Erwerb von Mobiletelefonen haben gezeigt, dass viele BenutzerInnen mit der

Bedienung eines mobilen Endgeräts überfordert sind und sich mehr Einfachheit und Über-schaubarkeit wünschen (siehe z.B. [Chi06], [Eco05]). Im Konsumentenbereich mag die Ver-nachlässigung dieser Tatsache evtl. keine Rolle spielen, da sie nur Auswirkungen auf die Höhe der Verkaufszahlen der jeweiligen Mobiltelefone hat, doch im Bereich von Arbeits-unterstützungssystemen ist es für die Wirtschaftlichkeit wichtig, dass die eingesetzten Mittel effektiv genutzt werden können. Die Mehrzahl der realisierten mobilen IKT-Lösungen sind bisher an der Mensch-Computer-Benutzungsoberfläche gescheitert. Die Gründe dafür sind vielfältig, sie gehen auf der abstrakten Ebene konform mit den Kritikpunkten, die auch für Desktop-Computing festgestellt werden, haben im Detail jedoch noch andere Probleme. Zu nennen sind hier u.a. Folgende:

- Die verwendete Hardware hat keine akzeptablen Trageeigenschaften.

- Hardware und Software sind für den mobilen Einsatz nicht aufeinander abgestimmt und werden bei der Gestaltung der Interaktion nicht als aufeinander bezogenes Gesamtsystem aufgefasst.

- Die Gestaltung der Benutzungsoberfläche orientiert sich an den Gestaltungskriterien für Desktop-Computing-Lösungen und berücksichtigt nicht die Besonderheiten der mobilen Benutzung.

- Die Sensorik, die Kombination von Sensoren und ihre Interpretation zur Unter-stützung der Interaktion sind noch nicht ausgereift.

- Die Gebrauchstauglichkeit mobiler Lösungen wird bei der Entwicklung mobiler Lösungen nicht hinreichend genug untersucht und demzufolge wird die Einsatzsitu-ation bei der Gestaltung der Interaktion nicht genügend berücksichtigt.

Ein grundlegender Fehler, der bei der Entwicklung von Technik immer wieder gemacht wird, ist die technikzentrierte Perspektive auf die Lösung, das sollten die Technologie- und Anwendungsbeispielen der vorliegenden Arbeit gezeigt haben. Es werden Technologien und Komponenten entwickelt, die aus Sicht von IngenieurInnen und InformatikerInnen wichtig für die Realisierung einer mobilen Lösung sind. Forschungsgruppen, die 3D-Visualisierung und Virtual Reality als Forschungsthema haben, entwickeln nun z.B. mobile AR-Lösungen indem sie das, was sie für stationäre Systeme geschaffen haben, auf mobile Endgeräte übertragen[69]. Dass der Impuls für eine mobile Lösung technologisch motiviert ist, stellt im Prinzip kein Problem dar. Die vorhandene technologische Kompetenz ist sogar unbedingt für die Entwicklung technischer Komponenten und Gesamtsysteme erforderlich. Allerdings ist für die Entwicklung einer einsetzbaren mobilen Lösung die Kenntnis der Bedingungen im Anwendungsbereich ausschlaggebend. Bei der Entwicklung von Lösungen für den Kon sumentenbereich oder bei Büro-Anwendungen reichen manchmal die Erfahrung und die Vorstellungskraft der ForscherInnen aus, um neue Technologien zu „erfinden", doch

---

[69]  Belege dafür sind z.B. der Cybercompanion [Acc02], sowie die Arbeiten des ZGDV (siehe z.B. [Kli01]) und die Untersuchungen an der Columbia University (z.B. [Web96], [Fei06])

spätestens in Einsatzbereichen, die der EntwicklerIn nicht bekannt sind, endet ihre Kompetenz. Um überhaupt genügend Ideen für mobile Lösungen zur Unterstützung mobiler Tätigkeiten entwickeln zu können, ist ein umfassendes Wissen über mobile Arbeitsprozesse erforderlich, das nur in den Fachabteilungen der Anwendungsbereiche vorhanden ist. Um dieses Wissen dem Technikentwicklungsprozess und auch zur Beurteilung und Verbesserung der in diesem Kapitel genannten mobilen IKT-Lösungen zugänglich zu machen, ist eine tiefergehende Analyse von Anwendungsbereichen notwendig. Dieser Thematik ist das folgende Kapitel gewidmet.

# 7 Nutzungspotenziale für mobile IKT-Lösungen in mobilen Tätigkeiten

Die bisherige technikgetriebene Betrachtungsweise hat eine Reihe von Nutzungs- und Einsatzmöglichkeiten für bisher vorliegende Hard- und Softwarekomponenten und -systeme mobiler IKT-Lösungen herausgearbeitet. Dadurch konnten wichtige Anhaltspunkte für die Bewertung des derzeitigen Stands der Technik und ihres Nutzen gewonnen werden. Für eine komplexe Bewertung des Nutzungspotenzials reicht eine derartige technikfokussierte Vorgehensweise jedoch nicht aus. Das folgende Kapitel wendet daher die Blickrichtung auf die zu unterstützenden Einsatzbereiche und die dort vorhandenen mobilen Tätigkeiten, um damit den Schwerpunkt auf deren Anforderungen an eine technische Unterstützung zu legen. Da eigene vergleichende empirische Arbeiten den Rahmen der vorliegenden Arbeit gesprängt hätten, beschränkt sich die folgene Auswertung auf empirische Anteile in Projekten[70], die ich geleitet habe, an denen ich mitgearbeitet habe oder von denen mir entsprechende Materialen zugänglich waren.

Die Anforderungen und Erwartungen von AnwenderInnen und BenutzerInnen an mobile IKT-Lösungen wurden auf verschiedene Arten und unter Einsatz verschiedener Methoden ermittelt. Angefangen mit einer klassischen Anforderungsanalyse anhand der Vorgaben der AnwenderInnen wurden im Laufe der Zeit differenziertere, auf den gleichberechtigten Dialog zwischen AnwenderInnen/BenutzerInnen und EntwicklerInnen ausgerichtete Anforderungsermittlungsmethoden entwickelt und angewendet. Die Veränderung der Vorgehensweise wurde notwendig, da die mit den ersten Methoden erzielten Ergebnisse nicht aussagekräftig genug waren. Doch nicht nur die eigenen Erfahrungen legten einen Methodenwechsel nahe, sondern auch die Beobachtung, dass aus den mehr als 10 Jahren, in denen bereits technologische Komponenten für die Realisierung mobiler Lösungen entwickelt werden, bisher noch keine nennenswerte Anzahl von Produkten oder produktiv eingesetzter mobiler Lösungen resultieren. Das Programmkommite des 10. Internationalen Symposiums on Wearable Computing stellt dazu in seinem Vorwort zum Tagungsband fest: „One [evident theme] is that user interfaces and wearability are still problems, even after over a decade of research in wearable computing" [Hea06]. Auch die eigenen empirischen Untersuchungen weisen darauf hin, dass die bisher entwickelten und angebotenen mobilen Lösungen Einschränkungen aufweisen, die sich vor allem negativ auf ihre Gebrauchstauchlichkeit auswirken. Um ein solches Urteil fällen zu können, sind zwei Schritte erforderlich: zum einen müssen die Bedarfe der BenutzerInnen und AnwenderInnen ermittelt werden und zum anderen müssen die entwickelten Lösungen anhand dieser Bedarfe evaluiert werden. Sowohl die erforderliche Anforderungsermittlung als auch die anschließende Evaluation sind bei vielen mobilen Lösungen nicht dokumentiert, vielleicht sogar nicht durchgeführt worden, so dass die vor-

---

[70]    [Anw04], [Ber04], [Her03], [Pan05], [Rüg02a], [Rüg03/04], [Rüg04], [Thi02], [Thi04]

liegende Auwertung sich nur auf einzelne selbst durchgeführte Projekte beschränken muss. Aus anderen Projekten werden indirekte Schlussfolgerungen auf einer schmalen Erfahrungsbasis gezogen. Diese Schlussfolgerungen haben aber dennoch zu einigen grundlegenden Anforderungen an mobile IKT-Lösungen und das Vorgehen bei ihrer Identifizierung und Entwicklung geführt, die ich im Folgenden darlegen werde. Eine Evaluation der Nachhaltigkeit der erarbeiteten Vorschläge konnte nicht erfolgen, da das den zeitlichen Rahmen des Vorhabens gesprängt hätte.

Um die aus der Mobilität der BenutzerIn und aus ihrer mobilen Tätigkeit resultierenden Anforderungen an die einzusetzende Technik konkreter benennen zu können, werden im Folgenden im ersten Abschnitt die verwendeten Erhebungsmethoden diskutiert; im zweiten und dritten Abschnitt werden die Ergebnisse zweier Anforderungsermittlungsprozesse qualitativ beschrieben und die resultierenden Ergebnisse dargestellt.

## 7.1 Untersuchungsmethoden und Erfahrungen mit der Qualität der erzielten Ergebnisse

Das übliche Vorgehen bei der Ermittlung der Anforderungen an eine IKT-Lösung ist die Anfertigung eines Pflichtenhefts seitens der AuftraggeberIn und die entsprechende schriftliche Abfassung eines Lastenhefts seitens der AuftragnehmerIn. In einem technologieorientierten Forschungsprojekt wird häufig von diesem Vorgehen abgewichen, da oftmals diejenigen, die die Lösung entwickeln wollen, mehr Interesse daran haben, eine ihrer Ideen technisch umzusetzen und eine AnwenderIn zu finden, die sich zum Ausprobieren dieser Idee bereit findet. So war es auch im Projekt „Winspect –Wearable Computing in der Inspektion" ([Bor01], [Rüg02b]). Die Stahlwerke Bremen hatten für ihre Problemstellung – die Inspektion großer Krane[71] – selbst bereits einzelne mobile Lösungen erwogen, doch waren sie gern bereit, ihren Anwendungsfall dem TZI detailliert zu schildern, da ihre eigenen Ansätze für die von ihnen formulierten Anforderungen keine angemessene mobile Lösungen darstellte. Im TZI lagen erste Erfahrungen mit Wearable Computern, fundierte Kenntnisse zu drahtloser Vernetzung und Teleconferencing sowie zu Methoden der Künstlichen Intelligenz vor, so dass die Adaption dieser Technologien an den Bedarf der Stahlwerke Ziel eines vom Land Bremen geförderten Technologietransferprojektes war.

---

[71] „Krane" ist an dieser Stelle die korrekte Bezeichnung dieser Maschinen in der Fachsprache der AnwenderInnen.

Die prototypisch entwickelte mobile Lösung fand großen Anklang bei den AnwenderInnen/ BenutzerInnen, konnte aber bisher nicht produktiv realisiert werden, da zwei Voraussetzungen nicht erfüllt werden können:

- Die eingesetzte Hardware und das realisierte Interaktionskonzept genügen nicht den Anforderungen an die Arbeitssicherheit[72], wie sie z.b. die Berufsgenossenschaft stellt – geeignete mobile Komponenten sind bis heute nicht auf dem Markt verfügbar.

- Der Aufwand für die Erstellung des benötigten Wartungsprozessmodells der zu unterstützenden mobilen Tätigkeit für die Vielzahl zu inspizierende Krane war zu hoch. Die Erstellung würde einige Personenjahre erfordern, die seitens der AnwenderInnen eingebracht werden müssten – es gibt noch kein geeignetes Verfahren, diesen Aufwand zu minimieren.

Eine Ursache dafür, dass diese Voraussetzung nicht frühzeitig erkannt und im Rahmen des Projektes nicht erfüllt wurde, war, dass die informationstechnologisch ausgebildeten WissenschaftlerInnen nichts von den Bedingungen im Anwendungsbereich wussten und deshalb auch nicht in der Lage waren, die richtigen Fragen zu stellen. Die potenziellen BenutzerInnen aus dem Anwendungsbereich wiederum waren nicht in der Lage, die richtigen Hinweise zu geben bzw. die entsprechenden Forderungen zu stellen, da ihnen die Eigenschaften der technologischen Komponenten nicht vertraut waren. Bei diesem, wie auch bei anderen untersuchten Projekten fällt auf, dass als Vorgehensweise für die Entwicklung wie vor das Wasserfallmodell verwandt wird, das keine Partizipation der BenutzerInnen vorsieht. Das ist eine Ursache dafür, dass die entwickelten mobilen IKT-Lösungen die Praxis noch nicht weiter durchdrungen haben, denn wenn die vorhandenen Barrieren und Hindernisse erst am Ende eines zeitlich klar begrenzten Projekts erkannt werden, bestehen wenig Chancen, dass sie noch im Rahmen des Projektes beseitigt werden können. Für die Entwicklung eines Forschungsprototyps und für die Durchführung einer Machbarkeitsstudie stellte diese Erkenntnis keinen Qualitätsverlust dar, doch für die Vorbereitung einer produktiv einsetzbaren mobilen Lösung ist sie eine Enttäuschung.

Im Fall des Winspect-Prototypen [Rüg02b] ist aus dem durchgeführten Projekt ein anschaulicher und handhabbarer Prototyp hervor gegangen, der zu einem robusten Demonstrator ausgebaut wurde. Dieser wurde häufig dafür verwendet, als gegenständliches Demonstrationsobjekt die Möglichkeiten und Grenzen der Wearable-Computing-Technologie eingängig auf einer konkreten, unmittelbar sinnlich wahrnehmbaren Basis mit AnwenderInnen und BenutzerInnen zu diskutieren. Diese Diskussion an einem funktionstüchtigen technischen Artefakt ist mit einer ersten Evaluation einer neuen Technik in einem Anwendungsbereich gleichzusetzen. Die Erfahrungen aus einer Vielzahl von Gesprächen an diesem Demonstrator haben gezeigt, dass es AnwenderInnen und BenutzerInnen unter diesen Umständen besonders leicht

---

[72]   Zu den gesetzlichen Vorschriften siehe [ArbStättV04] und [BetrSichV02], zu den resultierenden Anforderungen an Hardware siehe z.B. [Stra06].

fällt, über Technikeinsatz bei ihren mobilen Tätigkeiten nachzudenken und ihre Anforderungen an mobile Technologien präziser zu formulieren. Wie bei vielen anderen Produktentwicklungen gibt es auch bei der Entwicklung von mobilen Lösungen vor der Markteinführung selten Feldtests oder Software-ergonomische Reviews. Es kommt sogar vor, dass derartige Untersuchungen zwar angestellt werden, die Ergebnisse aber trotzdem nicht in den Entwicklungsprozess einfließen [Sch04]. Eine Ausnahme stellt hier das Wearable Scanning System der Firma Symbol Technologies dar [Sym06]. Eine weitere Ausnahme, die die Ebene eines Prototyps allerdings nie verlassen hat, ist der VuMan der Carnegie Mellon University (CMU). Die CMU hat ihn nach einer intensiven Analyse der mobilen Tätigkeit in einem interdisziplinären und partizipativen Design-Prozess mehrere Generationen eines Wearable-Computing-Assistenzsystems entwickelt ([Sma98], [Sma99], [Bas01]). Die CMU hat zusammen mit den zukünftigen BenutzerInnen dafür ein Interaktionsmodell anhand der Metapher der Wählscheibe entwickelt und hat für eine Untersuchungsreihe zur Ergonomie eine Vielzahl von verschiedenen Wählscheiben als Mock-Ups gestaltet, die von den BenutzerInnen in einem dialogischen, interaktiven Prozess mit den DesignerInnen erprobt und bewertet wurden. Durch dieses Beteiligungskonzept wurde den BenutzerInnen das Gefühl vermittelt, dass sie die ausschlaggebenden Ideen für die Ausgestaltung der technischen Details hatten, so dass es nicht zu Akzeptanzproblemen bei der Evaluation dieser mobilen Lösung kam. Die Prototypen der CMU sind bisher zwar nicht zu Produkten weiterentwickelt worden, doch sind sie als eine angemessene mobile Lösung für ein anwendungsspezifisches Problem zu betrachten. Im Fall des Spezialgeräts von Symbol wurde dieses NutzerInnenzentrierte Vorgehen damit „belohnt", dass dieses mobile Endgerät bis heute weltweit das meistverkaufte Wearable-Computing-System ist.

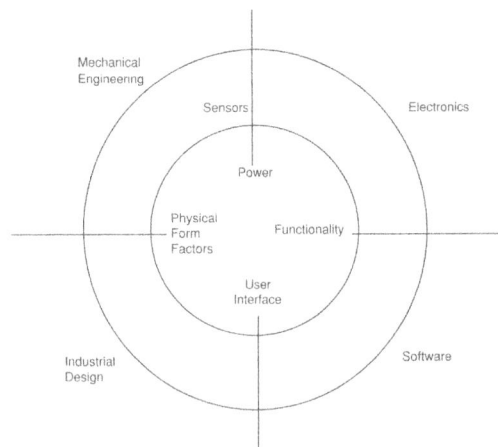

**Abb. 95: Bei der Entwicklung eines Wearable Computers erforderliche interdisziplinäre Zusammenarbeit nach ([Bas01] S.668)**

Diese beiden Ausnahmen belegen, dass ein ergonomisches Design, eine interdisziplinäre Zusammenarbeit sowie das Einlassen auf die Benutzungssituation und die Anforderungen der BenutzerInnen die Qualität einer mobilen Lösung – und nicht nur dieser – deutlich verbessern. Das Vorgehen der CMU zeigt darüber hinaus, dass der frühzeitige Einsatz von funktionalen Mock-Ups[73] und ihre Nutzung als Kommunikationsbasis zwischen BenutzerInnen und EntwicklerInnen zielführender ist als eine abstrakte Kommunikation, sei sie nun verbal, textuell oder auch visuell bzw. visuell simuliert. Für mobile Konsumenten- und Büroarbeitslösungen bestätigen die Erfahrungen von Pichler [Pic04] diese These.

Anforderungsermittlung und -analyse von mobilen Tätigkeiten können nicht mehr allein mit herkömmlichen Methoden durchgeführt werden. Im Rahmen einer Masterarbeit am Studiengang Informatik der Universität Bremen wurde eine mobile Lösung aus dem Bereich Logistik umfassend evaluiert [Pan05]. Es wurde eine kleine Teilaufgabe des Distributionsprozesses herausgegriffen – der Arbeitsprozess von LKW-FahrerInnen – und der Arbeitsprozess in seinem üblichen Ablauf in einer realen Arbeitssituation begleitet, um die Anforderungen und Bedingungen anhand der Methoden des „Contextual Design" zu erfassen. Contextual Design empfiehlt die Entwicklung einer informations- und kommunikationstechnsichen Lösung im Umfeld des realen Arbeitsprozesses (siehe z.B. [Bey98]). Panhoffs Anliegen war u.a. die Untersuchung der Anforderungsanalyse- und der Evaluationsmethodik hinsichtlich ihrer Anwendbarkeit auf mobile Lösungen und mobile Tätigkeiten. Im Anschluss an die begleitende Beobachtung (in der Sprache des Contextual Designs „contextual inquiry" genannt) hat er eine kommerziell verfügbare mobile Lösung während des mobilen Einsatzes nach herkömmlichen software-ergonomischen Methoden evaluiert, wie sie z.B. in [Hei03] empfohlen werden. Er ist bzgl. der Methoden zu folgenden Schlussfolgerungen gekommen [Pan05, S.46ff]:

- Die begleitende Beobachtung einer LKW-FahrerIn mit dem Fokus auf ihre mobilen Tätigkeiten ist sehr zeitintensiv, auch wenn die mobilen Tätigkeiten nur während der Haltezeiten auftreten.

- Die BeobachterIn kann während der „Pausen" zwischen den Haltezeiten aufgrund der räumlichen Enge in der Fahrzeugkabine keine neutrale Distanz zur beobachteten Person aufrechterhalten, so entsteht fast zwangsläufig eine Kommunikation, die über die Beobachtung hinaus geht und das Ergebnis der Beobachtung dadurch beeinflusst.

- Bei der software-ergonomischen Untersuchung in einer realen Umgebung und unter realen Bedingungen kann das übliche Beobachtungsequipment nicht eingesetzt werden, da es die Benutzung des mobilen Endgeräts behindert und den Kontext nicht in ausreichender Weise erfasst.

---

[73] Zur Allgegenwart stofflicher 3D-Modelle siehe ([Hor04], S.19-27) und dort weiter (S.157-211) zu den positiven sozialen Effekten greifbarer Medien.

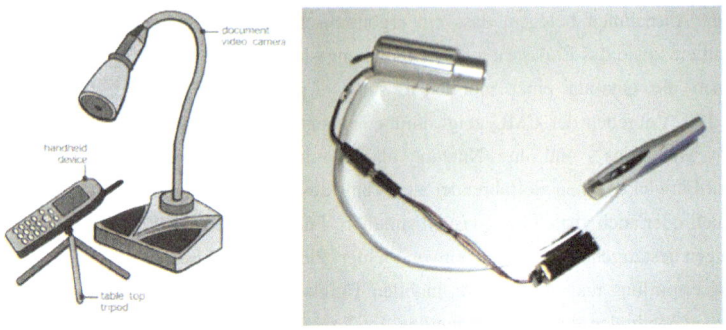

Abb. 96: links: Empfohlene Beobachtungsgeräte für Usability-Tests mit Handhelds, rechts: Eigenbau eines mobilen Beobachtungsgerätes [Pan05]

Diese Ergebnisse und auch die Ergebnisse von Thielemann, die sich mit der Entwicklung einer Checkliste zur Bewertung von Wearable Computing-Lösungen auf der Basis von Kriterien aus den Bereichen Technikbewertung, Marketing und Software-Ergonomie befasst hat [Thi04], weisen darauf hin, dass es notwendig ist, die vorhandene Methodik und die für stationäre Lösungen vorliegenden Regelwerke systematisch auf ihre Einsetzbarkeit für die Analyse mobiler Tätigkeiten und ihre Anwendbarkeit auf die Entwicklung und Evaluation von mobilen IKT-Lösungen hin zu untersuchen und anzupassen. Die beiden genannten Arbeiten hatten bei der Evaluation von mobilen Lösungen große Schwierigkeiten damit, die Besonderheiten der Mobilität herauszuarbeiten. Die Ursache, war, dass die untersuchten mobilen Lösungen bereits unter herkömmlichen Software-ergonomische Kriterien kritikwürdig waren, so dass eine fundierte Unterscheidung unmöglich war, welchen Stellenwert die Verletzung der bekannten Usability-Regeln hatte und welcher Einfluss dem mobile Einsatz zukam. Dies war auch kein Problem der ungeschickten Auswahl des zu untersuchenden Beispiels, es ist ein grundsätzliches Problem, da die Entwicklung von IKT-Lösungen – seien sie nun stationär oder mobil – selten nach ergonomischen Grundsätzen erfolgt. Diese Behauptung gilt für Produkte (siehe z.B. [Hei03]), sie gilt aber vor allem auch für Prototypen, da wissenschaftlich motivierte technologische Prototypen meist dem Nachweis der grundsätzlichen technischen Machbarkeit einer Idee dienen und nicht der Demonstration der Gebrauchstauglichkeit dieser Technologie. Außerdem decken Forschungsprototypen nur einzelne, relativ schmale technologische Aspekte mobiler Lösungen ab, in den seltensten Fällen Gesamtlösungen, so dass eine Evaluation nur in einem sehr engen Rahmen möglich ist.

Es ist für die Beurteilung von mobilen Lösungen erforderlich, neue Methoden der Evaluation der Gebrauchstauglichkeit zu entwickeln, die der mobilen Einsatzsituation Rechnung tragen und der Einheit von mobilen Endgerät und realisierten Interaktionsmöglichkeiten. Bei Software-ergonomischen Reviews reicht es nicht mehr aus, diese Tests an einer internet-basierten Simulation von Soft- und Hardware zur Ausführung z.B. am DesktopPC durchzuführen, wie das z.B. Dahm et al. in ihrem Beitrag „Handyergo: Breite Untersuchung über die Gebrauchstauglichkeit von Handys" [Dah04] beschreiben. Zwar ließe sich argumentieren, dass bei einem rein Software-ergonomischen Test die Hardware keine Rolle spielt, doch auch dieses Argument ist nicht überzeugend, da schon allein die Simulation eines Mobiletelefons auf einem ressourcenreichen DesktopPC technisch eine andere Performance hat, als es die tatsächliche Software auf dem mobilen Endgerät hat. EntwicklerInnen von mobilen Applikationen handeln nach eigenen Angaben heute in der Praxis deshalb nach wie vor nach der Devise „einmal entwickeln und so oft testen, wie es ein neues mobiles Endgerät gibt". Allerdings haben sie dabei vor allem die technische Funktionsfähigkeit ihrer Software im Auge und nicht die Gebrauchstauglichkeit der gesamten mobilen Lösung.

**Abb. 97: Neue Wege der (Software)ergonomischen Evaluation mobiler Lösungen geht die Firma akziv, links: Tests auf einem Laufband, rechts: Einsatzort für die im Projekt adlatus untersuchte mobile Lösung [Akz02]**

Zur Beurteilung der Gebrauchstauglichkeit ist eine sehr gute Kenntnis des Einsatzbereichs und der Einsatzbedingungen erforderlich und auch zur Entwicklung einsetzbarer und durch die BenutzerInnen akzeptierbarer Lösungen ist diese Kenntnis hilfreich. Für die Entwicklung und Evaluation stationäre Lösungen stehen als gesicherte Ausgangspunkte die in den bisherigen Untersuchungen ermittelten Grundlagen zur Verfügung, für mobile Lösungen müssen diese Ausgangspunkte noch ermittelt werden. Um charakterisitische übergreifende Faktoren identifizieren zu können, ist die Analyse einer größeren Anzahl von vorliegenden Anforderungsermittlungen notwendig. Falls diese nicht vorliegen, wie es bei mobilen Tätigkeiten der Fall ist, können qualitative Interviews in verschiedenen Anwendungsbereichen erste nützliche Hinweise geben. Im Rahmen der genannten Projekte in den Bereichen Wearable Computing und Mobile Solutions wurden leitfadengestützte, qualitative, explorative Interviews in den Anwendungsbereichen Wartung und Instandhaltung, Facility Management sowie zur Ermittlung der Bedarfe und der vorhandenen Potenziale mobiler Lösungen für das Gesundheitswesen durchgeführt[74]. Die Aufgabenstellung bei der Durch-

---

[74]     Es wurden 12 Interviews im Gesundheitswesen mit 15 Fachleuten aus verschiedenen Disziplinen durchgeführt sowie 2 Interviews im Bereich Facility Management, 3 zum Thema Flugzeugwartung und 3 zum Flugzeugkabinenbetrieb. Die Interviews wurden nicht veröffentlicht, Auszüge und Zusammenfassungen der Ergebnisse sind zu finden in [Anw04], [Ber04], [Rüg04], [Rüg03/04], [Thi04].

führung der Interviews war es, so viele Informationen wie möglich zu den Rahmenbedingungen mobiler Lösungen in den genannten Bereichen zu erhalten. Zwei der Projekte zielten darauf ab, für das Gesundheitswesen die Potenziale mobiler IKT-Lösungen zu ermitteln, andere dienten dazu, Wearable-Computing-Lösungen für den jeweiligen Anwendungsbereich vorzuschlagen. Hier ging es allerdings nicht darum, eine vorgegebene mobile Lösung in einem Anwendungsbereich zu platzieren, sondern darum, neue Wege zu beschreiten und neue Ideen zu entwickeln. Die Fragen in den durchgeführten Gesprächen zielten deshalb immer darauf ab, in einer konstruktiven und vertrauensvollen Situation die mobilen Arbeitsprozesse zu verstehen und deren Einbettung in einen umfassenderen Arbeitsfluss.

Die Interviews wurden von eine InformatikerIn oder von einen Team aus einer InformatikerIn und einer PsychologIn durchgeführt. Die InterviewerInnen waren aufgefordert, bei ihren Fragen nicht in erster Linie auf das *wie* der Realisierung einer mobilen IKT-Lösung zu fokussieren, sondern noch einen Schritt früher zu beginnen und zu erfassen, welche Aspekte der mobilen Tätigkeit mit mobilen Technologien unterstützenswert sind und unterstützt werden können. Da die InterviewerInnen zwar einen Leitfaden zur Verfügung hatten, aber nicht die Forderung bestand, jede Frage erschöpfend zu beantworten, entstand bei den Interviews ein Dialog, in dem die interviewte Person auch der InterviewerIn Fragen stellte, vor allem Fragen nach den vorhandenen oder mittelfristig verfügbaren mobilen Technologien. Wenn die InterviewerIn auf diese Fragen antwortete, wurde dadurch bei den interviewten Personen wiederum die Phantasie angeregt, ihren Anwendungsbereich unter dem Aspekt der mobilen Tätigkeit tiefer zu analysieren.

Die guten Erfahrungen mit den explorativen Interviews haben dazu geführt, dass diese Methode dahingehend erweitert wurde, dass im Rahmen der Maßnahmen im Gesundheitswesen im Anschluss an einzelne explorative Interviews und ihrer Auswertung Workshops mit AnwenderInnen und EntwicklerInnen durchgeführt wurden, in denen die Ergebnisse der Interviews in einer größeren, heterogen zusammengesetzten Gruppe zur Diskussion gestellt wurde. In diesen insgesamt 6 durchgeführten Workshops sind die Vielfalt der möglichen Anforderungen und die Interessenkonflikte zwischen den Beteiligten deutlich hervorgetreten [Rüg03/04]. Sichtbar wurde nicht nur der unterschiedliche Fokus bei AnwenderInnen und EntwicklerInnen, sondern vor allem auch die Interessensunterschiede innerhalb der Gruppe der AnwenderInnen/BenutzerInnen. Die Gruppe der AnwenderInnen und BenutzerInnen im Gesundheitswesen ist weniger homogen, als sie häufig dargestellt wird. Unterschiedliche Sichtweisen und Interessenskonflikte sind vor allem zwischen den verschiedenen Professionen zu beobachten. Derartige Interessenunterschiede können zum Scheitern von technologischen Lösungen führen, vor allem dann, wenn die Technologie der Lösung eines organisatorischen Problems dienen soll, das auf der organisatorischen Ebene nicht gelöst werden konnte.

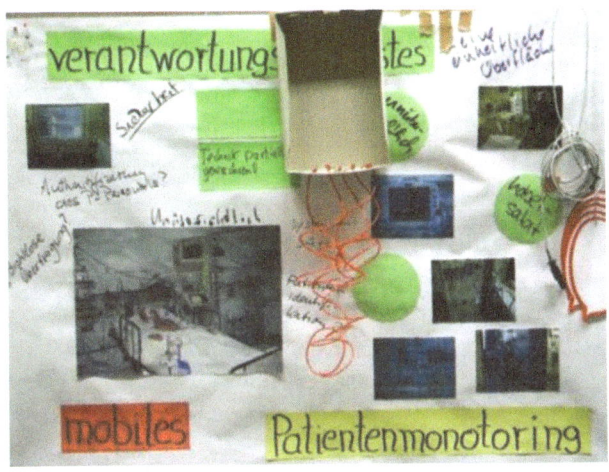

**Abb. 98: Problemdarstellung zur Anregung der Kreativität der TeilnehmehmerInnen der durchgeführten Workshops „Mobile Lösungen für das Gesundheitswesen" (Foto: MRC)**

Um konstruktiv mit den vorhandenen Interessenkonflikten umzugehen, wurde im Rahmen eines Anschlussprojektes im Bereich Gesundheitswesen ein erlebnisorientiertes Workshop-konzept entwickelt, das den verschiedenen Akteursgruppen ermöglichte, in einem kreativen und lösungsorientierten Ambiente die Interessenkonflikte darzustellen und in einem anschlie-ßenden Gestaltungsprozess fast spielerisch in einen Lösungsvorschlag umzusetzen. Da die drei durchgeführten Workshops sowohl mit AnwenderInnen und BenutzerInnen als auch mit EntwicklerInnen besetzt waren, wurden in dem professionell moderierten Prozess auch Ansätze und Ideen für technische Lösungen generiert[75]. Die entwickelten Ideen für mobile Lösungen für das Gesundheitswesen blieben zumeist bei der Beantwortung der Frage „was kann und sollte mit mobilen Lösungen unterstützt werden" stehen. Sie gaben nur wenige Hinweise darauf, *wie* diese Unterstützung technologisch konkret aussehen sollte. Allerdings zeigten die präsentierten Vorschläge auch, von einer technischen Warte aus betrachtet, sehr viele zumindest mittelfristig realisierbare Eigenschaften. Diese Tatsache ist dem Umstand zuzurechnen, dass die Workshops immer auch mit TeilnehmerInnen aus dem Bereich Technologieentwicklung besetzt waren.

---

[75] Die ausführliche Dokumentation der Ergebnisse dieser drei Workshops ist online verfügbar unter [Anw04]

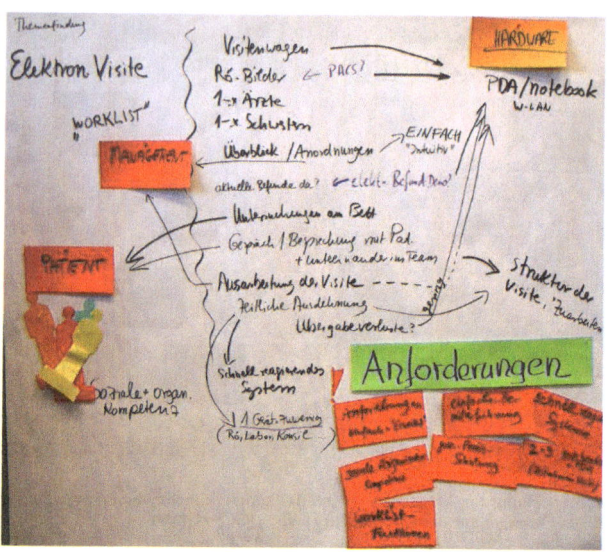

Abb. 99: Die Themenfindung in den einzelnen Workshops war ein kontroverser Prozess (Foto: MRC)

Das vorrangige Ziel der Workshops war die gemeinsame Identifikation von Aufgaben und Potenzialen mobiler Lösungen im Gesundheitswesen und eine Sensibilisierung der AnwenderInnen und zukünftigen BenutzerInnen für diese Möglichkeiten. Die Konkretisierung und Umsetzung der gemeinsam entwickelten Ideen blieb in der Folge dieser Veranstaltungen den EntwicklerInnen überlassen. Die erste durchgeführte Workshop-Reihe Anfang 2004 hat zumindest in einzelnen Fällen zu einer längerwährenden Zusammenarbeit bzw. zu gemeinsamen Projekten zwischen den teilgenommenen EntwicklerInnen und AnwenderInnen bzw. BenutzerInnen geführt. Allerdings konnten diese positiven Effekte der durchgeführten Maßnahmen nicht systematisch weiter verfolgt werden, da die resultierenden Kontakte auf bilateraler Ebene zwischen den EntwicklerInnen und den NutzerInnen ohne die VeranstalterInnen stattfanden.

Abb. 100: Gemeinsam entwickelte Ansätze am Beispiel der Intensivpflege (Foto: MRC)

Alle TeilnehmerInnen dieser ersten Veranstaltungsreihe aus den Anwendungsbereichen des Gesundheitswesens zeigten sich sehr an mobil einsetzbaren Technologien interessiert und zwar nicht nur an Informationen über Grenzen und Möglichkeiten, sondern vor allem an der Möglichkeit, diese selbst auszuprobieren. Im Laufe der Veranstaltungsreihe wurde deshalb der Ablauf in den Workshops den Bedarfen dieser TeilnehmerInnen angepasst und es wurden, soweit das möglich war, konkrete Technologien und mobile Endgeräte präsentiert, die am Ende jedes Workshops den TeilnehmerInnen zum Ausprobieren zur Verfügung gestellt wurden. Auch die Evaluation der Workshops des Anwenderforums im Herbst 2004 zeigte eine positive Resonanz auf den dialogischen Charakter der Veranstaltungen. Allerdings hätten sich einige TeilnehmerInnen aus den Anwendungsbereichen auch in dieser Workshop-Sequenz einen wesentlich höheren technischen Anteil bei Veranstaltung gewünscht. Sie waren sehr stark an konkreten mobilen Lösungen und dem Ausprobieren dieser interessiert, das ergab die Auswertung der Teilnahmeevalutation.

Abb. 101: Gemeinsame Ergebnispräsentation der Lösungen und Probleme (Foto: MRC)

Die Erfahrungen mit den durchgeführten Veranstaltungen zeigen, dass eine diskursive und auf Gegenständlichkeit angelegte Motivation zum Nachdenken über mobile Lösungen in beide Richtungen wirkt. Die EntwicklerInnen bekommen in den gemeinsamen Workshops eine Idee davon, welche Art von Lösungen im Anwendungsbereich gebraucht, eingesetzt und akzeptiert werden könnten und die AnwenderInnen/BenutzerInnen bekommen eine Vorstellung davon, was technisch kurz- und mittelfristig machbar ist. Vor allem die Fachleute aus den Anwendungsbereichen bekommen darüber hinaus ein klareres Bild ihre eigenen Arbeits- und Kommunikationsprozesse. Durch eine verständliche und umfassende Päsentationen mobiler Technik und die Möglichkeit, diese technischen Artefakte unmittelbar selbst auszuprobieren, werden sie besser in die Lage versetzt, über mobile Lösungen in ihrem Anwendungsbereich nachzudenken. Es ist zu erwarten, dass die BenutzerInnen, die an diesen Workshops teilgenommen haben, im Anschluss an die Identifikation eines mit mobilen Technologien unterstützbaren Arbeitsprozessen fundiertere Anforderungen an das „wie" der Realisierung einer mobilen Lösung für ihren Einsatzbereich formulieren können. Die Bestätigung dieser These steht allerdings noch aus, da ihr Nachweis nicht Bestandteil der durchgeführten Workshop-Reihe war.

## 7.2 Nutzungspotenziale mobiler Lösungen im Gesundheitswesen

Im Rahmen der genannten regional fokussierten Projekte[76] zur Identifizierung der Potenziale mobiler Informations- und Kommunikationstechnologien für die Gesundheitswirtschaft und zur Sensibilisierung und Motivation der Akteure im Gesundheitswesen wurden explorative Interviews mit ausgewählten VertreterInnen der identifizierten NutzerInnengruppen durchgeführt sowie Workshops gemeinsam mit AnwenderInnen, BenutzerInnen und EntwicklerInnen. Die InterviewpartnerInnen wurden als VertreterInnen verschiedener Professionen und Statusgruppen mit verschiedenen Arbeitsschwerpunkten ausgewählt und auf persönliche Empfehlungen hin angesprochen. Die Auswahl war nicht repräsentativ. In die Untersuchung eingegangen sind Interviews mit

- einem Oberarzt in der Intensivmedizin/Notfallmedizin
- einer Fachärztin für Gynäkologie im Krankenhaus
- einer Krankenschwester im Krankenhaus
- einem niedergelassenen Facharzt
- einem Sanitäter
- dem Leiter der Notarzteinsatzzentrale
- einer Zahnarzthelferin
- einer Einsatzplanerin in der Kurzzeitpflege
- einer Krankenschwester in der Altenpflege
- einer PflegedienstleiterIn (ambulant und stationär) in der Krankenpflege
- die Geschäftsführerin und Heimleiterin eines Alten- und Pflegeheims
- einem Arbeitsmediziner
- einem Medizintechniker

Die Gespräche wurden aufgezeichnet, z.T. transkribiert und ausgewertet. Als Resultate wurden mobile Tätigkeiten im Gesundheitswesen identifiziert und beschrieben [Rüg03/04], die wiederum in den anschließend durchgeführten Veranstaltungen mit den genannten Akteurs-

---

[76]    Gefördert wurden die durchgeführten Maßnahmen von der BIA – Bremer Innovationsagentur und dem Senator für Wirtschaft und Häfen im Land Bremen in den Jahren 2002-2004 mit europäischen Fördermitteln („Mobile Bremen Initiative", EFRE).

gruppen gemeinsam diskutiert wurden, um regional relevante Potenziale zu identifizieren und Entwicklungsprojekte anzustoßen.

Das Gesundheitswesen ist insgesamt eine Branche mit einer Vielzahl mobiler Tätigkeiten, denn die primäre Aufgabe ist und bleibt die Behandlung und Pflege von Menschen und viele der auszuführenden Tätigkeiten erfolgen, wie auch im Dienstleistungssektor, an oder im unmittelbaren Zusammenhang mit einer Person/PatientIn. Ambulante Pflege und Hausbesuche von ÄrztInnen finden z.B. an wechselnden Einsatzorten statt, an denen keine informationstechnischen Infrastruktur zu erwarten ist. Ein Teil der Arbeit wird sogar unterwegs erledigt, z.B. die Kommunikation mit KollegInnen oder Vorgesetzten oder logistische Prozesse wie das Abholen von Rezepten oder Medikamenten. Das Rettungswesen ist ein hochmobiler Bereich, in dem die MitarbeiterInnen an ständig wechselnden Einsatzorten und unterwegs ihre Aufgaben erfüllen. Auch im Krankenhaus gibt es eine Vielzahl mobiler Tätigkeiten. Die ÄrztInnen und das Pflegepersonal sind entweder in Operations- und Behandlungsräumen tätig, in denen die PatientInnen ständig wechseln oder sie arbeiten in den verschiedenen Krankenzimmern, in denen wiederum die PatientInnen wechseln. PatientInnen müssen z.B. von ihren Zimmern in den Operationssaal oder zu (Labor-)Untersuchungen gebracht werden. AnästhesistInnen arbeiten abteilungs- und stationsübergreifend. Die technische und informationstechnische Infrastruktur in einem Krankenhaus ist relativ hoch, allerdings gibt es zwischen den unterschiedlichen Häusern und z.T. auch zwischen den verschiedenen Abteilungen deutliche Unterschiede. Eine Intensivmedizin ist z.B. völlig anders ausgestattet als eine gynäkologische Station. Heimpflege findet, analog zur Pflege im Krankenhaus, in einem Gebäude statt. Allerdings ist die technische und informationstechnische Ausstattung von Alten- und Pflegeheimen wesentlich geringer. Zu der Mobilität innerhalb der verschiedenen Einrichtungen kommen die Übergänge zwischen ihnen hinzu, z.B. der Übergang von einer Abteilung in eine andere oder der Übergang von ambulanter oder stationärer Pflege zu niedergelassener Praxis und/oder Krankenhaus, bei dem die PatientInnen z.T. von Fachpersonal begleitet wird.

Auch niedergelassene ÄrztInnen und Sprechstundenhilfen wechseln häufig ihren Einsatzort, z.B. wenn es mehrere Behandlungszimmer in einer Praxis gibt. Auch hier ist die technische und informationstechnische Ausstattung bei den verschiedenen Fachrichtungen sehr unterschiedlich. Die Augenheilkunde ist z.B. eine hoch technisierte Fachrrichtung, wohingegen HautärztInnen oder PsychologInnen kaum Technik benötigen. Auch Arbeits- und SozialmedizinerInnen sowie BetriebsärztInnen verrichten einen Teil ihrer Arbeit an den verschiedensten Einsatzorten und unter den unterschiedlichsten Einsatzbedingungen. In der ambulanten Pflege, bei Operationen, im Rettungseinsatz oder bei der Durchführung von Untersuchungen und Behandlungen benötigt das Personal im Gesundheitsweisen meistens die ungeteilte Aufmerksamkeit für die am Menschen auszuübende Tätigkeit und hat z.B. keine Hand frei für die Bedienung eines herkömmlichen Computersystems.

Allen Sektoren gemeinsam ist der hohe Kommunikationsbedarf, der u.a. durch die arbeitsteilige Organisation der Aufgaben und Zuständigkeiten sowie durch die in vielen Fällen erforderliche Schichtarbeit hervorgerufen wird. Kommunikation ist zwischen KollegInnen, zwischen Professionen, innerhalb der jeweiligen Einrichtungen, zwischen den Einrichtungen und mit den PatientInnen sowie mit den Trägern (z.B. Krankenkassen) erforderlich. Kommunikation ist hier sowohl auf der zwischenmenschlichen Ebene und der Ebene der Prozesssteuerung als auch auf der Ebene des Austauschs von Dokumenten oder des Zugriffs auf Informationen anzusiedeln. Vor dem Hintergrund dieses weiten Feldes von mobilen Tätigkeiten wurden folgende Einsatzpotenziale für mobile Lösungen in den durchgeführten Interviews ermittelt[77].

**Reduzierung des erforderlichen Aufwands für die Pflegedokumentation**

Folgende Dokumentationen sind in der Pflege erforderlich, die an verschiedenen Orten, zu unterschiedlichen Zeiten und unter Beteiligung verschiedener Personen entstehen:

- Erhebung abrechungsrelevanter Daten

- Erhebung versicherungstechnisch erforderlicher Daten

- Erfassung prozessunterstützender Daten

- Erhebung pflegerischer und behandlungsbezogener Informationen

Der Aufwand für die beiden erstgenannten Punkte wurde von den befragten Pflegekräften auf ca. 40 Min. pro Tag geschätzt, den sie als „zusätzlich", nicht „zur eigentlichen Arbeit gehörend" und deshalb als besonders belastend und „überflüssig" wahrnahmen. Mit einer sorgfältigen und vollständigen Dokumentation weist ein Pflegedienst seine Qualität nach, so dass hier zukünftig eher ein Mehraufwand zu erwarten ist.

Bei Neuaufnahmen in der stationären (Alten-)Pflege wird ein so genannter „Laufzettel" angefertigt. Dieser durchläuft nacheinander die einzelnen Abteilungen, wird dort jeweils abgezeichnet und danach zentral am Empfang hinterlegt, wo das Personal Einblick nehmen und ergänzende Informationen hinzufügen kann.

Je nach Ausstattung der Einrichtung oder des Personals mit Infrastruktur sind zur Erfüllung dieser Aufgaben zusätzliche Wege erforderlich, z.B. wenn die Dokumentation nur an einem einzelnen stationären Arbeitsplatz erfolgt kann.

Ereignisse, wie z.B. die Übergabe zwischen den Schichten, sind für die Zusammenarbeit des gesamten Teams notwendig. In diesen Runden erfolgt zwar eine gegenseitige Information, doch es werden nicht nur Fakten und formalisierbare Informationen kommuniziert. Was allerdings abgeschafft werden könnte, ist der Umstand, dass während dieser Treffen so gut wie jedes Teammitglied die erhaltenen Informationen selbst noch einmal notiert.

Es gibt verschiedene Arten von Pflege, entsprechend sind die Qualifikationsprofile der Pflegekräfte unterschiedlich. Eine große Anzahl spricht z.B. eine andere Sprache als deutsch

---

77    Eine ausführliche Beschreibung aller ermittelten Nutzungsbeispiele ist in den online veröffentlichten Zwischen- und Abschlussberichten über die durchgeführten Maßnahmen nachzulesen [Rüg03/04].

und hat einen anderen kulturellen Hintergrund. Bei der Durchführung der pflegerischen Tätigkeiten an sich ist das kein großes Problem, allerdings bei der Dokumentation, die sprachorientiert ist.

Es gibt für jede PatientIn eine Pflegekraft, die sie besonders gut kennt und die ihre erste AnsprechpartnerIn ist, doch ist diese Pflegekraft nur innerhalb ihrer Schicht verfügbar. Wenn auch die übrigen Pflegekräfte – ohne eine ausführliche Übergabe – individuell auf die zu versorgende Person eingehen könnten, dann wäre das ein enormer Qualitätsvorteil für die Pflegeeinrichtung.

**Diagnoseeingabe / Leistungserfassung im Krankenhaus**

Auch ÄrztInnen müssen in ähnlicher Weise dokumentieren wie Pflegekräfte, sowohl im Krankenhaus als auch in niedergelassenen Praxen oder im Notfalleinsatz. Dazu werden nach Schätzung der Befragten täglich 1,5 bis 2 Stunden benötigt, für die jedoch nicht immer zeitnah Gelegenheit besteht. Zu Abrechnungszwecken werden häufig „Diagnoseschlüssel" in Informationsbroschüren nachgeschlagen vor allem, wenn „Nebendiagnosen" gemacht werden. Für den „Arztbrief" sind immer mehr Standardformulierungen erforderlich, die dann ebenfalls nachgeschlagen werden müssen. Es gibt zwar Datenbanken zu diesem Thema, doch die Handhabung der Desktop-Lösung war den Befragten zu umständlich und zu langsam, weshalb sie bei ihrer herkömmlichen Methode, dem Nachschlagen in einem kleinen Büchlein, bleiben. Ein Ärgernis bei der Benutzung eines Computersystems die Handhabung einer Tastatur und die dabei fehlende Virtuosität der BenutzerInnen damit, da sie Computernutzung nicht gewohnt ist.

**Dienstübergabe im Krankenhaus**

Beim Personalwechsel im Krankenhaus gibt es, wie in der Pflege, ein Meeting, bei dem die wichtigsten Hinweise anhand der vorhandenen Unterlagen mündlich weitergegeben werden. Auch hier besteht das Problem, dass sich jede Person eigene Notizen macht. Evtl. benötigte Röntgenbefunde, Laborwerte u.ä. werden in vielen Einrichtungen noch von verschiedenen DesktopPCs abgerufen und für die Unterlagen ausgedruckt.

**Reduzierung des Zeitaufwands für die Dokumentation in niedergelassenen Praxen**

In zahnmedizinischen Praxen gibt es eine Arbeitsteilung zwischen ÄrztIn und ArzthelferIn und zwischen den ArzthelferInnen: einige HelferInnen assistieren, eine andere ist für die Abrechnung zuständig. Die ÄrztIn diktiert ihre Beobachtungen, sie benötigt für die Untersuchung beide Hände und trägt Schutzhandschuhe. Die AssistentIn arbeitet z.T. direkt an der PatientIn mit, ebenfalls mit entsprechender Arbeitskleidung wie z.B. Kittel und Handschuhen. Sie muss Anreichungen etc. mit den Händen machen, sie muss aber auch die Befundung dokumentieren, und damit die abrechnungsrelevanten Angaben erfassen. Sie ist für die Bereitstellung der benötigten Patientendaten zuständig. In vielen Fällen muss sie in einem späteren Schritt ihre handschriftlichen Formulareinträge manuell in ein Praxis-Computersystem übertragen. Die für die Abrechnung zuständige MitarbeiterIn nutzt sowohl die Computereingaben als auch die handschriftlichen Notizen , da es keine hundertprozentige Übereinstimmung oder Plausibilitätsprobleme gibt.

**Unterstützung der Pflegeüberleitung**

Im Rahmen der Einführung der Fallpauschalen werden PatientInnen wesentlich früher verlegt. Die Überleitung erfolgt nicht nur durch die Verlegung der PatientIn in eine andere Abteilung, in ein Pflegeheim oder in die hausärztliche, ambulante oder familiäre Obhut, sondern auch durch die Überleitung der Patienteninformationen. Es wird erwartet, dass dadurch das Kommunikationsbedürfnis zwischen den verschiedenen Beteiligten stark ansteigt *und* die Datenübergabe zeitkritisch wird.

**Einsatz mobiler Endgeräte bei Hausbesuchen von ÄrztInnen**

Mobile Diagnosegeräte, der ortsunabhängige Zugriff auf die gleichen Daten wie in der stationären Praxis und der Einsatz mobiler Endgeräte zur Dokumentation werden z.B. für Hausbesuche als nützlich betrachtet, aber nicht als notwendig erachtet. Meist besteht die Befürchtung, dass die Bedienung der eingesetzten Computersysteme zu aufwändig ist bzw. zu viel Zeit erfordert.

**Unterstützung der Patientenberatung z.B. in der Zahnmedizin**

Zur Vorbereitung von Operationen oder auch bei angstauslösenden Behandlungen in der Zahnmedizin wird den PatientInnen als vertrauensbildende Maßnahme in einem Vorgespräch Anschauungsmaterial präsentiert, um ihnen eine bessere Vorstellung der Behandlungsart zu verschaffen. Die Nutzung erfolgt allein oder zusammen mit der ÄrztIn. Für die Unterstützung von ÄrztInnen bei dieser PatientInnenberatung sind z.B. TabletPCs, Werbpads oder mobile Displays einsetzbar.

**Elektronische Archivierung von Dokumenten**

Im Gesundheitswesen gibt es eine langjährige Archivierungspflicht für eine Vielzahl von Dokumenten. Bisher werden viele Dokumente noch physisch archiviert, der Platzbedarf ist groß. Die Anzahl der Zugriffe auf diese Dokumente steigt in den letzten Jahren stetig an, so dass das Wiederauffinden zum „Zeitfresser" wird. Eine elektronische Archivierung mit einer geeigneten Systematik zum Retrieval wird deshalb gewünscht.

**Lokalisierung von mobil tätigen Funktionsträgern**

Sowohl im Krankenhaus als auch in niedergelassenen Praxen wird es als eine Arbeitserleichterung angesehen, wenn der konkrete Aufenthaltsort einzelner Personen (bzw. Personen mit bestimmten Funktionen) und ihr aktuelles Bewegungsmuster für die anderen Teammitglieder verfügbar wären, z.B. damit die AssistentIn in einer niedergelassenen Praxis ein Telefonat an den richtigen Ort durchstellen kann oder weiß, dass eine Störung zum aktuellen Zeitpunkt unangemessen ist. Auch im Krankenhaus besteht ein ähnliches Informationsbedürfnis über den aktuellen Aufenthaltsort bestimmter Funktionsträger z.B. wenn ein OP-Team auf eine OperateurIn wartet. Auch AssistenzärztInnen, Hebammen oder Pflegekräfte sind häufig von einer direkten Kommunikation mit bestimmten Funktionsträgern abhängig und müssen dafür weite Wege und Wartezeiten in Kauf nehmen.

**Kommunikation mit der OberärztIn, die ständig unterwegs ist**

Es kommt oft vor, dass ÄrztInnen oder das Pflegepersonal im Krankenhaus die OberärztIn konsultieren müssen. Um diesen Bedarf zu kommunizieren, werden „Pieper" eingesetzt, auf denen die anzurufende Telefonnummer und ein Code für die Art der Anfrage angezeigt werden können. Weitere Details muss die OberärztIn telefonisch erfragen und sich u.U. zum nächsten verfügbaren Terminal begeben oder direkt zum Ort des Geschehens, um eine geeignete Entscheidungsgrundlage zu bekommen. Das ist häufig mit dem Zurücklegen weiter Wege verbunden. Nicht selten entpuppt sich dort jedoch ein vermeintlicher Notfall als Lappalie, welche durch die mobile Verfügbarkeit multimedialer Informationen bei der OberärztIn mittels Ferndiagnose hätte behoben werden können.

**Mobiles Patientenmonitoring**

Es gibt sehr verschiedene Formen der Überwachung der Vitalparameter von PatientInnen. Sie reichen vom EKG für RisikopatientInnen im täglichen Leben bis hin zu den in der Intensivmedizin eingesetzten Überwachungsgeräten. Im Krankenhaus werden PatientInnen in der Intensivmedizin mit drahtgebundenen Sensoren versehen, die jeweils an ein Ausgabegerät, einen so genannten „Monitor" angeschlossen sind, der die gemessenen Werte auswertet, anzeigt[78] und ggf. Alarm ausgelöst. Diese Monitore sind stationär installiert oder in Ausnahmefällen mobil einsetzbar. Körpersensorik wird auch in anderen Fachgebieten, z.B. in der Gynäkologie (Wehenschreiber und Messung der Herztöne des Kindes) und in der Notfallmedizin verwendet. Eine Reduzierung der Anzahl der Drähte zur Erhöhung der Mobilität der PatientIn bei gleich bleibender Messsicherheit stellt für das zuständige Personal eine Arbeitserleichterung dar.

Das gilt vor allem auch für den Transport von PatientInnen, hier gelten ähnliche Bedingungen wie in der Notfallmedizin: Die Gefahr in der Situation ließe sich kalkulierbarer gestalten, wenn die PatientIn sowohl unterwegs vom Begleitpersonal als auch von der aufnehmenden Instanz aus sensorisch beobachtet wird, um beim Auftreten von Komplikationen an mehreren Orten sofort angemessen reagieren zu können.

---

[78]  Diese „Anzeige" kann auf einem Monitor erfolgen oder auf einem Messstreifen; aber auch eine akustische Ausgabe gehört zum möglichen Spektrum dazu.

In den regulären Stationen fehlt seitens des Pflegepersonals die intensivmedizinische Fachkompetenz. Seit Einführung der Fallpauschalen wird jedoch eine rasche Verlegung der PatientInnen auf die regulären Abteilungen angestrebt. Überall einsetzbare Überwachungsmonitore, deren Daten in einer kompetent besetzten Zentrale oder auf einem mobilen Endgerät bei einer Fachkraft zusammenlaufen, sind eine Möglichkeit, dieses Ziel zu erreichen.

## Mobile Prozessbegleitung bei der Visite

Während der Visite geht eine Gruppe von ÄrztInnen zusammen mit der zuständigen Pflegeleitung durch die Station. Es findet vor allem eine zwischenmenschliche Kommunikation statt. Die PatientIn wird in Augenschein genommen und die ÄrztInnen nehmen aktuelle Informationen zur Kenntnis. Die (vollständigen) Patientenakten werden bei diesem Prozess in einem Wagen mitgeführt, benutzt wird im Normalfall allerdings nur das aktuelle Krankenblatt, das in einem gesonderten Buch mitgetragen wird. Wenn Daten digital vorliegen, werden diese dennoch teilweise ausgedruckt, da in den Zimmern der PatientInnen keine Terminals vorhanden sind, die Informationen aber dort benötigt werden. Welche Informationen für wen relevant sind, ist von Abteilung zu Abteilung sowie für die verschiedenen Statusgruppen und Professionen sehr unterschiedlich.

Bei der Visite werden Maßnahmen verordnet (eine Laboruntersuchung, eine Medikamentengabe, usw.). Gewöhnlich werden handschriftliche Notizen gemacht, die zu einem späteren Zeitpunkt auf der Grundlage der Notizen in ein stationäres Computersystem eingegeben werden. Eine Verordnung hat das Anstoßen von Prozessen zur Folge, deren Vorbereitung und Durchführung mit einem umfangreichen Kommunikationsaufwand verbunden sind.

## Konsil in der Aufnahme

Während der Aufnahme einer PatientIn ins Krankenhaus ist es häufig notwendig, dass sie von verschiedenen FachärztInnen gesehen wird, um eine abgesicherte Diagnose zu stellen, denn medizinische Fachgebiete sind heute hoch spezialisiert. In den meisten Krankenhäusern gibt es heute zwar ein Bereichsübergreifendes Abrechnungssystem, die Informationssysteme der medizinischen Fachgebiete sind jedoch weder kompatibel noch verteilt verfügbar. ÄrztInnen im Konsil benötigen jedoch einen ortsunabhängigen Zugriff auf ihre Fachinformationen.

## Mobile Unterstützung der Anästhesie

Analog zur Aufnahme von PatientInnen im Krankenhaus, bei der mehrere ÄrztInnen aus unterschiedlichen Fachrichtungen an einem Ort außerhalb ihrer Abteilung tätig werden, arbeitet eine AnästhesistIn über alle Stationen in den Patientenzimmern. Vor einer Operation wird mit der PatientIn besprochen, was getan werden soll. Dazu muss diese schriftlich ihre Einwilligung geben. Die erfragten Daten werden auf Papier notiert und auch das Narkoseprotokoll wird per Hand ausgefüllt. Diese Informationen müssen später in das EDV-System eingegeben werden, was einer Mehrfacherfassung entspricht.

**Einsatzunterstützung von NotärztInnen**

Bei jedem Notfalleinsatz wird ein vorgeschriebenes Formular – eigentlich von mehreren Personen an verschiedenen Orten - ausgefüllt. Die Einsatzzentrale erhäbt die ersten Daten bei Eingang des Notrufs, die Notfalleinsatzkräfte werden mündlich informiert und dokumentieren dann sowohl ihren Weg zum Einsatzort als auch ihre Arbeit vor Ort. Das so genannte Notarzteinsatprotokoll wird anschließend unterschrieben und nach dem ambulanten Einsatz an die aufnehmende Einrichtung übergeben. Eine Kopie bleibt bei den Einsatzkräften. Sie geben die abrechnungsrelevanten Daten später in ein EDV-System ein. Von medizinischer Seite gewünscht ist, dass auch die medizinischen Daten elektronisch auswertbar zur Verfügung stehen, doch für die Eingabe auch dieser auf dem Protokoll aufgezeichneten Daten in ein Computersystem, das die Auswertung leisten könnte, bleibt in der Regel keine Zeit.

Viele medizinische Geräte, die im Rettungswagen vorhanden sind, liefern Informationen, die jedoch per Hand in das NAP eingegeben werden. Gewünscht wird eine unmittelbare Verbindung zwischen dem NAP und diesen Geräten, um diese Daten zu integrieren. Diese Integration darf jedoch von der NotärztIn keine Interaktion erfordern, da sie mit anderen Aufgaben befasst ist. Die befragten NotärztInnen wären im ersten Schritt auch mit einer papierbasierten mobilen Lösung zufrieden, wenn ihnen dadurch die zusätzliche Eingabetätigkeit erspart bliebe. Diese einfache mobile Lösung hätte den Vorteil, dass sie ihren eingeübten Arbeitsablauf im Einsatz beibehalten könnten.

**Begehungen durch ArbeitsmedizinerIn bzw. Sicherheitsbeauftragte**

Für den Arbeitsschutz werden in Unternehmen oft so genannte „Begehungen" vorgenommen, um Arbeitsverhältnisse und -vorgänge für Gefährdungsbeurteilungen zu protokollieren. Dies geschieht bisher handschriftlich auf Papier, außerdem werden Fotos gemacht. Die Notizen erfolgen zunächst formlos in Stichworten, am Büroarbeitsplatz werden sie dann ausformuliert. Es gibt für Standard-Situationen Formulare, die während der Begehung ausgefüllt werden können, doch häufig sind zusätzliche Notizen und „freie Texte" erforderlich. Recherchen in vorhandenen Datenbeständen vervollständigen später das Protokoll.

Die Fotos dienen sowohl zur Illustration als auch als Erinnerungshilfe. Bisher fehlt die Möglichkeit, die Bilder automatisch der passenden Situationen zuzuordnen, so dass auch hierfür noch die Anfertigung handschriftliche Notizen erforderlich sind. Messungen am zu begutachtenden Arbeitsplatz werden darüber hinaus mit weiteren mitgeführten Einzelgeräten durchgeführt.

## 7.2.1 Auswertung der Interviews und Workshops im Gesundheitswesen

Die empirische Erhebung im Gesundheitswesen ergab eine starke Fixiertheit der Befragten auf eine traditionelle Vorstellung von Informations- und Kommunikationstechnik: auf der einen Seite die durch die Desktop-Metapher geprägte Welt und auf der anderen Seite die von der Mobilfunktechnologie bestimmten Erfahrungen. Alle Befragten kannten Notebooks, Mobiltelefone und PDAs. Die meisten waren mit Desktop-Programmen bekannt, fast alle hatten Erfahrung mit der stationäreren DesktopPC-Nutzung. Wenn sie über mobile Informations- und Kommunikationstechnik sprachen, taten sie das vor dem Hintergrund dieser Erfahrungen und der auf sie gründenden Vorstellungen. Es war bei den Interviews nicht möglich, sie von diesen tradierten Vorstellungen abzulenken, wenn die InterviewerIn nicht begann, alternative mobile Technologien (wie HMDs, Einhandtastaturen, Datenhandschuh, Sensorik, papierbasierte Eingabetechnologien) zu beschreiben. Noch eine deutlichere Loslösung von diesen Vorurteilen konnte erreicht werden, wenn den GesprächspartnerInnen diese neuen mobilen Technologien vorgeführt und in die Hand gegeben wurden. Dabei reichte es aus, die Hardware zu zeigen; die Möglichkeiten (und Grenzen) von Software wurden danach dann problemlos antizipiert.

Ausgehend von den tradierten Vorstellungen bzgl. Desktop-Computing-Anwendungen waren bei den meisten InterviewpartnerInnen sofort Widerstand und Ablehnung der Benutzung von Desktop-Programmen auf einem kleinen, mobilen Endgerät wahrzunehmen. Bei den InterviewerInnen entstand der Eindruck, dass die Unzufriedenheit mit bekannten Desktop-Lösungen auf die Vorstellung von mobilen Pendants übertragen wurde. Erläuterte die InterviewerIn, dass die mobile Lösung der mobilen Situation angepasst werden kann und dass die jeweilige Arbeitssituation mit sensorischer Unterstützung genutzt werden kann, um die notwendige Interaktion mit dem mobilen Endgerät deutlich zu reduzieren, wurde die Abwehr geringer. Wurden darüber hinaus die weiterreichenden Möglichkeiten mobil einsetzbarer Informations- und Kommunikationstechnologien skizziert, konnte bei den Befragten neue Vorstellungswelten eröffnet werden, so dass sie im Laufe des Gespräches immer mehr Aspekte ihres täglichen Arbeitsprozesses als mobile Tätigkeit identifizieren und für diese Aspekte Ideen für wünschenswerte technische Unterstützung entwickeln konnten. Da die Interviews jeweils nicht länger als 1- 1,5 Stunden dauerten, konnten keine detaillierten Anforderungen an mobile Lösungen erarbeitet werden, aber es wurden Ideen generiert, die in den folgenden Workshops aufgegriffen und mit weiteren Fachleuten diskutiert werden konnten.

Einige der Befragten wünschten sich, dass ein mobiles informations- und kommunikationstechnologisches System in der Lage ist, ihre Intentionen zu erkennen und aus ihren Handlungen und dem Gesagten Schlüsse zu ziehen, um dadurch entweder den Aufwand für die „lästige" Dokumentation zu reduzieren oder um den Interaktionsaufwand mit dem mobilen Computersystem zu verringern. Gleichzeitig sprachen sie jedoch auch das daraus resultierende Gefühl der Überwachung durch den Computer, die möglicherweise entstehende Abhängigkeit von der Technik und auch die Problematik des Datenschutzes und bei mobilen Systemen auch die Datensicherheit an. Wenn diese Themen angeschnitten wurden, war deutlich eine Ambivalenz heraus zu hören, für die in dem Gespräch keine Lösung gefunden werden konnte.

Die Haltung der Befragten und auch das Verhalten der WorkshopteilnehmerInnen war interessiert[79], aber in vielen Fällen verhalten und skeptisch. Besonders die AnwenderInnen und BenutzerInnen aus den Anwendungsbereichen sprachen ihre Skepsis über zugesagte Eigenschaften und der Leistungsfähigkeit mobiler Lösungen deutlich aus. Sie begründeten ihre Zurückhaltung mit „schlechten Erfahrungen", die sie in der Vergangenheit mit Desktop-Computing-Lösungen gemacht hatten. Sie beklagten vor allem die umständliche Handhabung, die oftmals hohe Kompexität der Benutzung, den erforderlichen Mehraufwand, die zusätzlich erforderlichen Qualifikationsmaßnahmen und den oftmals hohen Preis für die Systeme bzw. die zusätzlichen Softwaremodule. Die EntwicklerInnen von mobilen Lösungen beklagten die Zurückhaltung seitens der AnwenderInnen, neue Technologien einzusetzen und sie beklagten vor allem die Zähigkeit und Langsamkeit von Veränderungsprozessen im Gesundheitswesen sowie die dort anzutreffenden Organisations- und Machtstrukturen. Sowohl in den Interviews als auch in den Workshops konnte beobachtet werden, dass ein wesentlicher Anteil der Erwartungen (und Befürchtungen) und der daraus resultierenden Anforderungen an mobile Lösungen sich auf diese nicht-technischen Aspekte bezieht und dass diese Perspektive beim Aufgreifen der Aussagen berücksichtigt werden muss.

**Abb. 102: Von den TeilnehmerInnen des Workshops „Klinik" identifizierte Voraussetzung für mobile Lösungen: die Etablierung einer umfassenden Vernetzung aller beteiligten Sektoren rund um die PatientIn (Foto: MRC)**

Die Analyse der Interviews und Workshops hat die in der folgenden Übersicht genannten konkrete Anforderungen und identifizierte Voraussetzungen an mobile Lösungen für das Gesundheitswesen erbracht. Auf dieser Grundlage wurden die Einsatzbereiche – unterschieden nach den drei Ausrichtungen des Anwenderforums „Pflege", „Praxis", „Klinik" – und die primären Gestaltungsbereiche herausgearbeitet.

---

[79]     Das Interesse verwundert nicht, da niemand zur Befragung zur Verfügung gestanden oder an einem der Workshops teilgenommen hätte, wenn kein grundlegendes Interesse bestanden hätte.

| Anforderung/Voraussetzung | Einsatz-bereich | Gestaltungs-bereich |
|---|---|---|
| Die eingesetzte Hardware und das Benutzungskonzept sollten an die Be-nutzerInnen angepasst sein. Eine mobile Lösung sollte nicht darin beste-hen, dass z.b. ein vorhandenes Dokumentationssystem 1:1 auf einen HandheldPCs portiert wird. | alle | Interaktion |
| Der Pflegeprozess als Arbeitsprozess ist hochgradig kommunikativ, zwischen den Pflegekräften und mit PatientInnen, ÄrztInnen und Thera-peutInnen. Technologieeinsatz darf die zwischenmenschliche Kommuni-kation nicht unterbinden, sondern kann sie nur unterstützen. | Pflege | Arbeitsorganisation |
| Ein gemeinsamer „virtueller Informationsraum" muss für jede Pflegekraft ein personalisiertes Erscheinungsbild haben (z.B. bzgl. der Sprache oder des kulturellen Ursprungs). | Pflege | Interaktion |
| Eine zentrale Voraussetzung für die Akzeptanz und für die Nutzung einer mobilen IKT-Lösung ist, dass die erforderliche Interaktion mit dem Com-puter einfach und eingängig gestaltet ist und keine Computerkenntnisse erfordert. | alle | Interaktion |
| Für einen bruchfreien mobilen Informationsaustausch zwischen den verschiedenen beteiligten Sektoren im Gesundheitswesen ist die Schaffung einer mit allen Systemen kompatiblen Infrastruktur erforderlich. | Alle | Standardisierung technischer Komponenten |
| Spracheingabetechnologien haben in den letzten Jahren Fortschritte ge-macht, so dass sie mittlerweile im Gesundheitswesen produktiv eingesetzt werden. Benötigt wird für die Dokumentation z.B. in einer Zahnarztpraxis oder im Krankenhaus eine sprachbasierte Eingabe, die auf eine visuelle Kontrolle verzichten kann und in einer Behandlungssituation sozial-verträglich benutzt werden kann. | Praxis, Klinik | Interaktion |
| Als Eingabegeräte oder auch als Praxiscomputer gut vorstellbar sind TabletPCs oder die Verwendung der papierbasierten Anoto-Stift-tech-nologie. Für beide Varianten ist eine Veränderung der vorhandenen Pra-xis-Software, vor allem der Benutzungsoberfläche erforderlich. | Praxis | Hardware, Interaktion |
| Als Voraussetzung für die Realisierung mobiler Lösungen fehlen Standards. Die bisher verwendeten IKT-Lösungen sind technisch inkom-patibel zueinander. Hier ist eine Vereinheitlichung bzw. eine Zwischen-schicht erforderlich. | Alle | Standardisierung technischer Komponenten |
| Es muss bei einer elektronisch erfassten Eingabe auch die Möglichkeit geben, Notizen aufzuzeichnen bzw. aufzuschreiben, die nicht für die aktuelle Eingabe relevant ist, sondern eigentlich auf einem Schmierzettel oder in eine Kladde erfolgen würden. | Alle | Benutzung |
| Die Standardisierung von Schnittstellen und die semantische Daten-integration der vielen vorhandenen Datenbestände ist eine Voraussetzung für einen ortsunabhängigen, aber situationsabhängigen mobilen Zugriff auf Informationen. | Alle | Standardisierung technischer Komponenten |
| Der mobile Zugriff auf situationsbezogen benötigte Informationen soll schnell und ohne großen Interaktionsaufwand möglich sein. | Alle | Benutzung |
| Der Schutz der Patientendaten soll gewährleistet werden, die berechtigte Benutzung der Daten sollte aber dennoch ohne großen | Alle | Benutzung Sicherheit |

| Anforderung/Voraussetzung | Einsatz-bereich | Gestaltungs-bereich |
|---|---|---|
| Interaktionsaufwand möglich sein. | | |
| Die Benutzung einer mobilen IKT-Lösung soll keine Computerbenutzungskenntnisse oder -erfahrungen erfordern. | Alle | Benutzung |
| Als Voraussetzung um alle benötigten Informationen und Dokumente mobil verfügbar zu haben, müssen sie in digitaler und auswertbarer Form vorliegen. | Alle | Technik |
| Eine Inhouse-Lokalisierungskomponente, der Einsatz von Kontextsensoren, die Entwicklung eines qualitativen Modells der verfügbaren Aufmerksamkeit, eine räumliche Repräsentation und ein intuitives Interaktionsmodell mit geeigneten, kleinen mobilen Endgeräten werden für die Lokalisierung von Funktionsträgern im Krankenhaus oder in einer niedergelassenen Praxis benötigt. | Praxis, Klinik | Hardware Interaktion |
| Mobile Endgeräte für ÄrztInnen dürfen nicht mehr Platz benötigen als eine Kitteltasche hergibt. | Klinik | Hardware |
| Beim Einsatz von drahtloser Körpersensorik ist eine störungsfreie Funktion und eine unterbrechungsfreie Übertragung sicher zu gewährleisten. | alle | Sicherheit |
| Mobile Endgeräte, die in Arbeitssituationen eingesetzt werden, in denen die Hände benötigt werden, z.B. bei einer Geburt, dürfen nicht in der Hand getragen oder mit den Händen bedient werden müssen. | alle | Hardware Interaktion |
| Für die Realisierung von mobilem Patientenmonitoring ist die „Mobilisierung" von Vitalsensoren erforderlich sowie die Entwicklung von robusten, unterbrechungsfreien drahtlosen Verbindungen zwischen Sensor und Monitor. | Klinik | Technik |
| ÄrztInnen und Pflegepersonal sind nur bereit, sich z.B. in ein neues Computersystem einzuarbeiten, wenn der Nutzen für sie eindeutig, groß und unmittelbar nachvollziehbar ist. | alle | Einführungsprozess |
| Eine mobile Lösung für die Visite sollte alle benötigten Informationen leicht abrufbar vorhalten und sie sollte einfache Eingaben sowie freie Notizen ermöglichen (da während der Visite keine Zeit für das vollständige Ausfüllen eines üblichen Formulars vorhanden ist). | Klinik | Benutzung |
| ÄrztInnen und Pflegekräfte brauchen bei der Visite häufig großformatige Anzeigemöglichkeiten, die einen zeitlichen Verlauf darstellen oder einen Überblick geben können und nicht nur die aktuellen Werte auf einem kleinen Display anzeigen. | Klinik | Interaktion |
| Bei der Darstellung der Patienteninformationen muss ein mobiles System flexibel und leicht anpassbar sein. Es sollte eine Vorauswahl der Informationen treffen, aber den (leichten) Zugriff auf weiterführende Daten bereitstellen. | Klinik | Interaktion |
| Die institutionsübergreifende Realisierung der elektronischen Krankenakte ist eine notwendige Voraussetzung für den Einsatz mobiler Lösung im Gesundheitswesen. | alle | Technik |
| Eine elektronische Vernetzung zwischen den Einrichtungen (Krankenhaus, Praxis, Pflegeeinrichtung, ambulante Dienste) und eine drahtlose Vernetzung innerhalb der Einrichtungen ist eine Voraussetzung für den | alle | Technik |

| Anforderung/Voraussetzung | Einsatz-bereich | Gestaltungs-bereich |
|---|---|---|
| Einsatz mobiler Lösungen. | | |
| Für die Dokumentation im Krankenhaus ist die Möglichkeit hilfreich, dass wesentliche Teile der Dokumentation bereits während der Behandlung mit aufgezeichnet werden. Ein erster Schritt ist, nur „Merker" zu dokumentieren, um bei größeren zeitlichen Abständen zwischen Durchführung der Arbeiten und Dokumentation nichts Wesentliches zu vergessen. Erstrebenswert ist ein Abschluss der Dokumentation bereits während der Behandlung, möglichst ohne dass der Dokumentation Aufmerksamkeit gewidmet wird. | Klinik | Technik, Interaktion |
| Für die digitale (Pflege)Überleitung ist vor der Realisierung einer mobilen Lösung eine Standardisierung von Pflegeprozessen und der Pflegedokumentation erforderlich. | alle | Arbeitsprozess, Standardisierung |
| Für die mobile Unterstützung von Begehungen z.B. von ArbeitsmedizinerInnen wird eine automatische Kopplung von Fotos, Messungen und Notizen benötigt, sowie eine prophylaktische Recherche nach Gesetzen und Verordnungen zu den notierten Stichworten, um die Erstellung des Protokolls am Büroarbeitsplatz gründlich vorzubereiten. | andere | Technik |
| Gewünscht aber gleichzeitig für unwahrscheinlich gehalten wird eine vollautomatische Protokollierung oder Dokumentation. | alle | Arbeitsorganisation |
| Formulareingaben erfolgen heute häufig noch manuell und müssen anschließend eingescannt werden. | alle | Arbeitsorganisation |
| Bisher hat jede Abteilung, jede Einrichtung, jede Profession ihre eigene Dokumentationsform. Eine Vereinheitlichung auch auf der inhaltlichen, medizinischen bzw. pflegerischen Ebene ist eine Voraussetzung für die Entwicklung einer mobilen Lösung, wenn diese eine Verbreitung erfahren soll. | alle | Standardisierung der Arbeitsprozesse |

Die Diskussion in den Veranstaltungen und auch die Aussagen in den Interviews [Rüg03/04] zeigen, dass Verbreitung, Akzeptanz und Erfolg von mobilen Lösungen im Gesundheitswesen auch von Faktoren abhängen, die nicht-technischer Natur sind bzw. die die Schaffung der erforderlichen technischen Infrastruktur betreffen:

- Mobile Lösungen sind auch im Gesundheitswesen Systemlösungen, die eine Kombination aus Hardware, Software und Benutzungskonzepten bedeuten und u.U. auch Dienstleistungen umfassen.

- Mobile Lösungen im Gesundheitswesen benötigen die Erfüllung folgender infrastruktureller Voraussetzungen:

  ➢ Eine flächendeckende elektronische Vernetzung aller beteiligten Akteure über Einrichtungsgrenzen hinaus (drahtgebunden und für einige mobile Lösungen auch drahtlos).

> Kompatibilität bzw. Schnittstellen zwischen den bereits eingesetzten Systemen (Krankenhaus-, Praxen-, Pflegesysteme etc.) sowie eine Integrierbarkeit mobiler Lösungen in vorhandene Systeme muss gewährleistet werden.

> Die Digitalisierung aller relevanten Daten und Dokumente.

> Schaffung einer Integrationsmöglichkeit aller vorhandenen Informationsquellen in ein heterogen nutzbares digitales Format.

• Mobile Lösungen erfordern eine arbeitsorganisatorische Integration vorhandener mobiler Arbeitsprozesse in einen konsistenten Gesamtablauf, der auch über Abteilungs- und Einrichtungsgrenzen hinaus elektronisch abgebildet werden kann. In einigen Bereichen ist dafür eine Reorganisation der existierenden Prozesse erforderlich.

• Einigung, Entwicklung und strikte Einhaltung von einheitlichen Standards, z.B. bei der Pflegedokumentation und der medizinischen Dokumentation.

Wenn die nicht-technischen Hindernisse überwunden und die technischen Voraussetzungen für mobile Lösungen geschaffen worden sind, erwarteten sich die Interview- und Workshop-TeilnehmerInnen einige „handfeste" Vorteile vom Einsatz mobiler Lösungen. Die genannten Erwartungen werden in der folgenden Übersicht benannt und um die beteiligten Einsatzbereiche – wieder unterschieden nach den drei Ausrichtungen der durchgeführten Veranstaltung „Mobile Lösungen für das Gesundheitswesen" – sowie um die Zielrichtung der erwarteten und erwünschten Vorteile ergänzt.

| Erwartungen, Prognosen und Wünsche der BenutzerInnen und AnwenderInnen | Einsatz-bereich | Ziel |
|---|---|---|
| Mobile Lösungen erhöhen eher die Qualität einer Pflegeeinrichtung (z.B. durch die Verstärkung der individuellen Ansprache von PatientInnen) als die Quantität der mit dem vorhandenen Personal zu erledigenden Aufgaben. | Pflege | Verbesserung der Arbeitsergebnis-qualität |
| Ein mobiles Informationssystem erleichtert die erforderliche Kommunikation, Informationen werden schneller an alle beteiligten Stellen verteilt und die z.T. sehr langen Laufwege werden zugunsten der Zeit für die PatientInnen verkürzt. Durch eine Digitalisierung der Dokumentation und den Einsatz mobiler Endgeräte wird die verfügbare Information überall zugänglich, so dass ein wesentlicher Teil der per Telefon notwendigen Kommunikation (z.B. zur Abstimmung) reduziert werden könnte. | Pflege | Arbeitsprozess-optimierung |
| Ein personalisierter Zugriff auf gemeinsame Daten reduziert Redundanzen beim Notieren von Informationen, z.B. bei Teambesprechungen und verringert sprachliche Barrieren. | Pflege | Arbeitsprozessoptimierung |
| Gewünscht wird z.B. für die Dokumentation in einer Zahnarztpraxis eine direkte Spracheingabe in das Praxis-Computersystem. | Praxis | Beibehaltung bestehender Gewohnheiten |
| Bei Augenuntersuchungen unterstützen derzeit oft stationäre Computer die Arbeit. Eine mobile Variante dieser Geräte mit einer angepassten Benutzung | Praxis | Arbeitsprozess-optimierung |

| Erwartungen, Prognosen und Wünsche der BenutzerInnen und AnwenderInnen | Einsatzbereich | Ziel |
|---|---|---|
| z.b. für Hausbesuche oder für die Arbeit in Alten- und Pflegeheimen und Krankenhäusern wird gewünscht. Eine mobil einsetzbare, hochauflösende 3D-Kamera zur Übermittlung von Bildern an eine externe ExpertIn wird ebenfalls als nützlich betrachtet. | | |
| Eine Vernetzung aller im Praxisgebrauch eingesetzten Gerätschaften (Röntgenapparat, Infrarotkamera etc.) und die Zusammenführung der jeweiligen Ergebnisse an einer Stelle reduziert den Dokumentationsaufwand. | Praxis | Arbeitsprozessoptimierung |
| Die Akzeptanz eines Lokalisierungssystems für Funktionsträger im Krankenhaus oder in einer niedergelassenen Praxis wird vom Wirkungsgrad der erreichten Arbeitserleichterung abhängen. | Klinik, Praxis | Akzeptanz, Optimierungspotenzial |
| Die Bedienung einer mobilen Lösung ist unkompliziert und benötigt wenig Einarbeitungsaufwand | Alle | Akzeptanz |
| Die Benutzung eines mobilen Computersystems verändert den gewohnten Arbeitsablauf nur unwesentlich. | Alle | Akzeptanz |
| Der unmittelbare elektronische Zugang zur gesamten Patientenakte erhöht die Berücksichtigung der Vorgeschichte. Das Heranziehen dieser patientengeschichtlichen Information verstärkt so die Anpassung an die jeweilige PatientIn, d.h. die Individualität der Behandlung wird intensiviert. | alle | Erhöhung der Arbeitsergebnisqualität |
| Eine elektronische Führung und der drahtlose Zugriff auf die Patientenakte stellt z.B. eingehende Laborbefunde ohne zeitliche Verzögerungen zur Verfügung. | Klinik | Arbeitsprozessoptimierung |
| Bei einer mobilen Lösung kann eine sofortige Ausführung der Verordnungen und damit eine Prozessoptimierung erreicht werden. | Klinik | Arbeitsprozessoptimierung |

Aus den konkreten Anwendungsbeispielen für das Gesundheitswesen in Abschnitt 6.2 lassen sich übergreifende informationstechnische Schwerpunkte extrahieren, die alle für die im Gesundheitswesen identifizierten mobilen Tätigkeiten von besonderer Relevanz sind:

- Dokumentationsunterstützung

- Unterstützung beim Datenaustausch

- Unterstützung beim Zugriff auf Informationen

- Unterstützung bei der teamorientierten Kommunikation

- Intelligente Arbeitsprozessunterstützung

- Verbesserung der Interaktion zwischen Mensch und Computersystem z.B. durch eine intelligente und kontextabhängige sowie rollenspezifische Informationspräsentation.

- Entwicklung geeigneter Hardware, z. B. zur Integration in die Arbeitskleidung, zur „beiläufigen" Eingabe und für die implizite Interaktion mittels Sensorik.

Darüber hinaus ist aufgefallen, dass bei verschiedenen Gruppen der Wille und manchmal auch die Kenntnisse zur Benutzung bzw. Bedienung von Computersystemen gering sind. Im ersten Fall sind Motivationsmaßnahmen erforderlich, im zweiten Fall wären Schulungen angebracht. Allerdings darf es sich bei diesen Maßnahmen nicht um Computerkurse im herkömmlichen Sinne handeln, sondern um neue, motivierende Maßnahmen, die auf den Tätigkeitsbereich und den Erfahrungshorizont der TeilnehmerInnen zugeschnitten sind. Für den Systemgestaltungs- und Einführungsprozess konnten deutliche Widerstände und Misstrauen auf Seiten der zukünftigen BenutzerInnen beobachtet werden, der aus bisherigen (schlechten) Erfahrungen mit der Einführung von EDV-Lösungen resultiert. In den Gesprächen und Workshops zeichnete sich jedoch auch ein Weg aus dieser Abwehr ab: Wenn die BenutzerInnen das Gefühl haben, dass sie maßgeblich an der Gestaltung einer informations- und kommunikationstechnologischen Lösung für ihren Arbeitsbereich mitgewirkt haben, ja, dass die Lösungsidee evtl. sogar aus ihren eigenen Reihen stammt, dann sind sie gern bereit, auch noch nicht ganz ausgereifte Systeme zu nutzen und bei ihrer Verbesserung mitzuwirken.

**Zusammenfassung: Erste Schlussfolgerungen aus den Interviews, Gesprächen und Beobachtungen im Gesundheitswesen**

Viele der Befragten äußerten als erstes und recht konkret Ideen, die auf die „Mobilisierung" von Desktop-Anwendungen hinaus laufen. Auf den ersten Blick ließe sich das als kurzfristig realisierbare mobile Lösungen interpretieren und man könnte vermuten, dass mobile Lösungen nichts anderes wären, als Portierungen von Desktop-Anwendungen auf kleine, robuste, mobile Endgeräte. Doch das ist ein Trugschluss, denn die Beobachtungen weisen deutlich darauf hin, dass diese Ideen seitens der Befragten allein auf ihren Vorerfahrungen beruhen und auf den fehlenden Vorstellungen darüber, was sonst noch (technisch) möglich ist.

Die zweite Annahme, die man beim Durchgehen der in den Interviews und Workshops entwickelten Ideen machen könnte, wäre, dass sich viele der Anforderungen durch Sprachverarbeitung realisieren ließen. Auch das ist auf den zweiten Blick ein Trugschluss. Zwar wünschen sich viele der Befragten, dass das mobile informations- und kommunikationstechnische System ihre Intention erkennt oder aus ihrer verbalen Kommunikation Schlüsse zieht, doch lehnen sie es ab, in einer zwischenmenschlichen Kommunikationssituation auch mit einem Computersystem verbal zu kommunizieren. In manchen Fällen, z.B. bei der Schadensdokumentation in der Flugzeukabine durch das Kabinenpersonal ist es sogar untersagt, die Beschreibung des Schadens vor den Fluggästen laut zu äußern. Ähnliche Konventionen gibt es für entsprechend sensible Situationen im Gesundheitswesen. Im Gesundheitswesen ist es auf ärztlicher Seite allerdings traditionell üblich, dass Befundungen diktiert werden, z.B. in der Zahnmedizin, im OP oder auch jederzeit zur Dokumentation von Diagnosen, so dass hier tatsächlich mobile Sprachverarbeitungssysteme einsetzbar und gewünscht sind. Realisiert man allerdings sprachgesteuerte Prototypen und gibt sie der Zielgruppe zur Evaluation, so wie das im Projekt wearIT@work erfolgt ist, wird schnell deutlich, dass Alternativen zur Sprachsteuerung benötigt werden, da das Tragen eines Headsets z.B. die Benutzung eines

Sthethoskops behindert oder die Erteilung von gesprochenen Befehlen an einen Computer in Anwesenheit von PatientInnen nach wie vor sozial befremdlich ist.

Ein ernstzunehmendes Hemmnis für die Realisierung mobiler Lösungen im Gesundheitswesen war bisher die Heterogenität und die Inkompatibilität der vorhandenen, ortsgebundenen Systeme. Für EntwicklerInnen innovativer mobiler Lösungen bedeuten fehlende Standards, dass jede Entwicklung nur für ein schmales Segment angeboten werden kann und jede Ausweitung weitere Anpassungsarbeiten erfordert – ökonomisch gesehen rechnet sich so etwas nicht. Diese Problematik wurde bereits erkannt, an ihrer Überwindung wird gearbeitet, z.B. durch Standardisierungsbemühungen sowohl auf der technischen als auch auf der strukturellen Ebene und durch die Entwicklung einer informations- und kommunikationstechnischen Gesundheitsplattform sowie der Einführung der elektronischen Gesundheitskarte und den Heilberufeausweis in Deutschland[80]. Geht man davon aus, dass dieses Handikap in absehbarer Zeit beseitigt sein wird, wird die Entwicklung mobiler Lösungen für das Gesundheitswesen auch für die Anbieter interessant. Folgende Anforderungen an die Technik konnten aus den Interviews ermittelt werden:

- In vielen Arbeitsprozessen bietet sich die Verwendung einer stiftbasierten Eingabe unter weiterer Nutzung von Papier als Medium als erster Schritt zur Realisierung einer mobilen Lösung an, da diese Art des Dokumentierens den BenutzerInnen geläufig ist, d.h., sie in ihrem üblichen Arbeitsfluss nicht gestört werden. Des Weiteren sind zurzeit aus rechtlichen Gründen eigenhändige Unterschriften unter vielen Dokumenten nach wie vor erforderlich, so dass mittelfristig auf Papier nicht verzichtet werden kann.

- Mobile Endgeräte müssen aufgrund des Primats der gegenständlichen Welt sehr robust sein, d.h. sie müssen es vertragen können, dass sie in Notsituationen evtl. einfach weggeworfen werden und dass sie verschiedensten Flüssigkeiten und Stoffen ausgesetzt sind. Eine sorgsame Behandlung der Geräte darf nicht erwartet werden.

- Mobile Endgeräte müssen in den meisten Fällen besonders leicht sein, vor allem wenn sie z.B. als Display an der Brille oder am Arm getragen oder über längere Zeit in der Hand oder im Arm gehalten werden. Als Richtwert kann man sich z.B. an herkömmlichen Klemmbrettern orientieren, die auch über längere Zeit im Arm gehalten werden können.

- Zum Gewicht von Brillen gibt es Untersuchungen [Gro00], die zeigen, dass das Tragen eines HMDs z.B. die Nase belastet, so dass die Befestigung an einer Brille zur Sehschärfenkorrektur auf Dauer eine unzumutbare Belastung ist. Diese gesundheitliche Belastung wird hohes Gewicht auch zukünftig sein, wenn die Stromversorgung drahtlos erfolgen soll – es sei denn, die Energieversorgung oder der Energieverbrauch verändern sich in naher Zukunft grundlegend.

---

[80] Siehe z.B. [BMG06] und http://www.gesundheitstelematik.de/

Bei vielen der identifizierten mobilen Tätigkeiten und den dazu genannten Anforderungen gibt es von der technischen Perspektive aus gesehen sowohl die Möglichkeit einer angemessenen stationären als auch einer mobilen Lösung. Da die Interviews und Workshops der Identifikation mobiler Tätigkeiten und einer Potenzialanalyse für mobile Lösungen dienten, kann man sagen, dass mobile IKT-Lösungen für die hier ermittelten Anwendungsbeispiele Lösungspotenziale bieten. Da die meisten der für diese Ansätze benötigten mobilen informations- und kommunikationstechnischen Komponenten jedoch (noch) nicht marktreif zur Verfügung stehen, da es deswegen noch keine langfristigen Erfahrungen mit ihnen gibt, und da das Gleiche für die stationären Lösungen des Ubiquitous Computing gilt, ist es meiner Ansicht nach zum heutigen Zeitpunkt noch nicht möglich, hier ein Urteil zu fällen.

Um die z.T. berechtigen Vorurteile und Widerstände der BenutzerInnen gegen den Einsatz von Computertechnologie in ihrem Anwendungsfeld zu überwinden, sollte jedoch auch die vorherrschende Vorstellung der BenutzerInnen von dieser Technologie aktiv abgebaut werden, da insbesondere mobile Lösungen weit mehr an die spezifischen mobilen Tätigkeitsprofile der BenutzerInnen angepasst sind als alle anderen herkömmlichen Lösungen. Ein Weg, die Akzeptanz zu steigern, ist eine kompetente Informationsvermittlung durch Schulung und Weiterbildung. Diese Schulung muss verschiedene Aspekte abdecken:

- Sie muss die Bild der Desktop-Metapher (PC, Notebook mit Bildschirm, Maus und Tastatur) durch eine realistische Vorstellung von den Möglichkeiten neuer, mobil einsetzbarer Informations- und Kommunikationstechnologien ersetzen (z.B. durch Sprachsteuerung, Anoto-Pen, Gürtelschnallen-Computer, HMD und eine beiläufige Interaktion).

- Sie muss auf die unterschiedlichen Erfahrungsbereiche und die mobilen Tätigkeiten der potenziellen BenutzerInnen zugeschnitten und auf die verschiedenen Berufsfelder abgestimmt sein.

- Sie muss im Rahmen der üblichen Weiterbildungsmaßnahmen angeboten, bei den anerkannten Anbietern verortet und als reguläre Weiterbildung anerkannt werden, so dass die Beschäftigung mit mobilen IKT-Lösungen für die jeweilige Branche wie selbstverständlich dazu gehört.

Erforderlich für die Realisierung dieses Aspektes ist neben der Entwicklung von geeigneten Schulungskonzepten und -materialien und der Durchführung einzelner Veranstaltung insbesondere die Verhandlung mit Weiterbildungsträgern über die Anerkennung und Finanzierung derartiger Veranstaltungen als reguläre Weiterbildungsmaßnahmen. Da sich der Markt in diesem technologischen Bereich noch sehr stark und schnell verändert, können die Inhalte derartiger Angebote nicht aus dem herkömmlichen Weiterbildungsrepertoire gespeist werden, sondern müssen immer wieder aus der informations- und kommunikationstechnologischen Forschung und Entwicklung aktualisiert werden.

## 7.3 Nutzungspotenziale mobiler Lösungen im Bereich „Dienstleistungen in der Flugzeugkabine"

Im Rahmen eines Projekts zur Entwicklung von Wearable-Computing-Ansätzen zur Unterstützung der Arbeit in einer Flugzeugkabine wurden zur Erstellung eines Anforderungsprofils qualitative Interviews mit FlugbegleiterInnen und dem technischen Wartungspersonal durchgeführt [Ber04]. Es wurden drei FlugbegleiterInnen und eine Purserette[81] sowie acht WartungstechnikerInnen z.t. in Gruppen befragt. Es wurden leitfadengestützte offene Interviews in einer explorativen Untersuchung durchgeführt, die Interviews wurden aufgezeichnet und sinngemäß transkribiert. Bei der Auswertung der Interviews für dieses Forschungs- und Entwicklungsprojekt lag der Fokus auf konkreten Umsetzungsvorschlägen für die AuftraggeberIn. Die Arbeitsprozesse von FlugbegleiterInnen konnten trotz der geringen Anzahl an durchgeführten Interviews schon sehr genau ermittelt werden, denn weitere Gespräche brachten keine neuen Erkenntnisse. Für die vorliegende Arbeit wurde das vorhandene Material noch einmal mit Fokus auf generelle Eigenschaften mobiler Tätigkeiten und auf die resultierenden generalisierbaren Anforderungen an mobile Lösungen untersucht. Im Folgenden werden die identifizierten mobilen Tätigkeiten sowie die aus ihnen resultierende Anforderungen an mobile Lösungen für eine mögliche mobile Unterstützung dieser Tätigkeiten beschrieben. Auch diese Interviews waren explorative Interviews, die auf 1-2 Stunden begrenzt waren, so dass weitere Aspekte nicht erfragt wurden.

| Arbeitsprozesse und -bedingungen von FlugbegleiterInnen | Anforderungen an eine mobile Lösung |
|---|---|
| Alle Aufgaben und Tätigkeiten z.B. auch die Beladung der Flugzeugkabine, die vor, während und nach einem Flug von den FlugbegleiterInnen auszuführen sind, werden in vorhandenen Handbüchern (den Manuals) ausführlich vorgeschrieben. Sie bestehen aus mehreren Büchern bzw. Ordnern, jede FlugbegleiterIn hat ein eigenes Manual und bekommt regelmäßig die Änderungen und Ergänzungen in Papierform zur Verfügung gestellt. Die darin beschriebenen Handlungsabläufe werden in gemeinsamen Trainings oder auch allein immer wieder eingeübt. Die FlugbegleiterInnen müssen den Inhalt der Manuals und die aktuellen Ergänzungen immer parat haben. | Elektronisch bereitgestellte Informationen müssen<br>- möglichst automatisch aktualisiert werden,<br>- individualisierbar zur Verfügung stehen und<br>- ihre Auswahl (Filterung) sollte automatisch und kontextabhängig erfolgen |
| FlugbegleiterInnen tragen eine einheitliche Uniform, die vom Schnitt den beengten räumlichen Verhältnissen einer Flugzeugkabine angepasst sind, die aber auch den individuellen Gegebenheiten der TrägerInnen entsprechen sowie ansprechend aussehen und einen seriösen, vertrauenserweckenden Eindruck auf die Fluggäste machen. | Das mobile Endgerät sollte in die Bekleidungsnormen integriert evtl. sogar in die Kleidung integriert sein. Die mobile Lösung muss Vertrauen erwecken. |
| Eine zentrale Aufgabe der FlugbegleiterInnen ist, den Service der Fluggäste optimal zu sorgen. Die Kommunikationsprozesse im Arbeitsprozess der FlugbegleiterInnen verlaufen situationsabhängig | Die Interaktion sollte für „ZuschauerInnen" dezent sein und situationsabhängig auf mehrere verschie- |

---

[81] Verantwortliche TeamleiterIn während eines Flugs.

| Arbeitsprozesse und -bedingungen von FlugbegleiterInnen | Anforderungen an eine mobile Lösung |
|---|---|
| sowohl auf verbaler als auch auf non-verbaler Ebene. | dene Arten erfolgen können. |
| Oberstes Gesetz in der Kabine ist die Gewährleistung der Sicherheit. Dafür sind ganz bestimmte Kommunikationsregeln einzuhalten, die z.T. auch nur ungeschrieben bestehen:<br>- FlugbegleiterInnen rufen sich nicht gegenseitig etwas zu, sie schreien nicht. Das Sprechen in ruhigem verständlichem Tonfall ist charakteristisch für einen guten, unaufdringlichen Service und ist vor allem in gefährlichen Situationen oberstes Gebot.<br>- Durch Nutzung des akustischen Signalsystems für die Passagiere (Klingel über den Sitzen der Passagiere) wird auf dezente Art und Weise die Aufmerksamkeit einer KollegIn erregt, um dann durch Zeichensprache Informationen auszutauschen.<br>- Die interne Kommunikation zwischen den Crew-Mitgliedern erfolgt zurzeit mittels einer informellen Zeichensprache (Handzeichen, Daumen hoch oder runter, Blickkontakt, zwei Finger und die Colaflasche hochhalten etc.).<br>- Die Kommunikation zwischen Cockpit und Crew erfolgt über akustische und optische Signale. Ein Gong ertönt oder bestimmte Signale sind beleuchtet.<br>- Zur Vermittlung inhaltlicher Informationen, die nicht auf dem gerade beschriebenen non-verbalen Wege ausgetauscht werden können, werden drahtgebundene Telefone benutzt, die an Plätzen angebracht sind, die nicht unmittelbar von den Passagieren „belauscht" werden können. In Maschinen mit bis zu 200 Plätzen existieren ca. 3-4 derartige Terminals.<br>- Die Kommunikation über Gefahren im Flugprozess (z.B. Luftturbulenzen, Krankheiten etc.) oder über in der Kabine entdeckte Schäden und Mängel verläuft stillschweigend, um Panikreaktionen der Passagiere vorzubeugen.<br>- Die Kommunikationsatmosphäre in der Kabine ist daher, wie es in klassischen Kommunikationsregeln vermittelt wird, ruhig, klar verständlich, präzise und (besonders in Gefahrensituationen) direktiv.<br>- Die Kommunikationshierarchien sind festgelegt, jedes Crew-Mitglied weiß, wer wessen Anweisung zu befolgen hat (Kapitän, Purserette, FlugbegleiterInnen). | Interaktions- und Kommunikationsmethoden sind rollen- und situationsabhängig unterschiedlich.<br>Verbale und non-verbale Kommunikation muss möglich sein. |
| Die Purserette erhält zur Flugvorbereitung nach dem Check-In eine Liste mit flugspezifischen Informationen, z.B. die exakte Anzahl der Gäste, wer krank ist, den Bedarf an Rollstühlen, VIP's. Bereits vor dem Abflug am Boden erfolgt das *Briefing* der Crew durch die Purserette. Sie spricht die Arbeitsabläufe und Aufgaben sowie neue Anweisungen, flugspezifische Besonderheiten, die Beladung der Kabine u.ä. mit der Crew durch. Sie prüft dabei (in Form einer Abfrage) die Kenntnisse der FlugbegleiterInnen im Hinblick auf die Sicherheitsbestimmungen und ihre Handlungskompetenz in verschiedenen Gefahrenfällen. Auf Langstreckenflügen findet manchmal auch während des Fluges ein weiteres Briefing statt. | Es ist ein gleichzeitiger, gemeinsamer Zugriff auf aktuelle Informationen erforderlich |

| Arbeitsprozesse und -bedingungen von FlugbegleiterInnen | Anforderungen an eine mobile Lösung |
|---|---|
| Bei der Vorbereitung der Kabine wird der Inhalt des Manuals benötigt. Anhand von Checklisten werden Sicherheitsvorkehrungen getroffen und die Beladung verstaut. Es gibt zwar sehr viele Standards im Flugzeugbau, doch sind auch Flugzeuge häufig als Varianten gebaut worden, so dass man davon ausgehen kann, dass alle Kabinen im Prinzip gleich, aber immer etwas unterschiedlich sind. | Informationen sind ortsbezogen zu präsentieren |
| Nach der Begrüßung der Passagiere kontrollieren die FlugbegleiterInnen anhand einer Checkliste, ob alle Passagiere angeschnallt sind, die Klappen für das Handgepäck geschlossen sind und das Gepäck richtig verstaut ist. Dabei gehen sie durch die Reihen und sehen nach, das kann auch während des Fluges erforderlich sein. Wenn alles OK ist, wird der Purserette ein Zeichen geben. Diese wiederum teilt dem Cockpit „Kabine klar" mit. Die Kontrolle der technischen Einrichtungen, z.B. des Schließens des Sicherheitsgurts oder der Türen der Handgepäckfächer sowie das Abspielen des ‚Flight safety' Videos könnten nach Meinung der Befragten zu ihrer Entlastung automatisiert und seitens der Technologie im Flugzeug selbst erfolgen. | In die Umgebung sollte eine informations- und kommunikationsgtechnische Infrastruktur zur Unterstützung des Arbeitsprozesses integriert werden. |
| Auf dem gesamten Flug ist es die Aufgabe der FlugbegleiterInnen, die Passagiere zu beobachten. So kann ein individueller Service gewährleistet werden und spezifische Merkmale einzelner Passagiere, die möglicherweise für die Sicherheit von Bedeutung sind (z.B. ob jemand zur Panik neigt, randaliert oder während anders auffällig ist), können dadurch frühzeitig erkannt werden. | Die Benutzung der mobilen IKT-Lösung darf nur wenig Aufmerksamkeit erfordern. |
| Aufgrund der konkreten und detaillierten Vorgaben der Arbeitsabläufe der einzelnen Funktionsträger in den verschiedenen Flugphasen kommunizieren die FlugbegleiterInnen in für sie gängigen Routinen. Eine Kommunikation in Form von Gesprächen findet (abhängig von der Dauer des Fluges und Zusammensetzung der Crew) durch die zeitlich und räumlich Einschränkungen selten statt und beschränkt sich auf wenige Themen (z.B. etwas von einem Ende des Flugzeuges wird am anderen gebraucht; alle sollen mit dem Service zu einer bestimmten Zeit beginnen, eine Cola-Flasche fehlt, etc.). Alle Worte und Handlungen der FlugbegleiterInnen, sofern sie sich nicht in durch Vorhänge abgetrennten Bereichen abspielen, können potentiell von den Fluggästen beobachtet oder gehört und interpretiert werden, deshalb müssen sie dezent sein. | Vor allem Kommunikationsunterstützung ist erforderlich. |
| Alle Befragten waren gegen den Einsatz eines Headsets für FlugbegleiterInnen, d.h. gegen einen „Knopf im Ohr", da dieser das Hören behindere und „blöd" sei. Sie bevorzugten ein drahtloses Telefon, weil dann die Passagiere erkennen können, dass die FlugbegleiterIn gerade beschäftigt ist. Die Verwendung eines drahtlosen Telefons zur internen Kommunikation und zur Kommunikation mit dem Cockpit würde den Weg zum nächsten drahtgebundenen Telefon ersparen, allerdings besteht dann die Gefahr, dass die Fluggäste den Dialog belauschen können. | Die verwendete Technik muss der Arbeitskleidung und dem Arbeitsablauf angepasst sein, damit sie akzeptiert wird. |

| Arbeitsprozesse und -bedingungen von FlugbegleiterInnen | Anforderungen an eine mobile Lösung |
|---|---|
| In den Manuals stehen alle relevanten Abläufe und Informationen im Detail beschrieben, die die Crew zur Gewährleistung der Sicherheit und eines guten Services benötigt. FlugbegleiterInnen nehmen diese Handbücher, sofern es nicht explizit vorgeschrieben wird, nicht mit an Bord, da kein Platz dafür vorhanden ist und auch nicht genügend Zeit zum Nachschlagen verfügbar ist. Stattdessen erstellen sich Flugbegleiterlnnen vor dem Flug eine Art eigenes Handbuch in Form einer Zettelsammlung zusammen. Zum Teil werden die Informationen handschriftlich zusammengefasst, oder es werden Überblickspapiere aus dem Originalhandbuch entnommen. Hinzu kommen Notizen über die aktuellen Informationen (s.o.). Alles zusammen muss in der Hand- oder möglichst sogar in die Jackentasche der Uniform Platz finden. | Ein mobiles Endgerät darf nur sehr klein und unscheinbar sein. |
| In den Manuals und in den aktuellen Informationen enthalten sind auch Angaben über die aktuelle Bestückung der Kabine z.B. über die Menüs in der Küche, die Waren oder Medikamente, Kissen und Decken. Wenn an Bord ein bestimmter in den Transportbehältern vorhandener Gegenstand gesucht wird, fehlen die genauen Ortsangaben, wo der gesuchte Gegenstand konkret zu finden ist. Die Suche nach entsprechenden Angaben im gedruckten Handbuch kommt in der Praxis nicht vor, stattdessen wird in den Transportbehältern gesucht. | Ein ortsabhängige Informationspräsentation und die sensorische Erfassung und Verfolgung von Gegenständen ist gewünscht. |
| Die Informationen aus den Manuals dienen auch als Orientierungshilfen für Wege, die auf fremden Flughäfen zurückgelegt werden müssen (z.B. zu den Crewräumen an den Flughäfen, Taxistände, Zugverbindungen etc.). | Ein Navigationssystem sollte Bestandteil der mobilen Lösung sein |
| Da die Arbeitszeitregelungen für FlugbegleiterInnen sehr strikt gehandhabt werden und Dienstüberschreitungen nicht vorkommen dürfen (zu kurze Dienste aber auch nicht erwünscht sind), ist es immer wieder notwendig, die aktuellen Dienstpläne parat zu haben und anhand der Flugzeiten (mit Verspätungen) die eigenen Dienstzeiten zu berechnen. | Eine weitgehend automatische Arbeitszeiterfassung sollte integriert sein |
| Während des Fluges werden in Servicephasen Essen verteilt und Waren (u.a. wertvolle zollfreie Waren) verkauft. Die FlugbegleiterInnen nutzen für beides Transportwagen auf Rollen, die z.T. mit einem robusten Computer mit automatisierten Abrechnungsfunktionen, Währungsrechner, Kreditkartenlesegerät und Drucker für Belege ausgestattet ist. Gewünscht wird bei den eingesetzten Computersystemen eine zusätzliche Funktionalität, die automatisch die Verkaufskontrolle und die Bestandsaufnahme der ‚Restware' durchführt, da die anschließende vollständige Inventur vor der doppelten Verplombung der Transportbehälter sehr aufwändig ist. | Eine automatisiertes Warenwirtschaftssystem sollte Bestandteil der gesamten informtions- und kommunikationstechnischen Infrastrukur sein. |
| Zur Verbesserung des Services ist der unmittelbare Zugriff auf Informationen gewünscht, die die Passagiere interessieren oder die sie häufig nachfragen, z.B. aktuelle Fluginformationen, Informationen über das Urlaubsland oder über Anschlussflüge oder -züge vor Ort, über Inhaltsstoffe im Essen oder die aktuell mitgeführten Ware (z.B. Beschreibungen: welcher Wein wie schmeckt, welches Parfum wie riecht oder | Die Verfügbarkeit eines Informationssystems über touristische und aktuelle flugbezogene bzw. auch über weiterführende Themen (Anschlussflüge, Bahnauskunft, öffentliche Verkehrsmittel) ist sinnvoll. |

| Arbeitsprozesse und -bedingungen von FlugbegleiterInnen | Anforderungen an eine mobile Lösung |
|---|---|
| welche Alternativen gibt es für Dinge gibt, die fehlen). Diese Informationen können den Passagieren zwar auch mittels eines Informationssystems angeboten werden, so dass die Kommunikation mit den FlugbegleiterInnen reduziert werden könnte, doch sind zwischenmenschliche Beziehungen, die durch ein Gespräch hergestellt werden können, und kompetente Antworten auch auf unübliche Fragen vertrauensbildende Maßnahmen. Erstrebenswert ist eine persönliche Ansprache jedes Fluggastes, Kenntnisse ihrer/seiner persönlichen Eckdaten, so wie sie auch außerhalb des Flugzeugs z.B. bei der Buchung oder über Vielflieger zur Verfügung stehen. Diese persönliche Ansprache dient der Kundenorientierung, „kommt gut an" und ist auch in Gefahrensituationen nachweislich effektiver als eine anonyme Form der Anrede. | |
| In den verschiedenen Servicephasen müssen sich die FlugbegleiterInnen einiges merken, z.B. wer eine Wolldecke, ein alkoholisches Getränk, einen Kopfhörer, etc. benötigt oder ähnliches noch zu bezahlen hat, wer Wechselgeld zurück bekommt, wo ein Sitz verschmutzt oder eine Klappe defekt ist. Derzeit machen sich die FlugbegleiterInnen auf Zetteln Notizen, sammeln Kronkorken oder wenden andere individuelle Erinnerungstechniken an. Hier ist eine Entlastung erwünscht, z.B. die Kommunikation mit KollegInnen, die unmittelbaren Zugriff auf das Benötigte haben, um zurückzulegende Wege und Wartezeiten zu verkürzen. | Beiläufige Gedächtnisunterstützung |
| Während und nach dem Flug ist eine Dokumentation erforderlich, die verantwortlich von der Purserette geleistet wird. In einem Kabinen-Logbuch und einem Kabinenreport (Formblatt) wird – bisher zumeist handschriftlich und auf Papier – festgehalten, wie der Flug ablief, welche Besonderheiten und Vorkommnisse zu vermerken sind und welche Schäden in der Kabine aufgetreten sind, die von den Reinigungskräften oder den WartungstechnikerInnen behoben werden müssen. Die FlugbegleiterInnen sind normalerweise nicht berechtigt, während des Fluges Reparaturen selbst durchzuführen, auch keine kleineren, da allein das Gewahrwerden eines Defekts durch die Fluggäste schon zu Verunsicherungen führen könnte. Von den Berichten werden vier Durchschläge gemacht, u.a. für die Fluglinie, als Beleg für die Purserette und für die nachfolgenden Reinigungs- und Wartungsmannschaften. Wenn die Crew nach der Verabschiedung der Passagiere das Flugzeug verlässt, trifft sie oftmals auf die WartungstechnikerInnen, dann werden Detailinformationen über Reparaturarbeiten mündlich weitergegeben. Dieser Dialog ist für die WartungstechnikerInnen sehr hilfreich, da manche Fehler z.B. nur in der Luft aufzutreten scheinen und ein Gespräch hier klärend sein kann, da die FlugbegleiterInnen während des Fluges meistens zu wenig Zeit haben, um Schäden ausführlicher schriftlich zu beschreiben. | Eine (teil)automatisierte Dokumentation ist eine Arbeitserleichterung. Kommunikationsunterstützung über Professionsgrenzen hinaus wird benötigt. |

Die Arbeitsprozesse und damit auch die Arbeitsbedingungen und die daraus resultierenden Anforderungen an mobile IKT-Lösungen für die WartungstechnikerInnen unterscheiden sich deutlich von denen der FlugbegleiterInnen. Auch die Arbeitsprozesse weiterer angrenzender Tätigkeiten sehen im Detail entsprechend anders aus. Hier berücksichtigt werden nur die mobilen Tätigkeiten der WartungstechnikerInnen, die für die Instandsetzung der Flugzeugkabine zuständig sind. Dargestellt werden die Inhalte der durchgeführten Interviews und die daraus resultierenden Anforderungen an mobile Lösungen.

| Arbeitsprozess und -bedingungen der WartungstechnikerInnen in der Flugzeugkabine | Anforderungen an eine mobile Lösung |
|---|---|
| Der Arbeitsprozess und die Kommunikation der Wartungstechnikerinnen sind von weniger strikten Regeln geprägt als die der Flugbegleiterinnen, da sie keinen Kontakt mit den Fluggästen haben. Es gibt für die Reinigungskräfte und die WartungstechnikerInnen eigentlich nur ein Kriterium für ihre Arbeit: das ist die Geschwindigkeit, in der notwendige Checks durchgeführt und Reparaturen abgeschlossen werden können. | Mit wenig Aufwand und ohne Zeitverzögerung zu benutzen |
| Das technische Wartungspersonal hat unterschiedliche Aufgaben. Tägliche, wöchentliche und monatliche Checks werden durchgeführt und Reparaturlisten, die den verschiedenen Reports und Logbüchern entnommen werden, werden abgearbeitet. Auch hier gibt es eine klare Aufgabenteilung zwischen den TechnikerInnen, die in der Kabine und im Cockpit arbeiten und denen, die an den äußeren Komponenten des Flugzeugs arbeiten. | Die Abarbeitung von unterschiedlichen Checklisten muss unterstützt werden. |
| Für die TechnikerInnen gibt es meistens kein explizites Briefing vor dem Einsatz. Sie bekommen vor der Landung und vor dem Betreten des Flugzeugs die Checks und Aufgaben, die sie routinemäßig durchführen müssen, von den Teamleitern. Vor Ort müssen sie sich ihre Informationen und Arbeiten eigenständig zusammenstellen, da die Logbücher und evtl. vorhandenen Selbstdiagnosesysteme immer im Flugzeug verbleiben und eine Informierung über aktuelle Schäden aus der Luft meistens nicht erfolgt. | Der Zugriff auf räumlich entfernte Informationsquellen und auf die aktuellen Umgebungssysteme muss unterstützt werden. |
| Die TechnikerInnen werden von ihrem Vorgesetzten über das Zeitlimit, über die Arbeiten, die in jedem Fall fertig werden müssen, und über die verfügbaren Ressourcen informiert. Falls aktuelle Aufgaben anstehen, die einen erneuten Start des Flugzeugs verhindern, haben diese Arbeiten Vorrang. Es kommt häufig vor, dass die TechnikerIn zum Logbuch gehen muss und auch, dass sie das Flugzeug verlassen muss, um z.B. Ersatzteile zu beschaffen oder um auf Wartungsinformationen zu dem Flugzeugtyp oder zu den benötigten Ersatzteilen zuzugreifen. | Der ortsabhängige Zugriff auf Umgebungssysteme wird gewünscht. |
| Die TechnikerInnen arbeiten in unterschiedlicher Zusammensetzung, abhängig von den vorher bekannten Aufgabenstellung zu zweit oder allein. Für die Kommunikation des technischen Wartungspersonals im Flugzeug gelten nicht die oben genannten Kommunikationsregeln der Flugbegleiterinnen. Die WartungstechnikerInnen kommunizieren per | Kommunikationsunterstützung mit entfernt arbeitenden KollegInnen oder Vorgesetzten ist erforderlich. Ein System zur Expertenkonsultation ist gewünscht, das auch unter wi- |

| Arbeitsprozess und -bedingungen der WartungstechnikerInnen in der Flugzeugkabine | Anforderungen an eine mobile Lösung |
|---|---|
| Zuruf und über Funk bzw. Mobiltelefon. Je nach aktuell vorgefundenen außerplanmäßigen Problemen besteht ein hoher Kommunikations- und Informationsbedarf. Vorgesetzte, die für mehrere Wartungsteams Ansprechpartner sind, haben häufig das Problem, dass sie telefonisch eingehende Anfragen nicht wahrnehmen, da die Umgebungsgeräusche zu hoch sind, und dass sie viele und weite Wege zurücklegen müssen, um die Probleme vor Ort jeweils in Augenschein nehmen zu können. | drigen Umgebungsbedingungen genutzt werden kann. |
| Bei den Instandsetzungsarbeiten in der Kabine müssen neben den Informationen über aktuelle Schäden evtl. auch die spezifische Flugzeugdokumentation sowie Informationen über den Flugzeugtyp und über die Ersatzteile für dieses Flugzeug herangezogen werden. Es wird der Zugriff auf Schaltpläne und auf Informationen über die in den Wänden, Einrichtungen und Fußböden verborgenen Leitungen und Einrichtungen benötigt. Da die gültigen und vollständigen Informationen allein im Flugzeug zu finden sind, kann bei der Fehlersuche oder der Beschaffung von Ersatzteilen u.U. ein hoher Zeitdruck entstehen, da erst konkrete Handlungsmöglichkeiten bestehen, wenn das Flugzeug auf dem Boden ist und die TechnikerInnen auf die Dokumentation zugreifen können. Wenn mehrere Personen im Flugzeug arbeiten, kann es zu „Staus" beim Blick in die Logbücher kommen. | Die Möglichkeit, dass mehrere Personen gleichzeitig auf Systeme und Informationen vor Ort zugreifen können, muss gegeben sein. |
| Auch für die Arbeiten der TechnikerInnen sind die räumlichen Gegebenheiten in der Flugzeugkabine sehr beengt. Das hat zwar kaum Auswirkungen auf ihre Arbeitskleidung, sehr wohl jedoch für den Einsatz von Werkzeugen und anderen Gerätschaften. Bei der vorherrschenden Enge gehört das Arbeiten im Liegen und das Bewegen zwischen konkreter „Baustelle" und Ort des Werkzeugs bzw. Ort der Information zum üblichen Arbeitsablauf. Eine Reduzierung dieser Wege würde die angestrebte zeitliche Verkürzung von Arbeitsprozessen forcieren. | Die am Körper zu tragende Technik muss in verschiedenen Körperhaltungen benutzt werden können, u.a. auch, wenn die Hände für andere Arbeiten als die Computersteuerung benötigt werden. |
| Das Wartungspersonal muss die durchgeführten Arbeiten ebenfalls im entsprechenden Logbuch und in einem Report dokumentieren. Alle Informationen verbleiben im Flugzeug, so dass die vollständige Dokumentation noch während der Durchführung der Arbeiten bzw. während das Flugzeug am Boden ist, abgeschlossen sein muss. Kopien der Berichte bleiben bei den WartungstechnikerInnen und gehen an die Fluglinie. | Eine (teil)automatische Dokumentation während des Einsatzes ist gewünscht. |
| Die Arbeitsbedingungen der WartungstechnikerInnen sind von hohem zeitlichem Druck und von ständig eintretenden unvorhersehbaren Problemen geprägt, so dass die Reduzierung der Stress-Belastung dieser Personengruppe bei der Entwicklung von mobilen Lösungen besondere Aufmerksamkeit gewidmet werden muss. | Die mobile Lösung muss beiläufig benutzt werden können und darf die BenutzerIn nicht zusätzlich belasten. |

## 7.3.1 Auswertung der Interviews

Die durchgeführten Interviews dienten der Identifizierung von Einsatzmöglichkeiten einer Wearable-Computing-Lösung in diesen Einsatzbereich und als Vorarbeiten für die Definition einer konkreten Lösung. Für die vorliegende Arbeit wurden die Ergebnisse noch einmal daraufhin untersucht, welche der genannten Anforderungen und Voraussetzungen für mobile Lösungen generalisierbar sind. Folgende Anforderungen wurden identifiziert:

- Eine mobile Bereitstellung der Kabinen-Manuals, vor allem auch der aktuellen Änderungen, auf einem mobilen Endgerät mit komfortabler Suchfunktion für die FlugbegleiterInnen.

- Mobile Endgeräte für Flugpersonal, die immer bei sich getragen werden müssen, dürfen nicht sehr ausladend sein und müssen sich dem individuellen menschlichen Körper sehr stark anpassen, da sie ansonsten die begrenzten Bewegungsmöglichkeiten von FlugbegleiterInnen in der Flugzeugkabine noch weiter einschränken würden. Bevorzugt wird ein höchstens PDA-großes Gerät, möglichst sogar kleiner. Die am Körper zu tragenden Komponenten mobiler Lösungen sollten möglichst in die Uniform der FlugbegleiterInnen integriert sein und nicht (negativ) auffallen, sondern als Bestandteil der Kleidung betrachtet werden können. „High-Tech-Aussehen" könnte zur Verunsicherung der Fluggäste führen, was nicht geschehen darf.

- Zum schnellen Auffinden der gerade relevanten Informationen ist eine individualisierbare Suchfunktion gewünscht, die z.B. anhand der aktuellen Flugphase oder der konkreten Position im Flugzeug vorselektierte Informationen anbietet.

- Die Unterstützung der FlugbegleiterInnen muss auf eine Verbesserung des individuellen Services und die Optimierung der kooperativen Arbeitsabläufe abzielen und immer berücksichtigen, dass das Personal neben der Ausführung von Aufgaben auch noch Signalwirkung für die Fluggäste hat.

- Die Unterstützung des Wartungspersonals muss auf die Beschleunigung der Durchführung ihrer Arbeitsaufträge abzielen.

- Jede neue Technik muss leicht bedienbar sein. Die Menüfunktion muss eindeutig und anschaulich (am besten mit Bildern) gestaltet sein.

- Es darf nicht davon ausgegangen werden, dass das Personal sich mit der Benutzung von Computern auskennt. Die Benutzung eines Touchscreens, der Bilder zeigt oder für die Benutzung einer Suchfunktion mit Buchstaben zum Tippen ausgestattet ist, und der Einsatz von PDAs oder Mobiltelefonen sind für die Befragten akzeptabel.

- Gegenüber der Verwendung von HMDs sind die WartungstechnikerInnen zurückhaltend, die FlugbegleiterInnen ablehnend eingestellt.

Aus den Antworten in den Interviews können folgende Schlussfolgerungen gezogen werden:

- Alle Arbeitssituationen im Flugzeug zeichnen sich durch räumliche Enge und einen engen zeitlichen Ablauf aus.

- Für die Entwicklung eines Wearable-Computing-Unterstützungssystems stellen die Kommunikationsbedingungen der Kabinenbesatzung eine mobile Tätigkeit dar, die mit multimodalen mobilen Technologien unterstützt werden kann.

- Die mobilen Tätigkeiten der WartungstechnikerInnen sind durch die Unvorhersehbarkeit der benötigten Informationen geprägt.

- Ein Flugzeug ist, wie z.B. auch ein Zug, ein Schiff oder auch ein Krankenhaus oder eine Pflegeeinrichtung eine klar umgrenzte Lokation, die selbst mit Technologie ausgestattet werden kann.

## 7.4 Nutzungspotenziale mobiler Lösungen für die Instandhaltung großtechnischer Anlagen

Der im TZI im Projekt „Winspect – Wearable Computing in der Inspektion" entwickelte Prototyp eines Wartungsassistenten ([Bor01], [Her03]) wurde auf der Grundlage der Vorgaben aus dem Einsatzbereich der Kranwartung entwickelt. Die Vorgaben und Anforderungen beruhten auf den Ansätzen, die die AnwenderInnen selbst bereits angedacht und ausprobiert hatten und die nicht zum gewünschten Ergebnis geführt haben. Im Folgenden werden die Schlussfolgerungen der AnwenderInnen beschrieben, aufgrund derer das Projekt „Winspect – Wearable Computing in der Inspektion" zusammen mit den Stahlwerken Bremen durchgeführt wurde[82].

Industrielle Prozesse zeichnen sich zum Teil durch eine gewisse Gleichförmigkeit aus, was in der Vergangenheit zu umfangreicher Automation und Rationalisierung geführt hat. Trotz des hohen Automatisierungsgrades sind eine Vielzahl von Tätigkeiten geblieben, die von Menschen ausgeführt werden müssen, z.B. die Instandhaltung. Die Instandhaltung von Produktionsanlagen beispielsweise leistet einen wichtigen Beitrag zum störungsfreien Ablauf einer Produktion. Instandhaltung besteht aus den Maßnahmen Inspektion, Wartung und Instandsetzung und dem übergeordneten Prozess der Organisation und Planung dieser Maßnahmen, wobei die Erfassung und die Auswertung der Befunde, Schäden und Störungen eine besondere Rolle spielt. Informationstechnisch unterstützt wurde bisher nur der übergeordnete Prozess, da die Durchführung der Inspektion als hochgradig mobile Tätigkeit den Einsatz herkömmlicher Informations- und Kommunikationstechnologien aufgrund der Handhabung der Hardware (z.B. eines Notebooks) nicht zuließ.

---

[82] Diese Auswertung basiert ausschließlich auf den vorhandenen Projektberichten. Anders als bei den beiden vorgenannten Untersuchungsbereichen lagen keine Transkriptionen der geführten Interviews vor, sondern nur eine Dokumentation der Ergebnisse. Es konnten auch keine eigenen Interviews gesondert durchgeführt werden, da das Projekt zu Beginn der Untersuchung bereits abgeschlossen war.

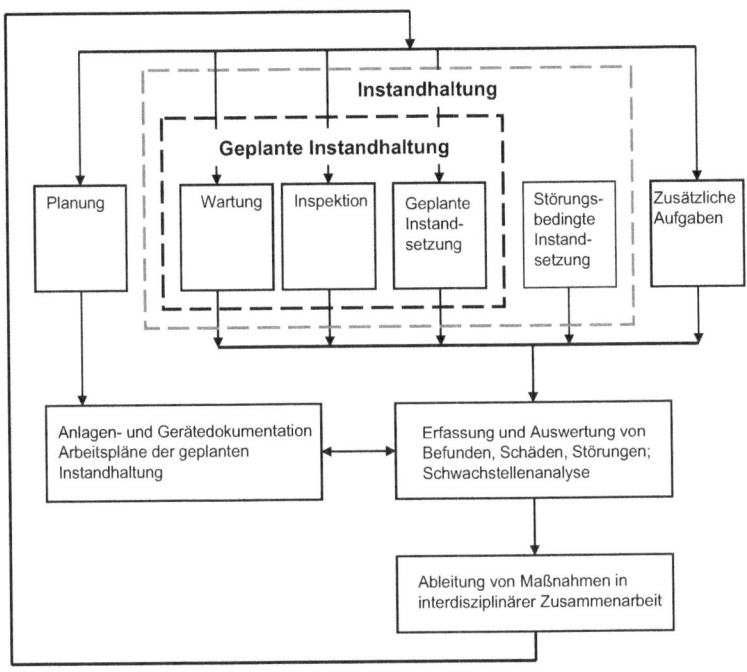

Abb. 103: Regelkreis der Instandhaltung nach Zutt und Hubich [Zut88]

Eine Inspektion wird zur Feststellung des Ist-Zustandes einer Anlage durchgeführt. Sie wird in der Regel als präventiver Schritt zur Vermeidung von störbedingten Stillstandszeiten verstanden. Die Maßnahmen, die im Rahmen einer Inspektion ergriffen werden, umfassen unter anderem die optische Kontrolle von Bauteilen oder Baugruppen, die Überprüfung von Justierungen und Toleranzen, die Zustandsfeststellung von Verschleißteilen und die grundlegende Überprüfung kritischer Funktionen. Folgende Teilaufgaben des Inspektionspersonals können mit mobile IKT-Lösungen unterstützt werden:

- Übermittlung der Inspektionsplanung an das Instandhaltungspersonal,

- Online Darstellung von Informationen über die räumliche Anordnung der zu inspizierenden Objekte,

- Angeleitete Inspektion mit automatischer Protokollierung,

- Teilautomatisierte Inspektion, indem Messungen und Beobachtungen automatisch interpretiert werden sowie Entscheidungsunterstützung bei auftretenden Problemen,

- Archivierung und Visualisierung der Inspektionsresultate, um eine Historie von Parameterentwicklungen zu erhalten und darzustellen,

- Automatische Interpretation der Parameterentwicklung, um unter bestimmten Umständen eine Erweiterung der Inspektion vorzunehmen,

- Bereitstellung der Wartungsplanung oder Produktionsplanung, um bei kritischem Anlagenzustand überbrückende Maßnahmen durchführen zu können,

- Darstellung von Berichten über Probleme während des Betriebs der Anlage,

- Informationen über den Lagerbestand bestimmter Ersatzteile,

- Abruf von Sicherheitsinformationen auch im Zusammenhang mit dem Betriebszustand der Anlage,

- Einsatz unkonventioneller Inspektionsmaßnahmen durch Verwendung von Sensoren, wie zum Beispiel Geräusch, Infrarotabstrahlung, Vibration, Geruch usw.

- Unterstützung beim Erstellen des Inspektionsberichtes.

Im Projekt Winspect wurde nur ein Teil dieser Möglichkeiten umgesetzt. Der Schwerpunkt wurde auf die Gestaltung der Interaktion gelegt [Rüg04], da es dafür besondere Vorgaben gab, die mit vorhandener Informations- und Kommunikationstechnik nicht erfüllt werden konnten:

Die Produktion von Stahl erfordert ein großes Ausmaß an Transporten zwischen den verschiedenen Produktionsschritten; diese werden von Kränen durchgeführt. Der Ausfall eines Krans verzögert die gesamte Produktion und verursacht enorme Kosten, weshalb die Stahlwerke Bremen eine Null-Fehler-Strategie verfolgten, die störungsbedingte Ausfälle während der Produktion durch eine regelmäßige, qualitativ hochwertige Inspektion des technischen Zustands jedes Krans vermeiden sollte. Die primäre Aufgabe der InspekteurInnen ist die manuelle Arbeit am Objekt. Eine Inspektion ist eine mobile Tätigkeit, die mit vielen administrativen Arbeiten verbunden ist. Bisher wird sie mit Papier und Stift ausgeführt, da die Evaluation herkömmlicher Hardware ergeben hat, dass Handheld-Geräte wegen der erforderlichen Handhabung und Notebooks wegen der fehlenden Ablagemöglichkeiten nicht eingesetzt werden können. Bei der Durchführung einer Inspektion erklettert eine InspekteurIn den Kran, begutachtet jede relevante Komponente und dokumentiert die Befundung, dies häufig erst, wenn er den Kran wieder verlassen hat (oder zu einem noch späteren Zeitpunkt).

Abb. 104: Beispiel für einen Kran, wie er in einem Stahlwerk anzutreffen ist [Ban07].

Die handschriftlichen Notizen werden anschließend eventuell sogar von einer anderen Person in ein digitales Inspektionsprotokoll übertragen. Dieses Vorgehen hat sich in mehrerlei Hinsicht als sehr fehlerträchtig erwiesen: Die zeitliche Verzögerung zwischen Begutachtung und Aufschreibung sowie das „Abtippen" lässt Informationen verloren gehen, u.a. weil aus Zeitmangel nur die kritischen Befunde in das IT-System übernommen werden. Darüber hinaus ergibt sich eine zu große zeitliche Lücke zwischen der Beobachtung einer Veränderung und ihrer Bekanntgabe im Informationssystem. Der Wunsch nach einer digitalen Just-in-time-Inspektionsdokumentation ging bei der AnwenderIn einher mit dem Wunsch, vor Ort auf eine umfassende technische Dokumentation jedes Krans zugreifen zu können, die sowohl technische Beschreibungen als auch Zeichnungen der verschiedenen Komponenten enthält. In enger Zusammenarbeit mit den Stahlwerken Bremen wurden die Anforderungen ermittelt. Es muss folgende Charakteristika aufweisen:

- Die primäre Aufmerksamkeit der Benutzerin muss den Gegenständen der realen Welt gewidmet sein. Da die kognitiven Ressourcen des Inspektors begrenzt sind, darf er nicht mit zusätzlichen visuellen und auditiven Informationen überladen werden.

- Qualitative Zustände von Teilen und Komponenten des inspizierten Krans sollen dokumentiert werden. Im Falle der Stahlwerke Bremen gibt es mehr als hundert unterschiedliche Großkrane an verschiedenen Orten, die jeweils ca. hundert Komponenten mit bis zu zehn Unterkomponenten haben. Dazu zählen z.B. Bremsen und Motoren. Eine Unterkomponente einer Bremse ist z.B. der Bremsbelag.

- Große, detailreiche, technische Zeichnungen müssen dargestellt und in ihnen muss navigiert werden können. Bereits die Größe von Desktop-Bildschirmen reicht hierfür nicht aus. Das Problem verschärft sich noch, wenn technische Zeichnungen oder Blaupausen auf einem Wearable-Computing-Display mit einer zurzeit vergleichsweise niedrigen Auflösung benutzt werden.

- Die InspekteurIn muss während ihrer Tätigkeit Sicherheitskleidung, insbesondere Arbeitshandschuhe tragen. Sie sind aus festem Leder gefertigt und machen dadurch die Benutzung vieler kommerziell verfügbarer Eingabegeräte unmöglich.

# 8 Gegenüberstellung vorhandener mobiler Technologien und ermittelter Anforderungen

Wie in Kapitel fünf ausführlich beschrieben, stehen auf dem Markt oder als Prototypen bereits einige mobile Informations- und kommunikationsTechnologien zur Verfügung, die sich in der dargestellten Weise zur Realisierung mobiler Lösungen verwenden lassen. In Kapitel sechs wurde ein Überblick über bisher realisierte anwendungsspezifische mobile Lösungen als Gesamtsysteme gegeben, an einigen ausgewählten Aspekten wurden das Potenzial sowie die Probleme dieser Lösungen skizziert. In Kapitel sieben wurden die methodische Blickrichtung gewechselt; die Anforderungen seitens mobiler Arbeitsprozesse aus ausgewählten potenziellen Anwendungsbereichen wurden zusammen getragen und auf ihr Eignung für den Einsatz mobiler IKT-Lösungen analysiert. Durch die Gegenüberstellung vorhandener mobiler Technologien mit den Anforderungen seitens mobiler Arbeitsprozesse werden im vorliegenden Kapitel die Nutzungsprobleme identifiziert, um von den Problemfeldern zu ganzheitlichen Lösungsansätzen zu kommen. Im Folgenden werden zwar einzelne Aspekte herausgegriffen und beschrieben, doch soll an diese Stelle darauf hingewiesen werden, dass Veränderungen auf parallel auf verschiedenen Ebenen erforderlich sind.

## 8.1 Identifizierte Problemfelder

Die generalisierbaren Anforderungen aus den untersuchten Anwendungsbereichen sind nicht spektakulär. Die Analyse ergab Forderungen, die sich nur unwesentlich von den generellen Anforderungen unterscheiden, die an Hardware, an Software, an den Softwareentwicklungsprozess und an die Gebrauchstauglichkeit von herkömmlichen IKT-Lösungen gestellt werden. Ein deutlicher Unterschied besteht allerdings auf der Ebene der konkreten Lösungen. Hier geben die Ergebnisse der durchgeführten Untersuchung vielfältige Hinweise darauf, wie der konkrete Prozess der Lösungssuche gestaltet werden sollte, welche Eigenschaften die vorhandenen Technologien haben, welche Möglichkeiten sich daraus ergeben, aber auch welche Probleme sie erzeugen (können) und wo die kritischen Punkte sowohl auf der technischen Ebene als auch auf der Designebene und insbesondere auf der Entwicklungsprozessebene liegen[83]. Die im Folgenden beschriebenen Themen sind als besonder kritisch für die Entwicklung mobiler IKT-Lösungen identifiziert worden.

---

[83] Der 1998 eingeführte Begriff der „USEWARE" als Sammelbegriff für alle Hard- und Softwarekomponenten, die der Bedienung von technischen Artefakten und die Bezeichnung „Useware-Engineering" [Zül04] treffen die hier vertretene Sichtweise am nächsten.

## 8.1.1 Eigenschaften und Probleme verfügbarer Rechner(komponenten)

Aus einer technischen Perspektive gesehen, sind die zentralen Komponenten für mobile IKT-Lösungen die neuen Hardwareelemente, vor allem mobil einsetzbare Rechner, teilweise freihändig nutzbare Ein-und Ausgabegerät, Sensoren zur Erfassung des Kontextes und „intelligente" Software, die die Besonderheiten der mobilen Nutzung und die sich dynamisch verändernden Gegebenheiten der sensorisch erfassbaren Umgebung in den „virtuellen Prozess" integrieren. Es gibt kein Patentrezept, wie man zu einer guten mobilen Lösung kommt, da die jeweiligen Eigenschaften jeder einzelnen verfügbaren Komponente nicht allein ausschlaggebend für das Gesamtergebnis sind. Erst das effiziente Zusammenwirken aller Komponenten bestimmt die Qualität der mobilen Lösungen.

Die bisher vorhandene Technik schafft durch ihr Vorhandensein und durch ihre jeweilige Ausprägung die Bedingungen und Voraussetzungen für ihre Nutzung. Ein Notebook erfordert beispielsweise eine feste Unterlage oder eine Sitzgelegenheit; man kann es aber auch anders nutzen. Ich habe beobachtet, wie ein Monteur, der eine Ampel reparierte, ein Notebook mit Klebestreifen oben auf einer Malerleiter befestigt hatte, um es beim Arbeiten an den Signalgebern in unmittelbare Nähe zu haben. Auch die häufig in großen Rucksäcken transportierten mobilen Lösungen aus dem Bereich Augmented Reality enthielten u.a. Notebooks, die als mobile Server benutzt wurden. Bei weniger ressourcenaufwändigen Applikationen werden heute auch PDAs oder Smartphones als mobile Rechnereinheiten eingesetzt, doch ihre Leistungsfähigkeit ist beschränkt und sie verfügen häufig nicht über die Schnittstellen, die für die Verwendung der vorhandenen mobilen Ein-/Ausgabegeräte und Sensoren benötigt werden.

Die verfügbaren Komponenten stellen noch keinen funktionierenden Markt dar, aus dem geeignete Komponenten frei gewählt und anwendungsbezogen zusammengestellt werden können. „Normteile der Informations- und Kommunikationstechnik" sind weder auf der Hardware- noch auf der Softwareebene verfügbar. Jede Zusammenstellung von Komponenten zu einer mobile Lösung führt in der Regel zu mehr oder weniger großen technischen Problemen, die in einem individuellen Entwicklungsprozess mit kreativen Ideen überwunden werden müssen. Es handelt sich deshalb bei den bisher verfügbaren Komponenten nur um eine Ansammlung von Technologien und technischen Artefakten, die zwar geeignete Merkmale für mobile Lösungen aufweisen, die aber alle noch einer Weiterentwicklung und weiterer Neuentwicklungen und vor allem auch einer Standardisierung bzw. Normung bedürfen. Ähnliche Aussagen können auch für die Software gemacht werden: es sind bereits verwendbare Komponenten vorhanden, doch scheitert ihre Integration zu einem einsetzbaren Gesamtsystem meistens an der Inkompatibilität der Module und Programme untereinander. Das ist zwar kein spezifisches Problem von mobilen IKT-Lösungen, doch der Aufwand, eine mobile Lösung zu entwickeln, wird durch diese hard- und softwarebezogenen Einschränkungen potenziert.

Im Bereich Desktop-Computing greift dieses Problem nicht mehr in dieser Schärfe, da sich bzgl. der Hardware bereits stabile Standards herausgebildet haben. Die Vielfalt der verfügbaren Hardware für Desktop-Computing-Systeme und die durch das Mooresche Gesetz beschriebene Ressourcensteigerung erlauben hier bei der Entwicklung von Software und beim Design der Benutzungsoberfläche von den Besonderheiten eines speziellen Endgerätes zu abstrahieren und dennoch die Gewissheit zu haben, dass entsprechende Hardware zur Verfügung stehen wird. Bei der Entwicklung von mobilen IKT-Lösungen ist diese Annahme nicht gültig. Erforderlich sind hier Entscheidungen auf mehreren Ebenen, die sich jeweils gegenseitig beeinflussen, so dass die Komplexität des Entwicklungsprozesses steigt.

Werden die Designentscheidungen auf der technischen Ebene getroffen, so hat das nachhaltige Auswirkungen auf die Realisierbarkeit der zu leistenden mobilen Unterstützung. Der Einsatz eines PDAs als Rechnerkomponente bedeutet beispielsweise, dass in den meisten Fällen keine stand-alone-Lösung realisierbar ist, sondern eine Vernetzung benötigt wird, die ihrerseits den Stromverbrauch erhöht und evtl. besondere Sicherheitsmechanismen für die drahtlose Übertragung von sensiblen Daten erfordert. Die Benutzung eines leistungsfähigen Wissensmanagementsystems impliziert, dass ein sehr leistungsfähiger Rechner zur Verfügung stehen muss, der die entsprechenden Berechnungen durchführen kann. Handelt es sich bei der BenutzerIn dieser Lösung um eine Servicekraft, z.B. die Stewardess in einem Flugzeug, so muss man davon ausgehen, dass sie aufgrund der Vorgaben für ihre Berufsbekleidung nur sehr kleine, raumsparende Hardware am Körper tragen kann, so dass auch hier die Verwendung einer drahtlosen Vernetzung mit einem stationären Server notwendig ist. Diese Schlussfolgerung gilt jedoch nur für „closed world" Umgebungen, wie ein Flugzeug, ein Schiff oder auch ein Zug, in dem derartige Arbeiten wiederkehrend ausgeführt werden. Bei mobilen Tätigkeiten, für die ständig die Umgebung gewechselt wird und bei denen nicht regelmäßig, und auch nicht für einen längeren Zeitraum, an einen bekannten Ort zurückgekehrt wird, ist der Aufbau der benötigten stationären Infrastruktur nicht wirtschaftlich, so dass hier eine andere Hardwarekonfiguration gewählt werden muss. Diese Flexibilität ist für die Wahl der Hardwareelemente wichtig, doch ist sie vor allem auch bei der Realisierung der Interaktion von besonderer Bedeutung, denn (auch) die gewählte Hardware bestimmt, welche Form der Interaktion überhaupt zur Verfügung steht. Eine Sprachsteuerung benötigt, je nachdem, ob nur wenige Schlüsselwörter oder ein umfangreicher Wortschatz oder gar natürliche Sprache verwendet werden, ganz unterschiedliche Ressourcen. Ob eine Sprachsteuerung sinnvoll oder notwendig ist, bestimmt allerdings nicht die Technik, sondern in erster Linie die Bedingungen im Anwendungsbereich.

Das Interaktionsdesign in der informationstechnischen Tradition des Desktop-Computing bewegt sich in der Regel zwischen der zu erfüllenden Aufgabe und den verfügbaren Geräten und befasst sich mit der Gestaltung von Software. Bei der Entwicklung mobiler Lösungen steht jedoch auch noch die Entwicklung von Geräten (vor allem von Ein- und Ausgabegeräten) und die Verwendung von Sensoren als implizite Eingabegeräte zur Disposition.

Für diese Erweiterung der Aufgabe bei der Gestaltung von mobilen Lösungen wurde hier deshalb der Begriff der *Interaktionsarchitektur* eingeführt.

| Rechner-klasse | Ausprägung | Benutzung | Erforderliche Aufmerksamkeit | Benutzung in der Bewegung | Proaktiv | Sensorik | kontinuier-licher Einsatz |
|---|---|---|---|---|---|---|---|
| Handhelds | Smartphone | z.T. einhändig; Telefonieren weitgehend freihändig | geteilt möglich | Eingeschränkt möglich | Wecker, Erinnerungsfunktion | nicht integriert, anschließbar | möglich |
| | PDA | vorwiegend beidhändig | vollständig | schlecht möglich | Erinnerungsfunktion | nicht integriert, anschließbar | möglich |
| Elektronisches Klemmbrett | WebPad | beidhändig | vollständig | schlecht möglich | möglich | nicht integriert, anschließbar | möglich |
| | TabletPC | beidhändig | vollständig | schlecht möglich | möglich | nicht integriert, anschließbar | möglich |
| | Toughbook | beidhändig | vollständig | Eingeschränkt möglich | möglich | nicht integriert, anschließbar | möglich |
| Wearable Computer | Xybernaut MA IV | einhändig | nur zum Anlegen und zum Akku-Wechsel | prinzipiell ja; nur abhängig von den I/O-Interfaces | Uneingeschränkt möglich | nicht integriert, anschließbar | ja |
| | Xybernaut MA TC, V | freihändig | nur zum Anlegen und zum Akku-Wechsel | prinzipiell ja; nur abhängig von den I/O-Interfaces | Uneingeschränkt möglich | nicht integriert, anschließbar | ja |
| | QBIC | freihändig | nur zum Anlegen | prinzipiell ja; nur abhängig von den I/O-Interfaces | Uneingeschränkt möglich | | ja |
| | VIA | freihändig | nur zum Anlegen und zum Akku-Wechsel | prinzipiell ja; nur abhängig von den I/O-Interfaces | Uneingeschränkt möglich | nicht integriert, anschließbar | ja |
| Aufgaben- oder umgebungsoptimierte Hardware | VuMan | einhändig | beiläufig | schlecht möglich | möglich | nicht vorgesehen | ja |
| | WSS | weitgehend freihändig | beiläufig | ja | möglich | integriert; auf eine Funktion beschränkt | ja |
| | Cybercompanion | für einen begrenzten Zeitraum, freihändig | vollständig | vorgesehen, aber nur innerhalb eines klar umgrenzten Aktionsbereiches | | integriert; auf eine Funktion beschränkt | evtl. möglich, aber nicht intendiert |
| Smart Clothings | Wearable Electronics | z.T. freihändig | beiläufig, nur beim An- und Ausziehen vollständig | leicht möglich | möglich | nicht möglich | ja |
| | Wrist-Computer | z.T. freihändig | bei der Bedienung vollständig | möglich | möglich | integriert; auf eine Funktion beschränkt | ja |
| | SmartShirt | freihändig | keine | ja | ja | integriert | ja |

Tabelle 6: Qualitative Eigenschaften der verschiedenen mobilen Endgeräteklassen

| Rechnerklasse | Trageeigenschaften | Robustheit | Integrierte I/O-Interfaces | externe Schnittstellen für I/O | Netzverbindung (drahtlos) | Leistungsfähigkeit | Energieverbrauch, -versorgung |
|---|---|---|---|---|---|---|---|
| Handhelds | klein und leicht, diverse Befestigungsmöglichkeiten | nur in Einzelfällen | Miniaturbildschirm, Telefontastatur, z.T. Freisprech | einzelne Schnittstellen vorhanden | integriert, GSM/UMTS, z.T. Bluetooth und WLAN | gering | mindestens einen Tag |
| | mittlere Größe, keine Anpassung an den Körper | nur in Einzelfällen | Touchscreen, Stift, einzelne Tasten | div. Schnittstellen vorhan-den, erweiterbar | z.T. integriert, z.B. Infrarot, zusätzlich möglich | gering | mindestens einen Tag |
| Elektronisches Klemmbrett | groß/relativ schwer, anstrengend zu halten, rudimentäre Befestigung an der Hand möglich | nur in Einzelfällen | Touchscreen, z.T. Stift, Mikrofon/Lautsprecher einzelne Tasten | Div . Schnittstellen | z.T. integriert (Bluetooth, W-LAN), zusätzlich GSM/ UMTS etc. | mittel | keinen Tag |
| | groß und relativ schwer, anstrengend, explizit im Arm zu halten | nur in Einzelfällen | Digitizer oder Touchscreen mit Stift, weitere einzelne Hardwaretasten | Div . Schnittstellen | z.T. integriert (Bluetooth, W-LAN), zusätzlich möglich: GSM/UMTS | groß | mehrere Stunden |
| | 2 Teile, Rechner am Gürtel, Bildschirm in der Hand, rudimentäre Befestigungsmöglichkeit an der Hand; Bildschirm relativ groß, aber leicht | explizit geschützt, industrietauglich | Display mit Digitizer und Stift, Mikrofon/Lautsprecher, einzelne Tasten; disposible Tastatur z.T. integrierte Mauspad/Mausstick | Div . Schnittstellen | proprietäres WLAN integriert, ansonsten zusätzlich möglich | mittel | eine Schicht, eher weniger |
| Wearable Computer | am Gürtel, im Holster, im Rucksack; deutlich spürbar, teilweise störend | Gehäuse aus Metalllegierung, industrietauglich | Maus ins Gehäuse integriert | Div . Schnittstellen; individualisiert bestellbar | zusätzlich möglich | sehr groß | ein paar Stunden |
| | am Gürtel, im Holster, im Rucksack; deutlich spürbar, teilweise störend | Gehäuse aus Metalllegierung, industrietauglich | keine | Div . Schnittstellen; individualisiert bestellbar | zusätzlich möglich | sehr groß | ein paar Stunden |
| | unbemerkt, da in Gürtel integriert, passt sich in Bewegungsabläufe ein | nicht explizit gewährleistet | keine | einzelne Schnittstellen vorhanden | WLAN integriert, ansonsten zusätzlich | Gering bis mittel | mehrere Stunden |
| | am Gürtel, im Holster, im Rucksack; deutlich spürbar, teilweise störend | in Einzelfällen weiterer Schutz erhältlich | keine | Div . Schnittstellen | zusätzlich möglich | groß | ein paar Stunden |
| Aufgaben- oder umgebungsoptimierte Hardware | ergonomisch am Gürtel und in Reichweite der Hand | unbekannt | Wählscheibe | Videoausgang für HMD | nicht vorgesehen | mittel | unbekannt |
| | ergonomisch am Unterarm; spürbar | geschützt | kleine virtuelle Anzeige, diverse Tasten | einzelne Schnittstellen | WLAN z.T. integriert | mittel | Mind. eine ganze Schicht |
| | explizit als Rucksack auf dem Rücken und als "lichter Helm" am Kopf; deutlich spürbar | unbekannt | binokulares HMD, | unbekannt | unbekannt | sehr, sehr groß | wenige Stunden |
| Smart Clothings | weitgehend unbemerkt | nicht explizit gewährleistet | Tastatur im Ärmel oder Laschen an der Kleidung | keine | über die benutzbaren Geräte z.B. GSM/UMTS etc. | gering | abhängig von den benutzten Standardgeräten, wahrscheinlich einen Tag |
| | weitgehend unbemerkt | nicht explizit gewährleistet | Bildschirm | keine | keine | gering | unbekannt |
| | weitgehend unbemerkt | nicht explizit gewährleistet | unbekannt | vorhanden | unbekannt | gering | unbekannt |

## 8.1.2 Energieverbrauch und -versorgung als Hemmschuh

Als offene und noch zu lösende Hardware- bzw. Netzwerkprobleme, die auch die Ein- und Ausgabe-Technologien betreffen, hat Thad Starner[84], die im Folgenden genannten zentralen Themen identifiziert, die nach wie vor die brennendsten Probleme darstellen:

Zur Zeit ist die unzureichende bzw. aufwändige Versorgung mit Strom der zentrale Hemmschuh für mobile Lösungen, denn die Effizienz der Energieversorgung hat sich im Verhältnis zu den anderen Ressourcen extrem schlecht entwickelt. Das zweite große Problem ist der hohe Energieverlust durch Wärmeentwicklung bei den heute eingesetzten Computersystemen, d.h. die kostbare Ressource Energie wird auch noch ineffektiv verschwendet.

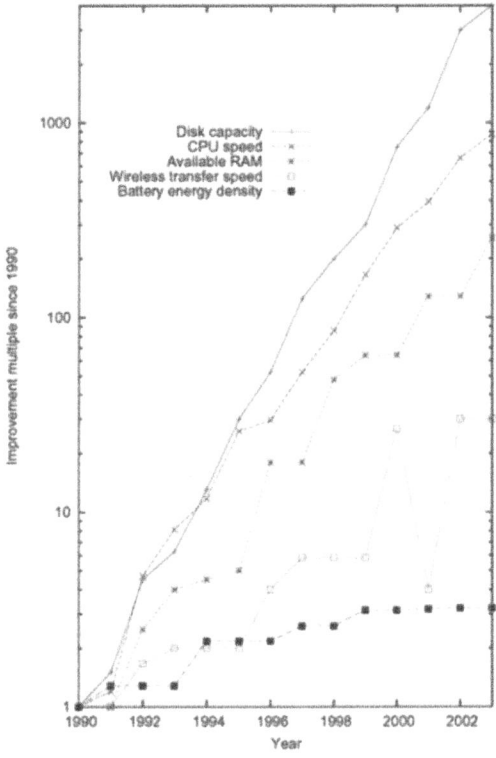

**Abb. 105: Ressourcenentwicklung nach Thad Starner**

Energie ist die Ressource, mit der bei der Entwicklung von mobilen Lösungen am sparsamsten umgegangen werden muss, allerdings nur im Hinblick auf den Strom*verbrauch* der

---

[84]    Alle folgenden Ausführungen erfolgen in Anlehnung an [Sta99], [Sta01a], [Sta01b], [Par05], sowie an den Vortrag von Thad Starner anlässlich des Kick-off des EU-Projekts wearIT@work am 5-6.7.2004 in Bremen

verwendeten Geräte. Bereitgestellt bzw. *produziert* werden sollte während der Benutzung so lange und so viel Energie wie benötigt wird oder möglich ist. Starner empfiehlt deshalb, beim Design kleiner mobiler Geräte den größten Teil der vorhandenen Ressourcen (Gewicht, Platz, Kosten etc.) der Stromversorgung zu widmen, auch *zu Lasten der Funktionalität*. Er sieht im Training der BenutzerIn auf eine tägliche routinemäßige Pflege ihres mobilen Endgeräts und insbesondere in der Gewöhnung an das tägliche Aufladen der verwendeten drahtlosen Stromversorgung eine kurzfristige pragmatische Lösung. Das widerspricht allerdings den Erwartungen der BenutzerInnen, die einem Werkzeug so wenig Aufmerksamkeit wie möglich widmen möchtenund es nur benutzen wollen. Für die Zukunft fordert Starner nicht nur verbesserte, d.h. langlebigere, leistungsfähigere und kleinere Akkus, sondern auch die Einbeziehung und Entwicklung alternativer Stromquellen, wie z.B. die Nutzung der Wärme- bzw. Bewegungsenergie der BenutzerIn oder die Stromgewinnung aus der unmittelbaren Umgebung [Sta99]. Auf funktionstüchtige Systeme dieser Art kann noch nicht verwiesen werden, da sich alle entsprechenden Ansätze noch in einem frühen Forschungsstadium befinden[85.]

Eine zufriedenstellende Beantwortung der Energiefrage wird den Erfolg mobiler IKT-Lösungen maßgeblich bestimmen, das belegen auch die Forderungen aus den potenziellen Einsatzbereichen. Neben den ergonomischen Trageeigenschaften war der mehr als achtstündige Dauerbetrieb ohne Batteriewechsel der zentrale Vorteil, der dem Wearable Scanning System der Firma Symbol Technologies [Sym06] zum Erfolg verholfen hat.

Im direkten Zusammenhang mit einer ausreichenden Stromversorgung steht das Problem der Wärmeentwicklung durch den verwendeten Prozessor. Bereits in den Anfangszeiten des Computers konnten die vielen benötigten Röhren ganze Räume heizen, wie Josef Weizenbaum, ein Pionier der Computertechnik, immer wieder anekdotisch zum Besten gibt. Heute fällt die Wärmeentwicklung noch relativ stark ins Gewicht, dass sie besonders für mobile IKT-Lösungen einen höheren Stellenwert hat als z.B. die reine Geschwindigkeit des Prozessors. Eine hohe Energieaufnahme ist gleichzusetzen mit einer starken Wärmeabgabe, die im ungünstigsten Fall dafür verantwortlich sein kann, dass eine mobile Lösung im doppelten Sinne des Wortes für die BenutzerIn nicht tragbar ist. Die kontinuierliche Ableitung der Wärme beim Tragen und in der Bewegung ist auch technisch kein triviales Problem, besonders dann nicht, wenn der Rechner von den Ausmaßen her so klein wie möglich sein soll.

Bei Notebooks kann die Wärmeableitung anders gehandhabt werden, als bei weiter miniaturisierten Rechnern, da allein aufgrund ihrer Größe mehr Fläche zur Ableitung der überschüssigen Wärme zur Verfügung steht. Starner empfiehlt neben der naheliegenden Reduzierung des Entstehens von Wärme und der Reduzierung des Energieverbrauchs durch eine Optimierung der Prozessoren und aller anderen stromverbrauchenden Komponenten einige zusätzliche Alternativen zur Wärmeableitung, die nur beim mobilen Einsatz eine Rolle spielen. Er schlägt die Ausnutzung der Luftkühlung bei der Bewegung durch Platzierung des Rechners

---

[85]    Siehe z.B. [Kym98] für ein „Kraftwerk im Schuh", oder das 2006 vom BMVBS neu aufgelegte nationale Innovationsprogramm Wasserstoff und Brennstoffzellentechnologie [BMVBS06].

am Arm der BenutzerIn vor oder die Ableitung an die Haut in kalten Jahreszeiten, aber auch die Verwendung von Kühlflüssigkeit, die die entstehende Wärme dann aufnimmt, wenn sie entsteht, und die diese zu einem besser geeigneteren Zeitpunkt wieder abgibt, wenn die Umgebungsbedingungen es erlauben. Die von ihm vorgeschlagenen Mechanismen [Sta99] und Materialien existieren bisher allerdings noch nicht, so dass an dieser Stelle noch ein großer Freiraum für kreative Ideen und neue Entwicklungen besteht. Als kurzfristige Lösung empfiehlt Starner, die Software so zu gestalten, dass der Energiebedarf kontinuierlich gering gehalten wird.

### 8.1.3 Auswahl geeigneter Eingabemedien

Die Wahl einer geeigneten Eingabetechnologie hängt ganz und gar von der zu unterstützenden Aufgabe, der Art und der Menge der anfallenden Eingabedaten, den Einsatzbedingungen, den zu erwartenden Umgebungsfaktoren usw. ab und bestimmt auch das zu wählende Ausgabemedium. Es gibt noch kein einfaches, eindeutiges Schema, z.B. in Form einer Checkliste, anhand dessen man einen neuen Anwendungsbereich analysieren könnte, um so zu einer optimalen Konfiguration aller notwendigen informations- und kommunikationstechnologischen Komponenten zu gelangen. Dass ein derartiges Schema für mobile Eingabetechnologien noch nicht existiert, liegt auch darin begründet, dass die Entwicklung von Eingabegeräten für mobile, tragbare Computersysteme noch nicht abgeschlossen ist.
Einige mobile Eingabetechnologien sind vorhanden, sie wurden in Kapitel 5.3.1 ausführlich beschrieben. Sie resultieren in erster Linie aus der „Mobilisierung" bekannter Technologien des Desktop Computing und aus der Automatisierungstechnik. Es ist sinnvoll, explizite und implizite Eingaben in ein Computersystem nach Schmidt und Gellersen [SG00] voneinander zu unterscheiden:

- *Explizite Eingaben* werden willentlich von der BenutzerIn vorgenommen, z.B. das Sprechen eines Befehls, die Auswahl aus einem Menü, das Tippen eines Textes.

- *Implizite Eingaben* sind Daten, die das Computersystem weitestgehend selbstständig aufnimmt, z.B. mittels Sensoren oder auch durch Systemmeldungen oder Informationen, die z.B. über ein drahtloses Netzwerk eingehen und auswertet.

Explizite Eingaben erfordern die Aufmerksamkeit der BenutzerIn, implizite erfolgen unbemerkt, deshalb sollte der Anteil der expliziten Eingaben durch einen verstärkten Einsatz impliziter Eingaben ersetzt werden. Darüber hinaus müssen die expliziten Eingabegeräte so gestaltet sein, dass eine Bedienung die BenutzerIn nicht bei ihrer primären Aufgabe stört und sie in ihrem Arbeitsfluss möglichst nicht unterbricht. Welche Sensorik die expliziten Eingaben reduzieren kann, ist von der Aufgabe und dem Einsatzort abhängig.
Die Bandbreite ist groß, wenn man der Phantasie freien Lauf lässt und die Gegebenheiten der Anwendungssituation genau analysiert: Position, Bewegung, Richtung, Geschwindigkeit, Da-

tum und Uhrzeit, Temperatur, Abstand, Feuchtigkeit, Luftzusammensetzung, Geräusche, Vitalfunktionen u.a..

Bei Geräten und Modalitäten für die explizite Eingabe sind die Möglichkeiten nicht ganz so vielfältig. Zur Auswahl geeigneter Eingabemedien zur Interaktion zwischen Mensch und Computer ist die Beantwortung folgender Fragen hilfreich:

*Welche Art von Eingaben ist erforderlich?*

- Freier Text, einzelne Zeichen oder Ja/Nein-Bestätigungen
- Aktivierung/Deaktivierung oder komplexe Checklisten-/Menüauswahl
- Aufnahme einzelner diskreter oder großer Mengen kontinuierlicher Messwerte (z.B. auch Audio- oder Videoströme)
- Navigation in umfangreichen Datenbeständen oder digitalen Karten bzw. Zeichnungen
- Kommunikation mit anderen Menschen (z.B. per Zeichen, Sprache oder Videokonferenz; gemeinsamer Zugriff auf Informationen erforderlich)

Welche Konventionen gelten?

- Gesetze und Vorschriften
- Versicherungstechnische Vorgabe
- Unausgesprochene Regeln, sozialer oder kultureller Art

Welche Benutzungsbedingungen herrschen vor?

- Die BenutzerIn ist ständig in Bewegung, muss sich festhalten, muss für ihre Sicherheit ständig auf ihre Umgebung achten
- die Umgebung ist laut, leise oder hat eine wechselnde Geräuschkulisse
- Gesten, Sprachäußerungen haben in der Arbeitsumgebung eine eigene Bedeutung oder die Mitteilungen sind geheimnisrelevant
- die Lichtverhältnisse sind gleich bleibend oder wechselnd
- die Umgebung ist nass, heiß, staubig, windig...
- Arbeits-/ Schutzkleidung und Sicherheitsvorschriften
- Hände stehen zur Bedienung ganz, manchmal, gar nicht oder auch einzeln zur Verfügung
- die Aufmerksamkeit liegt ständig an anderer Stelle oder sie kann zeitweise dem Eingabegerät bzw. der Computerbenutzung gewidmet werden
- die Körperhaltung ist beliebig oder eingeschränkt bzw. vorgegeben
- weitere Werkzeuge und Messinstrumente werden eingesetzt
- Ausdehnung des Aktionsradius

Welche Ausgabemöglichkeiten werden benötigt/gewünscht?

- Visuelle, auditive, taktile (Rück-)Meldungen

- Es sind keine Rückmeldungen erforderlich

Der erlangten Klarheit seitens des Anwendungsbereichs können die Eigenschaften existierender bzw. in der Entwicklung befindlicher Eingabegeräte gegenüber gestellt werden.:

- Spracheingabe ist die erste explizite und freihändige Eingabetechnologie. Sie ist aufgrund ihrer technologischen Rahmenbedingungen nicht universell einsetzbar, im konkreten Einzelfall allerdings eine vollständig freihändige Lösung.

- Andere freihändige Eingabemedien sind Tracking-Systeme. Je nachdem, welches Datum wichtig ist (Position, Orientierung, Blickrichtung, Blickpunkt) gibt es bereits mobile Endgeräte auf dem Markt. Eye-Tracking eignet sich beispielsweise als explizite Eingabe. Die kommerziell vorhandenen Geräte (siehe z.B. [ASL04]) sind vom Gerätebedarf noch sehr groß und umfangreich, doch gibt es bereits erste mobil tragbare leichte Eyetrackingsysteme (siehe z.B. [Bab03], [Lyo04]).

- Es gibt „mobilisierte" Eingabegeräte aus dem Desktop-Computing-Bereich, z.B. mobile Tastaturen und Mäuse, die allerdings keine Freihändigkeit ermöglichen.

- Es gibt einzelne spezialisierte Eingabegeräte wie Datenhandschuhe oder mobile Barcode- und RFID-Scanner, die eine begrenzte freihändige Bedienung erlauben.

Alle anderen freihändig zu benutzenden Eingabetechnologien sind implizite Eingaben, d.h. Sensoren, die eigenständig und ohne Zutun der BenutzerIn Daten erfassen. Erforderlich sind für ihren Einsatz „intelligente" Methoden zur Interpretation der gemessenen Werte (z.B. Bilderkennung in Videos). Sensoren sind in der Automatisierungstechnik weit verbreitet, sie mobil und tragbar zu gestalten, ist technisch zumeist leicht lösbar. Allerdings tritt auch hier das Problem der zuverlässigen und kontinuierlichen Energieversorgung auf. Bereits ein einzelner ausgewerteter Sensor allein liefert die Grundlage für wertvolle Kontextinformationen, mehrere miteinander kombinierte Sensoren bringen jedoch nicht nur mehr Information, sondern können vor allem auch qualitativ bessere Ergebnisse liefern, da sie sich komplementär ergänzen. Darüber hinaus lassen sich Sensorinformationen durch kleine, kurze Eingaben der BenutzerIn effektivieren, so dass eine produktive Koexistenz expliziter und impliziter Eingaben die ideale Mischung bei der Eingabe darstellen würdeIn [Coh97] wird unter dem Oberbegriff „multimodale Interfaces" der komplementäre Zusammenhang zwischen deiktischen Sprachäußerungen und Zeigegesten dargestellt, der durch die Gleichzeitigkeit eine deutliche Reduzierung des Interaktionsaufwands für die BenutzerIn mit sich bringt (siehe auch [Ovi97], [Ovi00] oder [Haw97]). Die Sprachäußerung eröffnet einen Möglichkeitsraum, den die Zeigegeste so weit einschränkt, dass eine eindeutige Referenz ermittelt werden kann, oder umgekehrt. Ein ähnliches Zusammenspiel wird es auch in mobilen Situationen geben: die Werte mehrerer Sensoren und eine explizite Eingabe der BenutzerIn können bei einer geeigneten Interpretation schnell zu einem eindeutigen Ergebnis führen.

Die wenigen Ansätze, die es bisher zur Entwicklung spezialisierter Eingabegeräte für den mobilen Einsatz gibt, optimieren die Eingabemedien für einen konkreten Anwendungsbereich und verfolgen einen NutzerInnenzentrierten Ansatz. Sie haben mit ihren Realisierungen vielleicht noch nicht das Optimum erreicht, stellen aber ein zukunftsweisendes Vorgehen dar, denn durch die Überwindung der Desktop-Metapher als Paradigma der Gestaltung der Mensch-Computer-Interaktion, durch die Umsetzung alternativer Prototypen und durch deren Evaluierung eröffnen sie neue Horizonte, die mit diesen Prototypen in der Hand in einem Diskurs zwischen AnwenderInnen/BenutzerInnen und EntwicklerInnen weiter ausgelotet werden können.

| Eingabe-Klassen | Ausprägung | Eingabemöglichkeiten | | | | | | Trageeigenschaften | | |
|---|---|---|---|---|---|---|---|---|---|---|
| | | Fließ-texte | einzel-ne Wör-ter | Zah-len | einzel-ne Zeich-en/Zif-fern | Menu-Auswahl | Zeigen/Navigie-ren/Steuern | Befestigu-ngs-ort | Bedienung | Unterla-ge erfor-der-lich |
| Sprachein-gabe | | möglich, aber nicht beliebig | sehr gut | sehr gut | sehr gut | sehr gut | möglich | an der Brille, im Ohr, in Mundnähe | freihändig | nein |
| Handheld-Tastaturen | integriertes Mobiltelefon-Tastenfeld | gut | sehr gut | sehr gut | sehr gut | möglich | nein | evtl. Hand möglich | einhändig, ohne (Arbeits-) Handschuh | nein |
| | integrierte Communica-tor/PDA-Tastatur | gut | sehr gut | gut | sehr gut | gut | | keiner | beidhändig, ohne (Arbeits) Handschuhe | ja |
| | iFrog | gut | sehr gut | sehr gut | sehr gut | möglich | nein | keiner | Einhändig/beid-händig, evtl. mit (Arbeits-) Handschuh | nein |
| arm mounted keyboards | Xybernaut | möglich | sehr gut | sehr gut | sehr gut | gut | nein | Unterarm | einhändig ohne (Arbeits)Hand-schuh | nein |
| | Spezialtasta-tur WSS 1000 | möglich | gut | gut | sehr gut | möglich | nein | Unterarm | einhändig, mit (Arbeits)Hands chuh | nein |
| Hand-schrift-eingabe | Stift/Hand auf Touchscreen | gut | gut | sehr gut | sehr gut | ja | nein | ggf. Unterarm | einhändig, mit (Arbeits)Hand-schuh | nein |
| | Stift auf Digitizer | sehr gut | sehr gut | sehr gut | sehr gut | ja | nein | keiner | einhändig, mit (Arbeits)Hands chuh | nein |
| Chording Keyboards | Twiddler | sehr gut | sehr gut | sehr gut | sehr gut | ja | ja | Hand oder am Unter-arm | einhändig ohne (Arbeits)Hand-schuh | nein |
| | Kitty | gut | sehr gut | sehr gut | sehr gut | | ja | Hände | beidhändig, ohne (Arbeits-) Handschuhe | nein |
| Daten-hand-schuhe | VR-Handschuh | möglich aber auf-wändig | Mög-lich | Mög-lich | Mög-lich | möglich | ja | Hand/ Hände | Einhändig/beid-händig, evtl. mit (Ar-beits-) Hand-schuh | nein |
| | Winspect-Handschuh | nein | nein | nein | nein | sehr gut | möglich | Hand | einhändig, inkl. Arbeits-handschuh | nein |
| drahtlose Maus | FreeD | nein | nein | nein | nein | sehr gut | ja | Finger | einhändig | nein |
| Digitaler Stift | Anoto | Möglich aber Er-kennung schwie-rig | sehr gut | sehr gut | sehr gut | | nein | keiner | Hand für den Stift, eine Hand /einen Arm für das Papier | ja, min-destens ein Klemmb rett |
| VuMan-Dialer | | nein | nein | nein | nein | sehr gut | möglich | am Gürtel | einhändig, mit (Arbeits-) Handschuhe | nein |
| Scanner | Barcode | nein | nein | nein | nein | ja | nein | Finger | einhändig, mit (Arbeits-) Handschuh | nein |
| | RFID | nein | nein | nein | nein | ja | nein | Finger, Hand | einhändig, mit (Arbeits-) Handschuh | nein |
| Eyetrac-king | | nein | nein | nein | nein | ja | ja | am Kopf, relativ vor Augen | freihändig | nein |

Tabelle 7: Qualitative Eigenschaften mobiler Eingabetechnologien

| | | | Technisches Umfeld | | | |
|---|---|---|---|---|---|---|
| Eingabe-Klassen | Ausprägung | Freiheitsgrad der Hände | erforderliche Rechnerkapazität | drahtlose Anbindung | Zusätzliches Ausgabemedium erforderlich | integriertes zusätzliches Interface |
| Spracheingabe | | vollständig frei | hoch | möglich | ja | manchmal Lautsprecher |
| Handheld-Tastaturen | integriertes Mobiltelefon-Tastenfeld | ein Hand frei; u.U. freie Positionierung der schreibenden Hand | sehr gering | ja | nein, aber möglich | Bildschirm, Navigationstasten, Miniatur-Joystick, Mikrofon, Kamera |
| | integrierte Communicator/PDA-Tastatur | keiner, nur in den Schreibpausen | sehr gering | ja | nein | Bildschirm, Mauszeiger |
| | iFrog | evtl. eine Hand frei | sehr gering | ja | ja | nein |
| arm mounted keyboards | Xybernaut | ein Hand beschränkt frei, der entsprechende Arm ist fixiert | sehr gering | nein | ja | nein |
| | Spezialtastatur WSS 1000 | ein Hand beschränkt frei, der entsprechende Arm ist fixiert | sehr gering | möglich | nein | Bildschirm |
| Handschrifteingabe | Stift/Hand auf Touchscreen | evtl. ein Hand zum Halten oder beschränkt frei, dann ist der entsprechende Arm fixiert | gering | möglich | nein | Bildschirm |
| | Stift auf Digitizer | keiner | mittel | möglich | nein | Bildschirm |
| Chording Keyboards | Twiddler | eine Hand frei; die schreibende Hand frei positionierbar | sehr gering | nein | ja | Mauszeiger |
| | Kitty | keiner während der Eingabe | gering | nein | ja | nein |
| Datenhandschuhe | VR-Handschuh | keiner während der Eingabe | hoch | nein | ja | keines |
| | Winspect-Handschuh | eine Hand frei während der Eingabe, sonst beide Hände frei | mittel | ja | ja | RFID-Scanner |
| drahtlose Maus | FreeD | eine Hand frei | sehr gering | ja | ja | nein |
| Digitaler Stift | Anoto | keiner | während der Benutzung nicht erforderlich | ja oder spätere Synchronisation | nein | nein |
| VuMan-Dialer | | eine Hand frei während der Eingabe, sonst beide Hände frei | mittel | nein | ja | nein |
| Scanner | Barcode | freihändig | gering | möglich | nein | nein |
| | RFID | freihändig | gering | möglich | nein | nein |
| Eyetracking | | vollständig frei | sehr hoch | möglich | ja | nein |

263

## 8.1.4 Auswahl geeigneter Ausgabekanäle und –geräte

Für die Auswahl von Ausgabemedien gilt, wie schon bei den Rechnerkomponenten und den Eingabemedien, dass sie sowohl von der zu unterstützenden Aufgabe als auch von den Umgebungskonditionen und den anderen technischen Komponenten beeinflusst wird. Neben den technischen Faktoren spielen aber vor allem auch kulturelle und soziale Aspekte eine Rolle. Personen, die unmittelbaren Kontakt mit KundInnen haben, werden z.B. in einem Bereich wie Flugbegleitung kein HMD tragen wollen, da hier auf persönliche Ausstrahlung sehr viel Wert gelegt wird. Bei ÄrztInnen wirkt das Tragen dieser neuen Technologie evtl. respekteinflößend und bei TechnikerInnen innovativ, so dass der Einsatz dort evtl. begrüßt werden würde. Doch diese soziale Wirkung ist nur eine Vermutung, die auf einzelnen eigenen Beobachtungen beruht. Eine systematische Untersuchung dieser Aspekte steht noch aus.

Es gibt Informationen, die stärker wirken, wenn sie durch einen bestimmten Sinneskanal aufgenommen werden, oder in einer Kombination verschiedener Sinneskanäle. Blaulicht und Martinshorn zusammen haben z.B. eine Wirkung, die per Konvention hergestellt wird. Wenn man eine Wendeltreppe erklären will, ist es effektiver, eine Visualisierung zu benutzen statt einer Beschreibung mit Worten. Der Hinweis auf eine Gefahr kann oft schneller mit einem akustischen Signal gegeben werden als durch eine textuelle Beschreibung oder eine Visualisierung. Eine Erinnerung an einen Termin oder der Eingang einer Anfrage kann mit einer taktilen Stimulation angezeigt werden, wenn die Aufmerksamkeit der BenutzerIn anderweitig gebunden ist. Gerade wenn ein mobiles informations- und kommunikationstechnologisches System proaktiv sein soll, muss diese mobile Lösung situationsangepasst verschiedene Sinnesmodalitäten ansprechen können, um jederzeit die Forderung nach einer beiläufigen Benutzung zu erfüllen. Unklar ist noch, welche Art von Stimulationen in welcher Situation als beiläufig empfunden wird und welche als störend einzuordnen sind.

Für die Ausgabemedien besteht – vor allem auch seitens der Hardware – noch deutlicher Entwicklungsbedarf auf allen genannten technologischen Feldern. Die vorhandene Technik kann Möglichkeiten und Potenziale mobiler Lösungen prototypisch demonstrieren, doch ist sie noch nicht ausgereift genug, um produktiv eingesetzt werden zu können. Das Projekt wearIT@work [Wea04] versucht hier für das Paradigma Wearable Computing eine Vorreiterrolle zu übernehmen und anhand von vier ausgewählten Anwendungsbeispielen und mit einem NutzerInnen-zentrierten Ansatz die erforderlichen technischen Grundlagen für Wearable Computing sowohl auf der Hardware- als auch auf der Software-Ebene zu schaffen. Das Projekt hat Mitte 2004 mit einer Laufzeit von 4,5 Jahren begonnen, so dass noch keine abschließenden Ergebnisse vorliegen. Da das Projekt auf der Basis von vier Anwendungsbeispielen vorangetrieben wird, sind als Zwischenergebnisse bereits verschiedene funktionstüchtige Demonstratoren entwickelt worden.

Die bisher bevorzugten und als besonders geeignet bewerteten Ausgabetechniken für mobile Lösungen sind eine akustische Ausgabe per Lautsprecher und eine optische Ausgabe auf einem HMD. Ein Problem der akustischen Ausgabe ist die Platzierung des Lautsprechers im Ohr. Hierdurch wird die Wahrnehmung der realen Umgebung beeinträchtigt, was sich nicht nur für hörgeschädigten Menschen negativ auswirkt. Noch nicht ausgeschöpft wurde hier die Ausgabe von Klängen, die u.U. visuelle Darstellungen ersetzen können [siehe z.B. [Saw00]. HMDs sind die vor allem für Wearable Computing Lösungen präferierten Ausgabegeräte. Neben dem technischen Entwicklungsbedarf spielt für den Einsatz von HMDs vor allem die Akzeptanz derartiger Anzeigegeräte eine herausragende Rolle. Wichtige technische Faktoren sind z.B. das Gewicht, die Kompaktheit, der Trageeigenschafte sowie ästhetische Gesichtspunkte. Dabei ist zu berücksichtigen, dass die Akzeptanz bei HMDs ähnlich umstritten ist, wie bis vor kurzem noch die Akzeptanz herkömmlicher Headsets z.B. für eine Spracheingabe am Computer. Durch die Verbreitung von Headsets bei der Benutzung von Mobiltelefonen kann heute mit einer Gewöhnung an ein derartiges Equipment gerechnet werden, so dass auch mit einer höheren Akzeptanz für HMDs zu rechnen ist.

Bisher konnten sich viele BenutzerInnen nicht mit den Trageeigenschaften, dem Aussehen und der „Frisurenfeindlichkeit" von Kopfbügelhalterungen anfreunden. Das gilt umso mehr, je größer und sichtbarer die Halterungen sind, was bei HMDs immer noch der Fall ist und auch so bleiben wird, wenn auch in noch nicht absehbarer Zeit das HMD drahtlos mit dem Computer verbunden sein soll. Für den Freizeit- und Konsumentenmarkt, aber auch für den Dienstleistungs- und Managementbereich sind die Trage-und Formfaktoren wichtig. Zukunftsweisend sind hier jene Geräte, die an einer herkömmlichen Brille befestigt bzw. in diese integriert werden. Beim Einsatz in industriellen Anwendungsbereichen treten Eigenschaften wie ästhetisches Aussehen und Frisurenfeindlichkeit in den Hintergrund, da die BenutzerIn u.a. aus Arbeitsschutzgründen in vielen Fällen bereits Schutzkleidung, z.B. einen Schutzhelm oder eine entsprechende Schutzbrille tragen muss. Zu untersuchen ist noch, welche Einschränkungen des Sichtbereichs die BenutzerIn in Kauf nehmen muss und welche aus Sicht des Arbeitsschutzes überhaupt in Kauf genommen werden dürfen, wenn ein HMD in die Berufsbekleidung integriert wird.

HMDs können in Arbeitssituationen eingesetzt werden, wenn eine visuelle Anzeige unumgänglich ist, wenn keine stationären Alternativen vor Ort verfügbar sind, wenn die Umgebung keinen Raum und keine Möglichkeiten für andere Displays zur Verfügung stellt und wenn die BenutzerIn entweder beide Hände für andere Betätigungen frei haben oder Schutzkleidung tragen muss, die das Halten und Verstauen eines Displays unmöglich macht. Falls eine Überlagerung der realen Welt mit computergenerierten Bildern erforderlich ist, ist die Verwendung eines HMDs ebenfalls notwendig. Ob für diese Situation binokulare HMDs mit einer 3D-Stereo-Anzeige, besser geeignet ist als monokulare HMDs muss noch untersucht werden. Hinderlich sind zurzeit noch die notwendige Verkabelung, die noch nicht komfortablen Halterungen und fehlende Robustheit. Da ein HMD immer eine Halterung am Kopf benötigt, ist die Integration von weiteren Ausgabenmedien oder von Eingabegeräten wie ein Mikrofon in diese Halterung leicht möglich.

| | | Ausgabemöglichkeiten | | | | | | | Trageeigenschaften | | | |
|---|---|---|---|---|---|---|---|---|---|---|---|---|
| Ausgabeklassen | Ausprägung | Sound | Einzelne Töne | Gesprochener Text | Text, Zahlen, Zeichen | Bilder Grafiken, Karten | Videos | Vibration | Befestigungsort | Freiheitsgrad der Hände | Beteiligtes Sinnesorgan | Entlasteter Sinneskanal |
| Akustische Ausgabe | Lautsprecher/Kopfhörer | sehr gut | sehr gut | ja | nein | nein | nein | nein | im/am Ohr | völlig frei | Ohr | Se-hen |
| | Sprachgenerierung | möglich | ja | ja | ja | nein | nein | nein | im/am Ohr | völlig frei | Ohr | Se-hen |
| taktile Ausgabe | | nein | möglich | nein | nein | nein | nein | sehr gut | Arm, Rücken, Schulter etc. | | Haut | Sehen |
| visuelle Ausgabe | Unterarmdisplay | möglich | sehr gut | sehr gut | sehr gut | sehr gut | sehr gut | nein | Unterarm | eine Hand frei, der andere Arm entsprechend fixiert | Auge, evtl. Ohr | keiner |
| Handheld-Display | integriertes Mobiltelefon-Display | gut | sehr gut | möglich | Möglich, aber schwer zu lesen | gut | Möglich, aber schlechte Qualität | ja | keiner | eine Hand frei | Auge, evtl. Ohr | keiner |
| | PDA-Touchscreen | gut | sehr gut | möglich | möglich | gut | mögli ch, aber schlechte Qualität | z.T. möglich | evtl. an der Hand | eine Hand frei | Auge, evtl. Ohr | keiner |
| | TabletPC | sehr gut | sehr gut | sehr gut | sehr gut | sehr gut | sehr gut | nein | im Arm zu tragen | eine Hand frei | Auge, evtl. Ohr | keiner |
| binokulares HMD | | nein | nein | nein | gut | gut | gut | nein | am Kopf vor beiden Augen | völlig frei | Augen | keiner |
| monokulares HMD | | nein | nein | nein | gut | gut | gut | nein | am Kopf vor einem Auge | völlig frei | Auge | keiner |
| HUD | Projektor | nein | nein | nein | gut | sehr gut | sehr gut | nein | am Kopf, an der Schulter | völlig frei | Augen | keiner |

Tabelle 8: Qualitative Eigenschaften mobiler Ausgabegeräte

266

| Technisches Umfeld | | | | | | | | Nutzungskontext | | |
|---|---|---|---|---|---|---|---|---|---|---|
| Ausgabeklassen | Ausprägung | erforderliche Rechnerkapazität | Stromverbrauch | drahtlose Anbindung | integrierte zusätzliche Ausgabemöglichkeiten | integrierte Eingabemöglichkeit | zusätzliche Interaktionsmöglichkeiten | Einsatzbedingungen | Wahrnehmung durch die Umgebung | Akzeptanz bzw. Benutzungsprobleme |
| Akustische Ausgabe | Lautsprecher/ Kopfhörer | mittel | gering | ja | keine | evtl. Schalter | Mikrofon | kurze Sequenzen oder einzelne, leicht zu merkende Begriffe; | Unscheinbarer Kopfhörer, Ton kaum wahrnehmbar | Störung der Wahrnehmung der Umgebungsgeräusche |
| | Sprachgenerierung | mittel | mittel | ja | keine | keine | keine | | | Computergenerierte Sprache ist auf Dauer sehr monoton |
| taktile Ausgabe | | mittel | mittel | möglich, nicht erforderlich | keine | keine | keine | | | |
| visuelle Ausgabe | Unterarmdisplay | gering | hoch | möglich | Lautsprecher/Kopfhörer | Stift, u.U. Tasten | keine | | | |
| Handheld-Display | integriertes Mobiltelefon-Display | gering | mittel | ja | Lautsprecher/ Kopfhörer | Tastenfeld | Kamera, Mikrofon | | | |
| | PDA-Touchscreen | gering | mittel | möglich | Lautsprecher/ Kopfhörer | Tasten und Stift | Kamera, Mikrofon | | | |
| | TabletPC | gering | hoch | ja | Lautsprecher/Kopfhörer | Tasten und Stift | Mikrofon, div. Geräte per integrierter Schnittstellen | | | Hand und explizite Aufmerksamkeit erforderlich; Stauraum notwendig; |
| binokulares HMD | | sehr hoch | hoch | nein | keine | keine | Div. Eingabegeräte können u.U. am Tragesystem befestigt werden | Nützlich bei AR-Funktionalität; eingeschränkter Blick auf die reale Welt | | „Sonnenbrilleneffekt" bei sozialer Interaktion |
| monokulares HMD | | mittel | hoch | nein | keine | keine | Div. Eingabegeräte können u.U. an der Halterung befestigt werden | | | Headset erforderlich; Blick auf die Anzeige für den Gegenüber befremdlich; Unsicherheit |
| HUD | Projektor | mittel | hoch | möglich | keine | keine | Div. Eingabegeräte können u.U. an der Halterung befestigt werden | Ext. Projektionsfläche erforderlich; bei AR-Anwendung greift das Registrierungsproblem | | Headset erforderlich |

Über die Platzierung bzw. Integration einer ausreichenden Stromversorgung in das Haltesystem muss noch nachgedacht werden. Ob ein „Lesen" des Bildschirms in der Bewegung möglich ist, hängt davon ab, was angezeigt wird und ob eine Überlagerung der realen Sicht vorgenommen wird. Wie bei unvermitteltem Sehen kann man bei der Benutzung eines HMDs auch nur auf einen Punkt fokussieren, alles andere bleibt am Rand des Sichtbereichs oder „im Augenwinkel". Erste Untersuchungen konnten keine Beeinträchtigungen durch das Tragen von HMDs feststellen [Kam06], aber es stehen dennoch umfangreichere Hardware-ergonomische Untersuchungen, Feld- und Vergleichstests aus, da die Durchführung von Arbeiten mit diesem Display in der Bewegung und unter wechselnden Umgebungsbedingungen sowie in verschiedenen Arbeitssituationen eine folgenreiche Dauerbelastung darstellt, die z.B. in Deutschland die Vorgaben des Arbeitsschutzgesetzes genügen müssen ([ArbStättV04], [BetrSichV02]).

Über Steve Mann, den Protagonisten des Wearable Computing, behaupten Gerüchte, dass er einen Sehschaden vom ständigen Tragen eines HMDs davongetragen habe, andere wiederum behaupten, er würde sich um die Weiterentwicklung von Wearable Computern und ihrer Funktion als Prothesen deshalb so sehr bemühen, weil er seinen beeinträchtigten Sehsinn kompensieren wolle. Das alles ist nur Hörensagen aus dritter Hand, er selbst bezieht dazu nicht Stellung. Dass solche Gerüchte überhaupt entstehen können, hat aber etwas damit zu tun, dass die gesundheitliche Wirkung des dauerhaften Tragens von HMDs noch nicht hinreichend untersucht worden ist.

### 8.1.5 Anforderungen an Software für mobile Lösungen

Viele Aspekte von Software, die bisher für herkömmliche Programme erforderlich waren, werden auch für mobile Lösungen benötigt. Vorhandene Komponenten und zukünftige Entwicklungen müssen allerdings bzgl. folgender Eigenschaften weiter untersucht und optimiert werden:

- Modulare Verwendbarkeit und Integrationsfähigkeit
- Ressourcenschonung (Platz, Kapazität, Energie) und verteilte, ggf. sogar dynamisch verteilte Ausführung
- Minimaler expliziter Interaktionsaufwand und eine minimale Aufmerksamkeit für die Benutzung

Am Beispiel des Interaktionsaufwands werden im Folgenden die softwarebezogenen Forschungs- und Entwicklungsbereiche charakterisiert, die für mobile IKT-Lösungen einen besonderen Beitrag leisten. Die Realisierung der beiläufigen Benutzung eines informations- und kommunikationstechnologischen Systems erfordert eine deutliche Reduzierung des expliziten Interaktionsaufwands für die BenutzerIn. Diese Reduzierung erfolgt durch implizite Eingabe mittels Sensoren und durch die Verwendung von so genannter „intelligenter" Software und „smarter" Algorithmen. Die Bezeichnungen „intelligent" und „smart" bedeuten, dass Methoden der Künstlichen Intelligenz eingesetzt werden und dass die Software auf Veränderungen mit Anpassung reagiert. Folgende Merkmale müssen erreicht werden:

- Es sollen nur genau die Informationen und Dienste angeboten werden, die die BenutzerIn in der aktuellen Situation benötigt (dafür erforderlich ist z.b. Context-Awareness)

- Es sollen alle relevanten Informationen und Dienste aus den unterschiedlichsten Quellen zur Verfügung stehen (dafür benötigt wird z.b. Information Retrieval und eine semantische Datenintegration)

- Die Darstellung der Informationen soll so erfolgen, dass sie auch mit geringer Aufmerksamkeit vollständig erfasst werden können (dafür erforderlich sind: kognitive Ergonomie (siehe z.b. [Dix98], [Sau03]) und intelligente Informationspräsentation)

- Vom Computersystem generierte Meldungen und Rückfragen werden auf ein Minimum reduziert (dafür benutzt werden können z.b. mobile Software-Agenten)

Über die genannten Technologien hinaus sind für mobile Lösungen viele weitere Themen relevant: BenutzerInnenmodellierung und Adaption, Interaktionsdesign, intelligente Informationsfilterung und -suche, Wissensmanagement, maschinelle Lernmethoden, Planung und Diagnose, räumliches und zeitliches Schließen sowie explizite Modellierung durch Repräsentationsformalismen (z.b. Ontologien) oder interne Modellierung durch Bayessche oder neuronale Netze, um nur einige zu nennen. All diese Technologien sind nicht spezifisch für mobile Lösungen, sie sind genauso relevant für die Entwicklung von Lösungen z.b. im Bereich Ubiquitous Computing oder auch für den Einsatz mobiler Roboter, so dass von der Forschung und Entwicklung zu diesen Themen deutliche Synergieeffekte zu erwarten sind.

Die Modularisierung von Software und ihre Integrationsfähigkeit sind keine neuen Anforderungen an die Softwareentwicklung und auch die Forderung nach einer ressourcenschonenden und möglichst verteilten Ausführbarkeit von Software ist nicht neu. Allerdings spielt letzteres angesichts der dargestellten Knappheit der verfügbaren Energie für mobile IKT-Lösungen die Rolle des entscheidenden Kriteriums.

**Datenschutz, Datensicherheit und Informationelle Selbstbestimmung**

Steve Mann propagiert schon seit einigen Jahren einen „anarchistischen" Standpunkt[86], der frei formuliert in etwa besagt „meine Daten gehören mir und niemand darf die Möglichkeit haben, an sie heran zu kommen, ohne dass ich das bemerke". Er betrachtet die von ihm erfassten Daten als Bestandteil seiner Person. Für ihn ist ein solches Equipment eine Art Prothese, die das Gedächtnis und die Wahrnehmungsfähigkeit der BenutzerIn erweitert. Prothese ist in diesem Zusammenhang eigentlich der falsche Begriff, denn eine Prothese[87] ist ein künstlicher Ersatz für ein fehlendes Körperteil. Steve Mann spricht jedoch über die

---

[86]  Siehe auch den von ihm geprägten Begriff „Sousveillance" als Gegenbewegung zum allgegenwärtigen Überwachungsinteresse des Staates [Man06]

[87]  Im Rahmen der Forschung und Entwicklung von AR- und Wearable-Computing-Technologien wird auch an der Implementierung miniaturisierter Informations- und Kommunikationstechnik in den menschlichen Körper im Sinne einer Prothetik gearbeitet.

Erweiterung bzw. Ergänzung des Körpers um zusätzliche Fähigkeiten und (Speicher-) Kapazitäten. Er fordert, dass jede Wearable-Computer-TrägerIn die alleinige Verfügung über diese persönlichen Daten hat. Seitens der informationellen Selbstbestimmung ist das eine löbliche Forderung, allerdings stellt sie hohe Anforderungen an die zu benutzende Software, die verwendeten Technologien und die Benutzung des Wearable-Computing-Systems.

Ein Problem ist die Komplexität von Daten und Programmen einer mobilen Lösungen und ein vertrauensförderliche Benutzung dieser (Interaktion). Die wenigsten BenutzerInnen eines herkömmlichen Computersystems wissen, was innerhalb des Systems konkret mit ihren Daten geschieht. Sie wissen es auch nicht bei Mobiltelefonen und PDAs. Die meisten BenutzerInnen sind froh, wenn sie die vorhandenen Programme benutzen können und bei ihren Bemühungen, das zu erreichen, was sie mit der mobilen Lösung erreichen wollen, nicht zu viel Aufwand treiben und zu viel „Computerwissen" lernen müssen. In Analogie zum Auto, das sehr viele Menschen ohne Bedenken benutzen, kann man davon ausgehen, dass niemand wirklich wissen will, warum – und wie genau – ein modernes Fahrzeug funktioniert. Das Hauptinteresse der FahrerInnen besteht darin, dass die gewünschte Funktionalität reibungslos und ohne besonderen Aufwand gewährleistet wird. Die Bereitschaft zum Erlernen der Benutzung ist groß, die Notwendigkeit zum Verstehen der „inneren Funktionsmechanismen" wird nicht gesehen. Übertragen auf die Benutzung eines Desktop-Computing-Systems heißt das, dass die BenutzerIn gern den virtuosen Umgang mit dem Anwendungsprogramm lernt, sich auch noch die Handhabung des Gerätes und der Peripherie aneignet, aber nicht daran interessiert ist, wie hier die „inneren Wirkprinzipien" lauten. Hilfreich für die BenutzerIn ist, z.B. bei auftretenden Fehlern, ein mentales Modell von der jeweiligen Funktionsweise, notwendig ist es zur Benutzung jedoch nicht. Das gilt sowohl für Autos als auch für informations- und kommunikationstechische Systeme und in besonderem Maße für mobile Lösungen, da hier das Primat der eigentlichen Aufgabe herrscht.

Das zweite Problem bei mobilen Lösungen ist die drahtlose Vernetzbarkeit und die potenziell unbemerkt erfolgende Vernetzung und damit die Verfügbarkeit über die eigenen Informationen in diesem Zusammenspiel mit externen Computersystemen. Die implizite Interaktion und der damit verbundene für die BenutzerIn unbemerkte Datenaustausch zwischen dem am Körper getragenen Gerät und den in der Umgebung befindlichen Computersystemen generieren Fragestellungen über hinreichenden Datenschutz und Datensicherheit. Die Diskussionen des gläsernen Menschen , der durch den Einsatz von RFID-Technologie z.B. für den Handel Datensammler und Datenquelle wird [Kre06a/b], oder der durch die Sensorisierung der Umgebung mittels Ubiquitous Computing[88] ständig unter Beobachtung steht, zeigt, dass dieser Aspekt mobiler Lösungen frühzeitig und offen behandelt werden sollte. In der vorliegenden Arbeit wurde dieses Thema dennoch vernachlässigt. Zum einen, weil das informationssammelnde System am Körper getragen wird, d.h. dass die BenutzerIn im Prinzip Herrin über

---

[88]    Siehe [Kre06c] und die am 10.10.2006 vom BSI vorgestellte Studie „Pervasive Computing – Entwicklungen und Auswirkungen" [BSI06]

ihren gesamten Datenbestand ist, zum anderen, weil es zu diesem Thema bisher so gut wie keine Lösungen oder Untersuchungen gibt, aber vor allem, weil dieses Thema beim Einsatz zur Unterstützung von mobilen Arbeitsprozessen einen anderen Stellenwert hat, als z.B. im Konsumenten-Bereich. In vielen Arbeitsprozessen findet schon heute ein Tracking der Arbeitenden statt, z.B. bei KraftfahrerInnen oder in Paketdiensten in der Logistik, ohne dass diese Überwachung zur Ablehnung des benutzten Systems führt. Um eine Ablehnung zu verhindern und Akzeptanz für mobile Lösungen zu schaffen, ist es erforderlich, frühzeitig die Möglichkeiten und Grenzen der Technologie zu kommunizieren und Lösungen zusammen mit den zukünftigen NutzerInnen zu entwerfen und zu realisieren.

## 8.1.6  Einfluss kultureller Unterschiede auf die Akzeptanz mobiler Lösungen und auf die technische Realisierung

Es gibt kulturelle Unterschiede, die bei der Entwicklung einer mobilen Lösung berücksichtigt werden müssen. Wenn man die Metapher des Autos bemüht, gibt es z.B. Fahrzeuge mit Rechts- und Linkslenker oder mit Automatik- bzw. Schaltgetriebe. Der erste kulturelle Unterschied der Positionierung des Lenkrads wird durch eine Konvention vorgegeben, der zweite entstammt einem gewissen Kontrollbedürfnis über die Technik, der vor allem in Deutschland größte Bedeutung beigemessen wird. Diese Unterschiede liegen auf der Ebene der Benutzungsoberfläche im Sinne von Brenda Laurel „An Interface is the contact surface of a thing." ([Lau90], S.xii). Die Unterschiede lassen sich durch ein entsprechendes Design leicht erreichen, ohne die zugrunde liegende Technik wesentlich zu verändern. Ähnliche Faktoren sind auch bei der Entwicklung von mobilen IKT-Lösungen zu identifizieren und zu berücksichtigen. Dabei ist allerdings zu bedenken, dass sich sowohl die Konventionen als auch die Vorlieben und Gewohnheiten verändern können, das zeigt das Beispiel der allgegenwärtigen Nutzung von Mobiltelefonen in der Öffentlichkeit. Für das Design von mobilen IKT-Lösungen bedeutet das, dass vorhandene Technologien, wie beispielsweise Spracheingabe, unter dem Aspekt der Akzeptanz noch einmal – und immer wieder – bewertet werden müssen. Technisch bedeutet z.B. der Einsatz von Spracheingabe, dass das mobile System per Sprache gesteuert werden kann, um die Hände frei zu bekommen für die primären Aufgaben der BenutzerIn. Je nach Art dieser Aufgabe ist entweder eine einfache Schlüsselworterkennung erforderlich oder die Interpretation natürlichsprachlicher Eingaben. Im ersten Fall kommt ein Rechner mit der Kapazität eines PDAs in Frage, im zweiten Fall nur ein Rechnersystem mit deutlich höherer Leistungsfähigkeit. Hinzu kommen dann noch geeignete Mikrofone und Ausgabemedien. Die Wahl des Interaktionsmediums bestimmt in diesem Fall maßgeblich die Auslegung des Rechnersystems, da sie die Anforderungen festlegt. Ein PDA kann z.B. keine umfassende Sprachverarbeitung leisten, sehr wohl aber eine Schlüsselworterkennung mit einem sehr eingeschränkten Wortschatz. Ein kontinuierlich und drahtlos in ein leistungsfähiges Computernetzwerk eingebundener PDA wiederum kann auch eine natürlichsprachliche

Eingabe realisieren, wenn er als Aufzeichnungs- und Übertragungsgerät ein Bestandteil eines verteilten Komplettsystems ist. Die Alternative zu dieser vernetzten Lösung ist ein leistungsstarker Wearable Computer, der die erforderlichen Rechner- und Speicherkapazitäten selbst zur Verfügung stellt. Hierbei ist auch eine Hardwareoptimierung z.b. in Form eines Sprachverarbeitungschips vorstellbar, so wie sie aus der grafischen Datenverarbeitung bekannt ist.

Die Entscheidung, ob ein drahtlos vernetztes verteiltes System die Hardwarebasis der mobilen Lösung ist, oder ob eine stand-alone-Lösung sinnvoller ist, wird von den Gegebenheiten im Anwendungsbereich motiviert, hat aber weitreichende Auswirkungen.

Die Entscheidung für eine autarke Lösung hat zur Folge, dass

- alle erforderlichen Daten und Programm auf dem getragenen Computersystem verfügbar sein müssen,

- kein Zugriff auf andere Informationsquellen erforderlich und möglich ist,

- dass keine Kommunikation und kein Informationsaustausch mit Teammitgliedern notwendig oder möglich ist,

- das System vor Ort über die notwendige Rechnerleistung und Speicherkapazität verfügt, um alle anfallenden Berechnungen, Auswertungen und Speicherungen vornehmen zu können,

- die Gefahr besteht, dass ein Systemabsturz unterwegs sämtliche Ergebnisse zerstört, die seit der letzten Sicherung erzielt worden sind, bzw. dass eine zuverlässige Datensicherung für unterwegs vorhanden ist,

- die Informationen vor unerlaubtem Zugriff weitgehend sicher sind, d.h. dass der Datenschutz keiner besonderen Mechanismen bedarf,

- eine Synchronisation mit der umfassenden, evtl. stationären informations- und kommunikationstechnischen Infrastruktur mit wenig Aufwand und zuverlässig möglich ist, und dass eine externe Datensicherung gewährleistet ist,

- der Energieverbrauch je nach Art des Anwendungssystems und der zur erfüllenden Funktion relativ gering sein kann, da auf eine energieintensive drahtlose Konnektivität verzichtet werden kann.

Die Auswahl eines verteilten Systems bedeutet hingegen, dass

- je nach Aufgabe eine kontinuierliche Netzverbindung gewährleistet werden muss, bzw. dass Mechanismen erforderlich sind, die einen Netzausfall so kompensieren, dass die BenutzerIn das System dennoch weiter benutzen kann,

- als mobiles Endgerät ein Gerät mit geringer Leistungsfähigkeit gewählt werden kann, was bzgl. des Gewichts und der Wärmeabgabe wesentlich angenehmer für die TrägerIn ist,

- der Energieverbrauch zur Aufrechterhaltung der drahtlosen Vernetzung relativ hoch ist und dadurch bei längerer Nutzungszeit wieder zusätzliches Gewicht leistungsstarker Akkus und auch eine höhere Wärmabgabe sowie u.U. der Aufwand des Batteriewechsels auf die BenutzerIn zu kommen,

- für die Benutzung in der Bewegung transparente nahtlose Konnektivität zu gewährleisten ist,

- Datenschutz und Datensicherheit ein besonderes Augenmerk verlangen, vor allem wenn es die Übertragung von Patientendaten oder andere sensible und schützenswerte Informationen betrifft,

- Kommunikation, Austausch von Daten und der gemeinsame Zugriff auf Informationsquellen für kollaboratives Arbeiten direkt unterstützt werden kann,

- kurzfristige Informations-, Zustands- oder Prozessveränderungen ohne Verzögerung kommuniziert werden können, so dass auf unvorhersehbare Ereignisse und auf den situationsbedingten Zugriff auf Informationen flexibel und in Abstimmung mit anderen Beteiligten zeitnah reagiert werden kann.

Thad Starner vermutet in [Sta01b] – was Steve Mann [Man06] bereits fordert –, dass BenutzerInnen es vorziehen werden, alle erforderlichen Daten „bei sich" zu tragen und dass sie sich mit einem asynchronen Datenaustausch begnügen werden (müssen), weil drahtlose Netzverbindungen viel Energie verbrauchen und diese noch auf absehbare Zeit für mobile Lösungen die kostbarste Ressource sein wird. Aus den dargestellen Überlegungen wird deutlich, dass die Akzeptanz Einfluss auf sehr viele Designentscheidungen und auf den Umsetzungsprozess hat. Aus dieser Erkenntnis resultiert eine Einsicht in die Notwendigkeit, bereits bei der Anforderungsermittlung ein besonderes Augenmerk auf die Bedarfe der späteren BenutzerInnen zu haben.

## 8.1.7 Partizipative Anforderungsermittlung

Die Gründe dafür, dass es bisher kaum produktreife mobile Lösungen auf dem Markt gibt, sind vielschichtig und liegen weder allein an der aktuellen Ausprägung der mobilen Technik noch an den gewählten Anwendungsbereichen. Die Ergebnisse der empirischen Untersuchungen von Anwendungsbereichen, wie sie in Kapitel sechs dargelegt wurden, zeigen, dass es eine Vielzahl von mobilen Tätigkeiten gibt, die von einer Unterstützung mit mobilen Technologien profitieren können. Die Ergebnisse der Untersuchung bisher realisierter Gesamtsysteme für mobile Losungen in Kapitel fünf lassen vermuten, dass zur Entwicklung mobiler Losungen ein anderes Instrumentarium, d.h. eine andere, verbesserte Vorgehensweise erforderlich ist, als sie bisher für die Entwicklung von Informations- und Kommunikationstechnologien verwendet wurde.

Interface-Design – sei es nun für stationäre oder für mobile Lösungen – befasst sich intensiv mit dem *Wie* der Gestaltung der Berührungsfläche zwischen Mensch und Computer bzw. allgemeiner zwischen Mensch und Maschine. Partizipatives Design bezieht die potenziellen

BenutzerInnen in diesen Prozess der Gestaltung von Technik mit ein, um die technischen Artefakte den Erfordernissen des Anwendungsbereichs und allgemeinen Bedingungen des Umgangs von Menschen mit Technik anzupassen.

Meine empirischen Untersuchungen und die Analyse der vorhandenen Anwendungssysteme lassen es ratsam erscheinen, mit dem Design von mobilen Lösungen noch „weiter vorn" im Prozess der Technikgestaltung zu beginnen. Bereits die Problemstellung, d.h. das *Was soll gemacht werden*, sollte gemeinsam von SystemdesignerInnen und BenutzerInnen erarbeitet werden. Das scheint im ersten Moment ein mühsamer Prozess zu sein, denn die DesignerInnen müssen darin Kompetenz im zu untersuchenden Anwendungsbereich entwickeln, sie müssen zu einer Perspektive der AnwenderInnen auf die Technik gelangen, um unter diesem Blickwinkel zum optimalen *Wie soll die die Lösung realisiert werden* zu gelangen. Auf der anderen Seite müssen die AnwenderInnen und BenutzerInnen sich in einem partizipativen Analyse- und Entwicklungsprozess sowohl auf eine technische Perspektive einlassen als auch zu einem Abstand zu ihren praktizierten Arbeitsprozessen gelangen, um optimierte mobile Arbeitsprozesse zu gestalten, die im Anschluss an diese Prozessverbesserung in geeigneter Weise mit mobilen Technologien unterstützt werden können.

Das gegenseitige Voneinander-Lernen und das Einlassen auf die Sichtweise der anderen Profession bringt mittel- und langfristig für beide Interessendomänen Vorteile: Die AkteurInnen im Anwendungsbereich gelangen zu technischer Kompetenz und zu verbessertem Wissen über ihre eigenen Arbeitsprozesse. Die DesignerInnen entwickeln in der Durchdringung eines Anwendungsbereichs Wissen über mobile Arbeitsprozesse und eine für BenutzerInnen akzeptable Technologie, das sie in gewissem Umfang auch auf andere Domänen übertragen können.

Aktuelle Untersuchungen im Bereich mobiler Lösungen für Konsumenten (siehe z.B. Pichler in [Pic05]) bestätigen diese Thesen. Allerdings weicht Pichler vor den Konsequenzen der Ergebnisse seiner eigenen Untersuchungen zurück, obwohl auch er erkannt hat, dass der Diskurs mit potenziellen BenutzerInnen anhand von Prototypen zur Ermittlung der Anforderungen an mobile Lösungen wesentlich effektiver ist als ein Gespräch über ein sprachlich beschriebenes Szenario und in jedem Fall aufschlussreicher als eine Literaturstudie der EntwicklerInnen ohne maßgebliche Beteiligung der zukünftigen BenutzerInnen. Seine Bedenken begründet er mit dem Argument, dass ein derart arbeitsintensives und ressourcenaufwändiges Verfahren bei fehlender Erfolgsgarantie zu kostspielig sei.

Meine Untersuchungen weisen jedoch deutlich darauf hin, dass dieses Zurückschrecken vor dem anfänglichen Aufwand zur Identifikation mobiler Aktivitäten und zur umfassenden Ermittlung der Anforderungen an die Arbeitsorganisation sowie an die eingesetzte Informations- und Kommunikationstechnologie zur Unterstützung dieser Aktivitäten bei und mit den zukünftigen BenutzerInnen dazu führt, dass Systeme und Komponenten entwickelt werden, die keinen Erfolg haben können. Es sprechen drei Gründe dagegen, den anfänglichen Aufwand zu umgehen:

- Die langjährigen Erfahrungen mit stationären Computersystemen und hier vor allem die Untersuchungen des Bereich Usability Engineering können anhand zahlreicher Beispiele belegen, dass die Entwicklung von informations- und kommunikationstechnologischen Systemen ohne ausreichende Einbeziehung der BenutzerIn im schlimmsten Fall zu Computersystemen führen, die nicht benutzt werden können und einen hohen Aufwand bei der Aufgabenerfüllung „trotz System" erzeugen. Im günstigeren Fall stören sie den Arbeitsprozess nicht. Dass es keine zahlreichen und eindeutig belegten Nachweise dafür gibt, dass die bereits eingesetzten Computersysteme den Arbeitsprozess nachhaltig verbessern, ist ein weiteres Indiz dafür, dass es immer noch sehr viele Systeme gibt, die diese Verbesserung nicht leisten.

- Seit mehr als 10 Jahren wird an der Entwicklung mobiler Lösungen für Anwendungsbereiche jenseits der Schreibtischarbeit gearbeitet, doch es sind bisher nur vereinzelt Ansätze bis zum produktiven Einsatz entwickelt worden. Kommerziell erfolgreich war nur das Wearable Scanning System von Symbol Technologies [Ste98], das Ergebnis eines ergonomischen Optimierungsprozesses mit Beteiligung der BenutzerInnen war. Die TabletPCs der ersten Generation sind ein Beispiel dafür, dass bereits ein erster emphatischer Blick auf die intendierten Einsatzbereiche zeigt, dass dieses mobile Endgerät nicht in der vorgeschlagenen Weise benutzt werden kann (siehe Abb.106). Eine ExpertIn aus dem jeweiligen Anwendungsbereich würde wahrscheinlich weitere Mängel identifizieren. Eine potenzielle NutzerIn würde vor allem aber – im Gespräch mit der unbefriedigenden Lösung in der Hand – Ideen für angemessene Alternativen und Veränderungen entwickeln können und so zu einer Verbesserung des Produktes beitragen.

Abb. 106: TabletPC-Benutzung wie ein Klemmbrett mit Stift [Pha03]

- Sollen für den industriellen, handwerklichen, gesundheitswirtschaftlichen Bereich, d.h. nicht nur für Freizeit oder Schreibtischarbeit Einsatzbereiche für mobile IKT-Lösungen gefunden werden, dann ist anderes Wissen und sind andere Erfahrungen mit

Anwendungsbereichen erforderlich, als ihn EntwicklerInnen üblicherweise haben oder in Begehungen oder kurzen Beobachtungen erwerben können. Etwas anderes anzunehmen zeugte von einer Überschätzung der Fähigkeiten und Kenntnisse der EntwicklerInnen und einer Missachtung des Erfahrungswissens der AnwenderInnen und NutzerInnen.

Neben den hier genannten Problemfeldern und als Resultat ihrer Untersuchung und Bewertung konnten Bedarfe und Lösungsansätze identifiziert werden, auf die im Folgenden eingegangen wird.

## 8.2 Identifizierte Bedarfe und Lösungsansätze

Nach dem Zusammentragen der vorliegenden Informationen, der Analyse der vorhandenen Ansätze und ihrer Kritik ist es in der Informatik üblich, eine neue, bessere Lösung vorzuschlagen, sie zu implementieren und anschließend anhand einer Evaluation zu belegen, dass diese neue Lösung besser ist als die bereits existierenden. Dieses ingenieurmäßige Vorgehen wurde für die vorliegende Arbeit nicht gewählt, da sich im Laufe der Befassung mit dem Themenbereich herausstellte, dass die Entwicklung einer speziellen neuen mobilen Lösung kein geeignetes Mittel zur Beantwortung der übergreifenden und allgemeinen Frage nach Nutzungsproblemen und Lösungsdimensionen mobiler Lösungen ist. Die in den vorangegangenen Kapiteln am jeweiligen Beispiel beschriebenen Aspekte zeigen, dass es für mobile IKT-Lösungen einen mehrdimensionalen Lösungsraum gibt, dessen Elemente in einer komplexen Wechselwirkung zueinander stehen. Diese inhärenten Abhängigkeiten müssen erst verstanden werden, bevor konkrete Lösungen entwickelt werden sollten. Dieses Verständnis zu befördern, wenn auch nicht in allen Facetten zu beschreiben, war Ziel dieser Arbeit.

Mobile IKT-Lösungen erfüllen jedoch auch die vier grundlegenden Funktionen, die jede Computertechnologie besonders gut erfüllen kann:

- Datenerfassung
- Datenhaltung und -verarbeitung
- Informationspräsentation
- Kommunikation

Die Unterschiede zu den anderen Paradigmen der Computernutzung liegen im Detail: die Datenerfassung erfolgt *mobil*, Datenhaltung und -verarbeitung erfolgen *verteilt* und *ressourcenbeschränkt*, die Informationspräsentation ist *situationsabhängig* und die technische Kommunikation erfolgt *drahtlos*.

Für Datenhaltung und -verarbeitung in größerem Umfang gibt es geeignetere, stationäre Technologien. Diese Einschränkung ist allerdings nicht als Argument gegen mobile Lösungen zu sehen, da sie z.B. durch eine drahtlose Vernetzung und den Einsatz von verteilten Systemen ausreichend kompensiert wird. Mobile Lösungen kommen durch die offensichtliche

Beschränktheit evtl. sogar eher zu ihrer eigentlichen Stärke, zur Unterstützung von mobilen Tätigkeiten – und nicht als Ersatz für alle bisherigen Technologien.

Ein Anliegen der vorliegenden Arbeit war es, ein Klassifikationsschema für mobile Tätigkeiten zu entwickeln, um eine Zuordnung von Anforderungen aus dem Anwendungsbereich zu mobiler Lösung z.B. anhand einer Zuordnungstabelle für Komponenten schematisch vorzunehmen zu können. Im Verlauf der Durchführung der Untersuchungen wurde jedoch unmissverständlich klar, dass ein solches Schema nicht zur Verfügung gestellt werden kann. Ein Grund ist, dass es auf Seiten der Anwendung immer mehrere Möglichkeiten gibt, einen mobilen Arbeitsprozess effizient zu gestalten. Ein anderer Grund ist, dass es auf Seiten der Komponenten noch keine stabile Basis technologischer Komponenten gibt, auf deren Eigenschaften sich eine solche Matrix stützen könnte. Der wesentliche Grund ist jedoch, dass vor jeder Generalisierung immer erst die Vielfalt erschlossen werden muss.

## 8.2.1 Anforderungsermittlungsmethodik und Analysebedarf mobiler Tätigkeiten

Die meisten bisher entwickelten Ansätze zu mobilen IKT-Lösungen sind Technik-motiviert entwickelt worden. D.h. es gab interessante technologische Komponenten, die entwickelt oder verfeinert wurden, und für die mobile Einsatzmöglichkeiten gesucht und gefunden wurden. Ein Beispiel dafür sind Wearable Computer. Als die technische Entwicklung in der Lage war, Computer so weit zu miniaturisieren, dass sie in ein tragbares Gehäuse passten und über längere Zeit mit einer tragbaren Stromversorgung betrieben werden konnten, war es seitens der Technik kein großer Innovationsschritt mehr, diese Geräte nicht nur portabel im Sinne der Transportierbarkeit von einem Einsatzort zum nächsten zu machen, sondern den Einsatz auch während dieser Bewegung zu ermöglichen. Als Anwendungsbereiche für diese neu geschaffenen technischen Artefakte Textverarbeitung, Tabellenkalkulation oder ähnliche Bürotätigkeiten anzunehmen, war jedoch ein Fehlschluss, der zwar nahe liegen mochte, der die Charakteristika und Anforderungen derartiger Tätigkeiten und die menschlichen Möglichkeiten während einer Bewegung jedoch in keiner Weise reflektiert hat.

Um geeignete Einsatzbereiche für mobile IKT-Lösungen zu finden, müssen vorhandene Arbeitsprozesse noch genauer auf ihren Anteil an mobilen Tätigkeiten hin untersucht werden. Dabei ist bereits eine interdisziplinäre Zusammenarbeit erforderlich, denn für eine angemessene Erfassung und Analyse sind fundierte Kenntnisse der Arbeitsprozesse im Anwendungsbereich erforderlich sowie Erfahrung mit der (Neu-)Organisation von Arbeitsprozessen. Darüber hinaus wird Wissen über menschliches Verhalten in Organisationen benötigt und Erfahrung mit der Schaffung von Akzeptanz bei der Einführung neuer Systeme. Außerdem ist eine einschlägige Kompetenz im Bereich neuester mobiler Technologien erforderlich, vor allem auch Wissen über deren Grenzen und Möglichkeiten, sowie fundierte Kenntnisse der im konkreten Anwendungsbereich eingesetzten stationären Systeme und ihrer Schnittstellen bzw.

Gestaltungsspielräume. Diese Anforderungen kann nur eine interdisziplinär zusammenge-setzte Gruppe erfüllen, die mit Fachleuten aus den verschiedenen Bereichen besetzt ist. Erfah-rungsgemäß ist eine Zusammenarbeit in einer derartigen Konstellation nicht konfliktfrei, so dass über die genannten fachlichen Kompetenzen hinaus noch eine problembewusste, lösungsorientierte Moderation erforderlich ist.

Die Forderung nach einer gründlichen Anforderungsermittlung mit BenutzerInnenbeteiligung ist kein neues Anliegen, auch nicht die Forderung nach dem Einsatz einer interdisziplinären Kompetenz in dieser Phase des Systemdesigns. Da das Vorgehen bei der Systemgestaltung jedoch in der Praxis häufig immer noch ganz anders ist, ist es erforderlich, diese Forderung an dieser Stelle noch einmal zu wiederholen. Neu ist allerdings die Forderung, dass bei der Identifikation von mobilen Tätigkeiten jemand beteiligt sein muss, der die Möglichkeiten von mobilen IKT-Systemen kennt und dadurch einen fokussierten Blick auf die zu unterstützen-den mobilen Abläufe hat. Diese Empfehlung resultiert aus der Beobachtung, dass z.B. erfah-rene SystemdesignerInnen, wenn sie keine Erfahrung mit mobilen Lösungen haben, auch keine Vorstellung davon haben, was mit mobilen Informations- und Kommunikationstechno-logien auf welche Weise gelöst werden kann. Ihnen ist häufig die Vielzahl der gestaltbaren Parameter nicht bewusst und sie bleiben womöglich in ihren gewohnten Denkfiguren (des Desktop Computing) verhaftet. Um diese Beschränkungen aufzuheben und die Defizite auf allen Seiten zu verringern ist die Anwendung einer Methode des partizipativen dialogischen Diskurses anhand von anschaulichen und handfesten Demonstratoren zu empfehlen. Folgende Methoden, die ich im Rahmen meiner eigenen Anforderungsermittlungen eingesetzt habe, sind dafür zu empfehlen:

- Durchführung von Interviews und begleitende Beobachtungen im Anwendungsbereich durch ein Team, das über den erforderlichen technischen Hintergrund verfügt und die notwendigen Moderationstechniken beherrscht.

- Durchführung von professionell moderierten Workshops mit AnwenderInnen, Benut-zerInnen und EntwicklerInnen

  ➢ Bereitstellung von funktionsfähigen, anfassbaren Demonstratoren, die als „Mind Opener" dienen und anhand derer die Möglichkeiten im konkreten Anwendungsbereich diskutiert werden können.

  ➢ Aufzeigen von Alternativen; Bereitstellung von Informationen über die ge-samte Breite des Lösungsraums

Bei der Anwendung dieser Methode ist eine strikte BenutzerInnen-zentrierte Sichtweise und die Vorrangstellung des Anwendungsbereichs vor den technischen Möglichkeiten uner-lässlich.

## 8.2.2 Entwicklungsbedarf bei den Komponenten

Es wurde in den Kapiteln fünf und sechs ausführlich dargestellt, dass es aus den verschiedenen Technologiebereichen (Rechner, Eingabe, Ausgabe, Sensorik, Software etc.) eine Vielzahl von Komponenten für mobile Lösungen und Gesamtlösungen gibt. Bei der Untersuchung dieser Komponenten auf ihre Gebrauchstauglichkeit und vor allem bei ihrer Gegenüberstellung mit den Anforderungen aus den Anwendungsbereichen wurde herausgerbeitet, dass es noch einen deutlichen Entwicklungsbedarf in allen genannten technologischen Bereichen gibt, bevor man von einer soliden Basis für professionell nutzbare mobile Lösungen sprechen kann. Wünschenswert wäre, wenn es zumindest mittelfristig standardisierte Komponenten aus den verschiedenen Technologiebereichen mit klar beschriebenen Eigenschaften gäbe, die je nach Ergebnis der Erfassung und Analyse des Anwendungsbereichs bedarfsgerecht „zusammengesteckt" werden können. Von dieser Situation sind die verfügbaren technischen Komponenten jedoch noch weit entfernt. Folgende Faktoren spielen bei der Auswahl der physischen Konfiguration eine besondere Rolle:

- Erforderliche Leistungsfähigkeit des Systems
- Vorgeschriebene Schutz- und Arbeitskleidung
- Umgebungsbedingungen
- Einsatz von Werkzeugen, Messgeräten, Hilfsmitteln
- Kundenkontakte, Wahrnehmung der BenutzerIn durch die Öffentlichkeit
- Soziale und kulturelle Gegebenheiten; Schul- und Vorbildung der Zielgruppe

Der Einsatz mobiler Sensorik steht noch deutlich am Anfang, die Integration mobiler Sensoren in komplexe mobile Sensorsysteme ist ebenfalls noch entwicklungsfähig. Vor dieser Integration von Sensortechnologie in mobile IKT-Lösungen ist die Identifikation von den Kontextfaktoren, die in den jeweiligen Anwendungsbereichen eine führende Rolle spielen, eine zentrale Aufgabe der Forschung. Erst im Anschluss ist die Ermittlung bzw. Entwicklung jener Sensoren wichtig, die diese Faktoren technisch erfassen können. Darüber hinaus ist die Entwicklung eines generischen Kontextmodells oder eines Frameworks erforderlich, das es erlaubt, die verschiedenen Kontextfaktoren in ihrem z.T. komplexen Zusammenspiel aus den Messwerten der Sensoren zu ermitteln (siehe z.B. [ABIS06], [Fah06]).

## 8.2.3 Mehrdimensionaler Integrationsbedarf

Die Mehrheit der bisher entwickelten mobilen Lösungen sind separate Komponenten, die, wenn sie produktiv eingesetzt werden sollen, in Gesamtsysteme integriert werden müssen. Es sind jedoch noch weitere Integrationsleistungen zur Realisierung von mobile IKT-Lösungen erforderlich als die technische Integration:

- Hardware-Kompatibilität auf der Ebene drahtlose und drahtgebundener Schnittstellen inkl. Protokolle und Stromversorgung
- Störungsfreies Zusammenwirken von Hard- und Software
- Verbindung von Informations- und Kommunikationstechnik mit Fasern, Stoffen und Bekleidung (Textilintegration)
- Bruchfreie Einbettung der mobilen Computernutzung in den Bewegungsablauf und den Arbeitsprozess einer mobil tätigen BenutzerIn
- Anpassung der mobilen Computernutzung an eine kooperative Arbeitsorganisation inkl. Zusammenarbeit und Arbeitsteilung zwischen Mensch und Maschine
- Einbettung der mobilen Informationsverarbeitung in die – meistens schon vorhandenen – stationären Informationsverarbeitungsprozesse

Der hierfür erforderliche Aufwand ist noch nicht abzuschätzen, doch weist die Tatsache, dass die vielen bereits vorhandenen prototypisch entwickelten mobilen Lösungen noch nicht bis zur Produktreife voran getrieben worden sind, darauf hin, dass dieser Aufwand nicht unerheblich ist.

### 8.2.4 Ergonomieanforderungen auf mehreren Ebenen

Für die Gestaltung von Arbeitsplätzen – bei informations- und kommunikationstechnologischen Unterstützungssystemen für mobile Tätigkeiten könnte es sich um „dynamische Arbeitsplätze" handeln – gilt, dass sie ergonomischen Grundsätzen [Dah06] folgen müssen. Bei der Entwicklung von neuen mobilen IKT-Lösungen und in der HCI-Forschung stand bisher vor allem der Aspekt der *Software*-Ergonomie im Vordergrund, da in der Regel von einer gegebenen, in bestimmten Grenzen standardisierten Hardware ausgegangen werden konnte. Die Ergonomie der einsetzbaren Hardware wird zwar auch untersucht und verändert, doch spielen Details auf dieser Ebene keine Rolle für die Gestaltung neuer Computersysteme. Bei der Gestaltung von mobilen Lösungen kann auf die Mitgestaltung der einzusetzenden Hardware und die Beachtung der Hardwareergonomie nicht verzichtet werden, denn die Wahl bzw. Entwicklung einer bestimmten Software beeinflusst die Entscheidungsmöglichkeiten bei der Hardware und umgekehrt. Beide Aspekte sind untrennbar miteinander verwoben, zumindest so lange, bis sich hier ein zuverlässiger Standard entwickelt hat. Diese Verwobenheit gilt für die Gestaltung des gesamten Systems, also auch für die Gestaltung der Interaktion zwischen Mensch und Computer, für das Design der Benutzungsoberfläche und für die Auswahl bzw. Gestaltung der Ein- und Ausgabemedien. Aus diesem Grund steht als erstes die Erarbeitung gesamt-ergonomischer Richtlinien aus, die den Bedingungen mobiler Tätigkeiten Rechnung tragen. Darüber hinaus ist die Erarbeitung von Evaluationsmethoden erforderlich, die als Verfahren für Usability-Tests mobile IKT-Lösungen geeignet sind, d.h., die auch während einer mobilen Tätigkeit realitätsnah eingesetzt werden können.

Das Primat der realweltlichen Aufgabe und die daraus resultierende „beiläufige" Interaktion erfordert eine kognitive Ergonomie ( siehe z.B. [Dix98], [Sau03]) sowie ihre Realisierung in sich dynamisch verändernden Situationen. Es gibt bereits Ansätze für Assistenzsysteme, z.B. der Office-Assistent von Microsoft oder ein Navigationssystem im Auto. Letzteres ist bzgl. seiner Bedienung im Ansatz bereits so gestaltet, dass es seine Dienste für die FahrerIn wahrnehmbar leistet, aber nur geringe explizite Aufmerksamkeit, zumindest wenn alle Parameter zu Beginn eingestellt wurden, erfordert. In ähnlicher Weise muss zukünftig auch die Interaktion für mobile Lösungen gestaltet sein – an den Bedarfen und Möglichkeiten der BenutzerInnen orientiert.

Die Erfordernisse einer solchen neuen Interaktionsarchitektur lassen sich in interdisziplinärer Zusammenarbeit bei der Forschung und Entwicklung zum Thema mobiler IKT-Lösungen erbringen. Es steht für die Bewertung von Interaktionsarchitekturen für mobile Lösungen noch Beantwortung folgender Fragen aus:

- Untersuchungen zur Eignung von verschiedenen Modalitäten und ihrer Kombination für eine effektive, nicht als störend empfundene, sichere Ausgabe von Informationsinhalten und Signalisierungen

- Untersuchungen von verschiedenen Kombinationen von Eingabemodalitäten zur Reduzierung des erforderlichen Interaktionsaufwands. Ermittelt werden sollten vor allem komplementäre Modalitäten, die sich im Zusammenwirken ergänzen.

- Systematische Evaluation des Zusammenwirkens aller für mobile Lösungen erforderlichen Komponenten und ihrer Nutzungsbedingungen

- Durchführung von Feldtests mit mobilen Lösungen

- Untersuchung der Langzeitwirkung von monokularen, ggf. auch binokularen see-through HMDs

- Die Regeln der Softwareergonomie für die Gestaltung von Benutzungsoberflächen haben auch für HMDs ihre Gültigkeit, doch ist eine Überarbeitung dieser Regeln im Hinblick auf ihrer Gültigkeit für eine beiläufige Benutzung oder eine Darstellung in der Bewegung erforderlich.

Es gibt noch ein weiteres Argument für eine gesteigerte Aufmerksamkeit auf eine ergonomische Gestaltung von Komponenten und Systemen: Mobile Lösungen rücken dichter als alle anderen bisher konzipierten und realisierten informations- und kommunikationstechnologischen Systeme an den Menschen und an seinen Körper heran. Verstanden als persönliche Assistenzsysteme, dringen sie auch tiefer in seine Privatsphäre ein, so dass es wie bei der Gestaltung von Kleidung entweder eine große Vielfalt von der Stange geben muss, aus der sich die BenutzerIn dann das auswählt, was ihren individuellen Bedarfen und Körpermaßen entspricht, oder es erfolgt eine Maßanfertigung, die nicht nur eine Anpassung an den Menschen darstellt, sondern einen Schritt weiter geht und eine völlige Individualisierung ermöglicht. Für mobile IKT-Lösungen ist ein Mittelweg anzustreben, eine variantenreiche Produktion, wie sie z.B. bei der Autoproduktion oder im Maschinenbau realisiert wird: es gibt eine begrenzte Anzahl von aufeinander abgestimmten Komponenten, die in einem begrenzten Lösungsraum bedarfsgerecht miteinander kombiniert werden können. Von der Realisierung dieser Vision ist man bei mobilen Lösungen aber noch sehr weit entfernt.

Bei der durchgeführten Untersuchung fiel besonders ins Auge, dass es im Bereich mobiler Lösungen zwar bereits eine Vielzahl von Komponenten und prototypisch realisierter anwendungsspezifischer Gesamtlösungen gibt, dass eine systematische Evaluation und Feldversuche, die den Mehrwert dieser neuen Technologien belegen, selten durchgeführt worden sind. Boeing hatte bei ihrer AR-Lösung entsprechende Untersuchungen vorgenommen und veröffentlicht [Miz01], doch das ist die Ausnahme. Sieht man davon ab, dass im informations- und kommunikationstechnischen Bereich generell erstaunlich wenig Untersuchungen durchgeführt bzw. veröffentlicht werden, die belegen können, dass der Einsatz von Computertechnologie die Arbeitsprozesse verbessert, so gibt es jedoch auch spezielle Gründe dafür, dass das im Bereich mobiler Lösungen bisher kaum geschehen ist. Ein nachvollziehbarer Grund ist, dass es sowohl auf der Ebene der Komponenten als auch auf der Ebene der Gesamtlösungen bisher fast ausschließlich Prototypen gibt, die die Machbarkeit auf der technischen Ebene zeigen. Bei einem im produktiven Einsatz befindlichen System ließe sich – wenn z.B. bei der Anforderungsermittlung entsprechende Analysen gemacht worden sind –, herausarbeiten, ob die gewünschten Effekte mit Einführung der mobilen Lösung eingetreten sind. Doch solche mobilen Lösungen gibt es bisher nicht in ausreichender Zahl, so dass hier nur auf einer schmalen empirischen Basis argumentiert werden konnte.

## 8.2.5 Interdisziplinäre und partizipative Forschung, Entwicklung und Evaluation

Die Entwicklung mobiler Lösungen erfordert eine engere Zusammenarbeit zwischen verschiedenen Disziplinen, als das bisher bei herkömmlichen informations- und kommunikationstechnischen Systemen der Fall war. Auch wenn das nicht immer gängige Praxis war, so ist die Zusammenarbeit zwischen Fachleuten aus dem Anwendungsbereich und SystementwicklerInnen eine allseits anerkannte Methodik. Bei der Entwicklung mobiler Lösungen sind jedoch noch weitere Kompetenzen gefragt. Wie eng die Wechselwirkung verschiedener Disziplinen ist, soll hier noch einmal exemplarisch an Beispiel des bereits dargestellten Winspect-Handschuhs verdeutlicht werden:

Der erste Winspect-Handschuh wurde bereits 1999 als experimentelles Eingabegerät im Zusammenhang mit der Entwicklung einer umfassenderen Wearable-Computing-Lösung für die Kranwartung entwickelt [Bor01]. Er wurde gebaut, um die Steuerung von Checklisten und die Navigation in Skizzen und Zeichnungen ohne explizite Nutzung einer konventionellen Maus und ohne die Verwendung von Sprachtechnologie in einem mobilen Arbeitsprozess zu realisieren. Die Vorgabe war, dass konventionelle Arbeitshandschuhe ständig getragen werden müssen. Erstellt wurde der erster Prototyp von InformatikerInnen und Elektro-technikerInnen.

Der erste Eingabehandschuh war nach Fertigstellung in einem Zustand, in dem er von den potenziellen NutzerInnen ein einziges Mal direkt vor Ort ausprobiert werden durfte. Darüber hinaus wurde er häufig als Demonstrator auf Messen und Veranstaltungen verwendet, um die Machbarkeit von beiläufig benutzbarer Eingabetechnik eingängig zu präsentieren. Weder der Eingabehandschuh noch das Gesamtsystem konnten unter Realbedingungen in Anwendungs-situationen evaluiert werden, da die seinerzeit verfügbare Hardware für eine aussagekräftige Untersuchung ungeeignet war. Der offensichtlichste Hinderungsgrund waren die Kabel, die vom Handschuh zum Wearable Computer und vom Wearable Computer zum HMD führten. Ein solches System darf aus Gründen der Arbeitssicherheit nicht getragen werden. Bei der zufälligen und ungeplanten Handhabungstests auf Messen oder bei Vorführungen sowie in Workshops war zu beobachten, dass das Benutzungsprinzip sehr schnell verstanden wurde und ein Mehrwert für eine Vielzahl für Einsatzbereiche gesehen wurde.

In der zweiten Generation wurde der Mehrlagenhandschuh von einer SchneiderIn nach den Vorgaben derjenigen genäht, die Erfahrung mit der Vorführung und Nutzung des Prototyps hatten. Von den InformatikerInnen und ElektrotechnikerInnen wurde eine drahtlose Variante entwickelt. Die Platzierung der elektronischen Komponenten und Schalter wurde ebenfalls von denjenigen festgelegt, die Handhabungserfahrungen durch die Vorführungen hatten.

Für die dritte Generation mit dem Ziel der Erreichung von Fingerfreiheit ein Handschuh-entwurf von BekleidungsdesignerInnen entwickelt und umgesetzt. Die Optimierung der elek-tronischen Komponenten erfolgte in Richtung Miniaturisierung der Platinen, Reduzierung der erforderlichen internen Verkabelung und Optimierung der Energieversorgung. Die nächste Generation soll mit textilen Stromleitungen versehen sein.

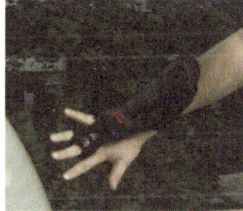

Abb. 107: Evolution des Winspect-Handschuhs (Fotos: MRC)

Um diesen Eingabehandschuh angemessen zu evaluieren und um Verbesserungen durchzu-führen, sind folgende Aspekte zu berücksichtigen und Kompetenzen erforderlich:

- Der Eingabehandschuh kann nicht an sich evaluiert werden, sondern nur im Kontext eines Einsatzszenarios. Dieses Szenario umfasst sowohl die äußere Situation, in der er eingesetzt wird, als auch die Ausgabegeräte und die Anwendungsprogramme, die mit ihm bedient werden.

- Die Form des Handschuhs, sein Aufbau, sein Sitz und das verwendete Material spielen für die Benutzung eine wesentliche Rolle. Hier eine geeignete Auswahl zu treffen, ist Aufgabe einer Textil-DesignerIn oder einer SchneiderIn. Erforderlich ist dafür aber auch die genaue Kenntnis der Einsatzbedingungen und der konkreten Gegebenheiten im Anwendungsbereich, so dass die Beteiligung der NutzerInnen erforderlich ist.

- Das für die Fertigstellung des Handschuhs verwendete Material sowie der Schnitt werden ebenfalls von den zu integrierenden technischen Komponenten bestimmt. Hierfür ist die Kompetenz von ElektronikerInnen sowie von Faser- und Stoffher-stellern erforderlich.

- Die Platzierung der technischen Komponenten wird vor allem von den Interaktions-designerInnen aber auch von ÄrztInnen bestimmt, um Ergonomie auf Hard- und Soft-wareebene zu gewährleisten

- Die arbeitsschutz- und arbeitssicherheitsrelevanten Anforderungen aus der Einsatz-situation heraus werden von den Versicherungen, in Deutschland vor allem von der Berufsgenossenschaft und ihren ÄrztInnen festgelegt. Eine Prüfung, ob diese Anforderungen eingehalten werden, erfolgt jedoch normalerweise erst, wenn entspre-chende Produkte auf dem Markt sind. Eine Mitgestaltung an neuen Technologien von dieser Seite ist bisher unüblich, wäre jedoch sehr wünschenswert.

- Die Auswahl geeigneter elektronischer Komponenten wie Sensoren, Stromversorgung und Kabel erfordert elektrotechnische Kompetenz, der Entwurf und die Entwicklung neuer Platinen wiederum erfordert informatische und elektrotechnische Kompetenz.

- Eine weitgehende Integration aller Komponenten erfordert eine elektronische, eine textile und eine bekleidungstechnische Integration, die ein Zusammenwirken aller Disziplinen erfordert.

Allein auf der technischen Ebene gibt es Berührungsflächen zwischen Faser-, Stoff und Bekleidungsherstellung, Elektrotechnik inkl. Schaltungsentwurf, Platinenherstellung, Ener-gieversorgung und -verbrauch sowie Sensorik; hinzu kommen noch Interaktionsdesign und Softwareentwicklung inkl. Netzwerktechnologie und Ressourcenoptimierung. Zur Integration in eine technische Gesamtlösung sind weitere Kompetenzen erforderlich, vor allem die bereits beschriebenen ergonomischen Fachkenntnisse sowie Kompetenz aus dem Bereich Arbeitswis-senschaften, Prozessgestaltung und Wissen über die Arbeitsabläufe in den potenziellen Ein-satzbereichen.

Diese exemplarische Aufstellung verdeutlicht, dass bereits zur Entwicklung einer einzelnen Komponente eine breite interdisziplinäre Zusammenarbeit erforderlich ist, um zu profes-sionell einsetzbaren Artefakten zu kommen. Für eine vollständige mobile Lösung bestehend aus Rechner, Vernetzung, Ausgabegerät und Anwendungsprogrammen sind weitere Kompetenzen erforderlich. Um mögliche Reibungsverluste zu minimieren, muss dieses interdisziplinäre Zusammenwirken moderiert werden. Eine geeignete Methode dafür sind Workshops, in denen alle Akteure die Möglichkeit haben, ihre Kompentenz und ihre Erfahrungen gleichberechtigt einzubringen.

Der Perspektivenwechsel von einem technikmotivierten Standpunkt hin zu einer anwendungsorientierten Sichtweise hat in der Gegenüberstellung der vorhandenen Technologien mit den ermittelten Anforderungen einige Problemfelder zutage gefördert und den Blick auf Lösungsansätze und Forschungs- und Entwicklungsbedarfe geschärft. Die Problemfelder sind genauso vielfältig wie die ermittelten Lösungsansätze. Darüber hinaus wurden offene Forschungsfragen identifiziert, die für die Entwicklung mobiler IKT-Lösungen relevant sind. Weitere Erkenntnisse könnten anhand der Automatisierungstechnik und der Robotik gewonnen werden, die hier ausgeklammert worden sind.

# 9 Fazit und Ausblick

Die Untersuchung der bisherigen Lösungsansätze im Bereich mobiler IKT-Lösungen und ihrer technologischen Komponenten wurde den Anforderungen an mobile Lösungen aus den Anwendungsbereichen gegenübergestellt. Dabei zeigten sich Dezifite auf Seiten der Technik und beim Vorgehen zur Entwicklung mobiler Lösungen. Folgende Aspekte konnten zur Überwindung der vorhandenen Probleme identifiziert werden:

- Methodischer Bedarf bei der Anforderungsermittlung mobiler Tätigkeiten
- Anwendungsorientierter Analysebedarf bei mobilen Tätigkeiten
- Entwicklungsbedarf bei den Komponenten auf der Ebene von Hardware- und Software und ihrer Wechselwirkung
- Mehrdimensionaler Integrationsbedarf auf technischer, methodischer und arbeitsorganisatorischer Ebene
- Untersuchung und Entwicklung der Ergonomie mobiler IKT-Lösungen auf mehreren Ebenen
- Notwendigkeit einer interdisziplinären Zusammenarbeit in Forschung und Entwicklung
- Partizipative, anwendungsorientierte und nutzerInnenzentrierte Technikgestaltung

An der vorliegenden Arbeit wurden die beobachteten Nutzungsprobleme u.a. auf Defizite in der Methodik der Erfassung von Anforderungen und auf Mängel bei der systematischen Evaluation mobiler IKT-Lösungen zurückgeführt. Bei der Untersuchung wurde eine pragmatische Anwendungsperspektive eingenommen, die zu pragmatischen, anwendungsorientierten Ergebnissen geführt hat und nun auch entsprechende Vorschläge zur Überwindung der konstatierten Probleme unterbreitet wird.

Aus den erzielten Ergebnissen möchte ich zwei Aspekte herausgreifen, die mir zukünftig als besonders relevant für den Fortschritt bei der Entwicklung mobiler IKT-Lösungen erscheinen. Ich schlage erstens als zukünftiges Konzept für die Entwicklung der erforderlichen Technologien ein Komponentenmodell vor, wie es aus der Herstellung variantenreicher Produkte bekannt ist. Zweitens empfehle ich auf der methodischen Ebene eine dialogische Form des Technikentwicklungsprozesses mit Mock-Ups und Demonstratoren, die „Technik zum Anfassen und Ausprobieren" als Instrument zur Überwindung von Kommunikationsbarrieren einsetzt.

**1. Komponentenmodell als Idealkonzept für die Entwicklung mobiler Lösungen**

Eine Schwierigkeit bei der Abfassung dieser Arbeit war, der Forderung nach einer Generalisierung der erzielten Erkenntnisse nachzukommen, die sich erst aus der Vielzahl der kleinen Detailbeobachtungen ergeben haben. Wie in den vorangegangenen Kapiteln nachzulesen ist, bin ich an einigen Punkten auch zu Aussagen gekommen, die für mehr als eine Komponente, eine mobile Lösung oder einen Anwendungsfall gelten. Doch ich bin nach wie

vor davon überzeugt, dass die Innovation von mobilen Lösungen in den Details der Einsatzbereiche und dort in den konkreten mobilen Tätigkeiten zu finden ist. Lösungen wie das
Wearable Scanning System von Symbol Technologies, die Anoto-Eingabetechnologie auf
Papier- und Stiftbasis und auch der Erfolg von SMS in Deutschlang bestätigen meine Vermutung. Diese Beispiele stellen jeweils eine optimierte mobile Lösung für einen kleinen Anwendungsbereich oder für einen bestimmten Arbeitsprozess dar, für den kein größerer Technologieeinsatz zur Erfüllung der Bedarfe erforderlich ist. Mein Plädoyer müsste vor diesem
Hintergrund eigentlich auf Speziallösungen abzielen, die für jeden neu auftretenden bzw.
identifizierten Bedarf neu entwickelt werden müssten. Da das wirtschaftlich höchstwahrscheinlich in den meisten Fällen nicht interessant sein wird, gibt es jedoch auch andere
Alternativen zur Einzelfertigung: die so genannte *variantenreiche Produktion*. Sie ist schon
seit Jahren das Produktionsprinzip im Fahrzeugbau. Man kennt dieses Prinzip auch bei der
Konfiguration von PCs und Mobiltelefonen: in einem gewissen Rahmen kann man sich einen
DesktopPC aus verfügbaren Standardkomponenten so zusammenstellen, wie man ihn für
einen bestimmten Einsatzbereich und für die Verwendung bestimmter Software benötigt.
Voraussetzung für diese Methode ist eine Standardisierung der verwendbaren Komponenten.
Das gleiche Prinzip ist auch auf die Entwicklung von mobilen IKT-Lösungen anwendbar.
Allerdings ist hier die Komplexität des Lösungsraums größer als bei der Konfiguration eines
DesktopPCs, da mobile Lösungen einen höheren Grad der Verwobenheit von Soft- und Hard-
ware haben und darüber hinaus noch Verflechtungen mit dem Tragesystem sowie eine
Einflussnahme durch das Umfeld zu berücksichtigen sind. Ich halte es zwar für unwahr-
scheinlich, dass in der Softwareproduktion in absehbarer Zeit ein Standardisierungs- und
Normungsgrad erreicht werden kann, wie das bei Hardware in der industriellen Produktion
der Fall ist, doch würde das von mir empfohlene Komponentenmodell mit einem deutlich
geringeren Grad der Normierung auch schon gute Ergebnisse liefern. Benötigt werden

- in Kleidung integrierbare Recheneinheiten unterschiedlicher Größe und Leistungsfähigkeit, deren drahtlosen und drahtgebundenen Schnittstellen bedarfsgerecht zusammengestellt werden können

- kombinierbare Sensoren für die implizite Interaktion (Hard- und Softwaresensoren)
  inkl. Programme zur Auswertung und zur Fusion der gewählten Sensoren

- drahtlose Displays unterschiedlicher Größe und Leistungsfähigkeit mit entsprechenden Trage- bzw. Befestigungssystemen

- unterschiedliche drahtlose Eingabegeräte für die explizite Interaktion sowie entsprechende Trage- bzw. Befestigungssysteme

- geeignete Kombinationen von Ein-/Ausgabegeräten

- skalierbare, ressourcensparende Softwarekomponenten, die auch verteilt ausgeführt
  werden können

- eine für alle Komponenten einheitliche und skalierbare Energieversorgung

- verschiedenste Tragesysteme und Bekleidungsintegrationen, die je nach Konfiguration ebenfalls kombiniert werden können und in die Schnittstellen für Sensoren oder Ein/ Ausgabe-Geräte integriert sind, in die u.U. auch die Stromversorgung integriert wird

- in Hard- und Software integrierte Mechanismen, die Sicherheit und Robustheit ohne Aufwand seitens der BenutzerIn gewährleisten

Die vorliegende Arbeit hat gezeigt, dass Elemente hierfür vorhanden sind, doch hat sie auch gezeigt, dass noch zahlreiche Komponenten und insbesondere ihre Integration und vor allem eine systematische Evaluation ihrer Benutzungseigenschaften in der Kombination der Komponenten fehlen. Für alle Komponenten sind normierte Schnittstellen erforderlich, sowohl auf der Hardware-, und Software- als insbesondere auch auf der Bekleidungsebene. Als Ausgangspunkt für diese Standardisierung bzw. Normierung von Komponenten ist der menschliche Körper und die Fähigkeiten eines Menschen zu wählen. Die Güte einer Komponente wird dann anhand ihrer Anpassung an den Menschen und an ihrer Kompatibilität zu anderen Komponenten zu bewerten sein. Da eine mobile Lösung im Normalfall in ein umfassenderes IKT-System integriert ist, ist auch hier Kompatibilität zu gewährleisten. Das bedeutet für vorhandene „stationäre" Lösungen, dass sie offene Standards benötigen und es bedeutet auch, dass sie um jene Aspekte erweitert werden müssen, die für mobile IKT-Lösungen notwendig sind.

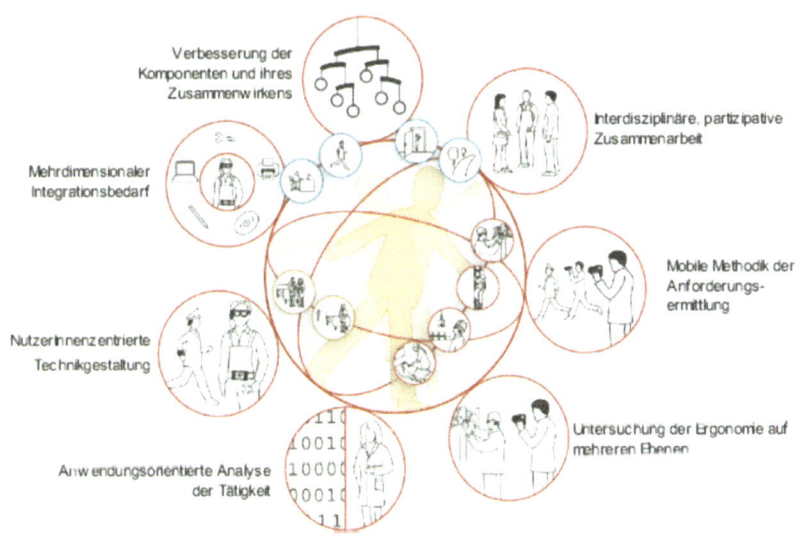

Abb. 108: Komponenten einer mobilen Lösung (Bild: MRC)

## 2. Technologie zum Anfassen und Ausprobieren

Durch die vorliegende Arbeit wurde nachgewiesen, dass es bereits eine Vielzahl von Komponenten und Prototypen mobiler IKT-Lösungen gibt, doch wurde festgestellt, dass sie alle – mit nur wenigen Ausnahmen – noch deutliche Schwächen vor allem bei der Gebrauchstauglichkeit aufweisen. Resultate aus den bereits durchgeführten Forschungs- und Entwicklungsprojekten stehen als Prototypen zur Verfügung, die in Form von Demonstratoren die Eigenschaften und Besonderheiten der jeweiligen mobilen Lösung testbar und erfahrbar machen.

Als Ursache für die Mängel wird die Komplexität der Problemstellung vermutet, da eine angemessene mobile Lösung nicht nur ein technisches Artefakt für den Arbeitsprozess ist, sondern immer auch in die Privatsphäre jeder BenutzerIn, in ihren unwillkürlichen Handlungs- und Bewegungsablauf hinein wirkt, wie das bisher bei Computersystemen noch nicht der Fall war. Die körperliche Nähe der Technik zum Menschen erfordert eine besondere Anpassung an den Menschen.

Um diese (zusätzliche) Komplexität zu bewältigen, ist bei der Entwicklung mobiler Lösungen eine Zusammenarbeit ganz verschiedener Kompetenzen und Interessen erforderlich: Fachleute aus dem Anwendungsbereich, aus den verschiedenen technischen Disziplinen, aus dem Design, aus der Medizin und aus den Arbeitswissenschaften; evtl. sind weitere Kompetenzen notwendig. Eine solche partizipative und interdisziplinäre Zusammenarbeit, die meistens auch noch von Interessenkonflikten beeinflusst wird, erfordert einen erhöhten Kommunikationsaufwand, der durch die unterschiedlichen Fachsprachen erschwert wird. Alle Fachgebiete verfügen über Kompetenzen zu Aspekten mobiler Lösungen, die nur in ihren jeweiligen Fachgebieten vorhanden sind und die dort mit dem Wissen über die Erfordernisse mobiler Lösungen „abgeholt" werden müssen. Das Wissen über die Erfordernisse mobiler Lösungen stammt jedoch aus den Anwendungsbereichen und aus den Erfahrungen mit Erfolgen und bisher vor allem mit Misserfolgen mobiler IKT-Lösungen.

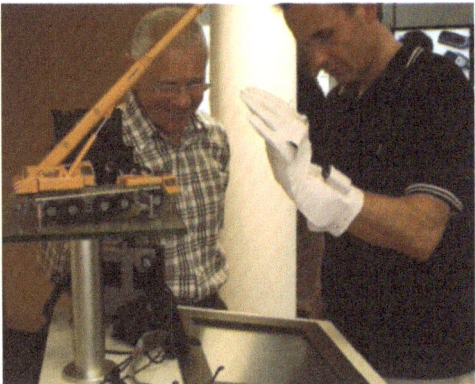

Abb. 109: Technologie zum Anfassen und Ausprobieren (Fotos: MRC)

Um dieser gegenseitigen Beeinflussung eine konstruktive Richtung zu geben, schlage ich zwei strukturelle Maßnahmen vor, die zusammenwirken müssen, um zu angemesseneren mobilen Lösungen führen zu können:

- Die interdisziplinäre Zusammenarbeit in einem themenfokussierten Forschungs- und Entwicklungsverbund, in dem die Kompetenzen aus den verschiedenen Fachgebieten gebündelt werden, die KompetenzträgerInnen aber weiterhin in ihren Fachdisziplinen verbleiben, um den Transfer in beide Richtungen zu ermöglichen und zu etablieren.

- Ein Test- und Demonstrationscenter für mobile Lösungen, in dem die bereits verfügbaren mobilen Technologien und Prototypen als Handhabungsmuster und zum Testen zur Verfügung gestellt werden und in dem die verschiedenen Fachdisziplinen vor allem mit den AnwenderInnen und zukünftigen BenutzerInnen im Dialog am gegenständlichen und funktionstüchtigen Demonstrator die Barrieren der unterschiedlichen Fachsprachen überwinden können, um so gemeinsam zu Einsatzpotenzialen und Lösungsansätzen mobil tragbarer Informations- und Kommunikationstechnologien zu kommen.

Ein solcher Ansatz wird im Kleinen bereits durch das Mobile Research Center der Universität Bremen (MRC) realisiert. Eine Ausweitung z.B. in Form einer Vervielfältigung des Test- und Demonstrationscenters an anderen Orten oder seine Gestaltung als „Wanderausstellung" wurden eine genügend breite Basis für eine Evaluation dieses Konzepts der „Technologie zum Anfassen und Ausprobieren" schaffen.

# Literatur- und Bildquellenverzeichnis

[6wi06]      6winit - IPv6 Wireless Internet IniTiative URL: http://www.6winit.org/ (zuletzt gesehen am 28.09.06)

[ABIS06]     ABIS 2006 - 14th Workshop on Adaptivity and User Modeling in Interactive Systems. URL: http://events.iis.uni-hildesheim.de/lwa06/abis/ (zuletzt gesehen am 4.11.2006)

[Abo00]      Abowd, G.D.; Mynatt, E.D. (2000): Charting Past, Present and Future Research in Ubiquitous Computing. In: Transactions on Computer-Human Interaction. Special Issue on HCI in the new Millenium. 7, 1 (März 2000). ACM, S.29-58

[Acc02]      Homepage der Firma accavia: Cybercompanion. URL: www.accavia.com/products/cyco.html (zuletzt gesehen 1.11.2002)

[Akz02]      akziv (2002): Projektbeschreibung adlatus. (erstellt am 26.3.2002) URL: www.akziv.com/usability-test_mobile_computing.htm (zuletzt gesehen 1.11.2006)

[Amf04]      Amft, O.; Lauffer, M.; Ossevoort, S.; Macaluso, F.; Lukowicz, P.; Tröster, G. (2004): Design of the QBIC Wearable Computing Platform. In: 15th IEEE International Conference on Application-Specific Systems, Architectures and Processors (ASAP'04), 2004, S.398-410

[Ami04]      Homepage der europäischen Ambiente Intelligence Communities. URL: http://www.ami-communities.eu (zuletzt gesehen am 21.09.06)

[Ano01]      Beschreibung vom Anoto Pen. URL: www.acreo.se/upload/Publications/Proceedings/OE00/00-KAURANEN .pdf (zuletzt gesehen am 26.09.06)

[Ano06]      Anoto (2006): Start Package. URL: http://partner.anoto.com/obj/docpart/44bb5479663b9.pdf    (zuletzt gesehen 1.11.2006)

[Ano06a]     Homepage der Firma Anoto. URL: http://www.anoto.com/ (zuletzt gesehen am 14.10.2006)

[Anw04]      o.A.(2004): Dokumentation des Anwenderforums "Mobile Lösungen für das Gesundheitswesen", November 2004, Universität Bremen. URL: www.tzi.de/mhealth, Unterpunkt „Dokumentation"

[ArbStättV04] BGBI (2004): Bundesministerium für Arbeit und Soziales: Verordnung über Arbeitsstätten (erstellt am 12.08.2004) URL: http://www.bmas.bund.de/BMAS/Navigation/Arbeitsschutz/gesetze.html (zuletzt gesehen am 11.10.2006)

[ARP04]      Homepage des Projektes AR-PDA. URL: http://www.ar-pda.com/ (zuletzt gesehen 31.10.2006)

[Art01]      Art+Com: Ires URL: http://www.artcom.de (zuletzt gesehen 27.9.2001)

[Art04]      Homepage des BMBF-Projektes Artesas. (zuletzt aktualisiert am 17.6.2004) URL.: http://www.artesas.de/ (zuletzt gesehen 21.09.06)

[Arv03]      Homepage des BMBF-Projektes Arvika. (zuletzt aktualisiert: August 2003) URL: http://www.arvika.de/ (zuletzt gesehen 21.09.06)

[ASL04]      ASL Introduces Revolutionary Mobile Eye[TM] Tether-free Eye Tracking System. Veröffentlicht 27.4.2004 in URL: http://news.thomasnet.com/images/large/451/451115.jpg (zuletzt gesehen am 28.10.2006)

[ASL06]      ASL: Mobile Eye (2006). URL: http://www.a-s-l.com/ (zuletzt gesehen 28.10.2006)

[Ati06]      Atigo T, Xybernaut Homepage.
             URL: http://www.xybernaut.com/assets/files/site_content/PDFs/Brochures/
             Atigo_platform8.pdf (zuletzt gesehen am 10.10.2006)
[Aud01]      Audio-Jacket von Philips und Levi Strauss.
             URL:  http://www.philips.at/media/buero.121wearable.htm  (zuletzt  gesehen
             01.12.2001)
[Aus04]      Aust, S.; Pampu, C.; Görg, C. (2004): Proactive Handover Decision for Mobile
             IP based on Link Layer Information. In: Proc. 1st IEEE and IFIP Int. Conf. on
             Wireless and Optical Communications and Networks (WOCN '2004), Muscat,
             Oman.
[Azu01]      Azuma,  R.T.  (2001):  Augmented  Reality:  Approaches  and  Technical
             Challenges. In: Barfield, W.; Caudell, T. (Eds.) (2001): Fundamentals of
             Wearable Computers and Augmented Reality. Lawrence Erlbaum: Mahwah,
             NJ, London, S.27-63
[Bab00]      Babcock, J.S.; Pelz, J.B. (2000): Building a lightweight eyetracking headgear .
             In: ACM SIGCHI Eye Tracking Research & Applications Symposium 2000,
             S.109 -114
[Bab01]      Baber, C. (2001): Wearable Computers: A Human Factors Review. In: Inter-
             national Journal of Human-Computer Interaction, 2001, Vol.13, No.2, S.123-
             145
[Bab03]      Babcock, J.S.; Pelz, J.B.; Peak, J. (2003): The wearable eyetracker: A tool for
             the study of high-level visual tasks. In: Proceedings of MSS-CCD2003. Siehe
             auch                                                                  URL:
             http://www.cis.rit.edu/people/faculty/pelz/publications/Babcock_pelz_peak_M
             SS_2003.pdf (zuletzt gesehen 28.10.2006)
[Bab99a]     Baber, C.; Haniff, D.J.; Woolley, S.I. (1999): Contrasting paradigms for the
             development of wearable computers. In: IBM Systems Journal 38 (4)
[Bab99b]     Baber, C.; Knight, J.; Haniff, D.; Cooper, L. (1999): Ergonomics of wearable
             computers. In: Mobile Networks and Applications 4, S.15-21
[Bae03]      Baentsch, O. (2003): Der Stoff, aus dem die Technik kommt.
             URL:  http://www.olibae.de/channel_artikel/2003/hightechmode.htm  (zuletzt
             gesehen am 28.09.06)
[Bai99]      Baird, K.M.; Barfield, W: (1999): Evaluating the effectiveness of augmented
             reality displays for a manual assembly task. In: Virtual Reality. Volume 4,
             Number 4 / December, 1999, S.250-259
[Ban02]      Bang, M.; Berglund, E.; Larsson, E. (2002): A Paper-Based Ubiquitous
             Computing Healthcare Environment. In: Ljungstrand, P.; Holmquist, L.E.
             (Hrsg.): UbiComp 2002, Sept. 2002, S.3-4
[Ban02a]     Body Area Network (BAN), Webseite des BMBF-Projektes, erstellt 2002.
             URL: http://www.ban.fraunhofer.de/ (zuletzt gesehen 25.10.2006)
[Ban07]      Bang Kransysteme (2007): Hütten- und Walzwerkkrane.
             URL: http://www.bang-kransysteme.de/pics/produkt/ssab_hi.jpg (zuletzt gese-
             hen 10.6.2007) Foto verwendet mit freundlicher Genehmigung von W. Bang
[Bar01a]     Barfield, W.; Caudell, T. (Eds.) (2001): Fundamentals of Wearable Computers
             and Augmented Reality. Lawrence Erlbaum: Mahwah, NJ, London
[Bar01b]     Barfield, W.; Mann, S.; Biard, K.; Gemperle, F.; Kasabach, C.; Stivoric, J.;
             Bauer, M.; Martin, R.; Cho, G. (2001): Computational Clothing and Acces-
             sories. In: Barfield, W.; Caudell, Th. (Eds.): Fundamentals of Wearable Com-
             puters and Augmented Reality. Lawrence Erlbaum: Mahwah, NJ, London,
             S.471-509

[Bar01c]     Barfield, W.; Baird, K.; Shewchuk, J.; Ioannou, G. (2001): Applications of Wearable Computers and Augmented Reality to Manufactoring. In: Barfield, W.; Caudell, Th. (Eds.): Fundamentals of Wearable Computers and Augmented Reality. Lawrence Erlbaum: Mahwah, NJ, London, S.471-509.

[Bar01d]     Barfield, W.; Caudell, T. (2001): Basic Concepts in Wearable Computers and Augmented Reality. In: Barfield, W.; Caudell, T. (Eds.): Fundamentals of Wearable Computers and Augmented Reality. Lawrence Erlbaum: Mahwah, NJ, London, 2001, S.3-26

[Bas01]      Bass, L.; Siewiorek, D.; Bauer, M.; Casciola, R.; Kasabach, C.; Martin, R.; Siegel, J.; Smailagic, A.; Stivoric, J. (2001): Constructing Wearable Computers for Maintenance Applications. In: Barfield, W.; Caudell, Th. (Eds.): Fundamentals of Wearable Computers and Augmented Reality. Lawrence Erlbaum: Mahwah, NJ, London, S.663-713

[Bas85]      Bass, T. (1985): The Eudaemonic pie. Houghton Mifflin Company: Boston 1985

[Bas97]      Bass, L.; Kasabach, C.; Martin, R.; Siewiorek, D.; Smailagic, A.; Stivoric, H. (1997): The Design of a Wearable Computer. In: Proc. of CHI'97, ACM, S.139-146

[Bau05]      Baumeler, C. (2005): Von kleidsamen Computern und unternehmerischen Universitäten. Eine ethnographische Organisationsstudie. Soziopulse - Studien zur Wirtschaftssoziologie und Sozialpolitik. Band 2. Münster: LIT Verlag

[Bau06]      Bauhaus-Universität Weimar: Eine elektronische Umarmung (Zuletzt geändert: 28.09.2006). URL: http://www.uni-weimar.de/cms/mitteilung.455.0.html?mitteilungid=69 46&offset=100 (zuletzt gesehen am 29.10.2006)

[Bau93]      Baumgartner, P. (1993): Der Hintergrund des Wissens. Vorarbeiten zu einer Kritik der programmierbaren Vernunft, Klagenfurt: Kärntner Druck- und Verlagsgesellschaft 1993

[Bau98]      Bauer, M.; Heiber, T.; Kortuem, G.; Segall, Z. (1998): A Collaborative Wearable System with Remote Sensing. In: ISWC'98, 2. International Symposium on Wearable Computer. Pittsburgh, Pennsylvania. October 19-20 1998. IEEE, S.10-17

[Bee06]      Homepage des Projektes "beecare mobile". URL: http://www.bee-care.de/ (zuletzt gesehen 30.10.2006)

[Ber03]      Bernds, E. (2003): Verteilungskonflikte im öffentlichen Straßenraum - Gerechtigkeits- und Fairnessvorstellungen konkurrierender Interessengruppen. Dissertation, Universität Bremen. URL: http://elib.suub.uni-bremen.de/publications/dissertations/E-Diss605_diss_bernds.pdf (zuletzt gesehen 30.10.2006)

[Ber04]      Bernds, E.; Nicolai, T.; Rügge, I.: Anforderungsanalyse im Kontext von Wearable Computing. In: USEWARE 2004. Nutzergerechte Gestaltung technischer Systeme. VDI/VDE. VDI-Berichte Nr. 1837, S.281-288

[BetrSichV02] BGBl (2002): Bundesministerium für Arbeit und Soziales: Verordnung über Sicherheit und Gesundheitsschutz bei der Bereitstellung von Arbeitsmitteln und deren Benutzung bei der Arbeit, über Sicherheit beim Betrieb überwachungsbedürftiger Anlagen und über die Organisation des betrieblichen Arbeitsschutzes. (erstellt am 27.09.2002) URL: http://www.bmas.bund.de/BMAS/Navigation/Arbeitsschutz/gesetze,did =26670.html (zuletzt gesehen am 11.10.2006)

[Bey98]      Beyer, H.; Holtzblatt, K. (1998): Contextual Design: Defining Customer-Centered Systems. San Francisco: Morgan Kaufmann, 1998

[big]        Fotos mit freundlicher Überlassung durch die BIG Bremen - Die Wirtschafts-
             förderer
[Bil02]      Billinghurst, M. (2002): Wearable Appliances; The Future of Wearable
             Computing. URL: http://www.hitl.washington.edu/publications//r-2002-83/r-
             2002-83.pdf (zuletzt gesehen 31.10.2006)
[Bli01]      Blittkowsky, R. (2001): Kommunikative Klamotten - Anziehbare Computer
             für jede Gelegenheit. In: c't 15/2001, S.84-89
[Blu02]      Bludau, H.B.; Komm, N.; Tran-Huu, M.; Adamski, M.; Behnisch, R.; Herzog,
             W. (2001): Patienteninformationssysteme auf mobilen Computern. In: 1.
             Workshop "Mobiles Computing in der Medizin", 2001. URL: www.mobi-
             doc.de/mcm2001.pdf (zuletzt gesehen am 28.09.06)
[Blu06]      The Official Bluetooth Website. URL: http://www.bluetooth.com (zuletzt
             gesehen am 21.09.06)
[BMG06]      BMGF (2006): Gesundheitstelematik (zuletzt geändert am 25.07.2006).
             URL:http://www.bmgf.gv.at/cms/site/detail.htm?thema=CH0015&doc=CMS1
             038912542751 (zuletzt gesehen 1.11.2006)
[BMVBS06]    BMVBS (2006): Nationales Innovationsprogramm Wasserstoff- und
             Brennstoffzellen- technologie.
             URL: http://www.bmvbs.de/Anlage/original_959572/Nationales-Innovations
             programm-Wasserstoff-und-Brennstoffzellen-technologie.pdf (zuletzt gesehen
             1.11.2006)
[Bod03]      Bodine, K.; Gemperle, F. (2003): Effects of Functionality of Perceived Com-
             fort of Wearables. In: Proceedings of the Seventh IEEE International Sym-
             posium on Wearable Computers, White Plains, NY, Oct. 2003
[Böh88]      Böhle, F.; Milkau, B. (1988): Vom Handrad zum Bildschirm – Eine Unter-
             suchung zur sinnlichen Erfahrung im Arbeitsprozess. Frankfurt/New York,
             1988
[Böh98]      Böhle, F.(1998): Neue Anstöße für die Technikentwicklung aus der
             Perspektive subjektivierenden Arbeitshandelns. In: I. Rügge et al.: Arbeiten
             und begreifen: Neue Mensch-Maschine-Schnittstellen. LIT-Verlag: Münster,
             1998, S.19-28
[Bol80]      Bolt, R. (1980):"Put-that-there": Voice and gesture at the graphics interface.
             In: ACM SIGGRAPH Computer Graphics, Volume14, Issue3, ACM-Press:
             1980, S.262-270
[Bol98]      Bolte, A: „Beim CAD geht das Konstruieren langsamer als das Denken". In:
             Arbeit, 4/1998, S.362-379
[Bor01]      Boronowsky, M.; Nicolai, T.; Schlieder, C.; Schmidt, A. (2001): Winspect: A
             Case Study for Wearable Computing-Supported Inspection Tasks. In:
             ISWC'2001, 5. International Symposium on Wearable Computer, October 8-9,
             Zürich. IEEE, S.163-164
[Bor03]      Borchers, D. (2003): Apples Newton: Der Schwerkraft getrotzt, doch der Zeit
             voraus. (erstellt am 02.08.2003)
             URL: http://www.heise.de/ct/aktuell/meldung/39105 (zuletzt gesehen am
             21.09.06)
[Bor04]      Boronowsky, M.; Gong, L.; Herzog, O.; Rügge, I.: Wearable Mobile
             Computing - a Paradigm for Future European eWork. In: P. Cunningham,
             (Hrsg.) eAdoption and the Knowledge Economy: Issues, Applications, Case
             Studies. IOS Press, Amsterdam, S.1441-1447
[Bra95]      Bradford, J.H. (1995): The Human Factors of Speech-Based Interfaces. A
             Research Agenda, in: SIGCHI Bulletin 27 (1995) 2, S.61-67

[Bre99]    Brewster, S.; Walker, A. (1999): Non-Visual Interfaces for Wearable Computers. In: Proc. of IEE Workshop on Wearable Computing (00/145), IEE Press

[Bri02]    Briggen, R. (2002): Detailstudie: Technologien für mobile Geräte. Projekt Polyphemus II. Hochschule für Technik und Architektur Biel. (erstellt am 18.06.2002, genehmigt am 15.07.2002). URL:    www.hta-bi.bfh.ch/Projects/polyphm2/SA/dokumente/LV_Mobile Technologien.pdf (zuletzt gesehen am 17.10.2006)

[Bru93]    Bruns, F.W.; Heimbucher, A.; Müller, D. (1993): Ansätze einer erfahrungsorientierten Gestaltung von Rechnersystemen für die Produktion: Exemplarische Darstellung der Bereiche Konstruktion und Fertigung, artec-paper 21, Universität Bremen, 1993

[Bru99]    Bruns, F.W.; Robben, B.; Rügge, I. (1999): Gestaltung von virtuellen und beGreifbaren Mensch-Computer-Schnittstellen. In: Arend, U.; Eberleh, E.; Pitschke, K. (Hrsg): Software-Ergonomie'99 - Design von Informationswelten. Teubner: Stuttgart, 1999, S.353-358

[BSI06]    BSI (2006): Pervasive Computing – Entwicklungen und Auswirkungen. BSI: Bonn

[Buc06]    Buchter, M. (2006): Squi. URL: http://www.ices.cmu.edu/design/streetware/geuder.html (zuletzt gesehen 28.10.2006)

[Bun05]    Bungert, C. (2005): HMD/headset/VR-helmet Comparison Chart. (zuletzt aktualisiert am 21.7.2006) URL: http://www.stereo3d.com/hmd.htm (zuletzt gesehen 21.09.06)

[Bur94]    Burdea, G.C.; Coiffet, P. (1994): Virtual Reality Technology. New York, Chichester, Brisbaine: 1994

[Bux06]    Buxton, B. (2006): A Directory of Sources for Input Technologies. (zuletzt aktualisiert am 12. 5.2006). URL: http://www.billbuxton.com/InputSources.html (zuletzt gesehen am 21.10.2006)

[Bux97]    Buxton, W.A.S. (1997): Living in Augmented Reality: Ubiquitous Media and Reactive Environments. In: Finn, K.; Sellen, A.J.; Wilbur, S.B. (Eds.): Video Mediated Communication. Lawrence Erlbaum Associates: Mahawah, New Jersey, S.363-384

[Car96]    Carvey, P. (1996): Technology for Wireless Interconnection of Wearable Personal Electronic Accessories. In: VLSI Signal Processing IX, IEEE Press, S.13-22

[Cha01]    CharmIT auf der Homepage von Charmed Technology Inc. URL: http://www.charmed.com/catalog/ (zuletzt gesehen 10.11.2001)

[Chi03]    Chinthammit, W., Seibel, E.J., Furness, T.A.III (2003): A Shared-Aperature Tracking Display for Augmented Reality. In: Presence: Teleoperators and Virtual Environments, 12(1), S.1-18. http://www.hitl.washington.edu/publications/r-2003-3/r-2003-3.pdf (zuletzt gesehen: 23.10.06)

[Chi06]    Chip online (2006): Deutsche finden Handys zu kompliziert (erstellt am 16.08.2006) URL: http://www.chip.de/news/c1_news_21196355.html (zuletzt gesehen am 15.10.2006)

[CMU06]    Carnegie Mellon University, School of Design, Institute for Complex Engineered Systems - Interaction Design Studio: Streetware. URL: http://www.ices.cmu.edu/design/streetware/ (zuletzt gesehen am 26.10.2006)

[CMU06]      Fotogalerie der Wearable Group der CMU.
             URL: http://www.wearablegroup.org/hardware/spot/images/index.html (zuletzt
             gesehen 23.10.2006)
[Coh97]      Cohen, P.R.; Johnston, M.; McGee, D.; Oviatti, S.; Pittman, J.; Smith, I.; Chen,
             L.; Clow, J. (1997): QuickSet: Multimodal Interaction for Distributed
             Applications. In: Proc. Of ACM Multimedia´97, ACM Press: New
             York/Reading, S.31-40
[Com03]      Communication Jacket mit Mobiltelefon, GPS-System, PDA, etc. - KSI
             (Klaus-Steilmann Institut) (Foto: Jan B. Braun/HNF) (letzte Änderung am
             27.01.2003) URL: http://www.hnf.de/modenschau/index.html (zuletzt gesehen
             28.10.2006)
[Coo97]      Cooperstock, J.R., Fels, S.S., Buxton, W., Smith, K.C. (1997): Reactive
             Environments – Throwing away your keyboard and mouse, In: Com-
             munications of the ACM, Vol. 40, Heft 9, S.65-73, September 1997
[Coy04]      Coy, W. (2004): Was ist Informatik? Zur Entstehungsgeschichte des Fachs an
             den deutschen Universitäten. In: Hellige, H.-D. (Hrsg): Geschichten der
             Informatik – Visionen, Paradigmen, Leitmotive. Berlin, Heidelberg: Springer,
             2004, S.473-498
[Coy92]      Coy, W., et al (Hrsg) (1992): Sichtweisen der Informatik. Braunschweig,
             Wiesbaden: Vieweg, 1992
[Dah04]      Dahm, M.; Felken, C.; Klein-Bösing, M.; Rompel, G.; Stroick, R. (2004):
             Handyergo: Breite Untersuchung über die Gebrauchstauglichkeit von Handys.
             In: Keil-Slawik, R.; Selke, H.; Szwillius, G. (Hrsg): Mensch & Computer
             2004: Allgegenwärtige Interaktion. München: Oldenbourg, 2004, S.75-84
[Dah06]      Dahm, M. (2006): Grundlagen der Mensch-Computer-Interaktion. Pearson:
             München u.a., 2006
[DIN06]      Ergonomie der Mensch-System-Interaktion - Teil 110: Grundsätze der Dialog-
             gestaltung (ISO 9241-110:2006); Deutsche Fassung EN ISO 9241-110, Beuth
             Verlag:2006
[DIN99]      DIN EN ISO 9241-11: „Anforderungen an die Gebrauchstauglichkeit,
             Leitsätze". Beuth: Berlin, 01/1999
[Dix98]      Dix, A.; Finlay, J.; Abowd G.; Beale, R. (1998): Human-computer interaction
             (2nd edition). New York: Prentice-Hall
[Doh97]      Dohrmann, C. (1997): Agentenbasierter Gruppenterminkalender, In: Proc.
             AAA (Agenten, Assistenten, Avatars) '97, Darmstadt, Germany, Oktober 1997
[Dor02]      Dorsey, J.; Siewiorek, D.P. (2002): Defect Distribution for Wearable System
             Design. In: Proceedings of the Sixth International Symposium on Wearable
             Computers, Seattle, WA, October 2002
[Dor03]      Dorsey, J.; Siewiorek, D.P. (2003): The Design of Wearable Systems: A Shift
             in Development Effort. In: Proceedings of the International Conference on
             Dependable Systems and Networks (DSN-2003), San Francisco, CA, June
             2003. Originally appeared as Technical Report 18-01-02, Carnegie Mellon
             University Institute for Complex Engineered Systems, Pittsburgh, PA, August
             2002
[Dra06]      Dragon NaturallySpeaking. Nuance Produkt-WebSeite.
             URL: http://www.nuance.de/naturallyspeaking/ und http://www.nuance.de/
             naturallyspeaking/standard/sysreqs.asp (zuletzt gesehen am 18.10.2006)
[Dre06]      Dresdner Feuerwehr: Windows CE revolutioniert Rettungswesen in Dresden -
             Handheld verbessert Behandlungsqualität im Rettungswagen. URL:
             http://www.palmtop-medizin.de/dresden.shtml (zuletzt gesehen 30.10.2006)

[Dre87] Dreyfus, H.L.; Dreyfus, S.E. (1987): Künstliche Intelligenz – von den Grenzen der Denkmaschine und dem Wert der Intuition. Rowohlt: Reinbek bei Hamburg, 1988 (Original: Mind over Machine 1986)

[Duc02] Duchowski, A.T. (2002): A Breadth-First Survey of Eye Tracking Applications. In: Behavior Research Methods, Instruments, & Computers (BRMIC), 34(4), November 2002, S.455-470

[Ead04] Eaddy, M.; Blaskó, G.; Babcock, J.; Feiner, S. (2004): My Own Private Kiosk: Privacy-Preserving Public Displays. In: ISWC 2004, IEEE, S.132-135

[Eco05] eco - Verband der deutschen Internetwirtschaft e.V. (2005): Einfache Bedienung von Handys wichtiger als mehr Funktionen (erstellt am 17.01.2005) URL: http://www.eco.de/servlet/PB/menu/1541961/index.html (zuletzt gesehen am 15.10.2006)

[EML00] EML: Deep Map. URL: http://www.neuemedien.uni-hd.de/2000/projekt_4.f.html (zuletzt gesehen 31.10.2006)

[EML06] European Media Lab: DigiCoach. (zuletzt geändert am 26.10.2006) URL: http://www.eml-research.de/english/research/ithealth/digicoach.php (zuletzt gesehen 30.10.2006)

[End04] Homepage des Projektes Endotel. (zuletzt geändert am 26.8.2004) URL: http://www.endotel.de/ (zuletzt gesehen 31.10.2006)

[Eng02] Engelmann, U.; Schweitzer, T.; Schröter, A.; Borälv, E.; Meinzer H.P. (2002): Mobile Teleradiologie mit CHILI. In: Jäckel (Hrsg.) Telemedizinführer Deutschland, Ober-Mörlen, Ausgabe 2002; URL: http://mbi.dkfz-heidel berg.de/mbi/TR/Papers/P18-01.pdf (zuletzt gesehen am 28.09.06)

[Erl02] Erle, A. (2002): Bluespoon Bluetooth-Headset. Testbericht. URL: http://www.worldofi.de/HWTests/bluesp.htm (zuletzt gesehen am 26.10.2006)

[Eth05] Ethical aspects of ICT implants in the human body: opinion presented to the Commission by the European Group on Ethics, Brüssel, MEMO/05/97, (veröffentlicht am 17.3.2005). URL: http://europa.eu.int/comm/european_group_ethics/index_en.htm (zuletzt gesehen am 21.09.06)

[Eye06] eye, human (2006), In: Encyclopædia Britannica vom 16.10.2006. URL: http://www.britannica.com/eb/article-64971

[Fac06] Fackler, I. (2006): Tragbare Elektronik macht uns immer mobiler. In: Probleme und Lösungen 5/2006. URL: http://www.produktion.de/article/0f485fcad88.html (Zuletzt gesehen am 20.10.2006)

[Fah05] Fahrmair, M. (2005): Kalibrierbare Kontextadaption für Ubiquitous Computing, Dissertation der TU München. URL: http://deposit.ddb.de/cgi-bin/dokserv?idn=974416428 (zuletzt gesehen 15.9.2006)

[Fah06] Fahrmair, M.; Sitou, W.; Spanfelner B. (2006): Unwanted Behavior and its Impact on Adaptive Systems in Ubiquitous Computing. In: ABIS 2006 - 14th Workshop on Adaptivity and User Modeling in Interactive Systems. URL: http://events.iis.uni-hildesheim.de/lwa06/abis/ (zuletzt gesehen am 4.11.2006)

[Fei06] Feiner, S.; Höllerer, T.; Gagas, E.; Hallaway, D.; Terauchi, T.; Güven, S.; MacIntyre, B. (2006). MARS - Mobile Augmented Reality Systems. URL: http://www1.cs.columbia.edu/graphics/projects/mars/mars.html (zuletzt gesehen 30.10.2006)

[Fei93] Feiner, S.; MacIntyre, B.; Seligmann, D. (1993): Karma - Knowledge-based augmented reality. In: Communications of the ACM, 36(7), July 1993, S.52-62

|  | URL: http://www1.cs.columbia.edu/graphics/projects/archAnatomy/architectu ralAnatomy.html (zuletzt gesehen 30.10.2006) |
|---|---|
| [Fei95] | Feiner, S.; Webster, A.; Krueger, T.; MacIntyre, B.; Keller, E. (1995): Architectural anatomy. In: Presence, 4(3), S.318-325. URL: http://www1.cs.columbia.edu/graphics/projects/karma/karma.html (zuletzt gesehen 30.10.2006) |
| [Fei96] | Feiner, S.; Webster, A.; MacIntyre, B.; Höllerer, T. (2006): Augmented Reality for Construction. URL: http://www1.cs.columbia.edu/graphics/projects/arc/arc.html (zuletzt gesehen 30.10.2006) |
| [Fei97] | Feiner, S., MacIntyre, B., Höllerer, T.; Webster, T. (1997): A Touring Machine: Prototyping 3D Mobile Augmented Reality Systems for Exploring the Urban Environment. In: ISWC'97 S.74-81 URL: http://www1.cs.columbia.edu/graphics/projects/mars/touring.html (zuletzt gesehen 30.10.2006) |
| [Fei99] | Feiner, S. (1999): The Importance of Being Mobile, Some Social Consequences of Wearable Augmented Reality Systems. In: Proc. of IWAR'99 (International Workshop on Augmented Reality), San Francisco, CA, USA, October 20-21, IEEE, S.145-148 |
| [Fik04] | Fikouras, N.; Kuladinithi, K.; Görg, C. Bormann, C.; Timm-Giel, A. (2004): Multiple Access Interface Management and Flow Mobility. In: 13th IST Mobile and Wireless Communications Summit 2004, Lyon, France |
| [Fin96] | Finger, S.; Terk, M.; Subrahmanian, E.; Kasabach, C.; Prinz, F.; Siewiorek, D.P.; Stivoric, J.; Weiss, L. (1996): Rapid Design and Manufacture of Wearable Computers. In: Com. of the ACM Vol.39, No.2, S.63-70 |
| [Fit96] | Graspable User Interfaces, Dissertation von G.W. Fitzmaurice (1996), URL: http://www.dgp.toronto.edu/people/GeorgeFitzmaurice/thesis/Thesis.gf.html (zuletzt gesehen: 21.09.2006) |
| [Fly06] | V33i. Homepage URL: http://www.flybook.biz/de/?section=generic&page=v33i (zuletzt gesehen am 10.10.2006) |
| [Fol90] | Plate I.16 In: Foley, J.D. et al (1990): Computer Graphics - Principles and Practice. Addison Wesley: Readings Mass. 1990 |
| [Fra02] | Fraunhofer IGD: e-ssist. (zuletzt geändert am 17.7.2002) URL: http://www.igd-r.fraunhofer.de/IGD/Abteilungen/AR3/Projekte_AR3/e-ssist/index_html und URL: http://www.e-ssist.fraunhofer.de/ (zuletzt gesehen am 28.09.06) |
| [Fra06] | Fraunhofer IAO (2006): Canari - Der Fingerzeigevogel. CD, verteilt auf der CeBIT 2006 |
| [Fre00] | Froböse Freier, R. (2000): Platt gemacht, In: Bild der Wissenschaft, Heft 9, 2000 |
| [Fri04] | Friedrich, W. (Hrsg.) (2004): ARVIKA - Augmented Reality für Entwicklung, Produktion und Service. Erlangen: Publicis, 2004. S.35ff |
| [Fro06] | Bluetooth iFrog von Frogpad Inc. URL: http://www.frogpad.com/Images/frogpads/frogusb-fullview.jpg und http://www.frogpad.com/information/iFrogWearable.asp (zuletzt gesehen 28.10.2006) |
| [Fro06a] | FrogPad (2006): Making Your FrogPad Wearable. URL: http://www.frogpad.com/Downloads/Making_Your_FrogPad_Wearable.pdf (zuletzt gesehen am 14.10.2006) |

[Fuk97]    Fukumoto, M.; Tonomura, Y (1997): „Body Coupled FingeRing": Wireless Wearable Keyboard. In CHI1997. ACM URL: http://www.acm.org/sigs/sigchi/chi97/proceedings/paper/fkm.htm (zuletzt gesehen 18.9.2006)

[Gem01]    Gemperle, F.; Ota, N.; Siewiorek, D. (2001): Design of a Wearable Tactile Display. In: Proc. of ISWC'2001 October 8-9, Zürich, IEEE, S.5-12

[Gem98]    Gemperle, F.; Kasabach, C.; Stivoric, J.; Bauer, M.; Martin, R. (1998): Design for Wearability. In: The Second International Symposium on Wearable Computers, Los Alamitos, CA: IEEE Computer Society, 1998, S.116-122. und online unter URL: www.ices.cmu.edu/design/wearability (zuletzt gesehen am 21.09.06)

[Geu06]    Geuder E. (2006): Kneph URL: http://www.ices.cmu.edu/design/streetware/geuder.html (zuletzt gesehen 28.10.2006)

[GI06a]    GI-Informatiklexikon (2006): Serviceorientierte Architektur. URL: http://www.gi-ev.de/service/informatiklexikon/informatiklexikon-detailansicht/meldung/118/ (zuletzt gesehen am 4.11.2006)

[Gro00]    Großman, S. (2000): Head-Mounted Displays Provide User Mobility, Privacy, and Convenience. Technical Report (veröffentlicht am 16.10.2000) URL: http://www.elecdesign.com/Articles/ArticleID/4824/4824.html (zuletzt gesehen 1.11.2006)

[Gru03]    Grundlagen Mobilfunk. In: Kommunikationstechnik-Fibel (Stand 2003) URL: http://www.elektronik-kompendium.de/sites/kom/0406221.htm (zuletzt gesehen 25.10.2006)

[Gue05]    Günzel, C. (2005): Tragbare Computer – Der vernetzte Frack. In: PC Magazin 1/2005, S.16-18

[Gyr06]    Drahtlose Gyroskop-Mouse der Firma Gyration. URL: http://www.gyration.com/en-us/HomeOfficePC.html (zuletzt gesehen 28.10.2006)

[Gyr06a]   Gyromouse von Gyration, angeboten von Kutschera GmbH. URL: http://www.kutschera.de/Produkte/Zubehor/GyroMouse/gyromouse.html (zuletzt gesehen am 28.10.2006)

[Hal94]    Halbach, W.R. (1994): Reality Engines. In: Bolz, N.; Kittler, F.A.; Tholen, C. (Hrsg): Computer als Medium. München: 1994, S.231-244

[Han02]    Hannaford, C. (2002): Mit Auge und Ohr, mit Hand und Fuß: Gehirnorganisationsprofile erkennen und optimal nutzen. Kirchzarten bei Freiburg : VAK, Verl. GmbH

[Has06]    Hasselbring, W. (2006): Software-Architektur. In: Informatik Spektrum Band 29, Heft 1, S.48-52

[Haw97]    Hawley, M.; Dunbar Poor, R.; Tuteja, M. (1997): Things that Think, In: Personal Technologies, Vol.1, Heft 1, Springer-Verlag, London, 1997, S.21-27

[Hea06]    Healey, J.; Martin, T. (2006). Message from the Program Chairs. In: ISWC2006. IEEE: 2006, S.vii

[Hei03]    Heinsen, S.; Vogt, P. (Hrsg.) (2003): Usability praktisch umsetzen. Hanser: München 2003. Ergänzungen online unter URL: www.usability-umsetzen.de (zuletzt gesehen am 21.09.06)

[Hei05]    EU-Sachverständige fordern Kontrolle über IT-Implantate. In: Heise News, 17.03.2005, URL: http://www.heise.de/newsticker/meldung/57660 (gesehen am 21.09.06)

[Hei91]      Heilbrun, A; Stracks, B. (1991): Was heißt „virtuelle Realität"? Ein Interview mit Jaron Lanier. In: Waffender, M. (Hrsg.): Cyberspace: Ausflüge in virtuelle Wirklichkeiten. Rowohlt: Reinbeck bei Hamburg, 1991, S.67-87
[Hel96a]     Hellige, H.D. (Hrsg.) (1996): Technikleitbilder auf dem Prüfstand – Leitbild-Assessment aus Sicht der Informatik- und Computergeschichte. Berlin: Edition Sigma, 1996
[Hel96b]     Hellige, H.D. (1996): Technikleitbilder als Analyse-, Bewertungs- und Steuerungsinstrument: Ein Bestandsaufnahme aus informatik- und computerhistorischer Sicht. In: Hellige, H.D. (Hrsg.): Technikleitbilder auf dem Prüfstand – Leitbild-Assessment aus Sicht der Informatik- und Computergeschichte. Berlin: Edition Sigma, 1996
[Hen97]      Hennig, A. (1997): Die andere Wirklichkeit: Virtual Reality - Konzepte, Standards, Lösungen. Addison Wesley: Bonn u.a.
[Her03]      Herzog, O.; Rügge, I.; Boronowsky, M.; Nicolai, T. (2003): Potenziale des Wearable Computing in der Industrie - am Beispiel der Inspektion.- In: Gausemeier, J.; Grafe, M. (Hrsg.): Augmented & Virtual Reality in der Produktentstehung, 2. Paderborner Workshop Augmented & Virtual Reality in der Produktentstehung, 4. und 5. Juni 2003, Heinz Nixdorf MuseumsForum, S.21-39
[Her91]      Herzog, O.; Rollinger, C.R. (Ed) (1991): Text Understanding in LILOG: Integrating Computational Linguistics and Artificial Intelligence. Final Report on the IBM Germany LILOG-Project., Berlin, Heidelberg: Springer
[Hil03]      Hilty, L. et al (2003): Das Vorsorgeprinzip in der Informationsgesellschaft – Auswirkungen des Pervasive Computing auf Gesundheit und Umwelt. Studie des Zentrums für Technologiefolgen-Abschätzung. Bern, Schweiz. TA46/2003
[Hoc06]      Hochschule Niederrhein in Krefeld. URL: www.atlas.hs-niederrhein.de (zuletzt gesehen 23.10.2006)
[Hoh06]      Hohensteiner Institute in Bönnigheim, URL: www.hohenstein.de (zuletzt gesehen 23.10.2006)
[Höl99a]     Höllerer, T.; Feiner, S.; Pavlik, J. (1999): Situated Documentaries: Embedding Multimedia Presentations in the Real World. In: Proc. Of ISWC'99, San Francisco, CA, USA, October 18-19, IEEE, S.79-86
[Höl99b]     Höllerer, T.; Feiner, S.; Terauchi, T.; Rashid, G.; Hallaway, D. (1999): Exploring MARS: Developing Indoor and Outdoor User Interfaces to a Mobile Augmented Reality System, In: Computers and Graphics, 23(6), Elsevier Publishers, Dec. 1999, S.779-785
[Höp97]      Höppner, S. (1997): Kommunikation im Zeitalter der Informationsgesellschaft: Der Kommunikationsagent, In: Proc. AAA (Agenten, Assistenten, Avatars)'97, Darmstadt, Germany, Oktober 1997
[Hor04]      Hornecker, E. (2004): Tangible User Interfaces als kooperationsunterstützendes Medium. Elektronische Bibliothek, Staats- und Universitätsbibliothek Bremen. Juli 2004
[Hor06]      Horster, P. (2006): D-A-CH Mobility 2006 - Bestandsaufnahme, Konzepte, Anwendungen, Perspektiven. Syssec: 2006
[IBM01]      IBM & Citizen Watch develop Linux-based "WatchPad". (erstellt am 11.10.2001), URL: http://www.linuxdevices.com/news/NS6580187845.html (zuletzt gesehen am 18.10.2006)
[IFA01]      aktuell - IFA: Internet. In: c't-Archiv, 18/2001, Seite 28. URL: http://www.heise.de/kiosk/archiv/ct/2001/18/28
[IGD01]      IGD-Projektgruppe „Augmented Reality" am ZGDV in Darmstadt, URL: http://www.igd.fhg.de/www/igd-a4/flyers/ar (zuletzt gesehen am 30.09.2001)

302

[IMS06]     Institut für Microsensoren, -aktoren and -systeme (IMSAS) und Technologie-Zentrum Informatik (TZI) der Universität Bremen.
URL: http://www.imsas.uni-bremen.de/ und www.tzi.de (zuletzt gesehen 23.10.2006)

[IND05]     Pressemitteilung der IND - Mobile Datensysteme GmbH, Willich (aktualisiert am 14.10.2005): METRO entscheidet sich für Pick-by-Voice von zetesIND.
URL: http://www.zetesind.com/cms/front_content.php?idcatart=281&lang=1& client=1&currentmenue=16 (zuletzt gesehen 31.10.2006)

[Inf03]     Jacke mit integriertem MP3-Player - Infineon (Foto: Jan B. Braun/HNF) (letzte Änderung am 27.01.2003) URL: http://www.hnf.de/modenschau/index.html (zuletzt gesehen 28.10.2006)

[Inn02]     Innovations-Report (2002): Mit dem digitalen Trainer zur Olympiade? (Veröffentlicht am 23.1.2002) URL: http://www.innovations-report.de/html /berichte/informationstechnologie/bericht-7192.html (zuletzt gesehen am 28.09.06)

[Int05]     Homepage der Firma interactive wear. (erstellt 2005).
URL: http://www.interactive-wear.de/ (zuletzt gesehen 18.10.2006)

[ITA06]     Institut für Textiltechnik der RWTH Aachen (ITA) in Aachen.
URL: www.ita.rwth-aachen.de (zuletzt gesehen 23.11.2006)

[ITV06]     Institut für Textil- und Verfahrenstechnik Denkendorf (ITV) in Denkendorf.
URL: www.itv-denkendorf.de (zuletzt gesehen 23.10.2006)

[IZM06]     Fraunhofer-Institut für Zuverlässigkeit und Mikrointegration (IZM) in Berlin.
URL: www.izm.fhg.de (zuletzt gesehen 23.10.2006)

[Jäc06]     Jäckel, A. (Hrsg.) (2006): Telemedizinführer Deutschland.
URL: www.telemedizinfuehrer.de/ (zuletzt gesehen 31.10.2006)

[Jar97]     Jarz, E.M. (1997): Entwicklung multimedialer Systeme. Planung von Lern-und Masseninformationssystemen. Mit einem Geleitwort von Roithmayr, F., Wiesbaden: Gabler-Verlag, Deutscher Universitäts-Verlag 1997

[Jeb98]     Jebara, T.; Schiele, B.; Oliver, N.; Pentland, A. (1998): DyPERS: Dynamic Personal Enhanced Reality System. MIT-Report Nr. 463.
Siehe auch URL: http://research.microsoft.com/~nuria/dypers/dypers.htm (zuletzt gesehen 1.11.2006)

[Jet04]     Jekat, S.; Schultz, T. (2004): Evaluation sprachverarbeitender Systeme. In: Klabunde, R. et al (Hrsg.) (2004): Computerlinguistik und Sprachtechnologie. Eine Einführung. München: Elsevier, 2004, S.573-590

[Jun02]     Jung, S.; Lauterbach, C. (2002): Elektronik zum Anziehen. In: Elektronik 12/2002, S.40-43

[Kam06]     Kampmeier, J.; Cucera, A.; Fritzsche, L.; Brau, H.; Duthweiler, M.; Lang, G.K. (2006): Eignung monokularer Augmented Reality – Technologien in der Automobilproduktion. Abstract zum Vortrag auf der 104. Tagung der Deutschen Ophthalmologischen Gesellschaft "Augenheilkunde in der alternden Gesellschaft - Herausforderung und Chance", 21. - 24. September 2006 im Maritim Kongresshotel in Berlin
URL: http://www.egms.de/en/meetings/dog2006/06dog497.shtml (zuletzt gesehen 18.10.2006)

[Kas02]     Kasabach, C.; Pacione, C.; Stivoric, J.; Teller, A.; Andre, D. (2002): Why The Upper Arm? Factors Contributing to the Design of an Accurate and Comfortable Wearable Body Monitor, URL: http://www.BodyMedia.com (zuletzt gesehen am 21.09.06)

[Kat05]     Katragedda, R.B.; Xu, Y. (2005): A Novel Intelligent Textile Technology Based on Silicon Flexible Skins. In: IEEE: ISWC 2005. S.78-81

[Kel06]     Kela, J.; Korpipää´, P.; Mäntyjärvi, J.; Kallio, S.; Savino, G.; Jozzo, L.; Di
            Marca, S. (2006): Accelerometer-based gesture control for a design
            environment . In: Personal and Ubiquitous Computing, Vol.10, Nr.6, August
            2006, S.285-299
[Ken04]     Kenn, H.; Pfeil, A. (2004): A sound source localization sensor using proba-
            bilistic occupancy grid maps. In: Proceedings of the Mechatronics and Ro-
            botics Conference 2004., S.802-807
[Ken06]     Kenn, H.; Rügge, I. (2006): Botschaften aus dem Handgelenk. In: Sonder-
            ausgabe RFID in Bremen von RFID im Blick, Juli 2006, S.36-38
[Keu98]     Keuneke, S.; Heeg, F.J. (1998): Transparenz von User-Interfaces - Das MITS-
            Projekt am BIBA. In: Bruns, F.W.; Hornecker, E.; Robben, B.; Rügge, I.: Vom
            Bildschirm zum Handrad - Computer(be)nutzung nach der Desktop-Metapher.
            1998, artec-paper 59, S.201-208
[Kir95]     Kirchhoff, C. (1994): GISPAD - Digitale Felddatenerfassung. In: AGIT 95.
            URL: http://www.sbg.ac.at/geo/agit/papers95/ckirch.htm (zuletzt gesehen
            31.10.2006)
[Kir97]     Kirste, T.; Rieck, A.; Schumann, H. (1997): Die Herausforderung des Mobile
            Computing: Die Anwendungsperspektive. In: Proc. of AAA'97 (Agenten, As-
            sistenten, Avatars), Darmstadt, 28.-29.10.1997
[Kit06]     Homepage von "The Kitty Project", URL: http://www.kittytech.com/ (zuletzt
            gesehen am 28.10.2006)
[Kla04]     Klabunde, R. et al (Hrsg.) (2004): Computerlinguistik und Sprachtechnologie.
            Eine Einführung. München: Elsevier, 2004
[Kla06]     Klammer, S. (2006): Studie: Handys werden individueller. In: mobile2day
            (erstellt am 24.05.2006)
            URL: http://www.mobile2day.de/news/news_details.html?nd_ref=5860 (zu-
            letzt gesehen am 15.10.2006)
[Kli01]     Klinker, G.; Stricker, D.; Reiners, D. (2001): Augmented Reality for Exterior
            Construction Applications. In: Barfield, W.; Caudell, Th. (Eds.): Fundamentals
            of Wearable Computers and Augmented Reality. Lawrence Erlbaum: Mahwah,
            NJ, London. S.379-427
[Kni02]     Knight, J.F.; Baber, C.; Schwirtz, A.; Bristow, H.W. (2002): Comfort Assess-
            ment of Wearable Computers. In: The Sixth International Symposium on
            Wearable Computers, (S.65-72), Seattle, WA: IEEE Computer Society
[Kni06]     Knight, J.F.; Deen-Williams, D.; Arvantitis, T.N.; Barber, C.; Sotiriou, S.;
            Anastopoulou, S.; Gargalakos, M. (2006): Assessing the Wearability of
            Wearable Computers. In: ISWC2006, IEEE; S.75-82
[Koh05]     Kohler, M. (2005): Vision Based Hand Gesture Recognition Systems,
            Computer Graphics, Universität Dortmund. URL: http://ls7-www.cs.uni-
            dortmund.de/research/gesture/vbgr-table.html (zuletzt gesehen 21.09.06)
[Koo01]     Koop, A. (2001): Erfahrungen beim Einsatz von Palm-PDAs in einer
            klinischen Studie. URL: http://www.medizin.uni-koeln.de/projekte/gmds-
            mocomed/workshop2001/tagungsband/5.pdf (zuletzt gesehen am 28.09.06)
[Kor99]     Kortuem, G.; Bauer, M.; Segall, Z. (1999): NETMAN: The design of a
            collaborative wearable computer system. Networks and Applications (4) S.49-
            58
[Kra03]     Krauß, L. (2003): Entwicklung und Evalutation einer Methodik zur Untersu-
            chung von Interaktionsgeräten für Maschinen- und Prozessbediensysteme mit
            grafischer Benutzungsoberfläche. Fortschritt-Bericht pak Band 7. Universität
            Kaiserslautern, 2003

304

[Kra05]     Kraus, K. (2005): Gesten als neue Eingabemethode für Mobile Geräte (erstellt November 2005) URL: http://www.hcilab.org/events/mobileinteraction/reports/01_GesturesAsA NovelInputTechnology_ThomasKraus.pdf (zuletzt gesehen am 26.10.2006)

[Kre05]     Krebs, D. (2005): Continued Growth Expected for Wearable Systems Market. (Veröffentlicht am 28.10.2005) URL: http://www.vdc-corp.com/_Documents/pressrelease/05_wearables_pr1. pdf, (zuletzt gesehen 20.10.2006)

[Kre06a]    Krempl, S. (2006): Konsumenten wollen RFID-Chips am Ladenausgang killen. In: heise online, erstellt am 16.03.2006 URL: http://www.heise.de/newsticker/meldung/70928 (zuletzt gesehen am 18.10.2006)

[Kre06b]    Krempl, S. (2006): EU-Kommission hält an RFID-Regulierung fest. In: heise online, erstellt am 16.10.2006 URL: http://www.heise.de/newsticker/meldung/79555 (zuletzt gesehen am 18.10.2006)

[Kre06c]    Krempl, S. (2006): Ubiquitous Computing als große Gefahr für den Datenschutz. In: heise online, erstellt am 20.10.2006 URL: http://www.heise.de/newsticker/meldung/79773 (zuletzt gesehen am 20.10.2006)

[Kru83]     Krueger, M.W. (1983): Artificial Reality. Addison Wesley: Reading, MA, 1983

[Kuh00]     Kuhlmann, U. (2000): Kleinanzeigen - Microdisplays können den Mobilgerätemarkt revolutionieren. In: c't Heft 4, Heise Verlag, S.300-303

[Kük82]     Kükelhaus, H.; zur Lippe, R. (1982): Entfaltung der Sinne. Ein "Erfahrungs-feld" zur Bewegung und Besinnung. Frankfurt a. M.: Fischer Taschenbuch

[Kym98]     Kymissis, J., et. al. (1998): Parasitic Power-Harvesting in Shoes. In: Proc. of ISWC'98. IEEE CS Press, S.132-139

[Lam94]     Lamming, M.; Flynn, M. (1994): " Forget-me-not:" Intimate Computing in Support of Human Memory. In: Proceedings of FRIEND21, '94 International Symposium on Next Generation Human Interface, Meguro Gajoen, Japan. URL: http://www.lamming.com/mik/Papers/fmn.pdf (zuletzt gesehen 1.11.2006)

[Lan96]     Langenscheidts Großes Schulwörterbuch Englisch-Deutsch, Neubearbeitung 1996

[Lar02]     Laramee, R.S.; Ware, C. (2002): Rivalry and Interference with a Head Mounted Display. In ACM Transactions on Computer-Human Interaction (TOCHI), Vol.9, No.3, September 2002, S.238-251. URL: http://www.vrvis.at/scivis/hmd/laramee02rivalry.pdf (zuletzt gesehen am 26.10.2006)

[Lau90]     Laurel, B. (1990): What's an Interface? In: Laurel, B. (Hrsg.): The Art of Computer Interface Design. Addison-Wesley: Reading, Mass. 1990, S.xiii

[Lau91]     Laurel, B. (1991): The Art of Computer Interface Design (1990). Zitiert in: Waffender, M. (Hrsg.): Cyberspace: Ausflüge in virtuelle Wirklichkeiten. Rowohlt: Reinbeck bei Hamburg, 1991

[Law06a]    Lawo, M.; Witt, H.; Kenn, H.; Nicolai, T.; Leibrand, R. (2006): A Glove for Seamless Computer Interaction - Understand the WINSPECT;The Smart Glove Workshop, Technical Report 33, TZI University Bremen, S.3-8, ISSN 1613-3773, 2006.[PDF]

[Law06b]    Lawo, M. (2006): Ein drahtloser Eingabehandschuh für Augmented Reality Anwendungen, 5. Paderborner Workshop Augmented & Virtual Reality in der

Produktentstehung, 31.05.-01.06., Paderborn, Hrsg. Gausemeier, J., Grafe, M., S.199-208

[Leo97]     Leoni, N.; Amon, C. (1997): Thermal Design for Transient Opertion of the TIA Wearable Computer. In: Proc. of ASME InterPack, Vol 2. ACM, S.2151-2161

[Lif06]     LifeShirt der Firma Vivometrics. URL: http://www.vivometrics.com/site/press_lssystemgraphics.html (zuletzt gesehen am 26.09.06)

[Lin04]     Lindeman, R.W.; Sibert, J.L.; Lathan, C.E.; Vice, J.M. (2004): The Design and Deployment of a Wearable Vibrotactile Feedback System. In: ISWC 2004, IEEE: S.56-59

[LIN05]     Laboratory for Interactive Computer Systems (LINCS): URL: www.ices.cmu.edu/design/info-charms/index.html Interaction Design Studio URL: www.ices.cmu.edu/design/ (zuletzt gesehen am 21.09.06)

[Lin05]     Linz, T.; Kallmayer, C.; Aschenbrenner, R.; Reichl, H. (2005): Embroidering Electrical Interconnects with Conductive Yarn for the Integration of Flexible Electronic Moduls into Fabric. In: ISWC 2005. IEEE, S.86-89

[Lip04]     Lipp. L.L. (2004): Interaktion zwischen Mensch und Computer im Ubiquitous Computing. LIT-Verlag, Münster 2004

[Lit06]     Homepage der Firma Liteye. URL: http://www.liteye.com (zuletzt gesehen am 29.10.2006)

[Lit06a]    Liteye (2006): Produkt LE-500. URL: http://www.liteye.com/Default.aspx?tabid=47 (zuletzt gesehen am 29.10.2006)

[Liu04]     Liu, Y.; Jia, Y. (2004): A Robust Tracking for Gesture-Based Interaction of Wearable Computers

[Liu04a]    Liu, D. (2004): Usability of Electronic Maintenance Manuals on Wearables and Desktops. In: ISWC DC 2004

[Lum06]     Homepage der Firma Lumus. URL: http://www.lumusvision.com/ (zuletzt gesehen am 29.10.2006)

[Lum06a]    Lumus (2006): Produkt PD-20. URL: http://www.lumus-optical.com/Images/Line1R_043.jpg (zuletzt gesehen am 29.10.2006)

[Lyo01]     Lyons, K.; Starner, T. (2001): Mobile Capture for Wearable Computer Usability Testing. In: Proc. of ISWC 2001, IEEE, S.77-84

[Lyo04]     Lyons, K.; Plaisted, D.; Starner, T. (2004): Expert Chording Text Entry on the Twiddler One-Handed Keyboard. In: Proc. of 8. ISWC 2004. IEEE: 2004, S.94-101

[Mac02]     MacKenzie, I.S.; Soukoreff, R.W. (2002): Text Entry for Mobile Computing: Models and Methods, Theory and Practice. Human-Computer Interaction, 17, S.147-198. URL: http://www.yorku.ca/mack/hci3.html (zuletzt gesehen am 26.10.2006)

[Man02]     Mann, S. (2002): Intelligent Image Processing. Wiley&Sons: New York

[Man06]     Homepage von Steve Mann: URL: http://wearcam.org/ (zuletzt gesehen am 21.09.06)

[Man96]     Mann, S. (1996): Smart Clothing: The Shift to Wearable Computing. In: Com. of the ACM, Vol.39, No.38. S.23-24

[Man98]     Mann, S. (1998): Definition of „Wearable Computer", In: Proc. International Conference on Wearable Computing ICWC-98, Fairfax VA, USA, Mai 1998. URL: http://wearcomp.org/wearcompdef.html (zuletzt gesehen 1.11.2006)

[Mar01]     Marey, M.; Buchner, M.; Noehte, S. (2001): Mobiles Monitoring – Eine neue Chance für die Diagnostik? In: 1. Workshop "Mobiles Computing in der Medizin", 2001. URL: www.medizin.uni-koeln.de/projekte/gmds-mocomed/ workshop2001/tagungsband/14_low.pdf (zuletzt gesehen am 28.09.06)

[Mar03]     Marculescu, D.; Marculescu, R.; Park, S.; Jayaraman, S. (2003): Ready to Ware. In: IEEE Spectrum, Oktober 2003, S.28-32

[Mat01]     Matchbox PC von Tiqit Computers.
            URL: http://www.tiqit.com/specifications.html (zuletzt gesehen 30.8.2001)

[Mat01a]    Mattern, F. (2001): Pervasive/Ubiquitous Computing. In: Informatik Spektrum. Band 24, Heft 3, S.145-147

[Mec04]     Mecheels, S.; Schroth, B.; Breckenfelder, C. (2004): Smarth Clothes - Intelligente textile Produkte auf der Basis innovativer Mikrotechnologie. Expertensicht - Beispiele -Empfehlungen. Hohensteiner Institute: 2004

[Med02]     Medica aktuell (2002): Patienten kontaktieren Klinik per Datenleitung (veröffentlicht 23.11.2002)
            URL:    http://www.aerztezeitung.de/docs/2002/11/23/4m1804.asp    (zuletzt gesehen 31.10.2006)

[Med06]     Homepage der Firma Medicus (2006): m-medicus Praxiscomputer.
            URL: http://www.m-medicus.de/ (zuletzt gesehen 31.10.2006)

[Med06a]    Homepage des Projektes MedicDat. URL: http://www.medicdat.de/ (zuletzt gesehen 30.10.2006)

[Med06b]    Medical PAD URL http://www.palmtop-medizin.de/MobiBook/berichte2shtml (zuletzt gesehen am 28.09.06)

[Meh04]     Mehring, C.; Kuester, F.; Singh, K.D.; Chen, M. (2004): KITTY: Keyboard Independent Touch Typing in VR. In: Proceedings of VR'04, IEEE, S.243-244

[Mel97]     Melzer, J.E.; Moffitt, K. (1997): Head Mounted Displays - Designing for the User. New York: 1997

[MET06]     METRO Group Future Store Initiative (2006): RFID-Voice-Picking, RFID am Handgelenk.    (veröffentlicht    am    2.10.2006)    URL:    http://www.future-store.org/servlet/PB/menu/1007863_11/index.html    (zuletzt    gesehen 31.10.2006)

[Mic04]     MicroVision (2004): MicroVision Included in the Wall Street Journal's 2004 Technology Innovation Winners; Company selected for its Nomad Expert Technician System (veröffentlicht am 16.11.2004) URL: http://phx.corporate-ir.net/phoenix.zhtml?c=114723&p=irol-newsArticle&ID=644647&highlight= (zuletzt gesehen 29.10.2006)

[Mic06]     Homepage der Firma MicroVision. URL: http://www.microvision.com/ (zuletzt gesehen 28.10.2006)

[Mic06a]    MicroVision (2006): Nomad Industries.
            URL:    http://www.microvision.com/industries.html    (zuletzt    gesehen    am 29.10.2006)

[Mic06b]    MicroVision (2006): Nomad Applications.
            URL: http://www.microvision.com/apps.html (zuletzt gesehen am 29.10.2006)

[Mic06c]    MicroVision (2006): Nomad Product Update.
            URL:    http://www.microvision.com/nomad.html    (zuletzt    gesehen    am 29.10.2006)

[Mic06d]    Homepage der Firma Microoptical (2006).
            URL: http://www.microopticalcorp.com/ (zuletzt gesehen am 29.10.2006)

[Mic06e]    Microoptical (2006): SV-6 PC Viewer.
            URL:    http://www.microopticalcorp.com/Products/vga.html#SV6    (zuletzt gesehen am 29.10.2006)

[Mic06f]       Microsoft UK (2006): Der iPAQ als "Fieberthermometer".
               URL:   http://www.microsoft.com/uk/casestudies/caseStudy.asp?CaseStudyID
               =681 (zuletzt gesehen 31.10.2006)
[Mid02]        e-Belt™ der Firma Perkins Engineering Inc. (erstellt 2002) URL:
               http://perkinsengineering.com/ebelt.htm (zuletzt gesehen 23.10.2006]
[Mil02]        Miller, M. (2002): Fossil Wrist PDA-PC FX2002, PDA REVIEW (erstellt am
               2002) URL: http://geek.com/hwswrev/pda/fossil/ (zuletzt gesehen am
               18.10.2006)
[MIT03]        Homepage des MIThril-Projekt des MIT (zuletzt aktualisiert 2003) URL:
               http://www.media.mit.edu/wearables/mithril/ (zuletzt gesehen 21.09.06)
[Miz01]        Mizell, D. (2001): Boeing's Wire Bundle Assembly Project. In: Barfield, W.;
               Caudell, Th. (Eds.): Fundamentals of Wearable Computers and Augmented
               Reality. Lawrence Erlbaum: Mahwah, NJ, London, S.447-467
[MMS05]        In Deutschland steigt die Zahl der MMS-Botschaften. Heise online vom
               3.8.2005.   URL:   http://www.heise.de/newsticker/meldung/62419   (gesehen
               2.10.06)
[Mob06]        Mobile2day,     Homepage     für    PDAs    und    Smartphones    URL:
               http://www.mobile2day.de (zuletzt gesehen 29.9.2006)
[Moc01]        Mocomed (2001): 1. Workshop "Mobiles Computing in der Medizin", 2001.
               URL: http://www.uk-koeln.de/projekte/gmds-mocomed/workshop2001/
               (zuletzt gesehen 30.10.2006)
[Moc06]        Mocomed (2006): Homepage der GMDS- Arbeitsgruppe "Mobile Computing
               in der Medizin". URL: http://www.mocomed.org (zuletzt gesehen 30.10.2006)
[Mor88]        Moravec, H.P. (1988): Sensor fusion in certainty grids for mobile robots. AI
               Magazine 9(2) 1988, S.61-74
[Mot02]        Motium (2002): VIA Wearable PC Case Studies. (erstellt 2002) URL:
               http://www.motium.com.au/products/wear/casestudies.html (zuletzt gesehen
               am 29.10.2006)
[Mot02a]       Motium (2002): The VIA Wearable PC is a Cool Solution for Fire Fighters.
               URL:   http://www.motium.com.au/products/wear/case/wffe.pdf   (zuletzt
               gesehen 31.10.2006)
[Mot02b]       Motium (2002): Body-Worn PC Increases Surveying Efficiency. URL:
               http://www.motium.com.au/products/wear/case/survey2.pdf (zuletzt gesehen
               31.10.2006)
[Mot02c]       Motium (2002): Excavating Firm Uncovers A Distinct Advantage. URL:
               http://www.motium.com.au/products/wear/case/survey.pdf (zuletzt gesehen
               31.10.2006)
[Mot02d]       Motium (2002): ACW Farms Chooses A High-Tech Solution. URL:
               http://www.motium.com.au/products/wear/case/farm.pdf (zuletzt gesehen
               31.10.2006)
[Mot02e]       Motium (2002): Shipbuilder Trims Inspection and Troubleshooting Time by
               70%.
               URL:  http://www.motium.com.au/products/wear/case/industrial.pdf  (zuletzt
               gesehen 31.10.2006)
[Mot02f]       Motium (2002): Wearable PC Boosts Productivity of Home Inspector. URL:
               http://www.motium.com.au/products/wear/case/inspect.pdf (zuletzt gesehen
               31.10.2006)
[Mot02g]       Motium (2002): Northwest Airlines Flying High with "Line Busting" Solution.
               URL:   http://www.motium.com.au/products/wear/case/customer.pdf   (zuletzt
               gesehen 31.10.2006)

[Mot02h]     Motium (2002): Northwest Airlines' High tech Solution Speeds up Mainte-
             nance. URL: http://www.motium.com.au/products/wear/case/maintenance.pdf
             (zuletzt gesehen 31.10.2006)
[Mot03]      Homepage der Firma Motium mit den Produkten der ehemaligen Firma Via
             Inc. (geändert 2003)
             URL: http://www.motium.com.au/products/wear/index.html (erstellt 2002) und
             URL: http://www.motium.com.au/ (zuletzt gesehen am 29.10.2006)
[Mot06]      Motium (2006): VIA II PC.
             URL: http://www.motium.com.au/products/wear/viapc.html (zuletzt gesehen
             am 29.10.2006)
[MRC]        Fotos mit freundlicher Genehmigung des Mobile Research Centers (MRC),
             erstellt von verschiedenen FotografInnen des und für das MRC sowie des
             Technologie-Zentrum (TZI) der Universität Bremen; Leitung: Prof. O. Herzog
[MSP06]      Mobile Solution Platform. URL: http:// www.mobile-bremen.de/ (zuletzt
             gesehen am 4.11.2006)
[Mul04]      Muller, M. (2004): Multiple Paradigms in Affective Computing. IBM,
             Technical Report Nr.05-04, Kurzfassung veröffentlicht in: Interacting with
             Computers (August 2004)
[Mül97]      Müller, J.; André, E.; Rist, T. (1997): Ein Präsentationsagent für WWW- und
             Desktop-Applikationen, In: Proc. AAA (Agenten, Assistenten, Avatars)'97,
             Darmstadt, Germany, Oktober 1997
[Nak92]      Nake, F. (1992): Informatik und die Maschinisierung von Kopfarbeit. In: Coy,
             W., et al (Hrsg.): Sichtweisen der Informatik. Braunschweig, Wiesbaden:
             Vieweg, 1992, S.181-207
[Neu06]      NeuroKard (2006): Cremoni - Telemetrische Übertragung eines 12-Kanal-
             EKG in Echtzeit vom Rettungswagen zum Kardiologen. Für Rettungsdienste,
             Krankenhäuser und Herzkatheterlabore.
             URL:    http://www.neurokard.de/frames/kardio_05_cremoni.htm    (zuletzt
             gesehen am 28.09.06)
[Nex06]      Homepage der Firma nextlink.to mit den Produkten BlueSpoon und INVISIO.
             URL: http://www.nextlink.to/ (zuletzt gesehen am 26.10.2006)
[Nex06a]     Homepage des SFB 627: Nexus - Umgebungsmodelle für Mobile Kontext-
             bezogene Systeme. URL: http://nexus.informatik.uni-stuttgart.de/ (zuletzt ge-
             sehen 30.10.2006)
[Nic02]      Nicolai, T. (2002): Reconfigured: Strukturierung von Programmen für
             "kleidsame" Computer. Diplomarbeit an der Universität Bremen, 2002
[Nie06]      Nielsen, J. (2006): useit.com: Jakob Nielsen's Website.
             URL: http://www.useit.com/ (zuletzt gesehen am 29.10.2006)
[Noa06]      Homepage des Projektes Noah. URL: http://www.noah-regensburg.de/ (zuletzt
             gesehen 10.10.2006)
[Nor98]      Norman, D.A. (1998): The Invisible Computer. Cambridge, Mass: MIT Press
[Ntt05]      NTT DoCoMo (2005): NTT DoCoMo Enhances Prototype Micro Fuel Cell for
             FOMA   Handsets  URL:   http://www.nttdocomo.com/pr/2004/001208.html
             (zuletzt gesehen 1.11.2006)
[Oeh02]      Oehme, O.; Wiedenmaier, S.; Schmidt, L. (2002): Evaluation eines
             Augmented Reality User Interfaces für ein binokulares Video See-Through
             Head Mounted Display. In: USEWARE 2002. Mensch-Maschine-Kom-
             munikation/Design. VDI/VDE. VDI-Berichte Nr. 1678, S.105-110
[Oeh04]      Oehme, O. (2004): Ergonomische Untersuchung von kopfbasierten Displays
             für Anwendungen der erweiterten Realität in Produktion und Service. Shaker:
             2004

[OQO06]    OQO 01+, Homepage. URL: http://www.oqo.com/hardware/specs/ (zuletzt gesehen am 10.10.2006)

[Ori06]    Origamiprojekt von Microsoft (2006). URL: origamiprojekt.com oder www.microsoft.com/umpc (zuletzt gesehen 10.10.2006)

[Ott05]    Jörg Ott, J.; Kutscher, D. (2005): A Mobile Access Gateway for Managing Intermittent Connectivity. Proceedings of the 14th IST Mobile & Wireless Communication Summit, Dresden, Juni 2005. URL: http://www.netlab.tkk.fi/~jo/papers/2005-ist-drive-thru-gateway.pdf (zuletzt gesehen; 10.9.2006)

[Ovi00]    Oviatt, S.; Cohen, P. (2000): Multimodal Interfaces that Process What Comes Naturally. In: Communications of the ACM Vol.43, No.3, S.45-53

[Ovi97]    Oviatt, S.; DeAngeli, A.; Kuhn, K. (1997): Integration and Synchronization of Input Modes during Multimodal Human-Computer Interaction. In: Proc. of CHI'97. ACM, S.415-422

[Pah04]    Pahl, C. (2004): Kleidsame Elektronik. In: Technology Review, Das M.I.T.-Magazin für Innovation, 12, Dez. 2004, S.95-97

[Pan05]    Panhoff, J. (2005): Usability Methodology on Handheld Devices. Master Thesis im Studiengang Informatik der Universität Bremen, April 2005

[Par03]    Parkinsonsche Krankheit: Europäische Forscher kämpfen gemeinsam gegen schwere Gehirnerkrankungen (veröffentlicht 11.4.2003) URL: http://www.innovations-report.de/html/berichte/medizin_gesundheit/beri cht-17768.html (zuletzt gesehen am 28.09.06)

[Par05]    Paradisco, J.A.; Starner, T. (2005): Energy Scavening for Mobile and Wireless Electronics. In: Pervasive Computing 1.2005, S.18-27

[Par06]    Parkaid (2006): INDIGO.URL: http://www.parkaid.net/ (zuletzt gesehen 30.10.2006)

[PCC06]    Homepage des PC/104-Consortiums. URL: http://www.pc104.org/ (zuletzt gesehen 25.10.2006)

[Peg97]    RingMouse der Firma Pegasus Tech. URL: http://www.pegatech.com/free_d_dwn.html bzw. http://www.work link.net/ringmouse.html (zuletzt gesehen 1.7.1997)

[Pen06]    Pen Computing Magazine. URL: http://www.pencomputing.com (zuletzt gesehen: 21.09.06)

[Pfl04]    Pflüger, J. (2004): Konversation, Manipulation, Delegation. Zur Ideengeschichte der Interaktivität. In: Hellige, H.D. (Hrsg.): Geschichten der Informatik - Visionen, Paradigmen und Leitmotive. Berlin, Heidelberg: Springer 2004, S.367-408

[Pha05]    PharmiWeb Solutions (erstellt 2005): How Toshiba notebook PCs can help healthcare organisations. URL: http://www.pharmiwebsolutions.com/toshiba.asp (zuletzt gesehen 18.10.2006)

[Pic00]    Picard, R.W. (2000): Affective Perception. In: Com. of the ACM Vol.43, No.3, S.50-51

[Pic04]    Pichler, M. (2004): Designing for the wild: There is more than mobiles, smartphones, pdas and tablet pcs. In: Proc. Of Workshop HCI in Mobile Guides, Glasgow, Sept. 2004

[Pic05]    Pichler, M. (2005): Identifying Mobile People's Information Needs. Scch-Technical Report S.511

[Pic97a]    Picard, R.W. (1997): Affective Computing. MIT Press: Cambridge, Massachusetts; London, England

[Pic97b]    Picard, R.W.; Healey, J. (1997): Affective Wearables. In: Proc. of ISWC'97, Cambridge, Mass. October 1997, IEEE, S.90-97

[Pie97]     Piesk, J.; Trogemann, G. (1997): Dialogfähige 3D- Charaktere in emo-
            tionsbasierten Lernumgebungen, In: Proc. AAA (Agenten, Assistenten,
            Avatars) '97, Darmstadt, Germany, Oktober 1997
[Pin05]     Pingel, T.; Clarke, K.C. (2005): Assessing the Usability of a Wearable
            Computer for Outdoor Pedestrian Navigation. Proceedings of AutoCarto 2005.
            Las Vegas, NV. URL: http://www.geog.ucsb.edu/~pingel/documents/pingel-
            autocarto2005-final.pdf (zuletzt gesehen am 26.10.2006)
[Pos00]     Post, E.; et al (2000): E-broidery: Design and Fabrication of Textile-Based
            Computing. In: IBM Systems Journal 39, Nr. 3, S.840-850
[Pos98]     Post, J. et al (1997): Intrabody Buses for Data and Power. In: Proc. of
            ISWC'97. IEEE CS Press, S.52-55
[Qbi03]     Homepage des QBIC (zuletzt aktualisiert im März 2003). URL:
            http://www.wearable.ethz.ch/qbic.0.html (zuletzt gesehen 25.10.2006)
[Ran06]     Randell, C. (2005): Wearable Computing: A Review. Technical Report CSTR-
            06-004, University of Bristol, April 2005.
            URL: http://www.cs.bris.ac.uk/Publications/Papers/2000487.pdf     (zuletzt
            gesehen 25.10.2006)
[Rei01]     Smart Jacket der Firma Reima.
            URL: http://www.reimasmart.com/index.cfm?action=news&actionsub=top
            (zuletzt gesehen 1.12.2001) Homepage der Firma Reima. URL:
            http://www.reima.com/ (zuletzt gesehen am 19.10.2006)
[Rek01]     Rekimoto, J. (2001): GestureWrist and GesturePad: Unobtrusive Wearable
            Interaction Devices, ISWC 2001. Siehe auch
            URL: http://www.csl.sony.co.jp/person/rekimoto/gwrist/ (zuletzt gesehen
            28.10.2006)
[Rem04]     Download-Seite für "The Remembrance Agent". (zuletzt geändert 16.2.2004)
            URL:http://www.remem.org/ (zuletzt gesehen 1.11.2006)
[Ren00]     Reng, C.M.; Fuchs, H. (2000): MedicWAP - Information on your Handy's
            clicks; Praxis Computer 16-4, (2000), S.22-25
[Rho03]     Rhodes, B. (2003): Using Physical Context for Just-in-Time Information
            Retrieval, In: IEEE Transactions on Computers, Vol.52, No.8, August 2003,
            S.1011-1014
[Rho97]     Rhodes, B.J. (1997): The Wearable Remembrance Agent: A System for
            Augmented Memory, In: Proc. of ISWC (1st International Symposium on
            Wearable Computers), Cambridge, Massachusetts, USA, 13. /14. Oktober
            1997, S.123-128. Siehe auch
            URL: http://alumni.media.mit.edu/~rhodes/Papers/wear-ra-personaltech/index.
            html (zuletzt gesehen 25.10.2006)
[Rit06]     Ritzert, B. (2006): "Erweiterte Realität" - digitale visuelle Informationen in der
            realen Umgebung. Veröffentlicht am 24.09.2006 in Informationsdienst
            Wissenschaft. URL: http://idw-online.de/pages/de/news176539
            (zuletzt gesehen am 18.10.2006)
[Rob98]     Robben, B.; Rügge, I. (1998): Mit den Händen beGreifen: Real Reality. In: I.
            Rügge et al.: Arbeiten und begreifen: Neue Mensch-Maschine-Schnittstellen.
            LIT-Verlag: Münster, 1998, S.133-146
[Röç00]     Röckelein, W.; Maier, R.; Schachinger, U. (2000): E-Health Care: A
            Multimedia Inter-Organisational System to Support Emergency Care Process
            Chains. In: Lehner, F.; Maier, R. (Hrsg.): Electronic Business und Multimedia,
            Wiesbaden 2000, S.263-288
[Rol01]     Rolland, J.P.; Fuchs, H. (2001): Optical versus Video See-Through Head-
            Mounted Displays. In: Barfield, W.; Caudell, Th. (Eds.): Fundamentals of

|  | Wearable Computers and Augmented Reality. Lawrence Erlbaum: Mahwah, NJ, London, S. 113-156. |
|---|---|
| [Rüg02a] | Rügge, I. (2002): Studie "Technologische und anwendungsorientierte Potenziale mobiler, tragbarer Computersysteme". Universität Bremen, TZI-Bericht Nr. 24/2002 (erstellt im Januar 2002). Die aktualisierte Online-Version ist zu finden unter URL: http://matrix.wearlab.de/studie/studie.html (zuletzt gesehen am 21.9.2006) |
| [Rüg02b] | Rügge, I.; Nicolai, T.; Boronowsky, M. (2002): Computer im Blaumann. In: USEWARE 2002. Mensch-Maschine-Kommunikation/Design. VDI/VDE. VDI-Berichte Nr. 1678, S.105-110. |
| [Rüg03/04] | Rügge: I. (2003/04): Zwischen und Abschlussbericht zur Maßnahme "Mobile Anwendungen im Gesundheitswesen". Februar 2003 und Januar 2004, Universität Bremen. URL: www.tzi.de/mhealth, Unterstruktur: „Hintergrund", „Maßnahme", „Dokumentation" (zuletzt gesehen 28.9.2006) |
| [Rüg04] | Rügge, I.; Behrens, M. (2004): Mobile Applications in Health Care - A Regional Perspective. In: Proc. of the IFAWC2004, TZI-Bericht 30, S.39-50 |
| [Rüg05] | Rügge, I. (2005): Wege und Irrwege der MMK beim Wearable Computing. In: Cremers, A.B.; Manthey, R.; Martini, P.; Steinhage, V. (Hrsg.): INFORMATIK 2005 - Informatik LIVE! Band 1, Beiträge der 35. Jahrestagung der Gesellschaft für Informatik e.V. (GI), Bonn, 19. bis 22. September 2005. Springer: 2005, S.227-229 |
| [Run06] | Rundfeldt, H.A. (2006): radiodictate, Denken - Diktieren - Drucken, Hände frei - Ohren frei - und das mobil und abhörsicher bis zu 250 Meter. URL: www.radiodictate.de (zuletzt gesehen 18.10.2006) |
| [Sau03] | Sauer, J.; Wastell, D.; Hockey, G.R.J.; Earle, F. (2003): Performance in a complex multiple-task environment during a laboratory-based simulation of occasional night work. Human Factors, 45 (4), S.657-669 |
| [Saw00] | Sawhney, N.; Schmandt, C. (2000): Nomadic Radio: Speech and Audio Interaction for Contextual Messaging in Nomadic Environments. In: ACM Transactions on Computer-Human Interaction. Vol.7, No.3, S.353-383 |
| [SBB97] | Schäfer, K.; Brauer, V.; Bruns, F.W. (1997): A new Approach to Human-Computer Interaction – Synchronous Modelling in Real and Virtual Spaces. In: Proc. of DIS'97, ACM 1997, S.335-344 |
| [Sch00a] | Schmidt, A. (2000): Implicit Human Computer Interaction Through Context. In: Personal Technologies Vol. 4(2), 2000, S.191-199 |
| [Sch01] | Schiele, B.; Jebara, T.; Oliver, N. (2001): Sensory Augmented Computing: Wearing the Museum's Guide. In: IEEE Micro Journal. 2001 |
| [Sch02] | Schmidt, A. (2002): Ubiquitous Computing – Computing in Context. Dissertation der Lancaster University. URL: http://www.comp.lancs.ac.uk/~albrecht/phd/Albrecht_Schmidt_PhD-Thesis_Ubiquitous-Computing_print1.pdf (zuletzt gesehen: 15.8.2006) |
| [Sch04] | Schmitt, S.; Horak, P. (2004): Nutzen statt Features. In: Technology Review, April 2004, S. 22-34 |
| [Sch04a] | Schmidt, L. et al (2004): Benutzerzentrierte Systemgestaltung. In: Friedrich, W. (Hrsg.): ARVIKA - Augmented Reality für Entwicklung, Produktion und Service. Erlangen: Publicis, 2004. S.28-51 |
| [Sch05] | Schmidt, L.; Wiedenmaier, S.; Oehme, O.; Luczak, H. (2005): Benutzerzentrierte Gestaltung von Augmented Reality in der Produktion. In: Stary, C. (Hrsg.): Mensch & Computer 2005: Kunst und Wissenschaft – Grenzüberschreitungen der interaktiven ART. München: Oldenbourg, 2005, S.51-60 |

| [Sch94] | Scheel, J.; Hacker, W.; Henning, K. (1994): Fabrikorganisation neu begreifen. TüV Rheinland: Köln, 1994 |
|---|---|
| [Sch97] | Schelhowe, H. (1997): Das Medium aus der Maschine. Zur Metamorphose des Computers. Frankfurt a.m., New York, 1997 |
| [Sch97a] | Schuster, H. (1997): PinaWeb – Eine persönliche Zeitung aus dem World Wide Web, In: Proc. AAA (Agenten, Assistenten, Avatars)'97, Darmstadt, Germany, Oktober 1997 |
| [Scr00] | Screenfridge: Der Internet-Kühlschrank wird Wirklichkeit. In: CHIP Online (veröffentlicht am 14.11.2000), zuletzt gesehen am 20.10.2006 |
| [Scr97] | Scriba, J. (1997): Die Chips erweitern die Sinne, In: Spiegel 11/97, Spiegel-Verlag, Hamburg, 1997 |
| [SEE06] | Homepage der School of Electronic and Electrical Engineering der University of Birmingham. URL: http://www.wear-it.net/ (zuletzt gesehen 25.10.2006) |
| [SG00] | Schmidt, A.; Gellersen, H.W. (2000): Implizite und situationsbezogene Unterstützung von Arbeitsprozessen. Positionspapier für den D-CSCW Workshop „CSCW-Umgebungen im Spannungsfeld realer und virtueller Welten" |
| [SGM00] | Schmidt, A.; Gellersen, H.W.; Merz, C. (2000): Enabling Implicit Human Computer Interaction – A Wearable RFID-Tag Reader. In: Reader ISWC2000, 2000, S.193-194 |
| [Shn00] | Shneiderman, B. (2000): The Limits of Speech Recognition, In: Communications of the ACM 43 (2000) 9, S.63-65 |
| [Shn92] | Shneiderman, B. (1992): Designing User Interface: Strategies for Effective Human-Computer Interaction. Addison-Wesley: Don Mills Ontario, S.280-281, 256 |
| [Sie00] | Siemens entwickelt Head-Set-Computer für Wartungstechniker. In: golem.de (veröffentlicht 20.4.2000). URL: http://www.golem.de/0004/7459.html (zuletzt gesehen am 21.09.06) |
| [Sie06] | Siemens Business Services (2006): 2006 FIFA World Cup: Pocket Trainer - Siemens Business Services develops augmented reality solutions (veröffentlicht am 2.2.2006) URL: http://www.ic.siemens.com/index.jsp?sdc_p=fmls5uo1350329ni107917 5pcz3&sdc_bcpath=1327899.s_5,&sdc_sid=12324576790& (zuletzt gesehen 31.10.2006) |
| [Sie95] | Siegel, J.; Kraut, R.E.; John, B.E.; Carley, K.M. (1995): An Empirical Study of Collaborative Wearable Computer Systems. In: CHI'95 Companion, ACM, S.312-313 |
| [Sie97] | Siegel, J.; Bauer, M. (1997): A Field Usability Evaluation of a Wearable System. In: Proc. of ISWC'97, IEEE, S.18-22 |
| [Sma05] | SmartShirt der Firma Sensatex. URL: http://www.sensatex.com/ bzw. Georgia Tech Wearable Motherboard™, URL: http://www.smartshirt.gatech.edu/ (zuletzt gesehen 1.11.2006) |
| [Sma98] | Smailagic, A.; Siewiorek, D.; Martin, R.; Stivoric, J. (1998): Very Rapid Prototyping of Wearable Computers. A Case Study of VuMan 3 Custom versus Off-the-Shelf Design Methodologies. In: Journal on Design Automation for Embedded Systems. Vol.2/3, Kluver Academic Pub., 1998, S.217-230 |
| [Sma99] | Smailagic, A., Siewiorek, D. (1999): User-Centered Interdisciplinary Concurrent System Design. In: ACM Mobile and Communications Review. Vol3, No.3, S.43-52 |
| [SNT06] | SN Technics (2006): i-boro. URL: http://p14620.typo3server.info/29.html (zuletzt gesehen 31.10.2006) |
| [Son05] | Sony fördert den Kohleabbau. Veröffentlicht 16.9.2005, |

313

|         | URL: http://www.technoskop.de/tag/notebook/sony-foerdert-den-kohleabbau/ (zuletzt gesehen 20.10.2006) |
|---------|------|
| [Son06] | Sony VGN UX90: Homepage von Sony. URL: http://chaseandcompany.net/chase/html.php/sonyux90_gallery.html (zuletzt gesehen 10.10.2006) |
| [Spe06] | SpeechMagic von Philips. URL: http://www.speechrecognition.philips.com/index.asp?id=659 (zuletzt gesehen 26.10.2006) |
| [Spi97] | Spierling, U.; Pipke, K.; Müller, W. (1997): Konzeption und Visualisierung einer agentenbasierten Benutzungsoberfläche für Tätigkeiten im Büro der Zukunft, In: Proc. AAA (Agenten, Assistenten, Avatars)'97, Darmstadt, Germany, Oktober 1997 |
| [Spi99] | Spitzer, M.B. (1999): Microoptical EG-7 (veröffentlicht am 17.11.1999) URL: http://www.blu.org/meetings/1999/11/EG-7White1.jpg (zuletzt gesehen am 29.10.2006) |
| [Spo02] | Spot R1 der Wearable Group der CMU. (Aktualisiert 26.9.2002) URL: http://www.wearablegroup.org/hardware/spot/index.html (zuletzt gesehen 23.10.2006) |
| [Sta01] | Stadler, A. (2001): Doktor im T-Shirt. Netdoktor.de (veröffentlicht am 9.3.2001) URL: http://www.netdoktor.de/topic/telemedizin2/trend_shirt.htm (zuletzt gesehen am 26.09.06) |
| [Sta01a] | Starner, T. (2001): The Challenges of Wearable Computing: Part 1. In: IEEE MICRO, Vol. 21, No.4, S. 44-52 |
| [Sta01b] | Starner, T. (2001): The Challenges of Wearable Computing: Part 2. In: IEEE MICRO, Vol. 21, No.4, S. 54-67 |
| [Sta03] | Starner, T.; Rhodes, B. (2003): Introduction to Wearable Computers. Tutorial auf der ISWC 2003. URL: http://www.bradleyrhodes.com/Presentations/iswc2003-tutorial.pdf (zuletzt gesehen 1.11.2006) |
| [Sta97] | Starner, T.; Mann, S.; Rhodes, B.; Levine, J.; Healey, J., Kirsch, D.; Picard, R.W.; Pentland, A. (1997): Augmented Reality Through Wearable Computing. Technical Report No.397, MIT, S.1-9 |
| [Sta99] | Starner, T. (1999): Wearable Computing and Contextual Awareness. PhD Thesis, MIT 1999 (zuletzt gesehen 1.11.2006) |
| [Ste05] | Steinmüller, J. (2005): Sprachverstehen - Skript zur Vorlesung an der TU Chemnitz, Wintersemester 2005/2006. URL: http://www-user.tu-chemnitz.de/~stj/lehre/sprach.pdf (zuletzt gesehen 25.10.2006) |
| [Ste98] | Stein, R.; Ferrero, S.; Hetfield, M.; Quinn, A.; Krichever, M. (1998): Development of a Commercially Successful Wearable Data Collection System. In: ISWC'98, 2. International Symposium on Wearable Computer, Pittsburgh, Pennsylvania. October 19-20 1998, S.18-24 |
| [Sto95] | Stoetzer, M.-W.; Mahler, A. (Hrsg.) (1995): Die Diffusion von Innovationen in der Telekommunikation. Berlin: Springer, 1995 |
| [Str98] | Streitz, N.; Konomi, S.; Burkhardt, H.-J. (Eds.) (1998): Cooperative Buildings - Integrating Information, Organization, and Architecture. Proc. of CoBuild'98. Darmstadt, February 1998. Heidelberg: Springer 1998 |
| [Str99] | Streitz, N.A.; Siegel, J.; Hartkopf, V.; Konomi, S. (Eds.) (1999): Cooperative Buildings, Integrating Information, Organization, and Architecture. Proc. of CoBuild'99, Pittsburgh, USA, October 1-2, 1999, Heidelberg: Springer 1999 |

| [Stra06] | Strahl Ingenieurbüro (2006): Hardware für mobile Datenerfassung. URL: http://www.strahl.de/hardware-fuer-die-mobile-datenerfassung.html (zuletzt gesehen am 11.10.2006) |
|---|---|
| [Suo01] | Suomela, R.; Lehikoinen, J.; Salminen, I. (2001): A System for Evaluating Augmented Reality User Interfaces in Wearable Computers. In: Proc. of ISWC 2001, IEEE, S.77-84 |
| [Sus99] | Susen, A. (1999): Spracherkennung: Kosten, Nutzen, Einsatzmöglichkeiten. Berlin, Offenbach: VDE-Verlag 1999 |
| [Sut65] | Sutherland, I.E. (1965): The Ultimate Display. In: Proc. of the IFIP Congress, 2, S.506-508 |
| [Sut68] | Sutherland, I.E. (1968): A Head-mounted Three-dimensional Display. In 1968 Fall Joint Computer Conference, AFIPS Conference Proceedings, Vol.33, S.757-764 |
| [Sym06] | Homepage der Firma Symbol Technologies. URL: http://www.symbol.com/ (zuletzt gesehen 27.10.2006) |
| [Sza98] | Szalavari, Z.; Gerveautz, M.(1998): Interaktion mit virtuellen Informationen in realen Umgebungen - das "Personal Interaction Panel". In: Rügge, I. et al.: Arbeiten und begreifen: Neue Mensch-Maschine-Schnittstellen. Lit Verlag: Münster. S.147-158 |
| [Thi02] | Thielemann, H. (2002): Gestaltung einer Benutzungsoberfläche für tragbare Computer. Diplomarbeit am Fachbereich Informations- und Kommunikationswesen der Fachhochschule Hannover, August 2002 |
| [Thi04] | Thielemann, H. (2004): Bewerten von Wearable-Computing-Lösungen. Diplomarbeit im Diplomstudiengang Informatik der Universität Bremen, April 2004 |
| [Tho02] | Thomas, B.; Grimmer, K.; Zucco, J.; Milanese, S. (2002): Where Does the Mouse Go? An Investigation into the Placement of a Body-Attached TouchPad Mouse for Wearable Computers. In: Personal and Ubiquitous Computing, Heft 6/2002, S.97-112 |
| [Tho97] | Thompson, C.; Najjar, L.J.; Ockerman, J.J. (1997): Wearable computer based training and performance support systems. In: Aronberg, S. (Ed.), 19th Interservice/Industry Training, Simulation and Education Conference Proceedings. S.746-752. URL: http://www.lawrence-najjar.com/papers/Wearable_computer_based_training_and_performance_support_systems.html (zuletzt gesehen 31.10.2006) |
| [Tho98] | Thorp, E.O. (1998): The Invention of the First Wearable Computer. In: ISWC'98, 2. International Symposium on Wearable Computer, Pittsburgh, Pennsylvania. October 19-20 1998. IEEE, S.4-8 |
| [Tim05] | Timm-Giel, A.; Kuladinithi, K.; Goerg, C. (2005): WearIT@work: Communications for the Mobile Worker Equipped with Wearable Computing. In: IST Mobile Summit 2005, Dresden |
| [TIT04] | TITV (2004). Entwicklung einer Technologie zur kostengünstigen Herstellung textiler taktiler Matrices und ihrer Anbindung an mikroelektronische Systeme. (zuletzt geändert: 30.4.2004) URL: http://www.titv-greiz.de/deu/dfraset13b.htm (zuletzt gesehen am 28.10.2006) |
| [TIT06] | Textilforschungsinstitut Thüringen-Vogtland e.V. (TITV) in Greiz. URL: www.titv-greiz.de (zuletzt gesehen 23.10.2006) |
| [Tou06] | Toughbook CF 07, Panasonic, MTM-Systeme Homepage. URL: http://www.mtm.at/IRS_Panasonic.htm#CF07 (zuletzt gesehen am 10.10.2006) |

[Trö04]     Tröster, G.; Kirstein, T.; Lukowicz, P. (2004): Wearable Computing - Kommunikation am Körper, in Fäden und Knöpfen, In: Bulletin SEV/AES 19/04, April 2004, S.18-22

[Tsc02]     Tschirner, P.; Hillers, B.; Aiteanu, D.; Gräser, A. (2002): "TEREBES - Tragbares erweitertes Realitätssystem zur Beobachtung von Schweiß-prozessen"; Internationale Statustagung: Virtuelle und Erweiterte Realität. Leipzig, 5.- 6.11.2002. siehe auch URL: http://www.terebes.uni-bremen.de/ (zuletzt gesehen am 29.10.2006)

[Tsv05]     Tsvyatkov, M. (2005): Texteingabe für mobile Geräte (erstellt 2005) URL: http://www.hcilab.org/events/mobileinteraction/reports/02_MobileTextInput_MihailTsvyatkov.pdf (zuletzt gesehen am 26.10.2006)

[TTT06]     Things That Think, Forschungsverbund des MIT. URL: http://www.media.mit.edu/ttt/ (zuletzt gesehen am 21.09.06)

[Twi06]     Twiddler2, Produkt von Handykey Corporation. URL: http://www.handykey.com/site/features.html (zuletzt gesehen 20.9.2006)

[Ubi04]     UbiComp-Beispielsammlung für Haushaltsgeräte, (letzte Aktualisierung am 8.10.2004). URL: http://www.designing-ubicomp.com/Arbeitsdateien/1-1_HomeAppliances.html (zuletzt gesehen am 20.10.2006)

[Ubi06]     Ubicomp - International Conference on Ubiquitous Computing: URL: http://www.ubicomp.org/previous_conferences.html (zuletzt gesehen 1.11.2006)

[Uni01]     University of Oregon: MediWear. URL: http://www.cs.uoregon.edu/research/wearables/MediWear/ (zuletzt gesehen 20.8.2001)

[Uni99]     Universität Stuttgart (1999): Forschergruppe "Nexus" eingerichtet: Ortsbezogener Zugriff auf Informationen im Internet. Pressemitteilung Nr. 100/1999 vom 23.11.1999. URL: http://www.uni-stuttgart.de/aktuelles/presse/ 1999/100.html (zuletzt gesehen 30.10.2006)

[USB06]     Certified Wireless USB from the USB-IF. URL: http://www.usb.org/developers/wusb/ (zuletzt gesehen 25.10.2006)

[Usc04]     Uschold, M.; Gruninger, M. (2004): Ontologies and Semantics for Seamless Connectivity. In: SIGMOD Record, Vol.33, No.4, Dezember. 2004, S.58-64

[Vad06]     Vadas, K.; Lyons, K.; Ashbrook, D.; Yi, J.S.; Starner, T.; Jacko, J. (2006): Reading on the Go: An Evaluation of Three Mobile Display Technologies. Graphics Visualization and Usability Center Tech Report 06-09. URL: http://ccg.cc.gt.atl.ga.us/bliki/_media/pubs:display-tr06.pdf (zuletzt gesehen am 26.10.2006)

[VAT05]     VATM-Jahrbuch 2005. URL: http://www.vatm.de/content/jahresberichte/inhalt/12-12-2005.pdf (gesehen 2.10.06)

[Vel00]     Velger, M. (2000): Helmet Mounted Displays and Sights. Boston, London: 2000

[Ver00]     Homepage des BMBF- Verbundprojekts VERBMOBIL, zuletzt aktualisiert im Juli 2000. URL: http://verbmobil.dfki.de/ (zuletzt gesehen 21.09.06)

[Ves97]     Vester, F. (1978/1997): Denken, Lernen, Vergessen. München: dtv

[VIA01]     PC- Stick von VIA Inc. URL: http://www.via-pc.com/DOWNLOAD/PC_STICK.pdf (zuletzt gesehen 1.12.2001)

[Via06]     ViaVoice. IBM Produkt- WebSite: URL: http://www-306.ibm.com/software/voice/viavoice/ und http://www-306.ibm.com/software/pervasive/embedded_viavoice_multiplatform/ sowie

|  | ftp://ftp.software.ibm.com/software/pervasive/info/EmbeddedVVMultiplatfor mEd_final.pdf (zuletzt gesehen am 18.10.2006) |
| [Vir06] | Homepage der Firma Virtual Realties, Anbieter von VR- Equipment. URL: http://www.vrealities.com/glove.html (zuletzt gesehen am 28.10.2006) |
| [Vit06] | Homepage der Firma Vitaphone. URL: http://www.vitaphone.de/de/ (zuletzt gesehen am 19.10.2006) |
| [Viv06] | Homepage der Firma Vivometrics mit dem Produkt LifeShirt, URL: http://www.vivometrics.com/site/system.html (zuletzt gesehen am 19.10.2006) |
| [Voi06] | The voICe - Vision Technology for the Totally Blind, URL: http://www.seeingwithsound.com/ (zuletzt gesehen 30.10.2006) |
| [Voi06a] | Voice Command 1.5: Microsoft Website, URL: http://www.microsoft.com/windowsmobile/downloads/voicecommand/ sysreq.mspx (zuletzt gesehen am 18.10.2006) |
| [Vum97] | VuMan-Projekt an der Carnegie Mellon University. (zuletzt aktualisiert am 19.7.1997). URL: http://www.cs.cmu.edu/~wearable/vuman.html (zuletzt gesehen 25.10.2006) |
| [Wah00] | Wahlster, W. (Ed.): Verbmobil: Foundations of Speech-to-Speech Translation. Berlin et al: Springer, 2000 |
| [Wan95] | Want, R.; Schilit, B.N.; Adams, N.I.; Gold, R.; Petersen, K.; Goldberg, D.; Ellis, J.R.; Weiser, M. (1995): The PARCTAB Ubiquitous Computing Experiments, MIT-Report, 1995 |
| [Wea00] | Firmenprospekt von wearix Software GmbH, CeBIT 2000. sowie URL: http://www.wearix.com/gr/service/setiwe.html (zuletzt gesehen 10.4.2000) |
| [Wea02] | WearSAT (Wearable Situation Aware Terminal) des MIT MediaLab zusammen mit Boeing. URL: http://web.media.mit.edu/~schwartz/wearsat/overview.html und http://ttt.media.mit.edu/research/wearsat.html (zuletzt gesehen: 10.10.2006) |
| [Wea04] | Homepage des europäischen Großprojekts (IP) wearIT@work (erstellt 2004). URL: www.wearitatwork.com (zuletzt gesehen: 21.09.06) |
| [Wea06] | Homepage der Firma wearix Software GmbH. URL:http://www.ralfholzapfel.de/wearix/gr/wearix/wepr.html (zuletzt gesehen 31.10.2006) |
| [Web96] | Webster, A.; Feiner, S.; MacIntyre, B.; Massie, W.; Krueger, T. (1996): Augmented Reality in Architectural Construction, Inspection, and Renovation. In: Proceedings of ASCE 3d Congress on Computing in Civil Engineering, S.913-919 |
| [WEC01] | Homepage der Wireless Ethernet Compatibility Alliance (erstellt 2001) URL: http://www.wirelessethernet.org/ (zuletzt gesehen: 21.09.06) |
| [Wei02] | Weiss, S. (2002): Handheld Usability. Willey & Sons: Chichester, 2002 |
| [Wei91] | Weiser, M. (1991): The Computer for the 21st Century. In: Scientific America, 265(3), S.94-104 |
| [Wei93] | Weiser, M. (1993): Some Computer Sciences Problems in Ubiquitous Computing, In: Communications of the ACM, Vol. 36, Heft 7, Juli 1993, S.75-85 |
| [Wel93] | Wellner, P.; Mackay, W.; Gold, R. (1993): Computer-Augmented Environments: Back to the Real World (Introduction). In: Communications of the ACM Vol.36, No.7, S.24-26 |
| [Wic04] | Wichmann, T.; Stiehler, A. (2004): Basisreport "Prozesse optimieren mit Mobile Solutions". Berlecon Research: Berlin, März 2004 |
| [Wig04] | Wigdor, D.; Balakrishnan, R. (2004): A Comparison of Consecutive and Concurrent Input Text Entry Techniques for Mobile Phones. In: Proceedings of the 2004 CHI conference on Human factors in computing systems. ACM S.81-88 |

[Wij04]      Wijesiriwardana, R.; Mitcham, K.; Dias, T. (2004): Fibre-Meshed Transducers Based Real Time Wearable Physiological Information Monitoring System. In ISWC 2004, IEEE: S.40-47

[Win96]      Winograd, T. (Hrsg.) (1996): Bringing Design to Software, Addison-Wesley, ACM Press, 1996

[Wit04]      Witt, H. (2004): Das L2L-Network - Ein Geschäftsmodell und Architektur- konzept für ein Netzwerk ortsbezogener Dienste. Diplomarbeit Universität Bremen

[Wit06]      Witt, H.; Leibrandt, R.; Kemnade, A.; Kenn, H. (2006): SCIPIO: A Minia- turized Building Block for Wearable Interaction Devices. In: IFAWC 06 URL: http://www.tzi.de/~hwitt/data/witt06-ifawc06.pdf (zuletzt gesehen 31.10.2006)

[Wit06a]     Witt, H.; Nicolai, T.; Kenn, H. (2006): Designing a Wearable User Interface for Hands-free Interaction in Maintenance Applications. IEEE International Conference on Pervasive Computing and Communications (PerCom), Pisa, Italy, March 13-17, 2006

[Woo95]      Wooldridge/Jennings (1995): Intelligent Agents: Theories, Architectures, and Languages

[Woo96]      Wooldridge, M.; Müller, J.P.; Tambe, M. (Hrsg.) (1996): Intelligent Agents II – Agent Theories, Architectures, and Languages, Lecture Notes in Artificial Intelligence, Volume1037, Springer-Verlag, 1996

[WSS06]      Wearable Scanning System WSS 1000/1060 der Firma Symbol Technologies, URL: http://www.symbol.com/WS1000/1060 (zuletzt gesehen 27.10.2006)

[WT06]       Wearable Scanning System WT 4000 der Firma Symbol Technologies. URL: http://www.symbol.com/wt4000 (zuletzt gesehen 27.10.2006)

[Xmo02]      Homepage des Projektes xMotion. URL: http://www.ist-xmotion.org/ (zuletzt gesehen 14.2.2002)

[Xmo03]      xMotion - eMobile Testbed for Interoperability of Networks in e-Logistics (2003)                                                                     URL: http://www.ctit.utwente.nl/research/projects/concluded/international/xmotion.d oc/ (zuletzt geändert am 21.10.2003) (zuletzt gesehen 26.09.06)

[Xybernaut]  Fotos mit freundlicher Überlassung durch die Firma Xybernaut Europe, Böb- lingen

[Xyb01a]     Xybernaut: Generating Results – Where ruggedness and versatility count. URL:   http://www.xybernaut.com/wear/case_sub02.htm   (zuletzt   gesehen 3.9.01)

[Xyb01b]     Xybernaut: BOCs Mobile Monitoring System. URL: http://www.xybernaut.com/wear/case_sub01.htm (zuletzt gesehen 3.9.01

[Xyb01c]     Xybernaut: Elektronische Nase. URL:   http://www.xybernaut.com/wear/case_sub12.htm   (zuletzt   gesehen 12.08.2001)

[Xyb01d]     Xybernaut: The Noah Vest. URL:   http://www.xybernaut.com/wear/case_sub08.htm   (zuletzt   gesehen 12.08.2001)

[Xyb01e]     Xybernaut: CONTRABAND-Telekonferenzsystem. URL:   http://www.xybernaut.com/wear/case_sub08.htm   (zuletzt   gesehen 12.08.2001)

[Xyb01f]     Xybernaut: Collecting Invisible Data. URL:   http://www.xybernaut.com/wear/case_sub03.htm   (zuletzt   gesehen 12.08.2001)

[Xyb01g]     Xybernaut: Germany's first Web-reporter.

|          | URL: http://www.slab.de/de/mobile/projekte/webrep.html (zuletzt gesehen 12.08.2001) |
|----------|-----|
| [Xyb01h] | Xybernaut: Deep Map. URL: http://www.xybernaut.com/wear/case_sub07.htm (zuletzt gesehen 12.08.2001) |
| [Xyb04]  | Geschichte der Firma Xybernaut. URL: http://www.corporate-ir.net/ireye/ir_site.zhtml?ticker=XYBR&script=410&layout=-6&item_id=214657 (zuletzt gesehen 18.12.2004) |
| [Xyb06]  | Aktuelle Homepage der Firma Xybernaut. URL: http://www.xybernaut.com/ (zuletzt gesehen am 29.10.2006) |
| [ZDF01]  | ZDF: Cyporter. URL: http://zdfonl3.zdf.de/programm/cyporter/ (zuletzt gesehen 16.12.01) |
| [Zel99]  | Zellmann, B. (1999): Flach, flexibel, futuristisch – die organischen Leuchtdioden, In: Siemens-Zeitschrift: Forschung und Innovation, Heft 2, 1999 |
| [Zha04]  | Zhai, S.; Kristensson, P.O.; Smith, B.A. (2004): In Search of Effective Text Input Interfaces for Off the Desktop Computing (erstellt 2004) URL: http://www.almaden.ibm.com/u/zhai/papers/IwCvol16ZhaiAccepted.pdf (zuletzt gesehen am 26.10.2006) |
| [Zig06]  | Homepage der Zigbee Alliance. URL: http://www.zigbee.org/en/ (zuletzt gesehen 25.10.2006) |
| [Zim96]  | Zimmerman, T.G. (1996): Personal Area Network: Near-field intrabody communication. In: IBM Systems Journal, Vol35, No3&4 - MIT Media Lab. S.609-617 |
| [Zim99]  | Zimmerman, T.G. (1999): Wireless networked digital devices: A new paradigm for computing and communication. In: IBM Systems Journal, Vol38, No4 - Pervasive Computing |
| [Zip03]  | Zipf, A. (2003): Projektabschlussbericht Deep Map/GIS. In: HGG-Journal, 10.5.2003 URL: http://www2.geoinform.fh-mainz.de/~zipf/zipf-HGG-Deep Map-Projektabschlussbericht.pdf (zuletzt gesehen 31.10.2006) |
| [Zuc05]  | Zucco, J.E.; Thomas, B.H.; Grimmer, K. (2005): Evaluation of Three Wearable Computer Pointing Devices for Selection Tasks (erstellt 2005) URL: http://www.acrc.unisa.edu.au/print/people/bht/01550804.pdf (zuletzt gesehen 26.10.2006) |
| [Zuc06]  | Zucco, J.; Thomas, B.; Grimmer, K. (2006): Evaluation of Four Wearable Computer Pointing Devices for Drag and Drop Tasks when Stationary and Walking. In: ISWC2006, IEEE; S.29-36 |
| [Zül04]  | Zühlke, D. (2004): Vorwort. In: USEWARE 2004 - Nutzergerechte Gestaltung Technischer Systeme, VDI-Berichte 1837. VDI: Düsseldorf 2004 |
| [Zut88]  | Zutt, F.; Hubbich, H.P. (1988): Sinnvolles Agieren war früher kaum möglich; Praxisbeispiel. Instandhaltung aus Sicht der chemischen Industrie. In Schulte, W.; Küffner, G. (Hrsg.): Instandhaltungsmanagement der 90er Jahre. Frankfurter Allgemeine Zeitung GmbH |

The manufacturer's authorised representative in the EU is Springer
Nature Customer Service Centre GmbH, Europaplatz 3, 69115 Heidelberg,
Germany. If you have any concerns regarding our products, please
contact ProductSafety@springernature.com

Printed and bound by CPI Group (UK) Ltd, Croydon, CR0 4YY
24/04/2026
02096317-0002